“双一流”建设专业学位研究生教学案例

公共管理教学案例精选

主编　姜　玲

副主编　张　剑　宋魏巍　李宇环

中国财经出版传媒集团
中国财政经济出版社
·北京·

图书在版编目（CIP）数据

公共管理教学案例精选 / 姜玲主编. -- 北京 : 中国财政经济出版社, 2025. 3. --（“双一流”建设专业学位研究生教学案例）. -- ISBN 978-7-5223-3700-5

Ⅰ. D035-0

中国国家版本馆CIP数据核字第202500B64W号

责任编辑：苏小珺　　责任校对：胡永立

封面设计：北京兰卡绘世　　责任印制：党　辉

公共管理教学案例精选

GONGGONG GUANLI JIAOXUE ANLI JINGXUAN

中国财政经济出版社 出版

URL：http：//www. cfeph. cn

E - mail：cfeph@ cfeph. cn

社址：北京市海淀区阜成路甲 28 号　邮政编码：100142

营销中心电话：010 - 88191522

天猫网店：中国财政经济出版社旗舰店

网址：https：//zgczjjcbs. tmall. com

涿州汇美亿浓印刷有限公司印刷　各地新华书店经销

成品尺寸：185mm × 260mm　16 开　25. 5 印张　478 000 字

2025 年 3 月第 1 版　2025 年 3 月河北第 1 次印刷

定价：98. 00 元

ISBN 978 - 7 - 5223 - 3700 - 5

（图书出现印装问题，本社负责调换，电话：010 - 88190548）

本社质量投诉电话：010 - 88190744

打击盗版举报热线：010 - 88191661　QQ：2242791300

总　序

专业学位研究生教育是培养高层次应用型专门人才的主渠道。中央财经大学自2003年开始实行专业学位教育以来，逐步构建了具有财经特色的高层次应用型专门人才培养体系，为经济社会发展作出重要贡献。截至2021年9月30日，学校在校硕士研究生5652人，其中，学术型硕士1751人，专业学位硕士3901人，分别占在校硕士研究生比例为31%和69%，专业学位研究生已经成为学校研究生教育的主体。

中央财经大学专业学位研究生教育始终坚持“质量优先、特色发展”的原则，目前已经形成了较为完备的、有一定特色的专业学位研究生培养体系。学校基本形成了以优质课程引领的课程体系和以案例教学为突破口的实践教学体系，促进科教融合和产教融合，加强国际合作，着力增强研究生实践能力、创新能力，取得了一定的成效。

但是面对新时代的新要求，当前专业学位研究生教育还存在着“培养方案不够优、案例教学不够深、专业实践不够实、教学师资不够专、论文标准不够明”等问题。专业学位硕士与学术硕士培养方案在课程设置方面差异不明显，同质化现象仍普遍存在。专业学位硕士案例开发与教学虽取得一定成果，但仍有较大提升空间。专业实践教学流于形式，组织不力。实践基地挂牌的多，发挥实效的少，管理和规范力度不够，远未形成产教融合发展的格局。专业学位硕士“双师型”导师队伍建设不够完善，校内外导师未能建立有效的沟通协调与合作指导机制。专业学位硕士学位论文写作和评判标准不够明确，大多参考学术硕士论文的评审标准，难以发挥学位论文评审对培养过程和学位论文写作的导向性作用。

针对上述问题，尤其是专业学位研究生案例教学方面的短板，近年来，学校坚持“科学规划、突出特色、鼓励创新、择优资助”的原则，高度重视研究生教材和案例集建设工作。学校围绕立德树人根本任务，以一流学科建设为目标，设立专项资金资助研究生教材和专业学位研究生案例集建设。推动习近平新时代中国特色社会主义思想和社会主义核心价值观念融入教材建设、融入课堂教学，培育学生经世济民、诚信服务、德法兼修的职业素养，初步建立了具有中央财经大学“财经黄埔”品牌特色的研究生精品教材体系。鼓励校内外教师、行业专家合作建设高质量教学案例库，推动编写案例教材、开展案例教学方法研究、加大案例教学比重，着力组织建设一批国际化、高水平的专业学位研究生教学案例集。

呈现在读者面前的专业学位研究生教学案例集由经济学、管理学、法学等学科的教学案例集构成，均由教学经验丰富、学术研究能力突出的一线教师组织编写。编者中既有国家级教学名师等称号的获得者，也不乏在专业领域造诣颇深的中青年学者。本系列教学案例集的出版得到了“中央高校建设世界一流大学（学科）和特色发展引导专项资金”的支持。我们希望本系列教学案例集的出版能够为专业学位研究生培养提供一线的案例素材，打造以专业能力训练为导向的案例教学体系，提高专业学位研究生的培养质量。

在编写专业学位研究生教学案例集的过程中，我们虽力求完善，但也难免存在不足，恳请广大同行和读者批评指正。

专业学位研究生教学案例集编委会

2025 年 1 月于北京

目　录

第一部分　乡村振兴

第二部分　数字经济

第三部分　城市治理

第四部分 基层治理

第五部分 社区治理

第六部分 政府绩效管理

第七部分 公共部门人力资源管理

第八部分 教育发展

第一部分　乡村振兴

案例一

“数字小积分”如何激活治理“大活力”？

——社会共同体视角下宕昌县玉岗村的乡村“智”理之路[①]

① 本案例由中央财经大学政府管理学院姜玲教授，中央财经大学政府管理学院硕士研究生赵美琪、杜安民、高星、金晓雪、王瑞晨共同编写。

案例正文

乡村治理是国家治理的基石，也是乡村振兴的基础。随着脱贫攻坚任务如期完成、全面实施乡村振兴战略，乡村面貌发生了历史性变化，社会治理重心不断向基层下移，乡村治理面临新的形势和任务，迫切需要更为有效的治理工具和手段，乡村治理“积分制”迎来了新的发展。本案例以共同体为理论视角，聚焦甘肃省陇南市宕昌县玉岗村，以村干部、乡贤和村民为主体的乡村共同体“内循环”为核心，以政府、企业、高校为主体的社会共同体“外循环”为依托，不断夯实乡村治理体系。从政府主导牵引演变为多部门联动、多主体参与、多领域发挥、多目标实现的共同体机制；从简单的风貌环境治理，到经济利益的配置、村务的决策，实现了共同行动、产业振兴、人才回流，共同体的初步形成也帮助玉岗村走出了一条自主智慧治理之路。本研究将深入探索共同体“内外双循环”融合发展在激发居民自治内生动力和优化乡村治理体系中的作用机制与实施路径，紧密围绕乡村治理新形势、新任务、新要求，有效整合“个体”与“共同体”的利益、价值、责任，形成顺应时代需求的“新型社会治理共同体”，为各地探索并形成共同体建设模式提供启示和参考。

一、乡村共同体“内循环”的构成主体和机制

（一）玉岗村“内循环”构成主体

1. 村干部领导

玉岗村干部主要由村两委成员构成。村委会现有成员 3 人，村委会 A 主任以及 B 和 C 两位委员，3 人均为大专学历，是村上致富带头人。玉岗村党支部共有党员 29 人，其中包括村党支部 D 书记、E 副书记、F 文书及驻村第一书记 Z 书记，玉岗村党支部先后被上级授予“甘肃省抓党建促脱贫先进基层党组织”“全市先进党组织”等多项荣誉称号。在村两委的带领下，班子成员不断探索发展新路径，以“村两委 + 合作社 + 农户”模式大力发展村办产业，努力带动贫困户致富、推动乡村振兴发展。

2. 乡贤骨干

玉岗村乡贤主要由村里德高望重的长者、村里致富带头人及在外发展较好的游子组成，如表 1 - 1 所示。乡贤在当地具有较高眼界和一定资源背景，并且很熟悉玉岗村本地情况，可以在改善玉岗村人居环境、振兴乡村产业中发挥出重要的作用。

表 1-1　　乡贤群体作用

乡贤类型	乡贤主体	作用
调解型	村里德高望重长者	协助调和邻里纠纷，维护乡村社会和谐稳定
带头型	村里致富带头人	先富带后富，推动产业发展
咨询型	在外发展较好的游子	对家乡社会发展等建言献策
慈善型	在外发展较好的游子	扶助贫困

3. 村民参与主体

村上常住人口共 298 户 1250 人，劳动力 662 人，外出打工 389 人，已脱贫户外出务工 203 人，主要去向为新疆内蒙古种植哈密瓜、采摘棉花，浙江、广东一带从事电子加工，村上留守儿童、妇女和老人较多。

（二）玉岗村乡村共同体内循环发展问题

1. 经济方面

宕昌县哈达铺镇玉岗村位于宕昌县西北部，平均海拔 2200 米。村民主要依靠在外务工、种植并销售中药材以及畜牧业来维持生计。全村建档立卡贫困户共 125 户 527 人，贫困发生率 40.76%，2014 年脱贫 11 户 44 人；2015 年脱贫 18 户 85 人；2016 年脱贫 21 户 93 人；2017 年脱贫 21 户 106 人；2018 年脱贫 42 户 163 人；2019 年脱贫 4 户 21 人；2019 年底剩余贫困户 8 户 15 人，贫困发生率 1.16%，整村于 2018 年实现脱贫退出，2020 年全村全部脱贫。村委会 Z 书记表示："为什么我愿意扎根玉岗，因为这个村子的资源条件真的非常丰富，看着他们'守着金山过苦日子'，我的心里都很不是滋味，我们这些村干部多跑跑腿，制定一些能发挥这些资源的好政策，这个村子就能一跃成为一个小康村、富裕村，这是别的村子羡慕不来的。"

正如 Z 书记所说的那样，陇南市拥有独特的地理环境和气候条件，是省内唯一位于长江水系并拥有亚热带气候的地区，玉岗村在资源方面可谓是拥有得天独厚的优势。陇南市是我国中药材主要产区之一，陇南大黄、黄芪、党参、当归等药材在中外市场上都享有盛名，其中宕昌县作为拥有"千年药乡"的中药材种植大县，种植历史十分悠久。与此同时，得益于长江水系的自然条件，玉岗村有着丰富的水资源，形成了山清水秀、塞上江南的自然风光，为玉岗村在种植、旅游等行业奠定了良好的基础。在文化资源方面，哈达铺镇作为红色旅游精神圣地，拥有长征途中著名的会议遗址，近年来哈达铺镇大力发展红色旅游业，同时配套的基础设施建设水平也得到了很大的改善，为当地吸引了较多的客流量。

在村集体产业方面，玉岗村村集体原本参与的产业主要集中在种植业和食材的粗加工，例如中药的种植销售以及粉条的加工制作等，具备一定的产业基础和销售渠道。但是，虽说玉岗村背靠着如此之多的优质资源和优惠政策，由于地区整体发展水平落后、销售和生产方式跟不上时代、分配方式不合理等原因，玉岗村还是没能摆脱被划定为国家级贫困村的命运，虽然一部分人先富起来了，却没能带动全村后富，村子的发展陷入阶段性停滞。

2. 精神文明方面

在村委会领导干部的带动下，玉岗村一部分村民手头宽裕起来了，但是乡村地区精神文明建设仍然处于贫瘠状态，仍然封闭落后、缺乏文娱，仍然缺乏契约和法治精神，仍然被现代化抛弃，很多村民的精神仍然停留在原本贫瘠的土壤中。赚钱了无外乎盖房娶儿媳，喝酒抽烟打扑克，赌博、彩礼、学龄儿童辍学等贫困村专属问题仍比较严重，并没有随着村民经济条件转好而得到改善。更为严重的是，很多村民对乡村领导者有一种天生的畏惧感，对村集体和整个村子缺乏集体荣誉感和归属感，这种现象在村里的贫困户五保户等成员的身上表现得尤为明显。村干部只能按照自己的实地考察来了解，在很多村规民约和分红标准的设定上遭遇了不少阻碍。

3. 制度规则方面

随着经济社会的发展，玉岗村原本紧密的乡村共同体逐渐模糊，乡村内部的关联性逐渐降低，以往能够发挥积极效用的村规民约在传统与现代、自治与法治的共同影响下，显现出许多问题。一方面，村民的违规成本下降，玉岗村村规中部分条款设置了如罚款、通报批评等惩罚措施，但在实际的落实过程中存在困难，村民之中仍然存在只顾个人利益、缺乏公德的现象，在惩罚措施实施阶段容易引发村集体内部的冲突和矛盾。另一方面，村民需求难以平衡，最初玉岗村乡村社会的封闭性被打破，村民的生存和发展途径变得多样化，玉岗村内部的经济和生活水平逐渐显现，村民行为及诉求逐渐差异化。同时在村规民约的制定过程中，无法满足所有村民的需求，导致自治热情的降低，村规民约在实施过程中难以达到预期效果。

针对乡村共同体内循环发展当中面临的问题，玉岗村干部急于改变却又一筹莫展。这时，妇联推广的巾帼家美积分超市的建设吸引了他们的注意，“能不能以积分超市作为切入点，对玉岗村进行积分制试点呢？”Z书记如是想道。

（三）积分制助力玉岗村内循环发展

1. 积分制的引入

在“两委”班子精心策划和妇联的支持下，玉岗村成立了“巾帼家美积分超市”，超市一成立便吸引了全村人的参与，在一定程度上促进了群众养成良好的行为习惯，

Z书记说道："本村村民可使用积分在巾帼家美积分超市按照积分值兑换奖励，例如洗衣粉、牙膏牙刷、小家电等日常生活用品，在外务工者也可以将自己的积分捐赠给需要帮助的群众，供受赠者兑换。而且积分实行累计制，上一年度积分可以累积到下一年度，用于兑换积分较高的物品。"通过对村里各类人员进行分类，设置不同等级积分项目。在"巾帼家美积分超市"的基础上，以积分兑换作为主要工具，使村民参与乡村治理的责任心与使命感持续提升，同时汇聚基层治理合力，实现基层治理体系的优化。

每月Z书记和村委干部们一起到各家各户进行检查，按照积分体系标准，对各户进行评分，并结合每次党员活动等事项，随时为符合得分标准的村民在平台上发放积分，村民凭"积分"按照积分奖励表在"巾帼超市"兑换相应价值的商品。

2. 积分制初见成效

对于积分超市的兴建，村里很多上了年纪的老人深有感触，"对我们这些上了年纪的人来说，已经干不了什么太重的活了，但还是闲不住，一天就盼着和人唠嗑打牌，其实也挺没劲的。现在好了，能拿出空余时间给村子作作贡献，还能换袋面粉换个盆，一方面能让我为村子出把力，另一方面还能补贴家用。"村民C欣喜地说："我从没想到，做这些分内之事还能兑换生活用品，有了积分制，不论是搞卫生还是参加集体劳动，现在都抢着干。"

小小积分看不见、摸不着，却能真正调动村民参与村级治理的积极性，这让Z书记非常惊喜："刚开始，我心里并没有底，但没想到的是，经过一段时间的执行，村容村貌悄悄发生了变化。现在，村民房前屋后都变得更加整洁了，水渠里也没有垃圾了，村民的生活环境变得更好了。我还会继续实地走访为村民们检查打分，坚持让此项工作常态化进行。"

村居治则社会安。为了提升村民参与社会治理的主动性，玉岗村重视党建的引领作用，坚持以群众需求为导向，以村级集体治理中存在的突出问题为切入点，以积分激发治理动力，以标兵促进争先，建立了由村党组织牵头，实施群众自我管理、自我服务、自我教育的原则，构建组织机构，完善考核机制。村委会和驻村工作队成立了"积分制"工作领导小组，负责"积分制"的策划和执行工作，制定考评流程及考评细则，并且要求党员干部带头示范，"一个党员"带动"一片群众""一班人"带动"全村人"推行"积分制"。

二、乡村共同体内循环发展困境

"乡村共同体"是城乡融合、产业融合发展的产物，是一种村民利益共享、责任共担、和谐共处的作用形式，在共同体内循环的过程中，仍然面临很多的发展困境，然而，积分制的推行是乡村共同体实现良性循环的一个重要因素，因此，了解积分制推行过程中的主要困难，成为现阶段摆在Z书记面前的一个重要课题。

（一）村民视角下内循环发展困境

1. 缺乏专人监管

积分超市在建设之初是由妇联主导建设的，而村委会缺乏相关专职管理人员，因此积分超市的管理和运作是由村干部轮流进行的，一方面给村干部增添了工作压力，另一方面，各村干部在进行管理的时候，会感到力不从心，无法了解到超市运行的全部状况，也就很难提出相应的改进方案。

2. 部分细则难以量化

村里乡贤A说：“我们没有一个特别严格的量化标准，把对乡村的贡献进行量化。另外，由于每个个体的差异，我们也不能要求按照一个僵硬的标准来进行量化，这样对那些老弱病残群体就太不公平了，可如果没有一个让人信服的标准，什么都照顾着弱势群体，那好不容易建立起来的民心和积极性很快就会消失殆尽。”

积分制的规则涉及一些较难衡量的指标，例如“帮助维护妇女儿童合法权益”“调解邻里纠纷”和“团结少数民族”等指标，虽然有相应的条目和赋分，但缺乏特别行之有效的监管体制，村集体也不可能设置专门的监管机构，因此出现了积分计算标准难以量化的问题。

3. 激励效果欠佳

由于积分商品的价值具有一定的滞后性，随着村民经济水平的提升，积分商店原有的商品带来的吸引力不断下降，村民最初会通过积极工作挣积分来兑换商品，但现在积分超市日渐冷清，门可罗雀，这成为书记们面临的又一个难题。为了解决这个问题，村里决定成立“积分运营管理小组”和“积分审核委员会”，专门负责审核积分情况，并组织、协调、指导村民购买积分产品，开展各种活动来吸引村民加入积分商城。通过这一系列措施来提高村民对积分商品的认识程度和积极性，增强村民参与的热情。

4. 规则范畴不清

“基层治理事务繁杂，什么样的事可以作为标准列入积分细则？如何界定这个标准？如何及时确认事件然后加分或减分？”在与北京某大学乡村振兴服务站研究生团队的交流中，Z书记提出了自己的疑虑。

积分制需要将治理内容制定为标准化细则，这种方式符合乡村治理现代化的发展趋势，但对于基层治理事务而言，大量事务难以被标准化。例如，玉岗村公共服务细则第三条“积极参与公共事务”，旨在鼓励村民更多参与公共事务，当村民在会议上提出什么是公共事务以及如何获得积分的时候，村委会干部给出详细的回答，但当村民问道：“那我打扫卫生顺便把门口公路也打扫了，这也能加分？”村干部没能给出肯定的回答，其实乡村道德感本就是乡村治理的前提保证，如果做好事需要事事留痕，操作烦琐，标准不清，自然会出现争端，好事也会变味。

（二）村干部视角下内循环发展困境

1. 村民处于被动

村委会 B 委员表示：“很多村民就把积分制度单纯当作一个制度来执行，只在乎是否完成，任务完成的质量却非常差，在积分制推行的初期，我们也不好采取过于严格的惩罚措施，反而助长了这种行为的发生。”

在积分超市运行之初，由于村干部的大力推动和宣传，很多村民会在不理解积分制背后含义的情况下，抱着“看热闹”“村干部宣传了我就尝试一下”的心态进行尝试，也就是说村民的目的仅仅是为了获得物品或完成任务，而非真正有意愿参与乡村建设。

2. 村民参与度不高

村民 A 与 Z 书记交流时提到，“我一直排名靠前，但是又没有太多的现实好处，感觉没必要再挣这个分了。”Z 书记对此也有直接的感受，他明显感觉到村民的参与积极性处于停滞的状态。

玉岗村紧跟国家发展的步伐，逐渐脱离贫困县行列，村民的生活质量越来越高，脸盆、洗衣粉等作为兑换奖品的物品种类已经不能激发村民的内生动力，以玉岗村为代表的农村实践表明，积分制对于村民的吸引力正在不断弱化，以往村民之间“你追我赶”的竞争热情也在不断淡化。Z 书记通过线上管理平台发现，本村平台用户的活跃度下降，更新一条村务消息后久久收不到浏览、点赞或评论的反馈，整体参与度基本没有增加，参与用户的排名情况也基本保持不变，村民们也不再像以往一样积极讨论积分制度。这让他开始深入思考，如何才能提高积分治理的可持续性？如何更好地在物质和精神方面起到正向激励作用？

3. 村民守旧和落后的思想

村委会 A 主任无奈地说道：“由于农村地区受传统思想的束缚较严重，对村落的认知还基本局限于“公事”，缺乏自主管理，自主负责的意识。另外，村民普遍存在严重的“等靠要”思想，更多寄希望于得到政府补助、合作社分红或最低生活保障而非主动脱困。”

在实行积分制的过程中，玉岗村在基础项目以外，还特地增加了激励项目，如果有贫困户通过自己的双手脱掉了贫困的帽子，村集体会视情况为其申请脱贫奖励和积分，以此鼓励大家勤奋致富。另外，积分制对一些陈规陋习的约束作用也十分有限。例如，红白喜事的简办和彩礼的问题，很多家庭宁可不要这些积分，也会去延续传统进行风光大葬，思想的转变并不是一蹴而就的，如何用好、用对积分制这个工具，还需要村干部不断探索。

4. 疫情下的发展困境

新冠疫情对于玉岗村的发展无疑是一大挑战。谈起玉岗村的旅游发展，Z书记说：“在疫情发生之前，玉岗村已经建好了几家民宿，到了夏季已经开始有一些游客来到村里避暑，我们这里夏天十分凉爽，前来避暑旅游的人数在慢慢增多。”Z书记提起疫情表示有些无奈：“玉岗村的民宿已经挂在了携程上，等待游客前来游玩，但没想到疫情变得严重，各地都在封城，我们只好被动地等待疫情早日结束。”

新冠疫情对于全国经济的发展都有很大程度的影响，Z书记在任的两年的时间里，疫情相关的记忆占据了很大的比重，但是Z书记始终充满信心，同时也思考了很多，他相信疫情是难关也是机会，激发了线上渠道的更多可能，如何通过多渠道发展产业优势，Z书记希望可以引入更多外部力量来带动玉岗村发展。

三、引入社会共同体外循环

（一）政府引领

2016年10月，中央确定了甘肃省陇南市和山东省青岛市成为结对帮扶城市。此后，青岛市政府从国际化的视角出发，以世界级的标准为要求，推动陇南市旅游业的发展，打造“旅游+帮扶”的新模式。山东青岛旅游集团积极落实中央、省、市的决策部署，创新扶贫新样板、新路径，通过产业带动促进陇南经济增长。特别是在疫情期间，青岛市市南区向宕昌县捐赠了价值60.5万元的医疗物资和30万元的现金援助。截至目前，累计投入资金4200万元，为52户贫困户提供就业机会，帮助485户建档立卡贫困户脱贫致富，实现了宕昌县2020年摘掉贫困帽子的目标。

自2020年中央发布《关于在乡村治理中推广运用积分制有关工作的通知》以来，各地积极推进乡村治理创新，上海、湖南、江西等多个地区相继开展对积分制的探索和应用。目前，研究积分制的学者和实践者主要侧重于地方实践经验与特点的提炼，探讨实践问题并提出完善措施。其中，浙江余姚和湖北荆门等地将微信小程序和积分制相结合，在数字化平台上优化计分方式，将居民生活和日常行为赋分，并依据积分给予奖励。这种做法不仅提升了居民的道德素养，也拓展了积分制的实践途径和发展空间，为玉岗村制度探索发展新模式提供了政策支持和借鉴意义。

（二）高校助力

1. 高校签署合作备忘录

玉岗村先后与天津某大学和北京某大学达成了帮扶合作，自 2020 年起，北京某大学对口帮扶宕昌县哈达铺镇玉岗村。为扎实推进定点帮扶工作，同时北京某大学乡村振兴研究基地也在宕昌县正式成立，并签署了“北京某大学—宕昌县人民政府乡村振兴研究基地”合作备忘录，来自高校的帮扶力量让玉岗村迎来了新的发展机遇。

2. 高校提供人力技术支持

玉岗村定点帮扶单位北京某大学的驻村第一书记 T 书记在玉岗村挂职交流期间，以玉岗村办企业粉条厂为切入口，从多方面着手，为提高粉条的质量和改进生产工艺，T 书记依托所在高校平台联系到了多位专家，最终制定出一套专业的加工流程，使粉条加工流程更加标准化。以玉岗粉条为首的特色农副产品很快就获得了“三品一标”认证。T 书记带领村干部改进生产加工工艺，创新产品种类，为产品注册商标，还自告奋勇当起了线上“推销员”。在学校的大力帮扶下，短短 8 个月时间，玉岗村土豆粉条农产品销售额达 110 多万元，为村上建档立卡的贫困户带来分红收益 11 万元，125 户贫困户户均增收 4000 多元，并与多地公司建立了长期合作关系，随着销售渠道的拓宽，村民们实现了收入的大幅增长。

（三）企业支持

1. 腾讯“为村”助力数字积分制

“为村”是腾讯自主研发的一款通过线上的方式，使广大村民能够方便快捷地参与乡村治理的微信公众号，是一个主要面向农村的互联网社交和服务平台。“为村”平台以“互联网 +”助力乡村治理，村民可实名进入其所在村平台，关注本村的动态，以村为单位建立社群，这样既能满足外出打工村民与留守村民之间以亲情为主的情感诉求，使外出务工者可以在互联网上望山观水，记住乡愁，还能围绕“党务、政务、村务”等刚需信息进行链接，借助互联网提高基层村两委和党员干部的工作效率，通过加强交流，拉近干群关系，营造乡村和谐社会等。

“巾帼家美积分超市”的运行，只是积分制在玉岗村试点工作的起步阶段，目的主要是让村民了解积分制，适应积分制，将积分制与数字化乡村治理结合起来，促进乡村事务人人参与，户户参与，公开透明，乡村事务村民办，美丽乡村大家建。腾讯负责人表示：“我们做这个数字村务系统的初衷呢，就是希望打破原有的村干部和村民割裂的现象，减少二者之间的距离，所有村民都可以快速了解到村集体在做什么，村干部想做什么，更方便地表达自己的意见，提高村民反映诉求和我们了解到村民意愿的效率，督促我们对现有工作进行改进。”对于数字村务系统的推广，村民也深有感触，有的村民常年外出务工，对村子了解有限，与自己父母的通话也往往是报喜不报忧，总是不能了解到村务发展的具体情况，如今只需要动动手指，就能了解到村庄发展的全貌。

数字化积分治理不仅可以提高村务管理和政社合作的效率，而且更主要的作用在于可以利用积分制作为载体，更新村规民约和乡风民俗。玉岗村村民可以在微信中登陆“村级事务管理平台”，这里不仅有“村民说事”的投稿，还有村里各项大小活动的通知公告。玉岗村的村民还可以在管理平台上查看积分制的积分规则和评议规则，并按照上面发布的内容来进行家庭积分的累计和核对，每月1—8号都会进行积分的公示，有异议也可以和村委会沟通，这种形式大大降低了村民参与决策的成本，让原本通过村规民约进行村务管理的模式变为“人人可参与”“线上可参与”的管理模式。

2. 锶畅水厂助力共同富裕

村里的资源变现了，产品火了，村子富裕了，村集体有钱了，但假如不对村子的村务机构和分红体系进行改革，要不了多久，村子又会回到之前，一部分人虽然先富起来，但村子里大多数人依旧贫困。如何兼顾效率与公平，设置出合理的分红模式，以及如何通过产业发展实现劳动力回流和贫困户摘帽，如何让产业的每一份收入都能切实造福乡村的建设和村民生活的改善呢？玉岗村对此展开了很多思考和尝试。

以“锶畅矿泉水”为例，村委会为了让村民拿到一笔长期收益，前后多次协商，最终达成了玉岗村村集体以当地水资源入股，78户村民以89亩土地入股进行投资，村集体每年可以获得由公司支付的水资源使用费8万元，农户每年每亩地分红收入约为3600元，每瓶水销售分红0.1元。同时，村委会成立了专门负责生产、经营和管理等工作的专业合作社，把优质水源统一供给到合作社，并提供相关技术支持，保证用水安全和质量。此外，村里还在周边建立了多个农产品加工基地，从源头上保证了农产品品质和市场竞争力，为村民增收致富创造平台。对于农村集体经济来说，这个看似小小的改变却让村民享受到了共同富裕的果实。

四、内外循环融合构建"新型社会治理共同体"

宕昌县就是一个典型的多主体参与乡村发展的案例。它所形成的"内外循环"共同体格局，在农业产业化、农村电商、农旅融合等方面取得了显著成效。"内外循环"的共同体模式已经形成有效的乡村发展模式，多主体参与能够实现各方的利益共享和协同创新。在这种模式下：

村民不仅能够通过参与生产、经营和管理，获得经济收入和社会福利，提高乡村经济发展水平；而且还能够通过学习培训、技术指导和文化交流，提高自身的素质和能力，增强对乡村振兴的认同感和责任感。

乡贤骨干在乡村治理中承担着城乡间的桥梁连接作用。乡贤骨干凭借其开阔的视野、广博的知识储备、精深的专业技能、丰富的社会资源及其雄厚的财力来助力家乡建设。同时也可以凭借其信息沟通优势将政府、企业与家乡联结起来，在引资办厂、获得捐助、争取政策扶持、建立互信合作等方面受益。

村干部可以在内循环的支持下，通过乡贤骨干的意见领袖地位，帮助政策更好地实施，还可以从普通村民和乡贤两个渠道获取不同的意见，更好地致力于乡村的治理与发展。

高校作为知识创新和人才培养的重要基地，有责任也有能力为乡村振兴提供坚实的智力支撑和人才保障。其应将自身的专业知识和技术服务于乡村振兴，推动农业产业升级、生态环境改善、文化传承创新等方面的发展，同时这也能够丰富教学和科研的内容和形式，为高校提供一个深入基层、服务社会、展示风采的重要舞台，使其能够将理论与实践相结合，将知识与行动相统一，拓宽学科专业边界，将学术与情怀相融合。

政府组织与贫困地区的合作，不仅能够帮助这些地区摆脱贫困，提高人民的生活水平和幸福感，还能够为自身带来多方面的好处。首先，可以拓展资源渠道和市场空间，增加自身的经济实力和社会影响力。其次，可以促进区域协调发展，缩小城乡差距，维护社会稳定和民族团结。最后，政府组织可以通过合作获取有价值的资源，例如劳务输出、投资标的等，为自身的发展提供更多的选择和机会。

企业通过村民和村集体的参与，能够有效降低运营成本和风险，提升产品质量和竞争力。村民和村集体作为企业的合作伙伴，可以提供劳动力、土地、资源等要素，同时也是企业产品的消费者和宣传者。企业则可以利用自身的技术、资金、管理等优势，带动村民和村集体增收致富，实现共赢发展（见图1－1）。

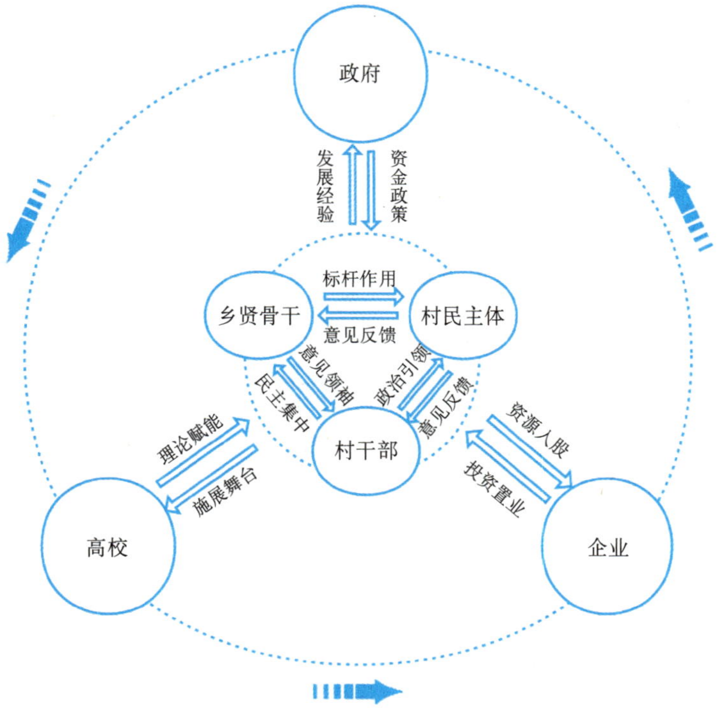

图 1－1　内外循环相互融合、促进

五、“新型乡村治理共同体”建设的路径展望

“数字化积分制在村集体内得到推广后，很明显地感觉到外出务工人员参与乡村治理的热情提升了，村民也可以更多地通过数字化渠道，了解新知识，践行新理念，共同推进乡村治理的共同体建设。”Z 书记谈起自己任职几年以来的变化，感慨万千，作为这里的村支书，自然是希望玉岗村能够越来越富，越来越好。但相比于单纯的整村脱贫，整村致富，Z 书记更希望玉岗村成为一个共同体发展示范村，通过乡村治理共同体的试点工作积累经验，在全国范围内进行推广。

（一）加强党建引领，从源头推进共同体建设

社会治理的核心责任在中国共产党。要切实把党融入社会，发挥党的统一领导作用。在玉岗村的建设中，要清楚认识到党建引领在玉岗村社会共同体建设中的领导地位，加强对群众的宣传和教育。未来，玉岗村将以“党建引领＋积分嵌入”为核心创新制度，推动积分制乡村治理模式更好地运行。如图 1－2 所示，该模式以党建为基础，建立了积分制度和保障制度，服务于农民群众，得到了各级党委、政府的支持。

积分嵌入作为制度设计，在提高治理效能方面发挥了主导作用。在实践中，基层党组织要完善各个环节的积分管理，确保符合党的主张和决定。要拓展党组织网络至更小的“治理单元”，通过“村民党小组”“基层治理网格党小组”等，培育村民共同参与乡村治理的主动性。要以党建引领乡村治理，聚合多方主体，形成多元共治的共同体格局。

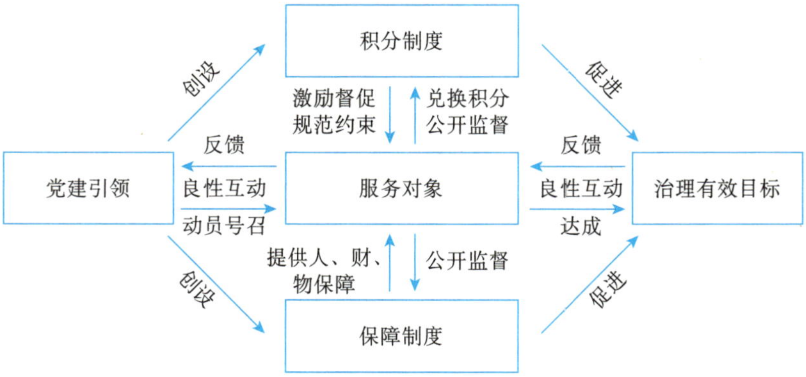

图 1-2　乡村治理模式运行机制

（二）增强村民主体意识，提升治理联动效能

1. 鼓励直接参与治理，激发村民参与意识

玉岗村作为一个已经初步建立起产业、村民自治组织、高校等科研院所多元主体融合治理模式，并取得一定成果的乡村，相比于其他乡村而言具备一定的群众基础，并且通过前期积分制和电子政务平台的融合，村民自治意识已经有了一定的提高。未来将加强对村集体的宣传和培训，确保村民能够自觉行使自身的乡村自治权利。

2. 完善监督管理机制，健全村务治理体系

就目前玉岗村积分制工具的实施情况来看，村民具备一定的参与乡村建设的热情，但乡村事务和村集体工作的完成与否缺乏相关的评价机制。此外，如果在积分的认定和乡村事务的管理过程中对居民的行为采取一定的监督措施，可以有效地减少村民偷工减料、敷衍了事的现象。另外，在村务平台和积分兑换领域，也需要有专门的人员来负责平台事务的管理和建设，不断改进村集体数字化平台的服务水平，为积分制的推进蓄力。

3. 开展文化教育活动，提升乡村精神文明

阻碍玉岗村，乃至全国乡村共同体建设的一个重要因素就在于新旧观念、思维、文化之间的碰撞和冲突，相互之间的冲突造成了共同体建设难以“共同”。因此需要

定期开展乡村文化教育活动，多邀请学校和发达城市的定点帮扶干部以及外出务工返乡的村民给大家进行文化的分享和交流，并且鼓励大学生村官毕业回村工作，助力乡村文明建设。

4. 加强村民技能培训，提高村民自治水平

无论是数字化治理还是乡村共同体的建设，都对村民的能力有一定的要求，包括对数字设备的应用，对乡村治理的理解等。虽然要求不高，但掌握必备的技能可以使共同体建设的推进事半功倍。因此村集体应注重村民的技能培训和管理知识及能力的培养，并在村民不断地实践中提升自身的管理水平和素养。

（三）构建数字化共享平台，促进美丽乡村建设

1. 创新产业发展模式，发展乡村经济建设

玉岗村积极探索，全力开启创新产业发展模式，为乡村经济建设注入强大动力。一方面，玉岗村深入调研本地资源优势，精准定位特色产业方向，凭借优质的土壤和适宜的气候条件，大力发展有机农产品种植，不仅提高了农产品的产量与质量，还打造出具有市场竞争力的绿色农产品品牌，为乡村带来可观的经济效益。另一方面，玉岗村充分利用乡村自然风光与民俗文化资源，开发特色民宿、乡村文化体验活动等项目，吸引大量游客前来观光度假，增加了村民收入来源，绘就出一幅生机勃勃的乡村振兴画卷。

2. 引导乡村人才回流，凝聚人才振兴合力

共同体建设的重要意义，在于通过乡村建设，推动乡村人才回流。人力资本永远是一个地区发展的核心，宕昌县作为一个人口外流的大县，每年都会有很多人才外出务工，因此需要采取适当的政策，把人才留住，或者让出去的人才回来。所以在政府层面，要建立完善的激励机制，鼓励农民返乡创业，同时还应该对企业给予一定的扶持，帮助他们解决资金问题。另外，还要做好就业保障工作，为农民工提供稳定和安全的生产环境。最后，还要加大教育培训力度，提高劳动者素质，促进农村劳动力转移就业等方面的工作，以确保乡村社会的和谐发展与长治久安。

3. 创新积分奖励制度，提升乡村精神文明

伴随着积分制在玉岗村中的运行，积分制开始逐渐浮现出奖品价值低、吸引力变差，村民敷衍完成积分任务等问题。对此，玉岗村需要从多方面来创新积分奖励制度，例如调整奖品、改变积分获取难度等。为此，村里成立了“积分兑换小组”，通过发放各种形式的积分券（如现金或礼品）进行奖励，同时还利用积分卡作为宣传平台，对积分活动开展情况和获奖人数进行详细介绍。

4. 数字化创新宣传路，打造玉岗乡村品牌

在当今数字化浪潮下，玉岗村紧跟时代步伐，踏上了数字化创新宣传的征程，全力打造独属于自己的乡村品牌，开启乡村振兴新篇章。玉岗村积极与电商平台合作，开展农产品直播带货活动，不仅拓宽了销售渠道，还提升了农产品知名度，进一步强化了玉岗村乡村品牌形象，目前，已有多家电商平台在同步推广玉岗农产品。未来，玉岗村还将继续推进“互联网＋农村”建设进程，通过更多渠道，打造乡村品牌，持续开启乡村振兴新篇章。

六、从乡村治理到社会共同体的建设要求和实践路径

（一）党建引领村民共治，从源头推进共同体建设

社会治理的核心责任在中国共产党。要切实把党融入社会，发挥党的统一领导作用。在玉岗村的建设中，要清楚认识到党建引领在玉岗村社会共同体建设中的领导地位，加强对群众的宣传和教育。玉岗村作为一个已经初步建立起产业、村民自治组织、高校等科研院所多元主体融合治理模式，并已经取得一定成果的乡村。相比于其他乡村而言具备一定的群众基础，并且通过前期积分制和电子政务平台的融合，村民自治意识已经有了一定的提高。通过群体的宣传和培训，首先保证村民能够自觉行使自身的乡村自治权利。

（二）构建数字化共享平台，促进美丽乡村建设

玉岗村不乏优秀的产业，但需要打通全新的宣传渠道，例如设置帮扶专柜、网络直播等形式，提高玉岗村产品的知名度。此外，也要加强对村民的培训教育工作。通过发放宣传册、宣讲资料、播放视频以及微信公众号宣传等方式，让村民们了解玉岗村发展情况，并参与到扶贫行动中去。目前，已有多家电商平台在推广玉岗农产品。据了解，未来还将进一步推动乡村振兴战略实施和“互联网＋农村”建设进程，通过多种渠道，为玉岗村打造一个属于本土特色的品牌。充分利用“互联网＋农业农村”新媒体、微信公众号等载体，广泛宣传展示各地发展特色农产品和红色旅游业，通过举办大型推介活动、发布权威信息等方式，推动相关政策落地实施。同时，在数字化时代背景下，利用新媒体技术与农业生产的结合进行研究分析，尝试新媒体环境下的农村电商模式创新思路，可以为广大农民提供一种全新的经营理念、管理模式，从而更好地推动农业现代化进程，促进美丽乡村建设。

（三）产学研用一体化，共筑社会治理共同体

如图1－3所示，政产学研用一体化的社会共同体建设，核心在于政府牵头构建共享平台，运用政府力量推动各主体之间进行有序的合作，共同助力乡村振兴发展。具体到玉岗村的实践中，各方主体应合作并商量出一个行之有效的发展模式，创新现有的村民进厂打工，高校进村帮扶的模式，实现多主体多领域多部门合作。在此基础上，通过对村情情况和产业现状分析，结合政策制定、人才引进等方面的支持力度，形成一套完整而系统的工作体系。同时，借助“互联网＋”思维，以信息化为手段，利用大数据技术与传统文化相结合，整合资源，搭建起一条信息互通、资源共享的新农村公共服务链，提高服务能力，共建多主体参与，多领域发挥作用，多目标实现的“社会治理共同体”。

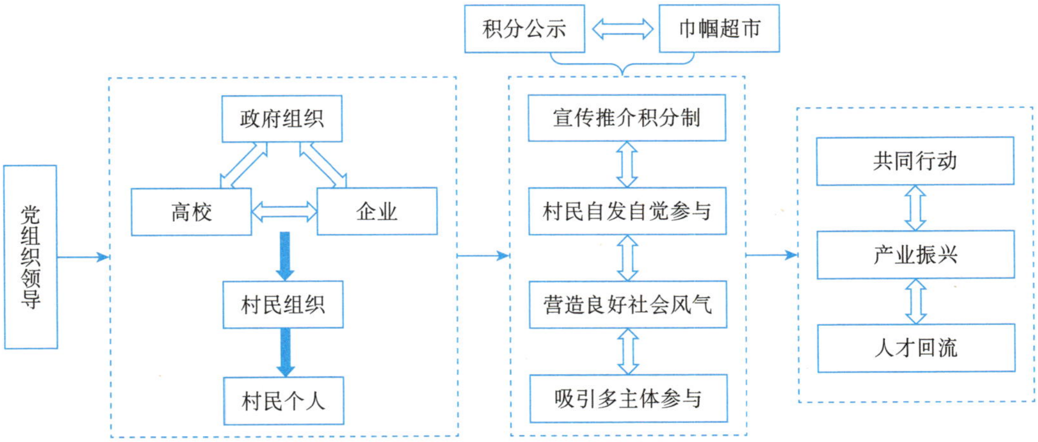

图1－3 内外循环的乡村治理共同体

七、结语

中华文明起源于农耕文明，中国人是根植于土地上的，我们的灵魂寄宿在乡土里，乡村振兴是中华民族伟大复兴的应有之义，也是必由之路。费孝通生曾说：“在乡下，家庭可以很小，而一到有钱的地主和官僚阶层，可以大到像个小国。”乡村治理无小事，随着理念的更新和数字化技术的进步，乡村治理的内涵也在逐渐发生变化，乡村的建设不再只是政府的工作，更需要各方主体携手同心，合力发展，形成以乡村内循环为基础，外循环为依托，乡村内外循环相互融合，互相促进的“新型社会治理共同体”，提高乡村治理水平，构建乡村治理新格局，巩固脱贫攻坚成果，为乡村振兴赋能。

案例《教学手册》

一、教学目的与用途

1. 本案例的适用课程

本案例主要适用于公共管理相关课程。

2. 本案例的教学对象

本案例的教学对象为公共管理硕士研究生。

3. 本案例的教学目标

本案例是一篇介绍乡村治理的典型教学案例，其教学目的在于使学生在治理体系现代化背景下，对于乡村治理具有不同的视角以及更深入的思考，提升公共管理领域学生对乡村振兴建设的理论素养和认识。

二、启发思考题

1. 乡村“智”理中的“智”体现在哪些方面？
2. 数字积分制在乡村治理中的作用和意义是什么？
3. 乡村共同体“内循环”和“外循环”分别代表什么？起到什么作用？
4. 案例中玉岗村的未来治理面临的困境有哪些？
5. 通过“乡村治理共同体”可以解决乡村治理中的哪些问题？

三、分析思路

首先分析玉岗村积分制提出的背景，然后通过了解自上而下推进这一治理工具的政策体系、组织结构、管理考核运行体系等内容。在此基础上，分析乡村治理过程中存在哪些现实问题和困境，并运用共同体等理论视角分析存在这些问题和困境的原因是什么，进而提出相应的政策建议。

四、理论依据及分析

1. 运用社会共同体理论分析乡村治理中的困境和解决方法。

2. 运用积分制的相关理论分析乡村治理引入数字化工具的意义和作用。

3. 运用双循环理论分析解决乡村治理困境的途径和方法，并以此为依据分析乡村治理共同体未来发展的政策建议。

五、关键点

1. 乡村治理的困境。

2. 乡村治理共同体的作用和意义。

3. 构建内外双循环对解决共同体困境的路径方法。

六、建议课堂计划

（一）引入案例（10分钟）

教师通过多媒体方式向学生展示玉岗村的基础资源条件和积分制提出的背景、政策文件、组织执行体系以及执行情况内容。

（二）情景呈现（10分钟）

设定现实情境，让学生分组进行角色模拟和讨论。

（三）分组讨论（20分钟）

各组经过讨论，将乡村治理的困境及理论写在黑板上。

（四）分组辩论（30分钟）

各组结合自己和其他组观点进行公开辩论。

（五）案例点评

针对学生分组辩论的情况予以点评，并对案例的关键点进行重点分析。

（六）案例总结

总结案例，启发学生对乡村治理共同体的建设进行更深入的思考。

案例二

全域旅游驱动生态产品价值实现

——以西藏自治区那曲市嘉黎县为例[①]

① 本案例由中央财经大学政府管理学院在读博士研究生、西藏大学经济与管理学院经济学系讲师曹志敏编写。

案例正文

嘉黎县位于西藏自治区那曲市东南部，凭借独特地理与人文资源，在数字化时代，借助完善的交通信息网络，通过政府与市场机制双轮驱动，打造特色旅游品牌，推动文旅、旅游与民族手工业、旅游业与农牧产业等融合发展，同时注重生态保护与基础设施建设，提升旅游服务与治理能力，探索出一条生态优先、绿色发展的全域旅游之路。

一、案例背景

嘉黎，藏语为“拉日”，意为“神山”。嘉黎县位于西藏自治区那曲市东南部，唐古拉山与念青唐古拉山之间，东经91°09′—94°01′，北纬31°07′—32°00′，该县地处青藏高原腹地，平均海拔4500米，县域所在地海拔4488.6米，地势从西北到东南由高到低倾斜，属念青唐古拉山支脉。嘉黎县距所属管辖地那曲市约211千米，距自治区首府拉萨市537千米，县行政区域面积为13069平方千米。嘉黎县下辖2个镇、8个乡，设有3个居委会，共计121个行政村。其中，阿扎镇是县人民政府所在地。据统计，嘉黎县户籍人口共40518人，常住人口共38797人，系藏汉多民族聚集地。

二、嘉黎县产业发展举措

（一）文旅融合，打造特色旅游品牌

近年来，嘉黎县借助逐渐完善的交通信息网络，在县政府的顶层设计之下，由嘉黎县文化和旅游局牵头，通过政府机制和市场机制“一体两翼”的双轮驱动模式，打造具有地方特点和民族特色的嘉黎旅游品牌。其间，依托高山峡谷的地貌风景优势，将当地传统文化蕴含的思想观念、人文精神、道德规范与旅游要素相融合，为游客提供了沉浸式人文旅游体验和高原特有的极地旅游体验。文旅产业的融合持续提升了嘉黎县旅游品牌影响力。通过申报非遗名录，旅游品牌建设在培育非遗传承人的同时，也为全域旅游提供了丰富的人文资产。

（二）科学规划，推进全域旅游发展

嘉黎县政府围绕“西藏秘境”制定以生态旅游景区为主的全域旅游发展总体规

划，及片区修建性详细规划，按照“一轴”（省道 302 旅游景观轴）、“三线”（旅游南线、北线和东线）、“五景”（国际重要湿地及国家级湿地保护区麦地卡、林堤拉屿阿叶达塘旅游景区、措多乡草原生态旅游景区、嘉黎镇人文历史旅游景区、易贡藏布尼屋旅游景区）的规划布局，持续推进生态旅游业发展。随着试点实施工作的深入，嘉黎县全域旅游发展总体规划和重要片区修建性详细规划设计工作已经开展。

其中，嘉黎县通过打造以“生态游、体验游、民俗游”为代表的特色旅游风情小馆，持续推进“嘉黎”系列旅游商品的研发。同时，引导建设休闲农业园、乡村民宿精品度假村项目，选择以民俗文化和自然景观为载体，发展自驾营地、房车营地、度假营地以及智慧景区等新型旅游项目，通过提高旅游业服务质量拓宽客源市场。此外，嘉黎县还发展赛马节等节庆文化旅游，打造特色乡村旅游摄影展，鼓励创建“牧家乐”和开发本土民俗风情表演项目等。

（三）整合资源，构建旅游发展新格局

通过整合旅游资源，形成以“点”带“面”的渐进式开发模式。重点开发易贡藏布尼屋旅游景区“麦地卡湿地”“独峻大峡谷景区”“依噶瀑布景区”“嘉乃玉措”“拉日巴”龙头景区，着力打造茶马古道、尼屋乡依噶瀑布、藏比乡六村天然溶洞、“一居两湖”，形成嘉黎旅游相互呼应、互联互通的新格局。同时，开辟完善班禅家乡朝圣游、神山神湖风游游、嘉黎独俊大峡谷风光游、世界最高牧场特色游、西藏秘境等精品旅游线路。

（四）产业融合，拓展经济发展路径

不仅如此，为实现旅游与民族手工业的深度融合发展，嘉黎县采取了两方面措施。一方面，基于旅游纪念品需求发展民族手工业，重点发展雕刻、唐卡壁画、藏毯、民族服饰等系列产品。以纪念品和民族生活必需品为重点，推动民族手工业与旅游业发展相融合，同时促进民族手工艺传承者与企业联合发展，提高产品设计水平、工艺流程、生产质量和经营效益。另一方面，依托旅游餐饮需求发展农牧产业，加快对牦牛、神山“智美”蔬果、尼屋林下资源等特色农畜产品的开发，打造一批具有旅观光价值的生产基地。

此外，嘉黎县依托旅游业带动区域内休闲农牧产业发展，发展中藏药产业。建成藏北地区重要的藏药材生产园区，探索人工虫草种植项目，推进藏药产品林场应用基础研发，推进药材资源圃、野生药材抚育基地和藏药材人工驯化基地的建设，形成冬虫夏草、藏贝母、尼屋灵芝、尼屋野生松茸、手掌参、藏红花等拳头产品，并通过发

展中藏药综合加工，自创护肤产品“安达美容”。同时，为嘉乃玉措国家湿地公园、独俊景区等一批景区造景、护景。截至 2022 年 7 月，嘉黎县吸收社会资本，统筹谋划区域生态环境重点项目，累计抚育森林 200 亩，有效增强了景区内森林涵养水源、保持水土、优化水质、净化空气、调节气候的生态功能，为全域旅游积累了丰厚的生态资产。

三、嘉黎县旅游配套建设与治理

（一）旅游基础设施建设

嘉黎县开展对拉日寺及沿途古迹保护修缮工作，并推动大峡谷风景名胜区保护工程。通过多方筹措资金，配套建设旅游游客集散中心、旅游信息中心、各景区救援站。推进阿扎镇、尼屋乡等特色旅游村镇建设，打造旅游休闲度假基地。

（二）旅游服务与治理提升

建设“便民警务站”“便游服务站”，依托综合性旅游服务平台和旅游信息网，健全旅游安全预警和应急机制，完善旅游应急救援等安全救助体系，不仅如此，为了打破因环境因素造成的垄断壁垒，凭借技术优势针对生态环境实施扁平化治理，从而提升经济发展水平。通过减少管理中间环节，畅通管理基层之间的信息沟通，其实质是要提升政府针对棘手公共问题的治理体系和治理能力，这不仅包括对传统模式的全局调整，而且不再是静态、被动地依据已经产生效果的作用和对象进行调整，而是通过动态的多方协同模式，使传统模式下无法被改变的客观存在能够熟悉甚至被合理利用。那么，以实现精简高效为基础，如何缩短传统模式内政府职能的行使半径，则成为协调发展与保护的又一关键。

四、案例引申——西藏自治区生态与经济发展策略

（一）建立健全生态产品价值实现机制

“十四五”时期，遵照《中央和国家机关有关部门贯彻实施党的二十大重要改革举措分工方案》文件提出建立生态产品价值实现机制的部署要求，西藏自治区政府为响应国家加快推动生态优势、生态效益转化为经济效益的要求，通过建立健全生态产

品价值激励机制，拓展生态产品价值实现模式，依据地区比较优势，赋能自然资产，在严格保护生态环境的前提下，鼓励各地因地制宜开展生态产品创新，打造了一批权属明确、多元一体的生产产品清单，走出一条生态优先、绿色发展的道路。

（二）旅游发展推动生态产品价值实现

依托传统模式下旅游资源的禀赋特点，结合新型科技产能，通过大力发展全域旅游以及极地旅游，高原旅游凭借“包罗万象”的开放特点，促使生态产品价值实现在传承少数民族优秀传统文化的同时，以充分激活地区经济新增长点为目的。其内在所蕴含的可持续发展理念表明，主体功能区生态产品价值实现，除了应该以切合生理需求的方式满足个人价值所需外，也需要以切合情感需求的方式，满足社会价值所念。更为重要的是，当价值实现是以系统生态的方式存在时，生态产品价值实现和实现生态产品价值实际还需要以满足安全需要的方式切合组织利益所盼。

（三）改革推动政府战略管理优化

不仅如此，正是因为改革是为了摒弃传统模式存在的弊端，并需要就不确定性产生的高交易成本与低交易收益问题施以效用缓解，甚至实现零成本的效用改进和无成本的效用优化，致使政府机制在面对非结构化的交易互动时，不能仅依据现有的现实情景来制定战略规划和部署，而要在动态趋势下，不断调整自身以适应内外环境变化。因此，围绕如何促成“有为政府”和“有效市场”这一核心问题，可以通过外部效应内在化处理机制推进实现帕累托改进，并就如何促使“有机社会”也能参与其中，意味着围绕以创造公共价值为核心的战略目标导向，改革应该是在政治管理、使命管理和运营管理相互作用下，合理规避风险，并在此基础上生产符合公众利益的产品。

五、逻辑演绎

（一）“山水林田湖草沙”——“山水”

生产达到帕累托最优即指生产达到了最优状态，也就是生产达到了没有机会成本存在的状态。换而言之，是指生产达到了不存在边际替代情况发生的状态。在寡头垄断特征下，生产享有绝对禀赋的特质，因此生产最优需要通过储蓄（消费）的调节手段，达成与资源配置之间的价值契合。此时，分配机制显示出收入效应大于替代效应的改进标准，这就使得完善机制分配需要重点围绕排他性和不可分性予以展开，促使分配机制呈现出竞争性、非排他性和效用可分性，从而推动生产最优在没有机会成本作用下形成共享经济模式。以发展和保护为例，生产最优意味着上游的环境保护不会对下游资源利用造成影响，上游的生态开发也无须对下游环境保护给予补偿。

（二）“山水林田湖草沙”——“林田湖”

交换达到帕累托最优即指交换达到了最优状态，也就是交换达到了没有机会成本存在的状态。换而言之，交换达到了偏好完全被饱和的状态，完全满足了需求偏好。在寡占垄断特征下，交换具有相对禀赋的特质，因此交换最优需要通过消费（利率）的调节手段，达成与资源配置之间的价值契合。此时，分配机制显示出替代效应大于收入效应的改进标准，这就使得完善机制分配需要重点围绕竞争性和可分性予以展开，促使分配机制呈现为排他性、非竞争性和效用不可分性，从而推动交换最优在没有机会成本作用下形成分享经济模式。以发展和保护为例，交换最优意味着下游的资源利用不会对上游的环境保护造成影响，下游的生态开发不需要向上游环境保护给予补偿。

（三）“山水林田湖草沙”——“草沙”

生产和交换同时达到帕累托最优，即指生产和交换同时达到了最优状态，也就是生产和交换同时达到了没有机会成本存在的状态，换而言之，当生产在没有边际替代情形时，交换也恰好达到了偏好完全饱和的状态。此时，有效需求等于有效供给，在没有垄断因素影响的情况下，满足偏好饱和的要素禀赋可以实现充分的流通。此时，因替代效应等于收入效用等于总效应。效率提高的标准使得完善机制分配需同时围绕竞争性、排他性和不可分性展开，促使分配机制呈现为非竞争性、非排他性和效用不可分性，从而同时推动生产和交换在没有机会成本作用下形成创新经济。以发展和保护为例，生产与交换同时达到帕累托最优，意味着上游的环境保护代表了下游的资源利用，下游的生态开发代表了上游的环境保护。

六、结论与启示

从短期角度来看，当发展处于社会禀赋优势时，低交易成本意味着需求的可替代性减弱。此时，收入效应大于替代效应，需求具备被动的议价能力，处于买方市场且偏好机会成本下降，需求量与价格呈同方向变动，呈现较为显著的韦伯伦效应。反之，当发展处于短期社会禀赋劣势时，高交易成本意味着需求的可替代性增强，此时，替代效应大于收入效应，需求具备主动的议价能力，处于卖方市场且偏好的机会成本上升，需求量与价格呈现相反方向变动，呈现较为显著的低质品效应，围绕着以提升相对禀赋质量为基础的剩余价值转化，实际上是为生态价值的形成积累价格优势。

从长期视角来看，当发展处于自然禀赋优势时，低交易成本意味着劳动力数量供给具备较强的可替代性。此时，收入效应大于替代效应，偏好机会成本渐进趋向于零，使得需求量与价格呈现同方向变动，经济体限流的发展形态呈现较为显著的吉芬效应。反之，当发展处于自然禀赋劣势时，高交易成本意味着劳动力数量供给的可替代性减弱，需求偏好的机会成本上升，经济体发展的投机机会增多。此时，替代效应大于收入效应，使得需求量与价格呈现相反方向变动，经济体限流的发展形态呈现出较为显著的劣质品效应。围绕着以绝对要素增长为基础的剩余价值转化，实际上是为生态价值的形成积累数量优势。

为此，政府战略管理理论认为，审慎监管的内控机制可以改善区域发展面临的内生性问题，致使机制运行在针对不可变要素进行调节的过程中，解决由供给引发的时间限流问题，发展需要采取代际转移的方式，通过延长禀赋效能，从而改善时间限流带来的不利影响。因此，组织管理的外化机制应该重点围绕着纵向定价的方式展开，以便在过程中对内生性问题予以合理矫正，其根本在于围绕机会成本和交易成本对权益范畴进行界定。故而，依据帕累托最优提出的效率提高原则，当组织内部没有任何一方利益受损且有任意一方变好时，效用布局就达到了最优化。那么，当机制运行选择围绕着机会成本和交易成本落实效率提高，以充分切合组织利益最大化时，本质上则需要推进社会利益最大化的形成。

同理，政府战略管理认为沟通协作的外控机制可以有效解决区域发展面临的外部性问题，这需要在对可变要素进行调解的过程中，重点解决由需求引发的空间限流问题。为此，采取跨期分配的方式，扩大参与到机制运行当中的主体效力，改善空间限流带来的不利影响。组织管理的内化机制应该围绕横向定价的方式展开，其根本是围绕着交易成本和边际成本对权益范畴进行界定。故而，依据帕累托效率提出的兼顾公平原则，当组织中没有任何一方继续恶化且有一方变好时，效用布局就没有完成最优进化。那么，当机制运行选择围绕着交易成本和边际成本落实效率提高，以充分切合组织利益最大化的同时，核心则是需要推进个人利益最大化的实现。

案例《教学手册》

一、教学目标

通过案例学习掌握公共物品的概念、特征、分类，以及供给方式，了解公共物品的最优供给条件，以及局部均衡分析、一般均衡分析，理解政府公共物品供给职责，进一步明确市场经济条件下政府经济活动的合理性。

二、教学内容

（一）公共物品含义

1. 消费的非竞争性和非排他性特征。
2. 公共物品与私人物品。
3. 公共物品的分类及特征。

（二）公共物品的供给

1. 公共物品的公共供给。
2. 公共物品的最优供给量。
3. 公共物品的供给——局部均衡分析。
4. 公共物品的供给——一般均衡分析。
5. 混合物品的供给方式。
6. 公共物品的私人供给。
7. 公共物品提供的组织形式。

三、问题讨论

1. 简述公共物品分类及特征？
2. 公共物品的公共供给方式及其选择标准有哪些？
3. 简述公共物品供给的局部均衡分析和一般均衡分析？

4. 试述现阶段我国政府公共物品供给制度存在的主要问题及改革思路？

四、分析思路

综合运用课堂导入、讲授法、讨论法以及课堂实验等手段，激发学生的课堂参与积极性。尤其是在多案例穿插环节，利用课堂合作模式，让学生提出在日常工作生活学习中发现的与主旨案例相关联的案例，通过课堂实验让学生在头脑中绘制出案例之间的逻辑脉络，以“头脑风暴”的形式，有效规避案例过多可能存在的关联性不足问题，不仅能够提高学生分析问题解决问题的能力。同时，也能转变传统课堂模式存在的不足。

五、课堂教学计划

（一）导入新课

第一，什么是外部性？外部性拥有哪些分类？第二，为什么说正负外部性都会表现出效率损失？第三，通过有效的公共产品供给改善外部性问题带来的效率损失，公共产品应该呈现什么样的特性？进入主旨案例“全域旅游驱动生态产品价值实现——以西藏自治区那曲市嘉黎县为例”。采取“案例介绍—案例对比—案例问题的提出”吸引学生参与到课堂当中。

（二）讲授新知

由主体功能区生态产品价值实现引发的思考，使得人们意识到针对由外部性引发的市场失灵问题，通过采取以政府为主导，全社会成员共同参与合作治理的模式，对其存在的资源配置扭曲予以扭转。从某种程度上而言，意味着因产权无法获得定价造成的生态安全问题，通过引入市场机制扭转正负外部性带来的效率损失，意味着有效的公共产品供给，可以为组织运营提供坚实的基础和保障。

（三）案例分析

1. 以“全域旅游驱动生态产品价值实现——以西藏自治区那曲市嘉黎县为例”为例，深入了解产生外部性的原因（见图 2 - 1）。

市场失灵理论

市场失灵是指由于内在功能缺陷和外部条件缺陷引起的市场机制在资源配置的某些领域运作不灵。

就校车市场而言，在市场机制的自发性和不确定性驱使下，校车的提供方由于预期收益得不到满足，导致校车的供给小于需求。

图 2－1　市场失灵理论

2. 重点认识“生态产品”的公共属性及其正外部性（见图 2－2）。

“公共物品是这样一些物品，无论每个人是否愿意购买它们，它们带来的好处不可分割地散布到整个社区里”。

公共产品是私人产品的对称，是指具有消费或使用上非竞争性和受益上的非排他性的产品。一般由政府或社会团体提供。

保罗·萨缪尔森（Paul A.Samuelson）（1915-2009），当代凯恩斯主义的集大成者
1970年诺贝尔经济学奖获得者

图 2－2　公共物品概述

3. 围绕生态环境治理引发的公共安全问题，在有效公共产品供需皆不足的前提下，如何推动私人产品朝向准公共产品实施效用升级（见图 2－3）？

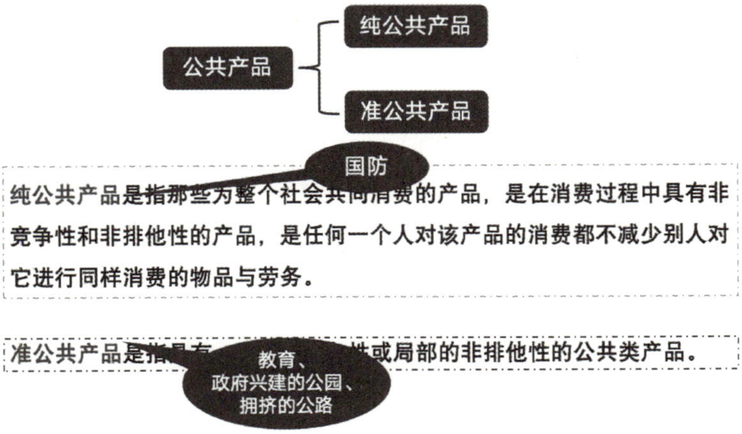

图 2－3　公共产品概述

案例三

“制度—技术”双赋能，“千年古茶”再飘香

——湖北咸宁青砖茶产业转型升级之路[①]

① 本案例由中央财经大学政府管理学院张剑教授、姜玲教授，中央财经大学政府管理学院硕士研究生李梦、柳欣悦、赵来伟、任慈、刘月共同编写。案例材料均来源于研究团队实地调研及访谈，且均已获得相关单位授权使用。

案例正文

当前，科技成果产业化程度低、科技资源优势转化为经济发展优势能力不足等问题备受关注，如何推动政产学研深度融合、加速科技成果转化已成为政界、学术界和产业界共同面临的重要议题。为团结引领广大科技工作者参与构建新发展格局，更好促进科技经济深度融合，中国科协制订并实施了“科创中国”行动计划。在“科创中国·湖北中心站”的组织推动下，湖北省先行先试，建立科创联络员制度，并充分利用新型研发机构的制度创新和体系开放优势，探索形成了“科创联络+新型研发机构”的科技成果转化新模式，为产业转型升级贡献了“咸宁经验”。那么，“科创联络+新型研发机构”这一模式是如何发挥作用的？解决了哪些问题？取得了哪些成效？有哪些值得推广的经验？

一、引言

本案例遵循细化、精化、透化“小案例”，反映“大成效”的原则，以湖北咸宁赵李桥茶业青砖茶生产线改造项目为切口，描述了赵李桥茶业面临生产线落后等转型难题束手无策，新型研发机构合作进行技术赋能仍不理想，最后“科创联络员”介入整合多方资源成功转型升级的鲜活案例。通过对湖北省咸宁市赵李桥茶业转型升级项目背景及项目推进过程中面临的困境、做法和成效进行剖析，深入刻画“科创联络+新型研发机构”模式下技术研发难题的破解逻辑，在聚焦“科创联络+新型研发机构”上探索出了一些可供复制、可供参考的产学研合作经验，以期为其他地区推动科技经济融合、技术带动产业转型升级提供可推广的经验。但值得注意的是，“科创联络+新型研发机构”的模式更适用于区域性、以中小企业为主的产业共性技术研发，不仅科创联络制度需要政府的“背书”，新型研发机构也需要拥有“本土情怀”、了解“真实技术”、提供“一站式服务”，此外，还需要产业技术需求具有强烈的“共性特征”。

技术创新过程被视作一个涵盖不同主体和各类制度间复杂互动关系与反馈机制的系统状态，而实践中主体动力不足、信息流动受阻、制度安排脱节等原因使得科技活动各环节存在各种“交易费用”，并会掣肘技术创新和产业转型中实质性合作的实现与效果提升。本案例着眼于传统加工产业，以湖北咸宁青砖茶生产线改造项目为切口，运用文献研究、实地调查、案例研究等方法，对“制度—技术”双赋能，即科创联络员主动对接需求、搭建合作网络，新型研发机构积极推动资源整合、打通创新鸿沟的过程进行深度描绘，从需求拉动创新理论、交易费用理论的视角厘清案例的内在逻辑，以期为推动传统产业转型升级和政产学研合作推广实践提供有效参考和借鉴。

二、案例介绍

（一）生产线问题掣肘青砖茶产业转型升级

湖北省咸宁市赤壁市产茶历史悠久、文化深厚，素有“中国砖茶之乡”的美称，是赤壁青砖茶的发源地和万里茶道源头之一。唐代以后与吐蕃、西域、西亚以及新罗、东南亚等地区的贸易往来日趋频繁，茶叶种植也随之全面铺开。清代同治、光绪年间，赤壁青砖茶加工作坊林立，鼎盛时期拥有茶庄 48 家、茶铺商店 200 余户。中外闻名的万里茶道，从咸宁赤壁至俄罗斯圣彼得堡，横跨亚欧大陆，行程万里，是与丝绸之路齐名的一条重要国际商路，以赤壁青砖茶为主要承运货物，占据了当时世界茶贸易的半壁江山。

近年来，随着市场需求的逐步扩大，在传统加工模式下制作工艺繁杂、生产效率低、人工成本高、标准化难以保证、质量安全堪忧等弊端突出，亟须对传统生产线进行技术改造，提高智能化、清洁化、标准化、轻简化水平。然而，当地青砖茶企大多属于中小企业，普遍面临经营成本高、融资难度大、研发能力弱且动力不足等困境。能否解决生产线改造难题成为制约青砖茶产业转型升级能否取得成功的关键因素。

赵李桥茶业作为省重点龙头、省高新技术企业，先行先试，主动投身青砖茶生产线改造。虽然探索之路面临重重困境，但“重振青砖茶产业、复兴青砖茶文化”的历史情结与使命担当直接促成了节能高效砖茶压制自动化生产线研发项目的开启，也为打通科技成果转化“最后一公里”咸宁模式的形成提供了契机。在被问及参与生产线改造的动机时，赵李桥茶业总经理李鹏程说道：“青砖茶是国家非物质文化遗产，历史上曾作为中国与西方友好往来的见证，具有重要的历史文化价值，同时也具有一系列独特功效。近年来，青砖茶产业面临一些发展困境，尤其是传统生产线的生产效率和质量已经越来越难以跟上时代节奏。但是我们本地的青砖茶企业规模都不大，抗风险能力有限，很少有企业愿意并且有能力对生产线进行改造。我们企业从成立之初就一直肩负着重振赵李桥青砖茶的历史使命，所以即使创新有风险，甚至可能失败，我们也非常愿意做第一个吃螃蟹的人，用科技赋能产业转型升级。”

（二）“科创联络+新型研发机构”赋能生产线改造

2020年4月，中国科协印发《中国科协2020年服务科技经济融合发展行动方案》，正式启动“科创中国”项目，旨在促进科技经济深入融合，助力地方高质量发展。为推动科技资源聚合优化、帮企业寻“智力”解难题，科创中国·湖北中心站借“科创中国”之势，充分发挥科协系统强大的人才荟萃和组织网络优势，组建科创联络员队伍下沉产业一线。

围绕青砖茶产业转型升级难题，咸宁科创联络员深入一线调研，发现许多茶厂存在生产线改造的共性需求。经多方探讨决定，依托湖北省茶叶学会，组织茶叶发酵、机械、自动化等领域专家，在湖北香城智能机电研究院（简称香城研究院）开展渥堆机共性技术研究攻关和熟化，技术熟化后，转让给需求企业，为地区装备制造技术升级和产业发展提供重要支撑。在“科协为主导、联络员推动、各方有序参与”的组织模式下，探索形成了“科创联络+新型研发机构”的科技成果转化新模式，有力推动了青砖茶生产线改造项目的落地实施。

1. “科创联络”：以需求对接搭建合作网络

科创联络员队伍旨在政产学研合作网络中发挥枢纽和桥梁作用，既要促进科学家与企业家的有效合作，又要为实质性合作的推进寻求各方资源支持，是一支既懂技术、懂企业、懂专家，又熟悉技术研发、成果转化过程，同时还了解相关政策和政府工作流程的科技服务人才队伍。

聚焦咸宁青砖茶生产线改造与产业转型升级问题，在科协相关领导和有关部门的牵头带领下，借助咸宁市2020年4月下旬开展的“六大活动”，科创联络员实地走访当地茶企，开展问卷调查、座谈会，了解青砖茶生产经营情况、科技创新情况及存在的困难。发现当地青砖茶产业基础薄弱、无序竞争现象明显，且生产线人工成本高、生产效率低、产品质量不达标等问题较为突出。

针对调研结果，科创联络员这支“新生”队伍凭借独特的资源协调优势，搭建起包括咸宁市科协、赵李桥茶业、湖北科技学院、香城研究院等在内的政产学研合作网络，旨在借助生产线改造推动青砖茶产业实现转型升级。

2. “新型研发机构”：以资源融合打通创新鸿沟

香城研究院是咸宁市委市政府整合政府、企业、高校资源，对接三方供需成立的以“技术创新、人才培养、成果转化、企业转型升级、加速产业聚集”为目标，以“全职员工、兼职研究员、外聘专家、项目伙伴、联培研究生”多元人才合作模式为特色的咸宁首个新型研发机构，同时也是“国家级智能机电创新型产业集群”创新科技服务平台。

葆有“服务本地”的特殊情怀，香城研究院持续关注咸宁市本地企业的发展，聚焦产业发展需求，提供定制化、有针对性的服务。院长周国鹏表示：“咸宁有许多企业面临技术创新问题，难以承担共性技术研发的成本和风险。外面的研究院、研究团队很难了解企业的发展需求，很多时候也不愿意投入资源去解决个别企业面临的问题。我自己是咸宁人，我觉得有责任为企业提供一些切实有效的帮助，解决他们面临的难题。”

作为主要从事科学研究、技术创新和研发服务的新型研发机构，香城研究院聚焦智能机电产业，整合创新资源，汇聚创新要素，探索形成一站式创新服务体系，推动政产学研深度融合，着力实现“企业家有科学家解决难题，科学家有企业家转化成果”。其在开展周期较长的基础研究、交叉学科研究、工程化与中试、产业化推广等方面独具优势，为咸宁市机电产业集群 226 家企业提供了技术改造和科技研发服务，为集群企业解决技术难题 100 余个，与 40 余家企业签订研发合作合同，为企业带来经济效益达数亿元。同时也凭借其灵活、高效的创新资源整合能力，为青砖茶生产线改造项目落地提供了技术保障。但在精准对接企业需求、获取优质研发资源等方面仍存在不足，亟须与科创联络员积极配合形成合力。

3. “科创联络 + 新型研发机构”：破解共性技术研发难题

为顺利推动青砖茶生产线改造，破解产业转型升级难题，科创联络员与香城研究院积极发挥各自优势，汇集、整合各类创新资源，联合攻关产业共性技术研发难题。

深入调研进一步凝练企业共性需求。科创联络员多次对企业进行调研走访，深入挖掘企业共性需求。在前期了解和调查的基础上，科创联络员深入青砖茶企业生产车间，详细了解青砖茶晾青、搓揉、发酵、烘焙、分筛、压制、修砖、晾砖、装箱等环节面临的自动化生产难题，并与青砖茶生产线改造项目相关负责人员进行深入交流，了解项目进展情况，梳理项目推进的难点与痛点，进一步明确项目推进所需的各项资源，总结出“产工艺繁杂，曝干、发酵、烘焙和晾砖程度难以控制，搓揉和修砖等环节靠人力难以保障卫生情况等”青砖茶生产中面临的主要共性困境。

精准对接共性技术供给团队。在深入调研凝练企业共性需求的基础上，通过“科创中国”融通平台、“科创湖北”数据网络平台精准定位直接面向相关共性需求的技术成果和研究团队，充分发挥科创联络员的协调功能以及咸宁市科协的组织优势和资源优势，积极推动企业家与科学家的有效对接，搭建政产学研合作平台，打通堵点、连接断点，把技术、人才、数据等创新要素引向基层一线，推动“人才链”匹配“产业链”。例如，积极联系华中农业大学和华中科技大学的教授，并促成其与茶厂的交流探讨，形成了针对青砖茶生产线改造技术攻关方向的专业化评估和研判。

研究方案定制与技术攻关熟化。针对科创联络员调研中发现的问题以及专家的技术研判，香城研究院为企业定制了个性化的研发方案，并积极申报湖北省技术创新科技重大专项，获得200万元资金支持。在此基础上，咸宁市地方政府提供科技专项支持50万元，湖北科技学院提供配套资金100万元。各方共同参与建立资金池，有效缓解了研发资金压力。在香城研究院的牵头组织以及科创联络员的牵线搭桥下，来自湖北省农科院、咸宁市农科院、湖北科技学院等高校的茶叶发酵、机械、自动化等领域专家在香城研究院开展技术联合攻关与熟化工作，研制出节能高效砖茶自动化生产线，整条压制线集称茶、蒸茶和压制于一体，出砖速度可达每分钟5—10片，人工由18人缩减至4人左右。

龙头企业示范效应，实现技术推广。为促进共性技术推广，带动青砖茶产业整体转型升级，科创联络员进一步发挥协调作用，打造“以龙头企业为示范，带动企业整体发展”的路径模式。2020年11月初，青砖茶生产线改造项目的原理论证基本完成。在各方共同努力下，节能高效砖茶压制自动化生产线已在赵李桥茶业进行生产调试，以期在全市范围内起到良好的示范带动作用，推动传统机械压制砖茶的技术革新。

（三）生产线改造成效初显

目前，青砖茶生产线改造项目已进入攻坚阶段，取得了一系列初步成效。

搭建合作网络、打通创新鸿沟，实现科技成果转化落地。科技成果转化是实现从科学到技术、从技术到经济的“关键环节”，但不少科研人员的研究被“束之高阁”，成果仅停留在实验室。聚焦青砖茶生产线改造，科创联络员发挥“润滑”与“协调”作用，依托“科创湖北平台”等新型信息化技术和手段，实现了共性需求与技术供给的精准匹配。作为新型研发机构的香城研究院，着力打破政产学边界壁垒，构建咸宁市科协、湖北科技学院、赵李桥茶业之间的制度性通道，以一站式创新服务体系，实现创新资源深度融合，打通科技成果转化的“最后一公里”。

探索形成责任共担、利益共享机制，缓冲企业研发风险。围绕青砖茶生产线改造项目，科创联络员与香城研究院积极发挥对接联络和资源整合作用，经过多方协调，创造性地形成了以地方政府科技专项支持、经济和信息化局补贴、高校配套、研发投入、研究院垫资为核心的研发资金池，为青砖茶企业的技术创新提供经费支持，有效缓解了企业面临的研发风险。正如湖北科技学院王朝南教授所说：“从理论研究到技术落地是很艰难的，尤其是中试阶段难度大、风险大、资金缺口大。这也正是很多企业不愿意进行技术创新的重要原因。而通过各方共同出资建立资金池，在一定程度上缓解了企业创新的后顾之忧。”

赋能共性技术研发与转化，推动青砖茶企业发展和产业转型升级。青砖茶生产线改造项目以产业共性技术问题和需求为抓手，推动青砖茶压制技术等方面的革新。例如，生产线改造项目研发出的生产线可以实现蒸茶和压制一体，完成自动精准液压切茶、自动仿型修边、高效自动称茶，将各成分原茶误差控制在3g以内，同时实现青砖茶包装自动化，每分钟完成6—8块茶砖包装，青砖茶生产的智能化、标准化、清洁化、轻简化水平得以大幅提升。2021年4月9日，赵李桥茶业进行第三次节能高效砖茶压制自动化生产线试生产。据总经理李鹏程介绍：“通过节能高效砖茶压制自动化生产线，我们的人力成本至少能下降50%，称茶、蒸茶、压茶、冷却定型等效率提升至手工包装效率的3—4倍，生产清洁程度也得到了很大提高。”

三、国内外研究与实践现状

（一）关于传统产业转型研究

1. 技术创新推动传统产业升级

创新包含新技术的使用、新产品的引入，通过创新可以对经济发展和产业提升起到巨大推动作用（Schumpeter，1911），经济发展的动力来自创新（Schumpeter，1934），技术进步才是经济增长的来源（R. Solow，1957），技术创新是经济增长的内在因素（P. M. Romer，1986），企业进行技术提升时不应局限内部，要尽可能运用外部资源和方式，通过与外部合作者一起承担风险及其收益（Chesbrough，2003）。因此，国外方面较早认识到了创新，尤其是技术创新，对企业乃至产业的巨大推动作用，传统产业升级较快主要表现为技术创新覆盖率高、创新水平高、科技转化率高等特征。

而国内方面起步较晚，相关研究发展于20世纪80年代初，清华大学经管所最早提出技术创新是企业寻求更高效率和更低成本。罗伟等提出在进行经济活动中加入新技术、新工艺，从而在市场上获得成功。产业转型升级应提高产业技术含量，将技术含量看作评价产业转型升级的标准（刘志彪和张晔，2005；隆国强和张丽平，2012）。因此，在茶企转型升级过程中，将新技术、新设备投入到青砖茶技术提升，可以看作是技术创新应用于产业升级。技术创新是在当前科研机构鼓励产学研发展的背景下，大力支持产业技术与企业深度融合，既可以将先进技术转化为生产力，实现经济效益，又可以带动当前产业技术更新换代，从而提高我国产业整体生产力水平。

2. 政产学研合作机制

政产学研合作是在产学研合作的基础上引入政府层面，从而建立起政府、企业、高校以及科研院所四者协同创新发展的新型合作路径，即建立以政府为主导、企业为主体、高校和科研院所为支撑的科技成果转化合作体系。通过这四者合作，有助于在技术创新过程中风险共担、优势互补、利益共享，以实现高校、科研院所到企业，企业到市场的协同创新目标。国外方面关于政产学研合作的研究起源较早，主要以协同和创新作为研究主线，研究协同效应和协同创新。经过发展，在协同概念与演化方面研究成果丰富。美国研究学者彼得·葛鲁尔率先提出协同创新定义，1987 年英国学者费里曼首次提出产学研合作的概念，为创新体系的建立奠定了宝贵基础。在协同创新机制研究方面，主要有创新要素协同（Rolond W · Schmitt）、资源利益的整合（Veronica Serrano、Thomas Fischer）、绩效评价研究（Simon Philbin）以及政产学研合作演变（Plewa）等，费里曼分析产学研合作的本质就是参与的各个主体与政府的互动式交流。

国内对于政产学研的研究起源于 1992 年原国家经贸委牵头实施的“产学研联合开发工程”，随后在全国开展，经过近 30 年的发展同样积累了丰富的研究成果。协同创新是促进各方资源互补、协同开展成果产业化的活动（陈劲，2012）；政府是主要制度的提供者，要通过机制构建来为协同创新提供保障（张钦鹏，2014）；以美国为研究对象来看，美国的协同创新主要从科技政策、经济支持、设立中介服务平台等方面发挥作用（蓝晓霞，2013）。从问题导向来看，要建立高校科研团队、人员和团队聘用的激励制度，弥补人员发展不足的问题（谢耀霆，2015）。以上研究表明，政产学研的研究是以协同、创新为目标，最终实现各方互利共赢。在此案例中，“科创联络制度—新型研发机构技术”对茶企进行了双重赋能，探索出了一条企业、高校和科研机构、政府的创新合作路径，不仅完成了自身发展目标，而且促进了科技创新、成果转化、经济发展的运行机构的构建。对今后政产学研应用，特别是在传统领域中的实践提供了良好的示范。

（二）基本述评

国内外针对技术创新和政产学研已经有了很多研究，凭借先进的研究成果，走在了世界发展的前列，且其研究在促进产业转型、技术创新与转化等方面成效突出。目前我国正经历新发展阶段，处于经济社会发展转型新时期，农副产品加工类型的传统产业种类多、体量大、涉及社会群体范围广，转型任务艰巨且复杂。但新技术、新模式带来了一些新的推进转型的方式，需要我们在研究技术创新、政产学研合作方面下力气深入研究，以实现科学技术创新与飞跃，不断让科技成果转化为实实在在生产力，加快我国传统产业转型升级，从而构建新发展格局，促进经济稳定增长。

（三）实践经验

1. 国外实践经验

产业转型升级是在企业本身通过技术创新等手段提升自身竞争力的基础上，通过全球价值链理论发扬光大，将单一企业转型升级上升到产业转型升级。美国、日本等国在本国企业通过转型提高竞争力的同时，间接促进了全国产业乃至全球产业的转型升级。

（1）日本——农业与技术深度融合，实现转型升级。

在现代发展过程中，日本传统农业凭借农产品加工技术的深度融入，实现其传统农业到精致农业的转型，其农产品加工技术领先全球，完美实现农工技术融合，助力产业、乡村振兴。一方面日本重视农业发展，加强农户与企业合作，确保农产品原产原销，有力地保证了产品源头控制。另一方面其注重“产学研企”有机结合，将原材料、科技创新、产品研发、企业销售连接到一起，保障其成果转化与创新应用。此外，日本还重视培训，政府部门将最新成果、最新技术、最新设备培训传授于农业企业，进而提升产业从业者工作水平。

（2）美国——紧抓市场需求，构建产业链条。

美国的耕地面积居全球第一，其农业发展具有得天独厚的自然条件，成为了全球农业霸主。美国能以农业取得如此地位，主要凭借其农业与电子商务的融合、与信息化产业的融合，在全球市场中形成了核心竞争力。其不仅做到了农业信息化，实现精准农业，更是凭借互联网和物流技术的支撑，打通农产品销售的广阔渠道，确保农产品产多少销多少，极大地激发了农业发展动力。

2. 国内实践经验

我国茶区辽阔，主要分布于华南、西南、江南、江北地区，其中又以江西、湖南、浙江、四川等地产茶最为出名。虽然我国产茶、制茶历史悠久，但以茶为代表的农副产品加工类型等传统产业，在市场以及全球经济的冲击下，创新驱动不足、质量监管落后、产业链价值低的矛盾尖锐，使得我国茶产业日益落后于国外国家。不过随着我国科技水平的提高、科研能力的增强，以及产学研建设的提高，传统茶企也开始引进先进设备、提高工艺、加强质量、构建产业链条，提高经济效益，打造品牌价值，为我国茶产业转型升级、走出国门作出了积极贡献。

云南普洱茶同样起源于茶马古道，不仅沟通了各民族间交流，更是成为国外交流交往的名片。普洱茶曾经投机风气盛行，在到达顶点后价格急剧下跌，贬值严重，对普洱茶产业发展造成严重损害。加之当时普洱茶厂大多规模小、数量多，自身实力弱且加工水平低，生产技术差，没有引进先进工艺和设备，导致茶叶质量、标准达不到市场标准等问题突出，使得普洱茶产业发展遭遇瓶颈。在认识到问题后，通过打造品牌意识，强化原料、加工、制作水平，确保产茶质量，同时通过拓宽销售渠道、进行品牌包装等方式，实现了普洱茶的涅槃重生，走出了一条以高质量高标准的普洱茶品牌价值为主，以多渠道多产业销售为辅的产业道路。

国内外不同国家和地区虽然经济条件、社会发展情况不一，但其农业所代表的传统产业发展走在前列，所展现的不同发展类型的传统产业，是值得我们学习借鉴的。既有主抓产品质量和市场管理，也有侧重技术深度融合，更有依靠先进信息对接市场，都为加快产业转型提供了宝贵的实践经验。目前，我国农副产品加工类型的传统产业面临转型升级认识不够、技术创新意愿不强、价值产业链构建不足等问题，在当前推动高质量发展的社会变革下，如何实现科技创新、如何转化技术成果、如何助力企业发展，并最终服务产业升级，是对我们政府的一个重大考验。

四、理论基础与分析框架

（一）理论基础

1. 熊彼特创新理论

1912 年，熊彼特在其专著《经济发展理论》中提出了创新理论，指出创新实际上就是“建立一种新的生产函数”，即在生产体系中加入新的生产要素和生产条件组合。遵循这一理论，创新具有“内生性”“革命性”“破坏性”，但正因其是对旧结构的不断破坏和对新结构的不断创造，才使得资源配置持续优化，带来经济的持续发展（Schumpeter，1942；刘客，2014）。该理论提出了创新所包含的五种情况，即新产品、新技术、新市场、新原料、新组织，其中新技术是指采用一种新的生产方法，或是商业上处理一种产品的新方式（Schumpeter，1912）。随后，根据创新内容的不同，形成了以技术为主要研究对象的技术创新论和以制度为主要研究对象的制度创新论。前者主要分为三个流派观点：一是将技术进步作为经济增长的解释变量，同时技术也与其他产品那样会存在外部性等市场失灵的情况。因此，需要政府适当干预来促进技术创新（Abramovitz，1956；Solow，1957；Kendrick，1973）；二是强调企业家在技术创新中的主体作用，关注企业规模、市场竞争和垄断对技术创新的影响（Mansfield，

1963)；三是以国家创新系统为研究对象，认为国家创新系统包含行为主体、关系网络和运行机制，且这些要素都会影响创新资源的配置和创新效率（Freeman，1987），而后又衍生出科技中介、产学研合作等主体或机制在国家创新系统中发挥重要作用的讨论（连燕华和马晓光，2001；马松尧，2004）。熊彼特创新理论的诞生，使从经济和技术结合的角度去理解创新成为主流，也为后续有关技术创新和产业转型的大量研究提供了重要支撑。

产业转型常被看作是产业结构、技术结构等进行调整、优化的过程（陆国庆，2002；徐振斌，2004），即产业转型也符合熊彼特创新理论所强调的，创新是打破原有结构、组织或生产方式等要素，强能动性地纳入新要素，进而形成新的结构（刘客，2014；李安，2020）。本案例中，青砖茶产业打破原有手工制作、劳动密集生产，通过技术研发创新实现自动化生产，其中所蕴含的根本逻辑就是如此。同时，参与青砖茶产业转型和共性技术研发的政府、企业、研发机构和高校以及茶叶协会等主体，在此过程中拥有哪些禀赋、形成何种合作网络，以及科创联络员和新型研发机构的加入如何影响创新资源的配置和创新效率，都是本案例着重讨论的问题。

2. 转型动因：需求拉动创新理论

技术创新相关理论蓬勃发展以来，不少学者也开始探究创新的动因和方向。熊彼特创新理论等揭示了创新的本质动因在于经济发展，但更为具体的、以企业等微观视角出发的动因却在很长一段时间里未能达成统一，其中，施穆克勒提出需求拉动创新理论，强调创新是企业追求利润的表现（Schmookler，1966），为市场经济下企业的创新动因提供了解释思路。而后大量研究证实，在市场经济生产活动中，市场需求对生产起着决定性作用，对企业创新起着至关重要的作用（Atuahene，2005；Crespi and Pianta，2007）。作为市场需求的来源，消费者特征对企业技术创新具有间接影响，这也就意味着与消费者偏好联系更为紧密的企业一般会具有更高的创新积极性和创新能力（Fontana and Guerzoni，2008）。因此，在可行范围内更大程度去贴近消费需求，成为传统产业转型升级的主要目标；再进一步或者是新兴产业，其目标可能就在于引导需求（何郁冰，2013；李安，2020）。此外，由于市场需求的重要性，该理论还强调政府在创新中的作用，包括创造市场、引导消费等（Zoledowska，2015）。

结合需求拉动创新理论的视角去探究企业技术创新和农副产品加工类型的传统产业转型，市场需求的变化和企业的生产问题都是重要动因。本案例中，咸宁市青砖茶企业一方面面临着茶叶消费市场需求变化，另一方面又面临生产效率低下、卫生条件差和标准化程度低等生产难题，同时又面临传承茶文化压力，多种动因推动了青砖茶产业的转型升级，也进一步明确了转型升级的方向和目标。

3. 转型路径：交易费用理论

交易费用是科斯于1937年首次提出的，后由阿罗（1969）、威廉姆森（1985）等学者进行了研究和补充，成为整个现代产权理论大厦的基础。在科斯的研究中，许多问题都可以从“交易费用”入手分析，其并不仅限于市场交易，还存在于企业内部活动及企业与企业、政府、研究机构等外部组织的活动，甚至是存在于社会各主体间的活动之中。除了与物质生产和运输直接相关的费用，其他所有费用都可以称为“交易费用”（Cheung，1998），这在契约理论中是达成合约和保证合约执行的费用（Cheung，1970），在信息经济学中是信息成本。从这样广义的视角出发，不少学者认为政府的出现和政策都是为了约束交易费用，也就是说政府的合约或方案可以实现比原有情形更低的交易费用，那么这样的举措或方案就是有效的（周燕，2017）。但是，在市场经济中，政府提供的方案往往因缺乏竞争和“自我惩罚机制”而难以实现交易费用的降低。在不考量交易费用的情况下，政府干预可能是低效的，破坏了原有更为高效的配置均衡，甚至损害了整个社会资源的配置效率（周燕，2019）。

立足于中国本土实践，政产学研合作是技术创新的重要方式，通过促成政、产、学、研实现机制性互动产生创新效率的质变，而其本质就是在于通过这样的协作，降低由于创新资源分散、自发性合作低效所带来的交易成本。在本案例中，从仅有企业寻求外部研发机构进行“盲目摸索”，到加入新型研发机构，再到加入政府给予项目支持和建立科创联络制度，这一过程中不同主体间达成的合作存在各种“交易成本”，而一系列的转折都是通过降低“交易成本”而实现。

（二）分析框架

立足经济新常态时期，面对消费需求变化的外部压力和自身生产难题的内在问题，我国低附加值和低技术或落后的农副产品加工类型传统产业必须寻求自己发展之路—转型升级。遵循产业转型升级的基本路径，必须具备转型方案、资金支持、人才和组织以及知识和技术等要素，进行“研发方案设计—研发投入—技术研发—成果转化—成果产业化”等环节，同时还应保障随后的成果（技术）应用服务，才能实现传统产业的“涅槃重生”。而这些要素是由政府、企业、研发机构、高校以及产业协会等主体投入，对应环节也是基于主体间的合作或交易而进行的。但是基于各主体的禀赋、需求不同和信息不对称等情况，合作中常常出现各种“交易费用”，阻碍或延缓了合作的达成，进而影响技术创新和产业转型的效率和成效。基于熊彼特创新、需求引致创新以及交易费用相关理论，结合湖北咸宁青砖茶产业转型升级的实际案例，构建了如图3-1所示的分析框架。

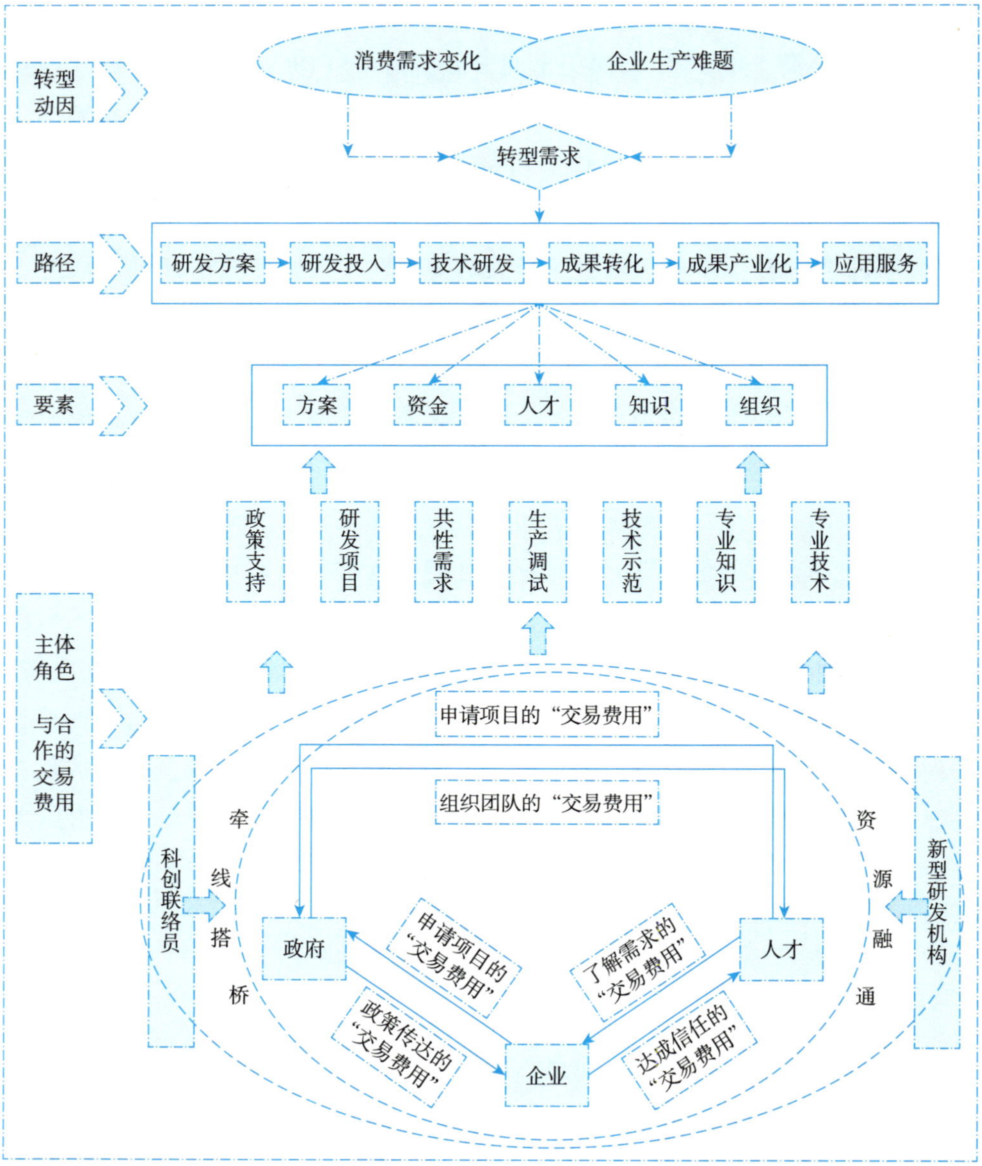

图 3－1　案例分析框架

五、案例分析

新中国成立 70 多年来，劳动密集型的传统加工业为我国经济快速增长奇迹贡献了巨大力量，直至现在此类产业仍是我国部分相对落后地区的重要经济增长来源。传统加工业是现代产业发展的基础，然而当前正面临市场和产品利润空间的急速萎缩，亟须向高价值化、智能化和标准化等现代产业特征转型。党的十八大以来，中国创新驱动发展战略的深入实施和科技与经济开始迈向“融合、支撑、引领”的关系，给以农副产品加工为代表的传统加工业转型升级带来了契机。2020 年 4 月，中国科协印发《中国科协 2020 年服务科技经济融合发展行动方案》，正式启动“科创中国”项目，聚焦促进科学家与企业家之间的合作，引导技术、人才、数据等创新要素流向企业、地方和生产一线，推动优势技术项目转移和成果转化。

在“科创中国”行动计划下，“湖北中心站”建立科创联络员制度，凭借科创联络员独特的资源协调优势，并充分利用新型研发机构的制度创新和体系开放优势，降低了农副产品加工类型传统产业转型升级中各环节存在的“交易成本”，打通了沟通难题、合作障碍和创新鸿沟，探索形成了“科创联络 + 新型研发机构”新模式，积极推动共性技术研发和科技成果在企业落地，赋能青砖茶产业转型升级，为农副产品加工类型传统产业转型升级贡献了“咸宁经验”和“咸宁方案”。

（一）“外患—内忧”双重压力——青砖茶产业的转型动因

对于咸宁市青砖茶产业，传统生产方式所生产出的产品难以满足当前茶叶市场需求，同茶种的安化黑茶带来巨大的竞争压力，而整个茶产业也面临劳动力流失、生产成本高、效率低等问题，多方因素碰撞致使咸宁市青砖茶产业寻求转型升级。

1. 需求：标准化清洁化转型

21 世纪以来，全国茶叶市场需求持续增长，尤其是更多的年轻人成为茶叶的新消费群体，饮茶被赋予更多的社会符号和功能，也由此形成了茶叶消费偏好的转向。一方面，对于产品来说，茶叶的天然和保健养生功效成为消费热点，新消费群体希望通过更加健康的茶叶饮品来替代咖啡和功能性饮料，同时也更加注重茶叶饮品的口感。另一方面，对于包装来说，精美且便携成为未来茶叶包装的基本趋势，不同于以往消费群体将茶叶作为代表阶级的符号、作为社交和商务的礼赠，新消费群体更加注重包装的环保和便于携带，同时有特色、有活力的包装和品牌传播方式也是吸引新消费群体的重要因素。但是，在传统生产模式下，咸宁青砖茶手工制作难以保障产品的标准化、清洁化，难以实现对产品包装的改造，更遑论迈向品牌发展策略的设计。在这样的情况下，把握和紧跟茶叶市场格局和消费需求的变化，转型、升级和突围就成为了咸宁青砖茶产业的首要目标。

2. 压力：强有力的竞争对手

当下，咸宁青砖茶产业面临“欧盟标准更加严格，出口贸易规则更加复杂”的局面，只能从外销转向扩大国内市场，但是当他们“敲开”全球茶叶市场的大门时，却发现已经深陷市场竞争力大不如前的困境。同为黑茶类的安化黑茶，在近些年来通过定制产品、拓展合作和加强推销，逐渐成为热销茶品。《2018 中国茶叶行业发展报告》

指出，全国黑茶的销量仅次于绿茶，占据全国茶叶市场16.0%的销量，而安化黑茶产量常年位居全国第一。近年来，安化县强力打造黑茶产业，发展“茶产+旅游”“茶产+康养”等模式，不断与各大品牌签订合作协议，旨在成为全省乃至全国茶产业发展的新高地。对于咸宁青砖茶产业，安化黑茶的竞争优势明显且优势增速强劲，必须尽快在生产、研发和销售上拼出一条路，站稳原有市场的同时寻求新市场，才能真正将咸宁青砖茶的文化传承下去，也才能继续通过茶产业带动就业和助力乡村振兴。

3. 内患：无序竞争导致衰落

咸宁青砖茶产业原本有不少老字号茶庄和工厂，多是本地人创办，本地人加工制作。近年来，咸宁市的大多数青砖茶企业仍旧依靠本地的劳动力，用工费用逐步上升，劳动力大部分转向其他就业岗位，但是对于企业而言，生产成本居高不下，成本与收益的对比逐渐偏离预期。此外，尽管咸宁青砖茶的传统生产工艺不变，但各企业生产标准不同、流程细节不同，造成了整个青砖茶产业的无序竞争，青砖茶品牌繁多、品质良莠不齐。到2006年，咸宁市赤壁市茶园面积由最高峰16万亩缩减至6万亩，多数企业步履维艰，茶产业发展跌至谷底。咸宁青砖茶产业不得不进行产业转型，打通茶产业全链条、聚合所有青砖茶企业、向内打破传统和隔阂、形成统一标准和品牌，就是青砖茶产业走的自救之路。

（二）“制度—技术”双重赋能——助力交易费用逐步降低

本案例中，产业转型是青砖茶产业发展的必然路径，但是由于创新资源布局分散、各环节“交易费用”的客观存在，出现了各主体动力不足、信任程度低、合作效率低等问题，转型难以进行。而新型研发机构的介入，降低了了解企业需求、了解技术知识以及申请项目等环节的知识交易费用；科创联络制度的建立，又降低了政府传达政策、各主体愿景协同和信任达成等环节的成本，进一步降低了合作达成与组织实施的成本。这一过程中，“制度—技术”双重赋能，“交易费用”逐步降低，最终实现技术创新和产业转型过程中资源的最优配置和路径的最优选择。

1. 企业面临知识不足和信息匮乏困境

起初，青砖茶企业“盲目探索”，有的企业试图购买已有的产品来改良生产线，或是寻找外部研发机构、高校进行技术研发。在这一过程中，企业首先需要通过大量的信息搜索，才能识别可能与自身技术需求相匹配的产品或技术供给方，但这一步存在难以预见结果的风险。与此同时，即便企业通过“同行介绍”等方式了解到技术供给方，由于农副产品加工类型的传统产业中技术人员稀缺，如何将企业生产中的关键问题转化为“技术需求”也是一大难题，而后对技术供给方进行持续沟通和跟踪监测研发进展更是一项耗费时间和资金的事情。因此，多种风险和“交易成本”的客观存在，导致本案例中多数青砖茶企业并没有迈出技术研发这一步。

2. 新型研发机构降低知识“交易费用”

新型研发机构的介入，恰好降低了企业与技术人才的知识“交易费用”。具体体现在，第一，相较于企业为主体和技术供给方沟通，新型研发机构的专业优势明显，降低了沟通的信息成本。本案例中新型研发机构本身是湖北科技学院的教师组建而成，决定了其团队对技术研发更加了解，对技术需求的识别和凝练更精准，有效调节了科研活动与商业活动之间的认知差异。第二，相较于其他进行技术研发的机构，新型研发机构进行研发的平台和资源优势明显，降低了申请研发项目和组建技术团队的成本。本案例中，新型研发机构是咸宁市委市政府整合政府、企业、高校资源，对接三方供需成立的以“技术创新、人才培养、成果转化、企业转型升级、加速产业聚集”为目标的机构，其本身有技术人才、研发设备和项目经费，进行技术创新和研发的效率更高。也正是在这样的条件下，新型研发机构开始对砖茶生产线进行专项研发，并研制出多款产品。

然而，专项研发启动、产品初步成型后，随着科技成果转化进入最终环节，一系列的问题浮出水面。例如，企业难以承担停产的风险，其本质在于企业缺乏获取研发项目的途径、政府推出的部分政策优惠尚未传达到企业，而这些过程都存在较大的信息成本和沟通成本；另外，企业也因为风险和利益分担等敏感问题，开始不信任新型研发机构，其本质在于这样的技术创新过程缺少了“裁判员”，缺乏了合作中主体责任和收益的划分。此外，新型研发机构也面临着各类问题，例如研发经费紧缺、内部市场管理人才缺乏等，运作压力也很大。

3. 科创联络制度降低信息“交易费用”

为应对这些问题，咸宁市政府并不是直接参与产业转型的过程，而是通过科创“湖北”联络员推荐认定工作选拔出科创联络员，赋予科创联络员以政府“背书”，使其在产业转型的过程中发挥“牵线搭桥”的作用。主要原因是在于，政府在生产与科技创新领域的信息费用巨大，而选拔出的科创联络员懂研发、懂技术、了解企业，在促进合作网络形成上具有更低的信息费用。第一，科创联络员从新型研发机构中选拔出来，成为新型研发机构和政府沟通的桥梁，帮助新型研发机构争取到更多研发资金和项目。第二，科创联络员通过政府提供的培训，更加清楚政策细节，可以深入企业对政府制定的政策进行宣传和解读，成为青砖茶企业和政府沟通的桥梁，使青砖茶企业了解并更有机会申请到政府关于技术研发的资金支持，也使得青砖茶企业对产业转型升级有更强的信心。第三，科创联络员带着政策支持，凭借本身所具有的“独立性”“客观性”“专业性”等特征，充分发挥协调功能以及咸宁市科协的组织优势和资源优势，减少传统模式下科学家与企业家之间的沟通成本，架起科学家与企业家之间常态化沟通的桥梁。

4. “制度 + 技术”双重赋能转型升级

在这样的背景下，“科创联络 + 新型研发机构”的模式初显成效。咸宁市政府充分发挥科创联络员的“润滑”和“催化”作用、新型研发机构的资源整合和技术创新与研发服务的优势，以整体最低“交易费用”打造了政产学研多主体合作网络，有效弥补了传统生产经营模式下政产学研多元主体的信息不对称、进行沟通和达成合作等环节“交易费用”过高的问题。在这一过程中，“制度 + 技术”激活了不同主体和创新要素的复杂互动和联动协同，双轮驱动赋能了传统产业的转型升级。

综上所述，该案例是通过追求协同创新而实现产业转型，不同于独立创新和自由探索创新的浅层合作，其中非政府主体拥有“本土情怀”并积极参与发展，政府通过科创联络制度充分发挥“引导者”与“推动者”作用，科创联络员搭建合作网络、新型研发机构融通创新资源，以“制度 + 技术”双重赋能，环环相扣逐渐减少各环节“交易费用”，最终实现创新要素多维度、多层面的融合，贡献了技术创新赋能产业转型的“典型案例”。

（三）进一步讨论——如何规避交易费用反弹风险

尽管科创联络员凭借对企业发展情况的了解以及自身科技工作经验，结合新型研发机构自身技术研发和资源融通的优势，并依托湖北中心站、市科协的组织优势，帮助企业开展共性技术研发，但仍面临企业研发创新动力不足、科创联络员资源协调能力较弱等问题，尚有不少“交易费用”反弹或出现的风险，可能影响该模式保持长久动力。

1. 建立市场化利益联结

一方面，农副产品加工类型的企业在转型升级大趋势中停滞不前，或是直接被淘汰，很大程度在于企业研发动力不足，其原因可能包括这类企业始终缺乏政策和资金的支持，对技术创新和转型升级的风险预期过高。因此，在“科创联络 + 新型研发机构”模式成功实施之后，更应该强调对为企业提供政策、资金、人才等创新资源支持，完善面向中小企业的研发创新的全链条服务体系，进一步降低企业在了解政策优惠和项目申请方面的“成本”，形成利益共享、风险共担、技术共进的市场化利益联结机制，以实现企业研发能力的培育和强化。

2. 完善科创联络员制度

另一方面，科创联络制度仍处于探索状态，工作机制、流程以及评价体系也仍在摸索之中，尤其是选人、用人和育人的工作尚未起步，科创联络员如果不是懂研发、懂技术、了解企业的专业复合型人才，那么这一制度只会增加而非降低创新合作的“交易费用”。因此，要实现“科创联络＋新型研发机构”模式的复制、推广，更重要的是在实践中逐步解决职责界定模糊、资源协调能力不足、缺乏长效激励机制等问题，建立常态化培训机制、定期工作交流机制、绩效考评和奖励机制，进一步提高科创联络员专业化水平，拓宽工作思路、创新工作模式、激发工作激情，真正立足于企业实际需求，实现各方资源的科学、高效整合。

六、传统加工业转型升级存在问题及原因分析

随着现代化进程加速，新一轮科技革命和产业变革突飞猛进，在市场需求萎缩、国家产业政策调控、成本上升等多重压力交织的背景下，以农副产品加工为代表的传统加工业由于产业基础薄弱、研发创新动力不足以及转型过程中存在各种潜在的“交易成本”等问题发展滞后，增加了转型升级的难度和风险。传统加工业转型升级之困主要表现在以下几个方面。

（一）产业发展基础薄弱，缺乏集群规模优势

一般来讲，传统加工业多由众多家庭式小作坊及家族式小微企业组成，自身规模较小，生产经营分散，这些企业普遍具有资产少、盈利低、资金流动不强、抗风险能力差等特点，尚未形成完善的产业集群。同时，也因缺乏市场竞争力，产业中的企业难以承担技术创新中的巨大风险，研发动力不足，难以实现产业的转型升级。此外，传统加工业内往往缺乏有核心竞争力的龙头企业，影响力和知名度不高，则无法带动和辐射整体产业发展，也难以开拓国内外市场、打造有影响力的品牌。

（二）产品质量参差不齐，生产标准有待统一

受限于管理模式落后，很多小微企业沿用传统经验管理，只追求短期经济效益，生产监管不严格，产品标准化程度低。一方面，一些农副产品加工类型的传统产业生产设备落后、加工水平无法实现标准化，产品参差不齐、附加值低。随着生活水平的提高，人们的消费需求也在不断发生变化，产品便利化和种类多样化日益占据市场主导方向，而单一的产品形态难以满足消费者多样化需求。另一方面，传统产业生产、加工、包装、销售等环节缺乏有效监管，政府对农副产品加工类型传统产业的引导和支持时常缺位，导致企业生产同质化严重、恶性竞争和价格混乱，逐渐失去消费者的

信任，久而久之就会被市场淘汰。

（三）研发动力严重不足，共性技术供给欠缺

创新是农副产品加工类型的传统产业转型升级的基本驱动力，而以短期利润为导向的企业缺乏创新的内在动力。一方面，传统产业发展仍然依赖产能扩大，而创新驱动能力不够。其原因在于，技术创新具有不确定性，前期需投入大量资金和时间，而中小企业普遍着眼于扩大产能以实现短期盈利目标，研发投入强度普遍偏低，也很难潜心投入成本积累核心技术。另一方面，高校及科研机构共性技术供给不足，无法满足产业转型升级的需求。由于我国知识产权保护法还不完善，共性技术研发对资金投入、人才投入等具有很高的要求，而共性技术市场失灵的特征使得高成本投入研发的产品容易被低成本快速复制。

同时，风险承担和资金撬动能力较弱也是许多中小企业面临的现实难题。一方面，面向中小企业技术创新的融资渠道少。银行和金融机构贷款额度较低，且对企业规模和信用等级要求较高，难以满足大额研发资金的需求，而民间借贷虽然借贷门槛低、金额高，但利率较高、还款压力大。这两种融资渠道有利有弊，但都无法切实解决茶企的实际困难。另一方面，尽管政府对传统产业转型升级的重视程度和支持力度逐渐加大，但中小企业仍面临对支持政策不了解、申请项目的力量较小、存在寻租风险等问题，助力农副产品加工类型传统产业转型升级的政策难以落到实处。

（四）缺乏专业科技人才，制约技术转化推广

人才是实现农副产品加工类型传统产业转型升级的关键。随着传统产业转型升级的加快，劳动力需求结构也在发生变化，农副产品加工类型的传统产业在技术支持、企业管理、品牌宣传等方面人才的稀缺也是阻碍转型升级的重要因素之一。农副产品加工类型的传统产业以个体户为主，文化程度普遍较低。目前，我国科技成果转化市场空间很大，但能够胜任科技成果转化的专业人才十分短缺。同时，我国类似“技术经理人”的岗位尚处于起步和发展阶段，一般由科研院所或政府部门人员兼任，且岗位要求较高、涉及工作内容广，不仅需要精通技术，还需要了解企业经营模式等。当前尚未出台统一的制度、培训和奖励办法等，制约了科技成果的落地和应用。

（五）产学研用机制不畅，交易费用成本较高

在产业转型过程中，各个环节都存在潜在的“交易成本”。在技术研发环节，存在组建团队、投入研发资金和时间的创新成本；在与科研院所合作环节，存在信息不

对称、进行沟通协调和达成合作等的“交易费用”；在获取政府支持的过程中，存在信息传达、愿景协同等“交易费用”，这些显性或隐性成本在一定程度降低了企业的转型升级的意愿。目前，我国产学研合作机制尚不完善，高校或科研机构的科研成果在企业进行应用需要高昂的试验、谈判及合作成本，难以打通发展的“最后一公里”。转型过程中研发资金高昂，研发周期长以及未来收益的不确定性导致农副产品加工类型的传统产业普遍面临着融资难的问题。

（六）政策支持不够精准，新型模式尚需完善

除以上原因外，产业转型升级还需要政府营造良好的法律和政策环境。现行政策安排和制度设计可能与农副产品加工类型的传统产业转型升级过程中涉及淘汰落后产能、技术更新、新产业规范发展等现实需求存在差异。尤其是缺乏对产业转型的实质性引导和推动，技术创新的财政支持、税收减免有待加强，相关政策的宣传和解读不到位。同时，促进农副产品加工类型的传统产业转型升级的部分机制和制度仍在探索中，亟待完善。例如，本案例中，政府对“科创联络员”缺乏明确的选拔、培训等制度和激励机制。在农副产品加工类型的传统产业转型升级过程中，制度和机制的形成往往滞后于实践，但是其滞后性会严重影响实践的成效。因此，必须在探索中及时总结经验、归纳逻辑以及完善制度，推动“典型模式”凝练为政策蓝本，进一步支撑产业转型升级中其他问题的解决。

七、对策与建议

（一）明确干预边界，充分发挥政府引导作用

在农副产品加工类型的传统产业转型升级的道路上，政府要有作为且有成效。需要认识到不论是市场、企业还是政府，其参与或举措都是交易费用约束条件下的产物，也在传统产业转型升级中具有不同的优势。政府应作为引导者和推动者，厘清干预边界和职能，做好支撑产业转型和促进经济高质量发展的顶层设计，鼓励企业更大力度参与科技创新，同时也通过政策支持和机制设计降低企业创新成本，起到连接各方主体、强化合作网络的作用，通过“制度＋技术”推动创新要素优化配置，最终促进传统产业转型升级。

一是加强引导和支持，通过科技创新专项补助、技术研发的成本税收加计扣除等政策工具降低技术创新的风险，激发中小企业的创新动力。二是依靠科创联络相

关制度，发挥政府的监督和守约作用，促进各主体的协同合作，推进创新要素资源整合。三是加强人才培养，结合企业生产和技术创新实际，链接企业共性需求，对口培养相关技术理论人才。四是持续建设完善科技创新合作平台，搭建合作网络，提高科技创新投入产出比，实现科技创新可持续发展，为产业转型升级营造良好的创新生态。

（二）厘清主体角色，多元参与凝聚创新力量

在政府引导推动的顶层设计下，科技创新各相关主体要落实各自主体责任，且要认识和包容其他主体目标的差异，努力寻求互赢的合作关系，才能实现传统产业转型升级中多元化主体的信任、支撑和凝聚。

企业层面，坚持以创新驱动发展为路径的发展策略。要想紧跟市场需求、促进产业发展，就要提升企业自主创新能力。企业应主动加大自身科技创新投入，加强对高科技人才的吸引和培育工作，完善科技创新硬件条件，保障科技创新“软硬实力”双管齐下，为自身科技创新、产品研发提供保障，降低技术创新风险。此外，企业应主动与相关技术领先企业、科研机构和高等院校建立合作，实现资源共享，充分发挥主观能动性，促进创新要素的有机结合。

高校层面，加快科技人才培育，为国家和各产业科技创新提供关键支撑。另外，还要学会和企业打交道，例如建立各领域“专家＋企业”的对口支持模式，鼓励专家深入企业一线了解生产，“接地气”地了解企业需求，进而实现研究成果的转化应用。同时，高校更要作为政府和企业沟通的桥梁，通过对企业创新需求的把握，挖掘问题、找准症结、对症下药，充分发挥高校智库平台优势，为相关政策的制定和调整提供支持。

研发机构层面，充分发挥科技创新平台作用，推进成果转化落地。研发机构作为为企业提供产品研发、技术改造、项目申报、技术咨询、成果转化、人才培养等专业服务的机构，要连接多方，打通障碍，促进各类创新资源互融互通，实现科技创新成果和产品生产研发的精准匹配。同时也要逐步完善各项制度，实现精细化管理；外引内培，建设人才梯队；主动深入市场，积极寻求合作；积极对接政府高校，促进传统产业结构调整和转型升级。

（三）强化合作网络，迈向利益共享风险共担

技术创新和传统产业转型知易行难，必须平衡各主体的利益、促进知识协同和组织协同。应强化科创联络制度和新型研发机构在合作网络中的作用，充分发挥科创联

络员主动对接需求、搭建合作网络，新型研发机构积极推动资源整合、打通创新鸿沟的作用，使其成为技术创新与产业转型过程的重要纽带，架起政府、企业、研发机构、高校等主体沟通和合作的桥梁，推动创新要素多维度、多层面的融合。

还应充分理解科创联络员这一角色的特殊性，选拔的人才需具备懂技术、懂企业、懂专家，又熟悉技术研发、成果转化过程，同时还要了解相关政策和政府工作流程的特征。继续发挥科创联络员的灵活性和协调能力，通过降低主体达成合作的协调成本与失灵风险，推动实现政府、企业、高校、科研院所等多主体可持续互动的系统协作，搭建起政界、产业界与学术界之间的沟通桥梁，形成“责利共担、技术共享”的科创联合体。也应继续促进新型研发机构的健康有序发展，加大对其机构管理运行和研发活动的保障与支持，通过其平台优势推动共性技术供需匹配以及共性技术攻关过程中的信息传递与资源流通，探索形成合作网络的研发“资金池”，降低合作中存在的不确定性和潜在风险。通过“科创联络＋新型研发机构”强化合作网络，增强“制度＋技术”双重动力，实现多元主体和科技创新资源的“互动、融合、协同”，迈向技术创新的利益共享、风险共担，实现传统转型过程中各主体的共同发展。

八、结语

传统产业转型升级是政府管理和公共政策的经典议题。本文聚焦农副产品加工类型的传统产业，以湖北咸宁青砖茶生产线改造项目为切口，对科创联络员主动对接需求、搭建合作网络，新型研发机构积极推动资源整合、打通创新鸿沟的过程进行深度描绘，基于熊彼特创新、需求拉动创新和交易费用理论，厘清案例的内在逻辑。在此基础上，凝练传统产业转型的共性问题，并提出有针对性的意见和建议。通过案例分析，以期为我国政府推动传统产业转型升级提供理论指引和决策参考，并为地方传统产业转型发展提供新的思路和可借鉴的模式。

案例《教学手册》

一、教学目的与用途

1. 本案例主要适用于公共管理相关课程。

2. 本案例是一篇介绍科创联络赋能传统产业转型的典型教学案例，其教学目的在于使学生在国家治理体系和治理能力现代化背景下，对于科技成果转化推动传统产业转型升级具有更贴切的认识和思考，提升公共管理领域学生的党性修养。

二、讨论问题

1. 此案例中有哪几点创新，这些创新对于科技成果转化和传统产业转型升级有什么借鉴意义？

2. 在本案例中，制约赵李桥茶厂青砖茶技术转型升级的困境和堵点是什么？

3. 针对以上困境，湖北智能机电研究院、咸宁市政府分别做了哪些努力？创新点有哪些？有哪些值得推广借鉴的经验？

三、分析思路

本案例涉及中小企业转型升级这个重要的课题。对该案例的分析，也可以考虑从工作思路、具体开展、创新实践、借鉴意义等几个角度入手。学员通过案例材料的阅读理解，对该事件会有自己的判断和分析思路，教师在讨论过程中，不必强加此分析思路，但是可以进行适当的逻辑引导。

四、关键要点

在本案例中，“科创联络 + 新型研发机构”这一模式是如何发挥作用的？解决了哪些问题？取得了哪些成效？有哪些值得推广的经验？

五、课堂教学计划

1. 课前把案例材料发给学员，要求学员用 30 分钟左右的时间认真阅读，并思考相关问题。

2. 课堂教学计划分为三个步骤：

第一步：全班集中，案例导入

在学员上课前通读阅读案例的基础上，利用 5—8 分钟时间，请 2—3 位学员在案例讨论前用几句话高度概括案例的主要内容，目的是帮助学员迅速集中注意力，进入讨论状态。

第二步：分组研讨，案例展开

根据对案例的阅读和理解，按照支持、反对、部分支持部分反对三种意见对学员进行分组。三组学员汇集后，选出 1 名成员作为小组负责人及发言代表，利用 15 分钟左右的时间组织分组研讨，汇总组内成员的观点。研讨时，可以参考以下几个问题来总结各组的讨论意见。

（1）在本案例中，制约赵李桥茶厂青砖茶技术转型升级的困境和堵点是什么？

（2）针对以上困境，湖北智能机电研究院、咸宁市政府分别做了哪些努力？创新点有哪些？有哪些值得推广借鉴的经验？

第三步：公开辩论，案例分析

在三组集体研讨结束之后，进入第三步，以公开辩论的方式进行案例分析。每组的发言人首先上台向全班报告本组的主要研讨观点，每组时间控制在 8 分钟。如果发言人未用完规定的时间，其所在组的其他成员还可以对发言人的观点进行补充。各组发言结束后，学员可以自由发言，就其所支持的一方进行观点交锋和辩论，时间为 20 分钟。最后，由教师进行 10 分钟左右的小结和点评。总结案例研讨的主要特点、主要观点以及有待进一步关注和研究的问题，提示分析问题的不同角度和方法。

案例四

平富乡“党建+物业进乡村”助力乡村振兴①

① 本案例由中央财经大学政府管理学院杨燕英教授和中央财经大学政府管理学院博士研究生龙光泽共同编写。案例内容主要取材于相关调研资料和媒体报道，经作者整理并改编。本案例仅供中央财经大学 MPA 教学之用，版权属于中央财经大学政府管理学院。

案例正文

本案例描述了江西省赣州市上犹县平富乡“党建＋物业进乡村”农村人居环境整治长效管护模式的主要措施、工作成效和经验启示。平富乡通过高效率管理、订单式服务、合理化收费、便捷化操作、共享式体验、积分制激励、评比式考核、全民式参与、多渠道保障9项措施，取得了村庄环境从“一时好”转向“一直好”、公共服务从“民事乡办”转向“民事民办”、集体经济从“被动观望”转向“主动作为”、村庄治理从“小独唱”转向“大合唱”等成效，对于农村人居环境整治具有充分重视党建引领、积极调动村民参与、建立长效管护模式等启示。

一、引言

在乡村振兴战略大背景下，农村人居环境整治是一项关键任务，事关广大人民群众切身福祉。党的二十大报告中擘画了以中国式现代化全面推进中华民族伟大复兴的宏伟蓝图，其中，强调要“统筹乡村基础设施和公共服务布局，建设宜居宜业和美乡村”，这体现了我们党对农村人居环境整治的顶层设计（陈荣卓和金静，2023）①。早在2021年12月，中共中央办公厅、国务院办公厅印发了《农村人居环境整治提升五年行动方案（2021—2025年）》，其中明确提出“到2025年农村人居环境显著改善，生态宜居美丽乡村建设取得新进步”“农村人居环境整治水平显著提升，长效管护机制基本建立”的行动目标，也尖锐指出“我国农村人居环境总体质量水平不高，还存在区域发展不平衡、基本生活设施不完善、管护机制不健全”等问题。

平富乡隶属于江西省赣州市上犹县，位于G220国道两旁，距县城足足有45千米，全乡共有8个行政村，141个村民小组，3000多户人，其中，所辖的信地畲族村、横坑畲族村还是全县仅有的两个少数民族村。在这几年脱贫攻坚、新农村建设、环境整治相关政策的大力推动下，平富乡的乡村面貌已经有了翻天覆地的变化。近年来，平富乡党委政府逐渐把眼光放在了引进物业公司上，经过前期大量的调研、讨论和长时间的探索，于2021年4月建立并试运行“党建＋物业进乡村”农村人居环境整治长效管护模式，在乡设立了1个物业管理办公室，在8个村均建立了村物业管理中心，通

① 陈荣卓，金静．我国农村人居环境治理的引领型实践过程及经验逻辑——基于“嵌入式国家自主”理论的情景化拓展［J］．中国行政管理，2023（07）：24－33．

过全力推进、全域整治、全民参与、全面提升，推动村庄环境实现了彻底改观。如今，平富乡已脱去破败的外壳，于田野间实现蝶变，逐渐展现出了“产业兴旺、生态宜居、乡风文明、治理有效、生活富裕”现代乡村的美好一面，不断推动基层治理走向规范化、精细化、常态化。

二、平富乡“党建+物业进乡村”的主要措施

平富乡试点推广“党建+物业进乡村”的工作模式，主要按照“政府引导、股份经济合作社承接、群众主动参与”的目标原则持续贯彻推进，在全乡上下长时间的共同努力和深入探索下，平富乡已在全乡范围内成功开拓了推进乡村治理的新路径，建立了乡村治理的全县先进特色样板。取得的成果十分喜人，不仅在赣南日报、江西日报上进行了专门刊载，更在赣州改革动态、赣州主攻乡村振兴简报、江西改革动态上一一进行了刊登，得到了上级党委、政府一定程度上的肯定。

（一）高效率管理

平富乡在乡里成立了“党建+物业进乡村”工作领导小组和物业管理办公室，分别由乡主要领导和分管领导担任组长和主任，在各村建立了村物业管理中心，由各村股份经济合作社董事长任主任，具体负责各项事务，通过在乡村两级建立一批“党建+物业进乡村”工作机构，确保了“党建+物业进乡村”具备健全的组织架构和充足的人员力量，形成了群众向村物业服务管理中心进行物业服务申请，村物业服务管理中心进行具体承办，乡物业服务管理办公室对村物业服务管理中心进行监督考核的高效管理模式，真正做到方便群众申请，方便干部相互监督。这不仅使得物业进乡村在方针政策上传下达方面更加通畅了，也确保了各项物业工作在推进过程中更快速、更高效。

（二）订单式服务

物业管理中心对全乡的物业服务事项进行明确，并要求股份经济合作社定期通过村务公开群和村内公示栏等对每项可提供的物业服务进行公示。为实现既提高乡村治理水平，又能更好地服务广大群众的初定目标，在广泛征求群众意见后，又深入结合基层的实际情况，为广大群众列出了一份翔实的物业服务清单，清单内容涵盖方方面面，既包括有毒有害垃圾处理、供水设施、污水处理设施、路灯、体育设施、管线、村道、文旅设施维护和公共区域内的乱堆乱放、乱搭乱建、乱披乱挂整治等25项公共服务内容，也包括家电、水管、房屋设施维修等15项个人服务内容。一大批与群众生

活息息相关的服务事项被成功纳入物业服务内容，这不仅极大地改善了人居环境，也为群众解决了大量生活中遇到的“急难愁盼”问题，获得了广大群众的一致好评和肯定。

（三）合理化收费

为了不加重群众负担，更好地带动群众积极参与到物业进乡村工作中来，共享物业进乡村的工作成果，平富乡物业管理办公室在倾听来自各方面的群众意见后，为广大群众制定了一套合理的物业收费模式和标准。平富乡物业办公室要求各村物业服务管理中心按照每户每月10元的标准统一收取物业费（含生活垃圾处理费），对辖区内的单位及商户，按照每月100—200元的标准收取物业费；对存在装修的农户，按照500元/户的标准收取装修保证金。通过让群众缴纳物业费，一方面将群众与政府工作牢牢捆绑在一起，有助于发挥群众在政府乡村治理工作中的主体作用，激发群众主动参与乡村治理的积极性，另一方面也有利于帮助群众树立先进的乡风文明理念，养成良好的个人卫生习惯，有助于村庄环境的长效改善。

（四）便捷化操作

为了尽可能让群众通过最简单、最直接的方式获取最优质、最便捷的物业服务，共享物业进乡村工作成果，平富乡秉承精益求精的原则对物业操作流程进行了简化、细化。截至目前，平富乡已经建立了一套相对完善的操作流程，流程主要有两类。

一类是公共事项的操作流程，村内的公共事项，村物业服务管理中心负责组织部署或由群众反映→物业服务工作队常态化实施→村物业管理中心监管验收；

另一类是个人事项的操作流程，村内的个人事项，由业主申请→村物业服务管理中心受理→物业服务工作队上门处理→业主验收评分（需付费的由业主按统一优惠标准支付相关费用）→村物业管理中心回访销号。操作流程简单、直观。

同时，平富乡还将物业服务和操作模式进行线上运行，对于缴纳了物业费的农户，平富乡还会为其上墙张贴数字二维码，当群众需要提供服务时，只要在家里拿出手机简单地扫一下二维码，足不出户即可查询翔实的物业服务清单和操作流程，也可以在线上直接拨打村物业服务管理中心的联系电话，村物业服务管理中心将会第一时间受理，指派优质的服务队上门提供物业服务，群众有权对物业工作队进行评价，现场填写物业评价单。

（五）共享式体验

村物业服务管理中心均加入了村务公开群，老百姓有什么需要解决的物业服务事项，只需要在群里说一声，村物业服务管理中心就能及时进行服务受理。老百姓也可以在群里对村物业服务管理中心工作人员的工作态度、工作效率、工作水平进行评价，提出合理的意见建议，村物业服务管理中心也将针对合理有益的建议，定期进行服务提升，打造出了干部与群众一起参与村庄治理的良好局面。

（六）积分制激励

平富乡实施了积分兑换机制，要求村物业服务管理中心坚持每月对缴纳了物业费的业主实行积分考核，考核小组主要由村物业中心人员、保洁员、小组长、业主代表等组成，考核等级张榜公示，考核中被评为“原乡＊醉美庭院”（不超过 5 户）的业主，奖励 50 积分；对考核被评为优秀等次的，奖励 15 积分；被评为良好等次的，奖励 10 积分；被评为一般等次的，奖励 5 积分；被评为较差等次的，无积分奖励；并结合其他先进或红黑榜情况进行奖扣积分。同时，业主可利用奖励到的积分在所在村的物业服务管理中心兑换积分券，积分券可到指定的积分兑换超市抵扣现金消费，用于抵扣个人服务事项支出。1 积分等额于 1 元人民币，积分不得折现或抵扣物业费。村物业服务管理中心在抓好物业服务的同时，也将一批工作经费运用在了激发群众主动性上面，对于在村庄物业服务管理方面提出较好的建设性意见和主动支持配合村庄物业服务管理工作，获得干部和群众一致好评的先进个人，村物业服务管理中心定期进行评比，通过奖励积分形式激发群众积极性。村庄治理远远不仅是乡村两级的事情，群众才是其中最大的受益主体，近年来，鼓励广大群众积极参与到乡村治理中来，一直都是平富乡乡村工作中的重要议题。

（七）评比式考核

自从将各村的物业服务事项委托给所在村的股份经济合作社进行管理之后，平富乡并没有做“甩手掌柜”，而是在全乡范围内筹划建立了多支监督考核组，定期组织监督考核组工作人员对各村物业服务管理事项承办情况进行上户回访，结合多方面要素进行考核打分，并将每次考核打分成绩记录在案，作为针对各村股份经济合作社进行年终考评的重要依据。

平富乡为村物业服务管理中心制定了详细的工作考核表，要求物业办必须坚持每季度按“五星级到一星级”的标准对各村的物业管理中心进行“党建＋物业进乡村”季度考核，并将考核结果上墙公示，对评五星级和四星级的村物业服务管理中心，将每季度分别按 3000 元和 2000 元的标准奖励工作经费，对评为二星级和一星级的村物业服务管理中心，则相应扣除工作经费。同时，也要求了各村物业服务管理中心也要制定考核办法对各村物业工作队实施同步考核，依据履职情况进行奖惩。

（八）全民式参与

平富乡要求了各村的物业服务管理中心积极发挥群众的主观能动性，定期通过微信公众号、村委公开群、上户走访、开会普及、乡间午（夜）话等各种途径对“物业服务进乡村”工作进行全方面和多角度的宣传，鼓励和引导群众也投入到此项工作中来，渐渐打造出了村物业服务管理中心带头，群众积极参与，服务紧跟而上的全民参与良好局面。

对长久以来在“党建＋物业进乡村”工作中表现良好、能够主动支持配合乡村两级工作、能为乡村治理积极出谋划策的群众，平富乡通过举办“文明卫生户、平富好人、先进党员户、乡村治理小能手”等全乡大评比活动，积极培育一批在乡村治理中有担当意识、有奉献精神，有开拓创新思路的先进群众典型，更好地发挥广大优秀群众在乡村治理中的主体作用，成功让群众由受益主体向实施主体转变。

（九）多渠道保障

一是上级拨款。依据与各村股份经济合作社签订的物业进村合同，平富乡将按时向各村物业服务管理中心拨付工作经费。另外，平富乡还将每两月按各村物业服务管理中心收取物业费的户数，按每户 5 元的标准，足额保障配套奖励资金。

二是群众缴纳物业（生活垃圾处理）费。要求农户按照每月 10 元的标准缴纳物业费（生活垃圾处理费），村物业服务管理中心负责并有权对收到的物业费（生活垃圾处理费）进行管理、使用。

三是企事业单位缴纳物业（生活垃圾处理）费。要求辖区内的乡政府、中小学、卫生院、邮政所、供电所、银行、龙头企业、餐饮企业等单位根据规模大小，按每月 100—200 元的标准足额缴纳物业费（生活垃圾处理费）。

三、平富乡“党建＋物业进乡村”的工作成效

（一）村庄环境从“一时好”转向“一直好”

自实施“党建＋物业进乡村”工作模式以来，平富乡各村的公共区域管护责任落实到具体的人、村民“门前三包”实现了有人督促、公共服务设施也有人定期管护，不仅在全乡范围内普遍营造出全民爱护村庄环境的良好风气，干部和群众对于参与村

庄环境治理的干劲也得到了显著提高，村内的道路、沟渠等时刻保证干净整洁，田间地头、道路两旁鸟语花香，家家户户喜笑颜开、其乐融融，农村脏乱差现象得到彻底解决，过去集中整治环境、突击提升面貌的现象再未出现，现在随时走进平富乡，村庄环境干净整洁，乡村面貌焕然一新，每个人都不由得发出关于村庄环境变化真大的感叹。

（二）公共服务从“民事乡办”转向“民事民办”

自“党建＋物业进乡村”工作模式启动以来，平富乡成功跳出环境抓环境，将无偿的各类公共服务整合到一个村物业服务管理中心来实现，过去老百姓办事都往乡里跑，现在村民办事不出村、不出组甚至不出户，通过数字二维码线上平台、村物业服务管理中心服务电话等渠道，25大类公共服务事项和15小项个人服务事项就可以直接实现办理。这不仅改善了农村生活环境，也为群众解决了许多生活中遇到的各类小问题和小麻烦，为群众真正办了实事，解决了很多外出务工人员对于家里的后顾之忧，为留守乡村的老幼送去了关心和温暖，让广大群众都感受到了当地党委政府的关心和关怀。

（三）集体经济从“被动观望”转向“主动作为”

通过开展“党建＋物业进乡村”工作模式，平富乡成功利用平台化运作，将原先就由政府投入的各项公共服务资金，转为村物业服务管理中心负责承接实施，通过政府的小投入，引导村两委的大作为。不仅如此，村内有思路、有想法的村两委干部和党员也有了更好施展才华的舞台。下一步，“党建＋物业进乡村”模式成熟后，平富乡还将把更多优质的服务事项纳入物业承包内容，在主动服务群众过程中，积极探索发展村集体经济增收的渠道，让各村的村集体经济有更坚实的基础支撑和雄厚的资金来源。

（四）村庄治理从“小独唱”转向“大合唱”

“物业服务进乡村”工作不仅解决了乡村环境治理问题，更深层次来说是乡村治理方式的转变。通过探索“党建＋物业进乡村”工作模式，干部带头开展物业服务，平富乡充分发挥了党建的引领作用和基层党支部的战斗堡垒作用，党群、干群关系在一系列活动的开展、一次次服务的供给、一回回走访慰问的实施中增进。村民参与乡村事务的主体意识和责任意识也更强了，政治、自治、法治、德治、智治的乡村治理体系建设初步显现，群众面貌焕然一新。

下一步，平富乡将进一步探索“党建＋物业进乡村”工作内容方面的新发展，将全乡的农村公益性墓地托管及其他政府购买服务事项统一打包给物业，集中交由各村物业服务管理中心来具体承接实施，切实提升平富乡“党建＋物业进乡村”市场化运作的能力和水平，争取将更多与群众利益息息相关，能更好地服务于群众的物业事项及时纳入承包内容，切切实实为群众办好实事，解决群众的燃眉之急，同时也将进一步完善物业服务管理体系，力求从多个角度、全方位地提高乡村两级的综合治理能力，积极为当地群众打造出一个宜居宜业的和美乡村。

四、平富乡“党建＋物业进乡村”的经验启示

农村人居环境治理应当充分重视党建引领。党建引领对于农村人居治理，乃至基层治理都发挥了无可替代的重要作用。只有党建引领，才能实现高效率管理、订单式服务和合理化收费。通过高效率管理，群众申请更加流畅，干部监督更加便捷，政策传达更加高效。通过订单式服务，涵盖了村民日常生活中遇到的绝大多数问题，清晰透明，一目了然。通过合理化收费，有效减轻了群众负担，也能让群众在参与中更加积极主动。

农村人居环境治理应当积极调动村民参与。村民作为农村人居环境治理的直接受益群体，具有广泛性和多样性。通过便捷化操作，足不出户也能在手机上进行操作，方便了腿脚不便的弱势群体。通过共享式体验，村务公开群打通了村干和群众的“最后一公里”，提高了村民的获得感和幸福感。通过积分制激励，积分可直接抵扣现金消费，极大调动了村民的积极性和主动性。

农村人居环境治理应当建立长效管护模式。长效管护模式保障了农村人居环境治理的长期性和持续性。通过评比式考核，星级与经费直接挂钩，用竞争调动工作积极性。通过全民式参与，有效解决了基层组织工作人员较少的现实困境，实现多主体共治。通过多渠道保障，“物业进乡村”的日常运营摆脱了只吃财政饭，有利于长期稳定发展。

案例《教学手册》

一、教学目的与用途

1. 本案例主要适用于公共管理相关课程。

2. 本案例是一篇介绍农村人居环境治理的典型教学案例，其教学目的在于使学生

在乡村振兴背景下，对于农村人居环境治理具有更贴切的思考，提升公共管理领域学生的实践认识。

二、讨论问题

1. 平富乡的“党建 + 物业进乡村”有哪几点创新？这些创新对于农村人居环境治理有什么借鉴意义？

2. 谈谈你对平富乡“党建 + 物业进乡村”整体工作思路，大致可以分为哪几个方面？

3. 在平富乡对于农村人居环境治理的具体举措中，你认为还存在哪些不足的地方，应该如何改进？

4. 查阅其他典型地区的农村人居环境治理工作，与平富乡目前的“党建 + 物业进乡村”对比，谈谈你从中受到的启发。

三、关键要点

1. 平富乡“党建 + 物业进乡村”的创新是什么？
2. 农村人居环境治理要注重从哪几个角度开展工作？
3. 深入思考当前的农村人居环境治理中还存在什么不足？应该如何改进？

四、课堂教学计划

（一）引入案例

教师通过多媒体方式向学生介绍平富乡“党建 + 物业进乡村”的主要措施及工作成效，帮助学生理解。

（二）分组讨论

各组经过讨论，将农村人居环境治理的困境写在黑板上。

（三）分组辩论

各组结合自己和其他组观点进行公开辩论。

（四）案例点评

针对学生分组辩论的情况予以点评，并对案例的关键点进行重点分析。

（五）案例总结

总结案例，启发学生对农村人居环境治理更深入的思考。

第二部分　数字经济

案例五

电商助推致富路，激发乡村产业发展新活力

——以山阳县电商产业帮扶为例[①]

① 本案例由中央财经大学政府管理学院博士研究生杨帆根据参与的社会帮扶项目调研访谈整理编写。

案例正文

在平台经济发展和科学技术的推动下，互联网已经渗透到社会生活的方方面面，人民生活和经济发展都已经打上了网络时代的烙印，电子商务作为互联网发展的一项载体，带动了新的产业增长点。在对陕西商洛市山阳县的调研过程中，了解到中央单位通过社会帮扶引导使山阳县的电子商务平台逐渐从城市转向农村，并在农村现代化建设和产业发展中发挥了重要的作用，为社会主义新农村建设提供了成功经验。中央帮扶单位着眼于县域发展实际，从消费帮扶、发展策略等方面给予全方位支持，同时整合对口帮扶县政府、协会和企业，力求找到合适的县域电子商务发展模式，各主体协同发展，带动产业致富，这一过程也催生出了一大批优秀的企业家，吸引返乡青年回乡创业，形成了农村经济发展新业态。

一、项目背景及实施情况

在中共中央发布的《关于进一步加强中央单位定点扶贫工作的指导意见》《关于进一步加强东西部扶贫协作工作的指导意见》等文件及工作要求下，中央单位中国钢研科技集团与江苏南京市六合区一道共同定点对口帮扶山阳县发展。在苏陕协作和中央单位的帮扶下，激发了山阳县乡村振兴潜能。

“丰阳自古多胜景，山地农产出奇珍”，山阳县位于陕西东南部，生态环境优美，矿产资源富集，生物资源多样，具有种类丰富的农特产品，特产馆在中央单位和南京六合区支持下，于2016年3月成立。特产馆由陕西赢正贸易有限公司负责运营，线下实体超市和线上电商平台整合形成山阳县26家市级龙头企业、200多个村集体合作社及部分贫困户的156个品类共300余款特色产品，真正实现了规模经济。山阳特产应有尽有，依托电商平台，人们足不出户就能买到秦岭大山的农特产品，同时扩大了山阳农产品在江苏等东西部地区的知名度和市场占有率。2022年山阳特产馆依托“订单进山、山货出山”的模式，搭建起了山阳县农副产品的网络销售平台，配套建设了设施齐全的蓝幕直播基地和农产品供应链服务体系，通过山阳特产馆所链接的建行善融商务、中行公益中国、广发商城、移动寻秦集、扶贫832、抖音、快手、微信网店、微商分销以及线下零售店等渠道，通过乡村短视频加直播电商的新模式，将天竺山镇的土蜂蜜，法官镇的核桃，十里镇的木耳、香菇，中村和银花镇的手工挂面、高山土豆，高坝镇的土鸡蛋，照川镇的红薯粉条，延坪镇的茶叶、魔芋、天麻、黄精等中药材等优质山阳农特产品，源源不断地销往全国市场。

二、项目经验成效及创新模式

（一）项目成效

目前山阳县的电子商务经济发展十分迅速，2016 年度获得了国家级电子商务进农村综合示范县，2020 年 10 月通过国家验收。2021 年又被列入第八批国家级电子商务进农村综合示范县。截至 2022 年年底，全县网民数量 38 万人，网上买家超过 23 万人，开展电子商务的规模（限额）以上企业 13 家、农业企业（合作社、家庭农场）158 家，个人网店超过 300 家，物流快递企业 13 家，2022 年电子商务交易额为 10.5 亿元，网络销售额为 1.8 亿元，同比分别增长 28%、31%。建设镇、村电子商务服务站 85 个，服务覆盖 18 个镇（办）、3 大重点景区和 160 个村（社区），物流配送服务覆盖 244 个村（社区）。阿里巴巴、京东、苏宁易购、邮乐网、供销 e 家、中国网库等一线电商平台入驻开展业务，累计开展电商培训 1.3 万人次，电商产业链带动创业就业 6000 余人。山阳县先后被评为“陕西省电子商务示范县”“陕西省农产品电子商务示范县”“陕西省供销系统电子商务进农村示范县”“国家电子商务进农村综合示范县”。电子商务创业孵化服务基地被评为“陕西省网络经济优秀园区”“陕西省青年创业孵化基地”“陕西省中小企业公共服务示范平台”。山阳县电商协会党总支被省委组织部评为“五星级党组织”，被山阳县委、商洛市委、陕西省委评为“优秀基层党组织”。山阳手工挂面被省商务厅、扶贫办授予电商扶贫“明星品牌”。兄弟县区到山阳县考察学习 200 余次，各级主流媒体宣传报道山阳电子商务发展 80 余次。

山阳特产馆借助电商平台销售农特产品优势，利用“短视频 + 直播带货”渠道，让秦岭深山里的农副产品搭上互联网快车，让山货山景从“养在深闺人未识”，到实现“一根网线闯天下”，有效地解决了农特产品的销售难题，拓宽了贫困群众的增收渠道。2022 年山阳县实现线上直播 110 余场次，销往东西部地区的山阳县扶贫产品销售达 1730 余万元。

（二）项目创新模式

项目主要有以下几种创新模式：

（1）从山阳县政府层面来看，构建保障体系，一是组建工作机构。由县委书记任第一组长，县长任组长，45 个县直部门、单位为成员的县电子商务工作领导小组，并成立了正科级建制的山阳县电子商务服务中心，编制18人，确保了有人干事。二是完善制度建设。印发了山阳县《加快电子商务发展实施意见》《2015—2020年电子商务发展规划》《电子商务发展扶持奖励暂行办法》《山阳县国家电子商务进农村综合示范工作实施方案》等政策性文件，县财政投入1000多万元电商发展专项资金，乡村振兴消费帮扶每年投入500万元专项资金。推进平台建设体系，一是建成线上营销中心。破解“下行一头重”的问题，坚持农产品“上行”与工业品“下行”同步发展。二是架构线下服务网络。在县城中，加强农产品上行供应链体系、物流运输和电商公共服务体系建设，在镇村中，整合、撤并电商服务站128个，建成了县、镇、村、景区“四级架构”，通过网上代买代卖、生活综合服务，扩大了网上交易，方便了群众生产生活。打造产业支撑体系，一是明晰发展思路。发展“果、畜、药、茶、特色农产品”五大优势主导产业，为电商发展提供了有力支撑，形成现代农业示范园区。二是打造特色品牌。形成“源味山阳”区域农产品品牌，严控产品质量关，严厉打击侵犯产权行为，树立良好的县域电商品牌形象。健全配套服务体系，一是强化物流配送服务。与中国邮政山阳分公司合作，建设县镇村三级物流体系，着力解决农村物流“最初一公里和最后一公里”问题。二是强化基础设施服务。实施县城“百兆光纤工程”和“宽带乡村”工程，互联网网速大幅提高。三是强化人才智力支持。坚持引进高端人才和培养本土技能型人才相结合，整合培训资源，分批次、分行业开展电子商务培训80余场次，培训1.3万余人次，电商产业链带动创业就业6000多人。设立扶持奖励体系，推出“十大扶持、五大免费”系列优惠政策，激发了群众的创新创业激情。其中，“十大扶持”政策，即对产业类电商项目实施产业发展扶持、经营主体扶持、平台发展扶持、人才培育扶持、网货供应商扶持、用地扶持、金融信贷扶持、营销宣传扶持、通信资费扶持和物流配送扶持。“五大免费”措施，即对引进的电商企业或高端电商人才，免费提供办公场所、免费提供住所、免费提供宽带网络、免费开展电商培训、免费办理注册登记手续。

（2）从企业发展来看，山阳县特产馆形成了“322”产业发展模式（见图5－1）。第一个“3”是产品来源，包括：从贫困户手中直接采购；从与贫困户有利益联结机制的生产大户、村集体经济合作社、企业采购；与周边县区扶贫超市等值互换的产品。目前旗下产品有中药材、林果、食用菌、畜禽、小杂粮等5个大的品类，共156种单品。第二个“2”是减贫机制，主要有两种模式，包括：增加贫困户产品销售收入；增加合作社、企业生产销售产品。从而促进贫困户在这里务工、入股带来工资、分红收入。第三个“2”是销售运营实现了两个结合，包括：经营模式线上线下结合，线下就是扶贫超市实体店，线上就是在京东、淘宝等电商平台开办的20多个山阳特产馆网店；营销网络上下左右结合，跟市级扶贫超市和邻近县区扶贫超市都建立了协作关系，实现产品资源互通、网络渠道共享。通过电子商务中心的职业能力培训，将这种模式在县域内进行大幅推广。

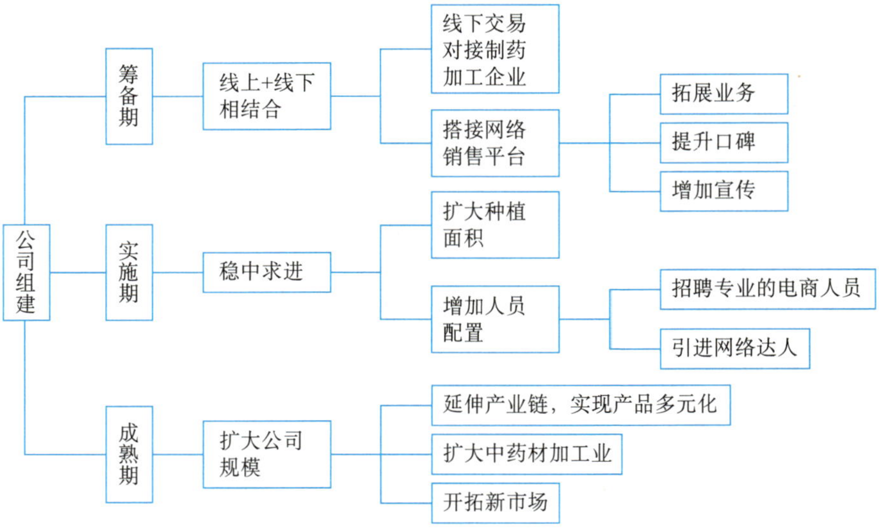

图 5－1　山阳县特产馆“322”产业发展模式（笔者自绘）

（3）从中央单位和六合镇帮扶来看，中央单位和六合区在传统消费帮扶、劳务帮扶等的基础上，打造更具品牌传播力的产品，将特色农产品划分成“新奇特、名优特、土特”三类，每类产品都赋予其特色标签；优化产品的使用性，以源啸山阳品牌的秦岭蜂蜜为例，其改变以往大罐装蜂蜜、携带不方便的旧包装，升级为挤出、携带方便的小包装，从而使蜂蜜更容易食用；在口味方面，取材于当地的枣花、槐花等制成三种差异化口味的产品。经过一系列的调整，产品销量激增，得到了消费者的追捧，改变了以往扶贫产品对口销售的弊端，产品进入市场化销售赛道，在同类商品中销售量排在前列。对口支援还体现在将中央单位及东部省份规范的企业发展模式引入西部地区，在中国钢研科技集团挂职干部的指导下，陕西秦泰中药材贸易有限公司迅速组建，并形成一种可复制的企业发展模式（见图 5－2）。

三、困难问题及发展诉求

一是电商专业人才紧缺。随着电子商务的推广和普及，产品开发、运营管理、推广营销等方面的实战人才、高端人才和复合型人才日益紧缺；二是物流成本较高。县内快递物流行业呈现“散、乱、小”特点，其正处于自发式发展阶段，缺乏统一规范的物流快递发展指引政策。山阳县山大沟深，交通不便，物流成本高，制约了电子商

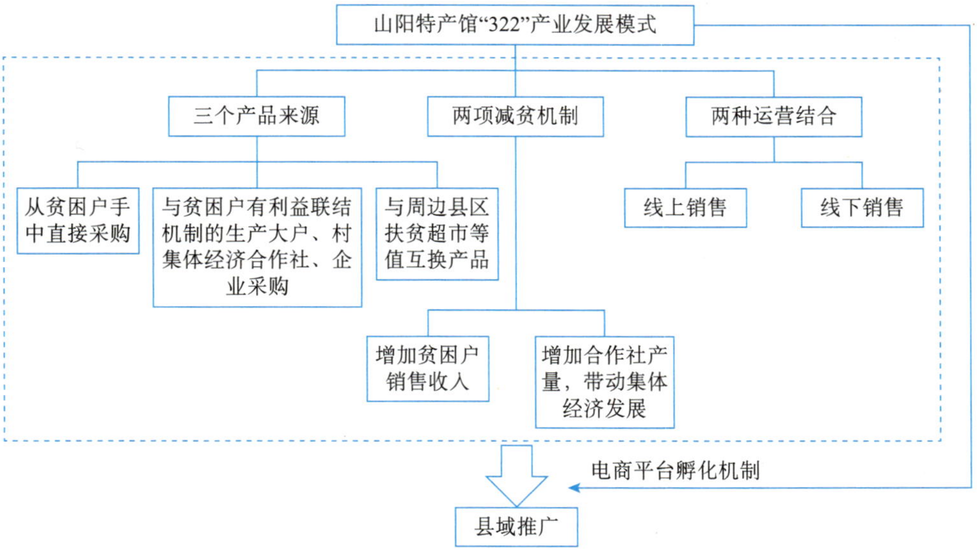

图5－2　中央单位引导电商企业组建及发展路径（笔者自绘）

务的发展，物流快递渠道还需要进一步拓展；三是网货品牌影响力不够。县域农产品资源虽然丰富，但其产品规模化、标准化、品牌化程度不够，缺乏有影响力的县域公共品牌拳头产品，在农产品供应链体系和营销服务体系建设上还需下大力气；四是电商发展缺乏龙头企业带动。虽然注册电商企业数量不少，但大多属于中小微企业，行业竞争力不强、市场占有率偏低，缺乏龙头企业对农特产品进行整合上网销售；五是基础配套设施有待加强。网络宽带虽然覆盖率较高，但农村网速慢、无线网络覆盖率低的问题仍然存在，制约了电子商务“进农村”的工作进程。

四、案例经验启示和建议

（一）案例启示

一是，电子商务作为精准扶贫和实施乡村振兴战略的重要载体，能够推进一、二、三产业深度融合，促进产业转型升级、城乡创业就业及群众增收致富。当前县域电商离不开共生发展模式，随着渗透面的不断扩大，相应的电子商务产业发展也不断加快，县域电商发展模式需要不断完善，这就需要政府、企业形成合力，共同推动产业业态更新工作。对口支援的中央企业和东部省份将先进的理念、模式和路径传递到西部县域，以小切口带动整个县域的产业发展。

二是，从县域的经济发展路径和城镇化进程来看，在营造良好的县域电商共生发展模式的同时，政府、企业等主体在实施产业可持续发展战略的过程中，应充分发挥创新发展战略的作用，促进我国传统农业发展模式转型升级，增强县域经济的竞争力、活力和动力。

三是，在县域电商经济发展过程中，应因地制宜形成适合本地区产业发展的电商运用模式，充分与对口帮扶提供的资源相结合，创造良好的县域电子商务发展模式，并通过人才培训、产业孵化、政策扩散等方式进行大规模推广。

（二）案例建议

一是，制定返乡电商政策，向返乡大学生倾斜。鼓励西部地区农户，尤其是返乡大学生进行自主创业，发展电商产业的，采取减轻或者免除税收的优惠政策，并为初创企业提供人才以及资金的政策支持，让创业者没有后顾之忧，从而增加发展西部地区电子商务企业的数量。但同时也要加强能进能出机制，创业孵化要有时间限制，对于已经孵化成功的或是经过两年以上孵化期，仍没有发展的电商企业，实施退出机制，保障更多的人员参与到乡村电商发展之中。

二是，打通电商平台上下游产业，延伸产业链条。促进电商物流发展，整合县域内各种快递物流资源，降低成本，畅通上行下行双向物流渠道以解决物流配送成本高的问题。生成更多的品牌，依托山阳县优质的生态资源禀赋，挖掘更多的地理农产品，与周边县域农产品形成差异化，带动“新奇特、名优特、土特”等一系列优质产品产出。形成良好的电商营商环境，缩短品牌专业、销售等手续办理时限。

三是，加强品牌保护意识。对口帮扶单位适时在县域电商发展过程中，传递经济较为发达地区专利保护的先进做法，加强西部县域品牌安全保护意识的宣传力度，用法律手段保护农户、电商的合法权益，减少市场假冒、仿造产品情况的发生，维护正常健康的市场秩序，以促进西部地区县域电商的发展。

五、案例延伸的研究方向

本案例中，中央单位依托电商帮扶模式，对帮扶县产业起到了发展作用，也有效实现了联农带农效果，以此为出发点的案例研究仅仅是解读中国特色国家治理中对口支援模式的一个缩影，相关研究还可以包括以下几个方面。

（一）中央单位选派挂职干部的机制研究

中央单位定点帮扶的干部选派，以两年为一任期，每个单位派驻时间各有不同。

中央单位通常会同时派出两名干部，分别是挂职副县长（部分兼任县委常委、副书记）和驻村第一书记。不过，有些中央单位只有派出挂职副县长并无驻村第一书记，也有的中央单位派出了超过两名干部。不同单位的派驻踊跃度并不相同。中央单位挂职干部通常到任后进行新的轮换，但也有个别县的挂职副县长申请继续延期，保持岗位稳定和专业知识更好地发挥，干部延期帮扶的行为深受当地政府的欢迎。如何有效发挥选派干部作用、有效发挥挂职机制，有待深入研究。

（二）中央企业将帮扶县产业纳入自身产业体系的相关研究

中央企业在各自的行业领域内，拥有龙头地位和全牌照的投融资能力，在产业帮扶方面具有独特优势，有一定条件可以将帮扶县的某些企业纳入到自身产业链中。尽管帮扶县资源总量和产业禀赋条件有其局限，通常并无特别优势，但中央企业在作出种种努力，试图将帮扶县纳入到自己的产业链中，使得在一些帮扶地区看到了落地项目。中央单位与帮扶县建立起互通的产业帮扶机制，是从横向动员出发，真正实现帮扶机制由单向输血向造血的演变，同时实现产业共赢发展。另外，中央单位还发挥自身广泛的社会关系网络，为帮扶县积极引入外部行业资源、社会资本和公益资源，将社会资源和产业资金投入到帮扶地区，从而发挥特殊作用。

案例《教学手册》

一、课前准备

提前一周将案例、思考题及相关材料发给学生，要求学生自行查阅案例中涉及的政策文件，主要包括国务院批转《关于经济发达省、市同少数民族地区对口支援和经济技术协作中央单工作座谈会议纪要的通知》（国发〔1983〕7号）、《在全国脱贫攻坚总结表彰大会上的讲话》（2021）、《在国家脱贫攻坚总结表彰大会上的讲话》（2021）、《关于坚持做好中央单位定点帮扶工作的意见》（2021），同时，引导学生围绕案例主题，检索相关文献，增加对该领域的认知。

教师准备教学课件、讲义等，按照思考题的不同侧重方向提前构思学生分组、情景模拟、课堂陈述、启发互动式教学、实践教学等教学方法的综合应用做好各方面的准备。

二、适用对象

本案例主要适用于《公共政策分析》《公共管理》《公共部门绩效管理》课程，也适用于《政府组织与治理》等课程。

教学对象为公共管理硕士（MPA）、行政管理专业研究生和行政管理专业高年级本科生。

三、教学目标

本案例通过中央单位对重点帮扶县电商产业帮扶的实践与挑战案例学习，让学生获得多元化的收获，中央单位对帮扶县帮扶种类是多样的，包括劳务帮扶、消费帮扶、产业帮扶等，在此选择产业帮扶的电商产业新业态形式，是为调动学生对数字经济、电商产业的认知，在学习政策基础上，从一个领域的切入案例来分析中央单位帮扶对产业发展的影响。具体包括：一是对中国特色国家治理中对口支援的重要方式和机制有所了解，尤其是让学生感受到党的十八大以来，对口支援政策在完成脱贫攻坚、实现共同富裕的道路上发挥的重要作用，深刻体会中国特色制度优势和治理效能。二是从政策学习的理论视角出发，通过对中央单位对口支援的案例剖析，帮助学生系统学习不平衡增长理论、府际关系理论、公共政策执行理论、贫困治理理论、精准扶贫理论、外力与内力互动理论等。三是让学生透过案例，加深对电商平台的了解，对未来数字经济发展前景的认知，鼓励大学生依托科学技术进行类似于电商平台、数字经济等领域的创业就业，从而在家乡的城乡发展中发挥自身的知识优势。

四、教学内容及要点分析

（一）教学内容

本案例的设置主要针对公共政策过程的相关理论学习。透过中央单位对重点帮扶县电商的帮扶为背景，展现帮扶县产业发展与乡村振兴的关系，以及政策影响与共同富裕实现之间的关系，从而为治理体系深刻变革环境下的公共政策制定提供新的思路和借鉴。

具体而言，本案例主要涉及以下教学内容：1. 政治动员与统筹部署。2. 横向地区间优势互补的资源配置和人文交流。3. 电商经济对乡村产业发展的影响。4. 政策学习理论。5. 政府治理理论。

（二）要点分析

本案例的主要分析如下：

1. 中央单位如何通过纵向政治动员与统筹部署，对帮扶县进行产业帮扶。

理论知识点：双轨动员与协同治理理论

双规动员治理的过程一般分为三个阶段，即目标设定阶段、动员实施阶段和考核评估阶段，其中“动员”是专项治理中的核心环节，实践中的专项治理动员存在两个不同的场域，一个是基于官僚体制内部的政治动员，另一个是基于社会情理治理的社会动员。两个场域的动员主体、动员客体、动员情境、动员方式、制度化程度均遵循不同的逻辑。中央单位对帮扶县的帮扶正体现出了双轨动员与协同治理理论的实践应用。

理论知识点：纵向动员与层级治理

科层制逻辑的政治动员纵向动员是在官僚体制内部，中央政府、地方政府或上级领导部门对基层执行部门的动员。在这一动员场域中，动员主体是一般是中央政府、地方政府，动员客体是基层政府及其工作人员，动员的方向是自上而下的，因此，一些中间层级的政府或职能部门可能既是动员主体又是动员客体。

2. 中央单位如何通过横向动员与社会情理式治理，实现中央单位与帮扶县产业共同发展。

理论知识点：横向动员与社会情理式治理

基于社会基础的社会动员横向动员是政府部门为了实现治理目标对群众实施的动员。横向动员这一场域中，动员主体是多元的，主要是政府、街道或社区等部门，而动员客体则是体制之外的人民群众。横向动员的情境体现为“社会情理治理”，在“上下分治”的治理体系中，行政体系内部的动员往往遵循科层制逻辑，而基层社会的动员则更多是采取社会情理逻辑。社会情理治理的社会基础是乡土社会网络中的非正式制度，其作用机制主要是社会网络和人情关系。横向动员的动员方式是软动员（柔性动员），主要是依靠宣传说服、物质激励、情感沟通等方式，体现的是制度实践中的生活逻辑。此外，从动员的制度化程度来看，横向动员是一种弱制度化的非正式动员。中央单位在对帮扶县的帮扶过程中，不难发现中国式跨区域协同发展模式并非一成不变，而是与时俱进的。中央单位帮扶作为一种对口支援的重要形式，以新发展格局实现高质量发展，切实提升国家治理效能，成为新时代我国推动对口合作的使命与方向。

3. 电商经济对乡村产业发展的影响是什么？中央单位在电商帮扶模式中发挥什么样的作用？帮扶县又在这个过程中扮演什么角色？

理论知识点：创新生态系统理论

创新生态系统理论是基于创新环境形成和优化前提下，创新主体协同和创新要素整合的结果。随着乡村振兴的推进，创新生态系统理论在乡村振兴、农业高质量发展和“第二个百年奋斗目标”等政策目标下，发挥着重要作用。数字经济政策红利接踵而至，数字基础设施配置的空间均衡性得到显著改善，农业数字信息技术的普惠效应逐步释放，电商经济作为数字经济的承载方式，为农业现代化建设提供了新思路和新路径，作用于农产品供应链的新业态。通过电商技术革新自身商业模式，可以打破第一产业经营边界，降低对下游流通组织的市场资源依赖性，消除农产品流通中间层的经济利益盘剥，流通盈余价值内化为组织公共资源，实现了农业供应链的价值闭环。在中央单位的对口支援下，众多帮扶县建立了电商平台，并指导农户学习网络直播，从而延长农产品产业链，将更多的利益留给农户。

五、教学安排

（一）案例引入（10 分钟）

首先让学生回顾提前发给的案例基本情况；再通过以图片、视频、文等形式给学生展示案例的背景，包括案例涉及的陕西省山阳县的发展背景、脱贫攻坚和乡村振兴时期政府的政策文件、中央单位对山阳县的帮扶概况等；然后，对案例中涉及的理论进行介绍。

（二）角色分析（20 分钟）

将学生分成若干个组，分别代表山阳县人民政府、中央单位对口帮扶派驻干部、农户、电商直播技术专业指导教师等角色，根据案例分析各自角色任务，有意识地引导学生参与到情境中，感受多方的角色定位。

山阳县人民政府：研究当地产业发展路径——与中央对口帮扶单位共商帮扶模式——选定第一批通过电商发展的优质产业——引导农户学习电商模式。

中央单位派驻干部：接受中央政府对口帮扶的任务——前往农户家中进行调研访谈——分析当地产业情况，进行产业 SWOT 和 PEST 分析——与山阳县政府商谈产业发展——安排电商直播专家传授直播技术——分析经验与不足。

农户：自愿报名参加电商培训——采用新技术、新模式推广自制农产品。

技术指导教师：与中央单位、山阳县政府开会，研究培训内容——对农户开展培训——通过电商平台实现产业帮扶。

（三）分组讨论（40 分钟）

围绕案例中的思考题进行讨论，引导学生在讨论过程中深入了解中央单位在对口帮扶中发挥的作用。在讨论过程中，引导学生将政策理论带入到案例中进行学习。

（四）教师总结（20 分钟）

教师针对学生分组辩论的情况予以点评，并对案例的关键要点进行重点分析。注意启发学生进一步思考新时代下如何实现公共政策制定的科学性、公正性和有效性。

（五）课后作业

布置学生查询其他地区电商产业发展的相关案例，结合所学理论知识进行思考，完成 2000 字左右的案例分析报告。

案例六

近水楼台先得月？

——怀来县大数据产业发展的机遇与挑战[①]

① 本案例由中央财经大学政府管理学院王红梅教授，中央财经大学政府管理学院硕士研究生杨雨婵、莫雁羽共同编写。

案例正文

河北省张家口市怀来县曾是国家重要煤炭基地，随着京津冀协同发展等重大战略政策的提出和愈演愈烈的环境污染的影响，其被迫关闭了财政收入近两成的煤炭市场，转而发展文旅产业、房地产经济，但收效甚微；而后，互联网发展带来的数据储存需求突增、京津冀地区合作的深化为怀来县产业高质量转型带来了新的机遇，怀来县政府根据自身特点引入大数据产业，并取得了较大发展成果，成为“东数西算”在京津冀地区的唯一布局点。在这一过程中，怀来县政府是如何在重大战略的影响下确定主导产业，抓住数字经济这一时代发展机遇？又如何实现大数据产业从 0 到 1 不断增强政策可持续性，是本部分需要重点思考的问题。

一、引言

2015 年，《京津冀协同发展一体化纲要》发布，其重点聚焦于环境治理、产业转型和交通一体化三大领域，在“一张图”的总体布局下，位于北京西北部的张家口市、承德市被规划为京津冀的水源涵养功能区，大力开展生态环境治理。众多县区为了守护北京市的生态环境，以壮士断腕的决心关停当地煤炭产业、化工业、石矿产业等容易产生严重污染的产业，给当地经济造成一定的影响。

张家口市怀来县也是其中的代表，在关停当地煤炭市场后，怀来县积极探索新的主导产业，最终在上级政策方针的指引下、新兴市场的需求下以及当地政府有力的执行下，选择发展大数据产业，作为新的经济增长点，并成为京津冀地区唯一的国家性算力枢纽，负责承接北京等地实时性算力需求，构建辐射全国的算力中心。

在京津冀协同发展的十年历程中，怀来县坚决配合生态协同，充分借助交通协同，积极开展产业协同，让新兴的大数据产业在区县落地生根，具有较强的现实借鉴与案例研究的意义。

本案例基于产业竞争力理论、史密斯政策执行理论、公共战略理论，对怀来县大数据基地的规划、建设到运营发展的全过程进行梳理和分析，并探究其在发展路径探索、战略实施管理以及政策落地执行方面的独到之处，以化解京津冀协同发展中县区经济发展的困境，推动早日实现经济绿色转型和可持续发展。

案例中将依次呈现：(1) 怀来县发展大数据产业的宏观背景是什么？(2) 怀来县如何作出发展大数据产业的决策？(3) 在怀来县大数据产业发展过程中，其如何应对京津冀协同所带来的挑战，又如何把握京津冀协同这一宏观战略背景带来的机遇？通过以上问题的呈现，以期为化解京津冀协同发展中县域经济发展的困境，推动环京县域产业转型提供案例借鉴。

二、案例背景

（一）京津冀协同发展背景下的产业困境

河北省张家口市怀来县是位于北京西北方向的一座县城，多年来，作为连接北京和西北煤矿产区的交通枢纽，煤炭产业兴盛发达，但与此同时也给周围环境带来了严重的煤粉尘污染。

2015 年，随着《京津冀协同发展一体化纲要》的发布，怀来县作为京津冀水源涵养功能区中的重要县区，大力开展生态环境治理，出台了一系列整治方案，对煤炭市场、非煤矿山、秸秆焚烧等污染源进行了彻底的治理。经过政府各部门的努力协作，截至 2014 年底，怀来县总共关闭取缔了 18 家灰粉加工企业，9 家对应产生影响的非煤矿山企业，如图 6－1 所示即为怀来县开展煤炭产业治理现场。

图 6－1　怀来县开展煤炭产业治理

坐落于怀来县境内的官厅水库，一直是北京重要的后备水源地，由于历史原因，永定河两岸河滩及官厅水库滩地被开垦近 10 万亩，种植玉米等农作物。每年种植时使用大量化肥、农药，残留物随着雨水直接注入水库，水源污染严重。上游河道两岸、水库周边村庄的生活垃圾、生活污水，及养殖场污染物，也毫无顾忌、源源不断地被排向水库。景区管理不完善、游客数量增多，让官厅水库的环境不堪重负。

在京津冀协同治理战略的指引下，恢复官厅水库的湿地生态和自然环境同样成为怀来县重要的环境治理任务。2014 年，怀来县编制了《河北怀来官厅水库国家湿地公园总体规划》。公园规划总面积 20.3 万亩，计划总投资 50 亿元。为了优化水库生产和居民生活秩序，怀来县先后 4 次开展环湖环境整治专项行动，拆除违法鱼馆、旅游设施等建筑 450 余处，共 6 万多平方米，清理垃圾 20 万吨，清退网箱养鱼 30 多处……在多管齐下的有力执行下，怀来县的生态环境得到了大幅改善，2014 年 1 月，被住建部命名为“国家园林县城”；2014 年 12 月县文化公园晋升为“四星级公园”；2015 年，被省政府授予 2013—2014 年度河北省“人居环境奖”，是获此殊荣的三县之一。

在京津冀协同发展之生态协同战略（见图 6－2）的引导下，怀来县的发展必须以环境优先、以绿色优先，因此，怀来县原有的煤炭产业势必要逐渐退出，怀来县亟须新的支柱产业出现。当地政府也开展了大量探索。

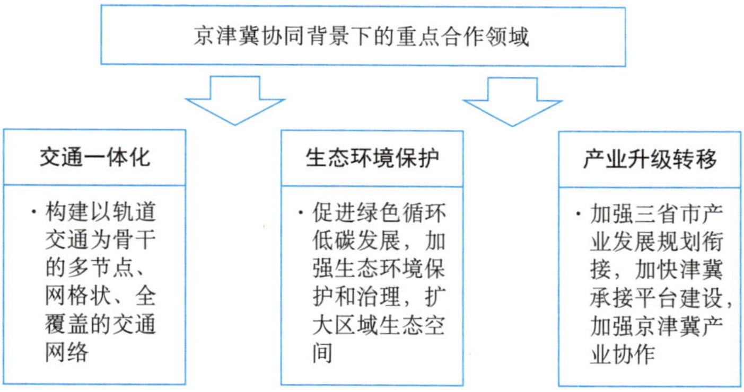

图 6－2　京津冀协同发展的三大领域

2014 年，借助京津冀协同发展国家战略的提出和京张联合申办 2022 年冬奥会的契机，怀来县充分挖掘长城文化、战争文化、燕山文化资源，借助临京的区位优势，大力发展旅游业。其中之一就是在原土木煤炭市场原址及周边规划了燕山文化新城项目，规划面积 45 平方千米，总投资 146.8 亿元。怀来县邀请中国城市规划设计院编制《燕山文化新城规划》，要让煤炭市场“旧貌换新颜”。

怀来物产丰富，更是水果之乡。农业旅游也是怀来县旅游产业的发力点之一，各乡镇凭借各自的特色水果物产，开展形式多样的乡村旅游：炮儿村草莓采摘园，小南辛堡海棠花节、石片黄杏采摘节（见图 6－3）都吸引了大量的游客。2015 年，全县共接待游客 430 万人次，旅游收入达 16 亿元。

除了农业旅游外，怀来还继续深耕“中国葡萄之乡”品牌。

图 6－3　怀来县丰富的农产品

依托于优良的自然条件，怀来种植葡萄的历史最早可以追溯到七百年前，基于优质的葡萄品种，怀来县积极延伸葡萄相关产业链，大力发展葡萄酒酿造产业。我国第一批干白葡萄酒、第一支香槟法起泡葡萄酒、第一支符合国际标准的白兰地、第一支赢得国际级评酒会奖牌的葡萄酒，均产自怀来。葡萄产业一直以来都是怀来第一大特色主导产业。

自 1999 年起，怀来县每年在 9—10 月举办葡萄和葡萄酒盛会，到目前为止已经成功举办了 22 届之多。这些葡萄（酒）节不仅为当地带来了可观的收益，也让怀来县"中国葡萄之乡"的名声远扬。在 2008 年的奥运会、2010 年的世博会、APEC 会议、2014 年博鳌亚洲论坛、G20 杭州峰会以及"一带一路"峰会等重要的国家政务和商务活动中成为了款待各国宾客的不二之选（见图 6－4）。

图 6－4　怀来县葡萄产业成就斐然

但同时，葡萄产业总产值虽曾是占全县社会经济总量三分之一的最具特色的主导产业，但也在时代的变化中呈现出自己的尴尬。

随着南方种植技术的不断成熟，鲜食葡萄的产地从北方逐步扩展到南方，怀来县的葡萄在市场上的竞争力不断下降。同时，随着葡萄酒市场不断开放，价格低廉的进口葡萄酒对国产葡萄酒市场份额形成了巨大冲击，导致怀来葡萄酒销量大幅下滑。尽管县委县政府一直把葡萄产业当作主导产业，但面对国际国内市场的冲击和种植面积不断缩减的现状，想要进一步扩张葡萄产业难度很大。

随着京张联合申办冬奥会成功，京津冀三地交通一体化快速发展，众多地产楼盘如雨后春笋一般冒出，吸引着许多投资者的到来。2016 年，怀来房价较 2014 年上涨 40%—50%，且仍有继续上涨趋势；2017 年上半年，怀来土地销售过百亩，总成交额高达上亿元。

房价高企，尽管给政府带来了一时的财政收入，但许多怀来人在家乡找不到符合自己专业需求的工作，在怀工资也无法支撑房贷，不得不选择到北京务工，造成了大量人才流失。他们工作日在北京上班，周末返乡休假，过上了候鸟般的“双城生活”。

怀来县政府和怀来人民都期待着新的产业机遇。

（二）互联网蓬勃发展涌现数字经济机遇

2017 年，是移动互联网短视频平台当之无愧的爆发元年，用户规模翻倍达到 4.1 亿，年增长率达 116.5%，短视频使用时长占移动互联网总使用时长的 5.5%，两大平台为争夺用户竞相开展直播答题活动，用户量进一步增大①。繁荣的网络生态背后，意味着急速积累的数据量，人们的每一次上传和下载，都会在企业的服务器中留下数据痕迹，这就意味着，必须有更大型的数据处理中心承载海量实时算力需求。

秦淮数据集团正是大型数据中心供应商的代表，随着以北京为核心的环京城市信息技术产业基础设施供不应求，原有的望京数据中心已无法满足不断增长的数据量需求，加之北京周边土地和电力资源短缺，必须在京外寻找合适地点建设大数据基地。

经过讨论研判，怀来县在发展大数据产业上具有一定的基础优势，主要分为以下三个方面：首先最重要的就是地理位置优势，张家口·怀来大数据产业基地选址与北京市东城区、海淀区、丰台区等西北区域直线距离 70 千米，而其他地区，如内蒙古乌兰察布市距北京市 360 千米、河北承德市距北京市 200 千米、张家口市张北县距北京市 197 千米，都会在数据传输上产生一定延迟，不能满足北京大量实时算力需求，这是怀来县最显著的优势。

---

① 2017 年中国移动互联网年度报告。

其次，怀来县年平均温度较低，比北京平均温度低5℃，对于降低大数据企业的PUE值大有帮助，经过测算，最低可以降到1.2。相比于其他地区的大数据基地会更有优势。

最后，在资源上，怀来县发展风力发电多年，可再生能源丰富，且本地能源消耗有限，能给大数据中心的运行提供足够的电力能源。

数字产业机遇出现在怀来县政府的面前。

三、怀来县大数据发展的历程

（一）抢占先机，引进领军企业

随着京张共同承办冬奥会，怀来县意识到大数据产业未来将大有可为，北京有那么多的互联网企业，那么多媒体平台，对于数据中心的需求只会越来越高，秦淮集团计划在怀来建设新媒体中心，服务各大媒体平台。这对于怀来县来说，是发掘全县经济新的增长点的机遇，因此，2017年，怀来县决定引入第一家大数据企业——秦淮数据。同年，《京津冀大数据综合试验区建设方案》发布，提出要推动京津冀地区金融领域大数据基础设施及支撑服务向廊坊等地集中布局，带动京津冀金融大数据协同创新。

怀来县从政府办、国土局、住建局等相关职能科局抽调4人，组建怀来大数据产业基地办公室，全力保障秦淮数据的落地投产。从用地审批到道路规划，从变电站建设到水利保供，4个人需要对接十几个相关科局。除了大数据产业基地办公室，其他科局也在紧锣密鼓地忙碌着。为了加快施工进度，水、电、网三家协作施工，根据县委县政府要求的时间节点，倒排工期，让基础设施能够尽快完备。职工培训也在提前进行，县里帮助秦淮数据发布招聘信息，提供场地支持，方便企业进行员工培训，以实现基地落地，员工上岗。

短短7个月一瞬而过，鲜艳的红色厂房整齐地出现在东花园镇南部，容量为双路20000千瓦（16兆瓦IT负载）的新一代超大规模高等级绿色节能数据中心完整交付。2018年2月4日，由秦淮数据投资60亿元建设运营的官厅湖新媒体大数据产业基地在怀来正式开园（见图6－5）。怀来大数据产业，完成了从0到1的突破。

随着秦淮数据在怀来县落地扎根，环首都·官厅湖大数据产业基地成为国内最大的已投运单体数据中心园区，打响了怀来县大数据产业发展的第一枪。2018年6月，怀来县产业新城项目受邀参加第二十二届中国国际软件博览会，怀来产业新城的大数据与云计算、软件与信息服务等相关产业集群也首次参展，吸引了众多企业的目光。

图 6－5　秦淮环首都·官厅湖大数据产业基地实景

引来一个、带动一批、辐射一片。2018 年 8 月，腾讯与怀来县正式签约，宣布将投资 300 亿元建设腾讯华北信息技术产业总部基地，业务涉及数据产业装备制造、文化旅游、互联网金融等领域，用于怀来基地的云计算业务将在本地结算。合盈、云交换、联通、电信等互联网大厂及大数据企业相继来怀考察大数据产业基地。随着越来越多的企业选择在怀来建设大数据中心，怀来县大数据产业园初具雏形。

（二）高效执行，组建专门机构

为了进一步推动怀来县大数据产业建设，大数据产业基地办公室升级为数字经济局，专门负责协调大数据产业基地的各项工作，服务企业，协助领导。不仅人数从 4 人增加至 9 人，单位职能也得到进一步的丰富。

在产业优化上，数字经济局创新工作方法，多角度提升怀来县大数据产业基地生产水平。为解决企业类型单一问题，数字经济局围绕大数据上下游产业，采取以商招商、外出驻点招商等方式，开展了高密度、深层次的对接招商；为解决能耗问题，基地各数据企业不断探索新兴技术，提高产业能效，不断推动绿电在大数据领域高比例应用，环京地区首个绿色零碳数据中心集群正在悄然形成。

在服务企业上，数字经济局主动协调各方的诉求，在土地征用、人才保障和就业、能源规划、电费优惠、电力稳定性保障、生态环境建设、交通配套建设、商业及公共服务设施等一系列工作中细致入微，耐心沟通，推动协作。与此同时，数字经济局也负责统筹协调各相关部门工作。由此，形成了在县委县政府领导下，以数字经济局为核心，多部门密切协同的执行主体（见图 6－6）。

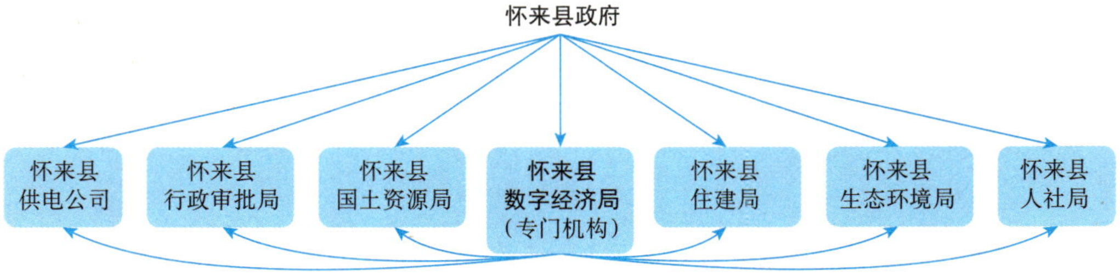

图 6－6　怀来县形成的大数据协同执行主体

（三）把握趋势，合理规划发展路径

产业发展，规划先行。随着怀来县大数据产业的蓬勃发展，周边各县市也都在加快布局大数据产业，如何在日益激烈的竞争中继续保持先发优势，把握大数据产业未来的发展方向，怀来县对大数据产业基地的未来发展进行了合理规划。2020 年 9 月 14 日，省委书记王东峰主持召开省委专题会，站在京津冀协同发展、加快首都“两区”、河北“两翼”建设的战略高度，亲自研究、亲自谋划、亲自指导、亲自推动张家口怀来大数据产业基地规划建设各项工作。

2021 年 3 月 1 日，省委书记王东峰再次召开专题会议，对怀来大数据产业基地规划编制、项目建设、资金保障、电力能源、基础设施等工作进行再研究再部署。在规划编制期间，王东峰书记 10 次作出重要批示，亲自对《张家口怀来大数据产业发展规划》进行修改，几易其稿，4 月 21 日获省政府批复实施。最终，形成了“一带两区”的功能空间分区。“一带”即依托产业基地核心主干道——葡萄大道公共服务走廊，打造大数据产业隆起带。“两区”即大数据产业绿色发展示范区和以城市功能为主导的产城融合示范区，将绿色发展、产城融合作为怀来县大数据基地未来的发展方向。

与此同时，尊重自然、保护自然的可持续发展战略，被列入我国“十四五”规划，并锚定 2030 年前实现碳达峰，2060 年前实现碳中和的战略目标。时代背景推动着大数据产业未来进一步向绿色、节能、高效的方向发展。

在众多上级政策的指引下，怀来县委县政府真正将数据产业作为本县重点发展的新兴产业，举全县之力建设大数据产业基地。2021 年，怀来县制定《怀来县支持大数据产业发展八项措施（试行）》《关于支持数字经济企业融资的若干措施（试行）》，从政策扶持、资金支持、创新奖励、人才安居、政务服务等多个方面推动大数据产业发展。

在绿色发展的层面，面对国家“双碳”目标的要求，大数据产业中心的节能循环建设提上日程。县委县政府领导为此多次到大数据产业基地开展实地调研，并专门召开工作协调会议讨论怀来大数据产业的能源利用问题。

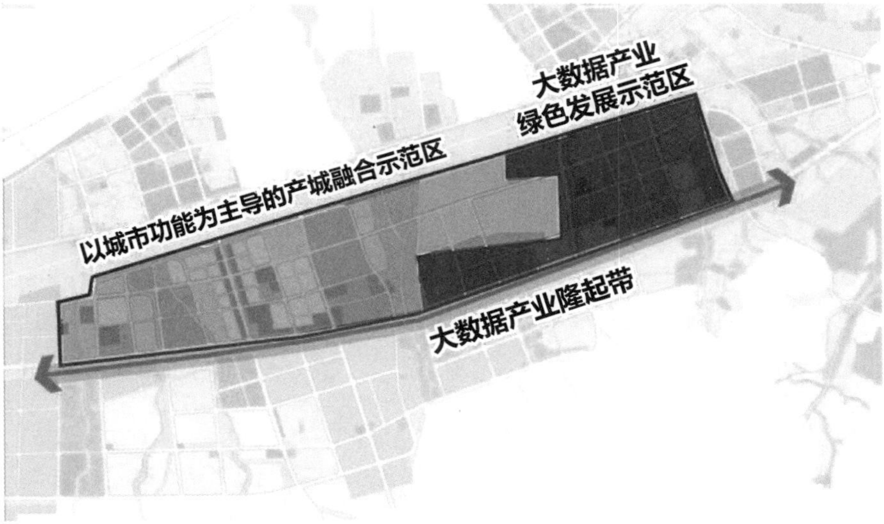

图 6－7　张家口怀来大数据产业基地示意图

县发改委领导说："生态一直我县最重要的政治任务，作为张家口可再生能源的示范区，我们必须在绿色能源的利用上做出成绩，因此，我们在发展大数据产业时一定不能忘记我们的生态环保责任，确保我县实现'双碳'目标。"

为此，怀来县提出"源网荷储""余热回收""抽水蓄能"三大项目，实现数字经济和清洁能源相互带动、循环发展。具体来说，"源网荷储"项目，主要是利用在张北县、沽源县等风光电富集区的风电资源，建设风光电一体化电站，再传输怀来大数据中心集群消纳，全部完工后，每年将提供绿电 100 亿度。其次是"抽水蓄能"工程，利用天然地形建坝成库，引导上游河道水流入官厅水库，再利用水能发电。湖水的有效流动，既可以满足大数据企业用电需求，又能实现水质的稳定提升。"余热回收"就是对机房设备在运行过程中产生的大量热能进行回收，再通过转化重复利用。目前，怀来县与清华大学、中国建筑节能协会等机构合作，现在冬季可实现供热供暖面积 20 万平方米。

在产业链延伸上，怀来县上下多角度发力，在大数据产业发展的新征程上奋勇争先。面对激烈的行业竞争，怀来县主动出击，政策＋招商双管齐下，县委县政府领导亲自带队，到北京、江苏、浙江多地开展招商活动；面对创新创业氛围不浓，怀来县率先发布元宇宙相关政策，吸引相关人才和企业落户怀来；面对产业链单薄，上下游企业集聚度不高，就业吸纳力度不强，怀来县积极与动漫、影视后期等既需要大量数据运算又需要大量人才的新兴企业沟通谈判，延长产业链。

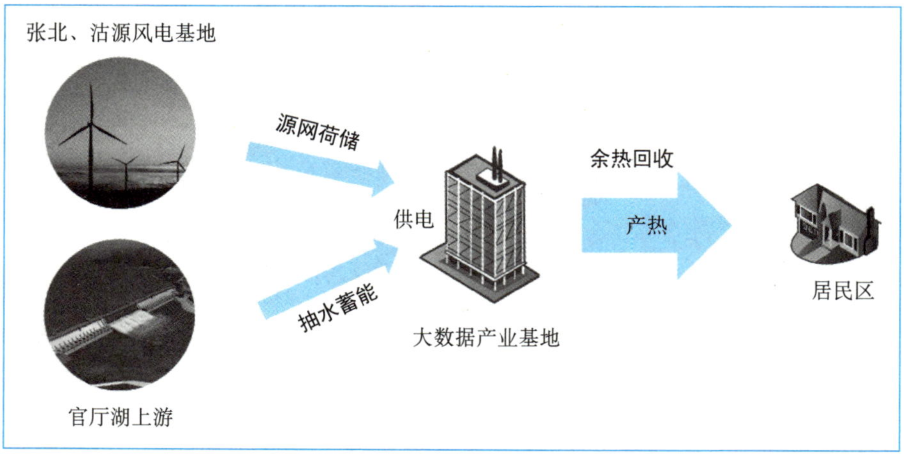

图 6-8　怀来大数据产业基地三大清洁能源利用项目示意图

2023 年，《数字中国建设整体布局规划》发布，怀来县大数据产业基地时刻关注数字经济的最新动态，谋划未来发展方向。怀来县发布《怀来县支持元宇宙产业发展的若干措施（试行）》，鼓励数字人才创新创业，扶持中小企业入驻发展，在文旅、教育、商贸、农业、城市治理开发新的数据应用形式。围绕元宇宙发展核心要素，鼓励具有核心技术和平台构建能力的企事业单位，布局以人工智能、数字孪生、人机交互、区块链等为代表的新技术基础设施。

在营商环境改善上，怀来县专门召开 2023 年大数据产业发展工作会议，提出要进一步优化营商环境，要加强与企业的沟通，主动服务，全力以赴提供良好的发展环境，让企业坚定不移发展项目。

例如，在合盈数据落地的过程中，怀来县没有因为疫情而拖慢企业的建设时间，从土地的审批到公示，从数据中心的建设到交付，怀来县政府没有丝毫松懈，仍然保持着“怀来速度”，确保数据园顺利建成投产，得到了企业的肯定。

在政府的不懈努力下，怀来县大数据产业成绩斐然。2022 年 2 月，国家发展改革委、中央网信办、工业和信息化部、国家能源局联合召开发布会通知：“同意在京津冀、长三角、粤港澳大湾区、成渝等 8 地启动建设国家算力枢纽节点建设，‘东数西算’工程正式启动！”怀来县作为 8 大算力枢纽之一张家口集群的起步区，承担着大数据产业领头羊的重任。

四、怀来县大数据产业发展的经验启示

正所谓“郡县治，天下安”。县域经济是我国经济高质量发展的基本单元，更是

区域经济发展的重要组成部分。在中国的政府体系中，县级处在承上启下的关键环节，是要素完整、功能齐备的一级地方政府，在发展经济、保障民生、维护稳定等方面发挥着基础性作用。本案例通过对怀来县大数据产业发展历程的描述解剖，试图展现怀来县政府在京津冀协同这一宏观战略背景下，不畏挑战，大胆尝试，最终实现地方产业转型升级的过程，对研究县域经济的转型、把握县域经济发展规律和理解地方基层工作，对实现基层经济高质量发展具有重要的借鉴意义。

（一）怀来县产业转型所面临的挑战

河北省地理位置优越，环抱京津，四通八达。这里有着丰富的矿产资源，素有“燕赵煤仓”之称，是国家确定的 13 个煤炭基地之一（冀中煤炭基地），而张家口市位于河北省西北部，与山西、内蒙古等我国主要煤炭产地两省接壤，更是煤炭交易的核心市场。

怀来县处于连接张家口和北京的咽喉要道，可以说是北京与晋西北联通的必经之地，这里交通便利，四通八达，自然成为京西煤炭交易和流通的中转站。这里距北京车程不过两个小时，是内蒙古、山西等地的原煤销售至京津唐的重要中转站，“全国十大煤炭交易市场”之一的怀来县土木煤炭市场，就坐落在距怀来县城 10 分钟车程的土木镇。当生意红火时，一天 24 小时运煤车进出不停，煤炭年成交量达 5312.64 万吨，煤炭成交额 172.75 亿元，上缴国家税费达 32016.81 万元，每年为当地贡献近两成财政收入。

但与此同时，煤炭产业也给当地带来了严重的环境污染。煤炭企业、矿山钢厂有大量废气排放，年年日日，当地果园里竟然种出了“黑苹果”。治理污染，关闭煤炭企业势在必行，但当地财政收入将受到巨大影响。

随着京津冀协同规划发展纲要的发布，怀来县被划归到西北部生态涵养区；2017 年 1 月，习近平总书记视察河北省张家口市时作出重要指示，强调张家口要加强生态建设，树立生态优先意识，建成首都水源涵养功能区和生态环境支撑区。一系列政策的提出与实施，都要求怀来县乃至张家口市的产业发展都要以生态为先，严格控制生态资源的消耗，着力提升水源涵养功能，着力强化生态环境支撑，着力构建绿色产业体系，保障首都水资源和生态环境安全。在产业选择上，围绕生态兴市、生态强市目标，建立产业准入负面清单，重点发展可再生能源、冰雪运动、大数据、文化旅游康养、生态农业等绿色产业。

因此，怀来县在产业转型升级的过程中，受到上级政策与当地资源禀赋的限制。

（二）怀来县产业转型发展突破路径

一是严守红线，深入挖掘本地资源潜能。在严格保护生态的基础上，怀来县着力发展绿色产业。在“一湖三圈”县域空间布局基础上，加快构建“一湖、两山、三河、多点”的生态安全格局。“一湖”指官厅水库，以自然恢复为主，保护现有湿地，恢复原有湿地，严禁在自然湿地周边进行围垦，持续推进湿地公园建设。“两山”指县域南北两侧山体生态屏障，重点加强生态保护建设，加强森林草原保护管理，禁止乱砍滥伐和陡坡开荒。采取封山育林、退化林修复等措施恢复自然生态系统，增强水源涵养功能。大规模造林向提质增效转变，以主要道路沿线可视面为重点，高标准实施村庄绿化、节点绿化，在全县大力实施扩面延伸、养护提效、质量提升等工程，按计划完成退出矿山、生态植被恢复和尾矿库闭治理。全面落实林长制，加强林木管护，巩固绿化成果。

在此基础上，怀来县不断提升可再生能源规模化开发利用能力，配套发展发输储用等装备生产能力，逐步形成链条完善、特色鲜明的绿色能源产业体系。利用当地的气候特色，积极发展风电产业、光伏产业、构建可再生能源产业体系。这也为大数据产业的发展奠定了坚实的能源基础。

二是积极协同，积极承接北京产业外溢。怀来县在生态、交通、产业三方面积极融入京津冀协同发展大局。在生态侧，怀来县结合全国生态示范县、京津风沙源治理、退耕还林等国家投资项目的实施，把保障首都水资源和生态环境安全作为第一目标，强化官厅水库水源保护，与北京市相邻县区建立了跨区域环境污染防治联合执法机制，统筹水的资源、环境、生态功能，建设首都“绿色屏障”。在产业侧，依托毗邻京津的区位优势和自身资源环境禀赋，拓展延伸大数据产业链，建设大数据产业集群和信息技术产业重要承载地，推进大数据与实体经济深度融合。依托县域高速、高铁等路网节点，大力发展现代商贸物流业、改造提升传统商贸物流业，构筑承接北京、辐射晋蒙的区域物流集散区。

三是突破定式，把握数字机遇。怀来县积极融入国家“东数西算”工程京津冀枢纽节点，把数据经济产业发展作为全县的头号工程狠抓推进落实，在加强基础设施建设的同时，加大招商引资力度，全县已形成以东花园区域为龙头，辐射带动桑园、存瑞、沙城的“一龙头三片区”大数据产业发展格局，已落户腾讯科技、云交换、合盈数据、中国联通、中国电信、中国移动、世纪互联、博浩数据、云储数据、WXB 等多家数据中心企业，全县签约服务器约 500 万台，投运服务器达 72 万台，成功纳入国家“东数西算”工程全国一体化算力网络京津冀枢纽节点张家口数据中心集群建设起步区。

（三）怀来县大数据产业发展的有益启示

作为河北省环首都14区县之一，怀来县在保障首都生态环境，涵养首都水源地的同时，在绿色产业的道路上不断探索，找到了自身产业转型升级、县域经济高质量发展的路径，对环京其他县域的产业转型升级有着一定的借鉴意义。上级政府的政策压力，与基层政府经济发展的迫切需求，共同构成了推动怀来县政府加快产业转型升级的强大动力。

宏观区域战略的产业发展限制，与地方产业资源的供给，引导着怀来县政府不断探索绿色产业的新机遇。从大力发展绿色农业，生态旅游，到利用气候条件构建可再生能源产业体系，再到全力发展大数据产业，怀来县完成了绿色产业的迭代与转变。借助数字经济，实现地方经济高质量发展。其中，离不开怀来县政府对于自身资源和发展方向的研判，离不开县委县政府对于新兴产业的敏锐关注，更离不开全县上下所有相关部门的协同配合，才能让企业留得住，待得下，干得好。这也为未来产业链的进一步拓展与延伸奠定了基础。

案例《教学手册》

一、教学目的与用途

1. 本案例主要适用于公共管理相关课程。

2. 本案例是一篇介绍公共政策与社会经济转型的典型教学案例，其教学目的在于使学生在中国式现代化高质量发展道路背景下，对于政策过程驱动产业升级机制有更贴切的认识和思考，提升公共管理领域学生对高质量发展的理解与认识。

二、讨论问题

1. 在怀来县选择并发展大数据产业的过程中，制定政策时面临着哪些政策背景？在你看来，基层政府在政策过程中主要扮演什么角色？

2. 请围绕政策过程，谈谈你对怀来县大数据产业基地落地发展的整体工作思路，并思考基层政府应当如何平衡各级政策之间的关系，发挥自身能动性？

3. 怀来县产业转型发展的过程，对京津冀其他区县有何参考和借鉴价值？哪些方面的经验可以进行推广介绍？如何才能真正发挥本地区位优势，更好融入京津冀协同发展战略中，在生态保护和产业承接中凸显当地作用？

4. 在怀来县推动经济转型发展的具体举措中，你认为还存在不足的地方，应该如何改进？

5. 请结合自身经验或查阅其他典型地区的相关资料，谈谈怀来县“大数据”产业落地发展给你的启发。

三、分析思路

本案例讲述了中国式现代化背景下的政策过程驱动产业发展转型过程，反映出中国公共管理实践的前沿和热点议题，其中涉及了“数字化转型”“公共政策过程”等学科热点。产业转型和建设发展是新时期地方政府与政治中常遇到的问题之一。地方政府作为政策主体，通过产业项目“引入与建设”“方案设计”到“政策落地”为地方谋求新发展。对该案例的分析，也可以考虑从工作思路、具体开展、创新实践、借鉴意义等几个角度入手。

四、关键要点

1. 地方发展转型中如何化“被动”为“主动”，找到合适的方向，谋求自身高质量发展？

2. 在政策制定环节，分析怀来县处理上级政治职能、社会力量反馈问题、上级政府的晋升激励和处理现实问题的服务动机等多重压力背景下的政策选择过程。

3. 运用政策执行的有关理论，分析怀来县大数字基地的规划和建设过程中的执行经验。

4. 深入思考助力怀来县实现“评估”到“再制定”的政策循环，应该从哪些方面作出努力？

五、课堂教学计划

（一）引入案例（10 分钟）

教师通过视频、图片等方式向学生展示怀来县“大数据”产业发展的政策背景、建设现状等情况内容。

（二）情景呈现（10 分钟）

设定现实情境，让学生分组进行角色模拟和讨论。

（三）分组讨论（20 分钟）

各组经过讨论，将政策过程中各个环节所面对的问题及影响因素写在黑板上。

（四）分组辩论（30 分钟）

各组结合自己和其他组观点进行公开辩论。

（五）案例点评

针对学生分组辩论的情况予以点评，并对案例的关键点进行重点分析。

（六）案例总结

总结案例，启发学生对基层政策过程，尤其是地方转型中的政策制定环节有更深入的思考。

第三部分　城市治理

案例七

微利可持续

——双引擎驱动下的城市更新劲松模式案例研究[①]

① 本案例由中央财经大学政府管理学院温锋华教授、中央财经大学政府管理学院城市规划与管理专业硕士研究生杨姗共同编写。

案例正文

本案例结合城市更新引擎模型（UREM）分析了中国北京最早的居住社区之一劲松社区的更新改造之路。"劲松模式"创新投融资机制，运用市场化方式吸引社会机构参与更新与物业管理。政府和社会企业作为社区更新的双引擎，建立了伙伴关系，明确了社区更新改造各部分的责任和边界，有效推动了社区中社会资本的整合和积累，实现了社区更新的可持续运营。本文提出的参与式治理、引入社会资本、探索长效机制等要点，为城市更新的理论和实践提供了新的思路和范例。

一、引言

近年来，随着中国城市化从增量扩张阶段进入存量更新阶段，改革开放以来推动城市快速发展的土地融资机制似乎已经失灵①。由于严格的城市规划控制、庞大的基础设施、高昂的交易成本，尤其是各利益相关者之间的严重协调失灵②，土地和住房赚钱的逻辑不再适用于老旧小区的更新③。由于各种制度和利益相关者的相互作用，城镇老旧小区的更新出现了许多困境。而面对老旧小区改造涉及多方利益的复杂问题，完全依靠政府难以解决，引入第三方力量是现实要求，也是社会资本在存量空间中继续发展的必然趋势④。

2018 年，在全市老旧小区改造工作稳步推进背景下，北京市劲松街道以劲松北社区为试点，引入社会力量推进老旧小区综合改造和有机更新，探索出独特的"劲松模式"，使劲松小区从众多老旧小区改造中脱颖而出。本文引入城市更新引擎模型（UREM），将城市更新运营商引入到城市更新过程中，与城市政府共同构成城市更新的双引擎，并以北京市劲松社区为例，试图阐述以下问题：什么是城市更新引擎模型和城市更新运营商？政府、社会资本与公众之间是什么关系？它们是如何参与到社区更新工作中来的？劲松模式是如何吸引各种社会利益相关者增加社会资本，实现社区可持续治理的？

---

① LIN Y, Examining China's urban redevelopment: land types, targeted policies, and public participation. Maturing Megacities: The Pearl River Delta in Progressive Transformation [J]. Springer. 2013. 123.

② BING Z, Increment planning, inventory planning and policy planning [J]. City Plan. 2013. Rev. 2, 35 - 37.

③ CHEN H, WANG X, GUO Z, The transition of China's urban planning: thoughts on increment planning, inventory planning and reduction planning [J]. Mod. Urban Res. 2015. 9, 7.

④ 王晨钰．超大城市治理中更新问题研究——以劲松模式为例［J］．住宅与房地产，2021（36）：14 - 15.

二、城市更新引擎模型：城市更新的持续动力

城市更新引擎模型，又可称为城市更新运营商模式或城市更新社会企业模式。通过引入城市更新运营商——由政府和居民授权的兼顾经济利益与社会效益的社会企业、政府和运营商共同形成整合和增加社会资本的双引擎，为城市更新提供持续动力。

（一）双引擎：地方政府+社会企业

城市更新引擎模型的核心在于引入社会企业。需要注意的是，目前我国老旧小区更新所面临的困境表明，高昂的成本和有限的利润阻碍了市场化企业积极参与老旧小区更新改造，单纯依靠市场力量难以驱动城市更新，政府和企业之间的合作是获得可持续动力的必要条件。在城市更新引擎模式中，政府和作为社区更新运营商的社会企业共同构筑老旧小区更新改造的双引擎，通过政府引导和运营商运作的带动和孵化进行社会动员和社区规划，形成政府—运营商—居民—社会组织—金融机构等多元主体协同决策、共同缔造的新型老旧小区更新改造伙伴关系与运营生态，推动社会资本的整合与增长，最终实现社区和城市的更新。

1. 地方政府：政策制定者和监督者

政府是老旧住宅区更新的引擎之一。在城市更新引擎模型中，政府不再是主导更新全过程中的全能政府，其作用主要体现在两个方面：一方面，疏通机制政策，因为合法性是利益相关者参与的前提（Mitchell et al.，1997），城市更新参与主体之间的利益冲突往往是规则性冲突。针对老旧小区复杂的产权关系和审批制度，政府必须探索新的政策，对产权进行政策性疏通和界定，创新和深化合作机制，使政府与社区更新运营商的合作不仅局限于街道层面，形成从基层政府到市级政府的合力提供支持，在此基础上推动不同利益相关者之间的合作。另一方面，依靠政府拥有的公权力拓宽民意反映渠道，精准化民意调研，努力维护不同群体的话语权公平，加强基层与领导层的沟通交流。

2. 社会企业：城市更新运营商

城市更新运营商由具备投融资实力、专业资质和能力以及社会责任感的社会企业担任，在政府和社区居民普遍认可的基础上，负责社区更新的调研、规划、动员、实施、运营和价值共享，并接受政府与公众的监督。城市更新运营商的主要任务包括：第一，通过市场化能力提供高质量公共产品和服务，帮助政府实现“以服务代管理”的新治理模式，解决政府服务能力不足的问题；第二，统一管理运营区域内公共产品

和服务供应商，以运营商总负责制建立政府与众多供应商之间的缓冲地带，消除政府与供应商一一对接的行政成本，帮助政府解放行政力量；第三，在服务一线对接公众，建立公众与政府的缓冲地带，避免公众矛盾累积且直接指向政府，在服务中发现问题、预设方案、转达政府，增加政府的信息渠道。

（二）双引擎的有效驱动：社会资本的整合与增长

在双引擎驱动下，可以从以下两个方面考量社会资本的整合与增长。一方面，构建双引擎本身就意味着政府和企业之间更紧密的互动，这种合作将通过建立正式和非正式的规则和网络来促进社会资本整合与增长。城市更新引擎模型在政府保留行政权力的条件下，实现产权的部分市场化让渡，通过制度设计将经营权与产权解绑，充分利用市场化机制进行企业运作，同时能兼顾政府对其产生社会效益的要求。城市更新运营商资产结构中国有资产与社会资产的比重可以根据城市发展的具体情况灵活调整。

另一方面，双引擎之间的相互作用可以形成一种持续的向心力，吸引居民、社会组织、金融机构和其他主体，通过加强不同利益相关者之间的关系网络来增加社会资本。从居民的角度来看，更新运营商的引入要以居民的普遍认可为基础，即在引入更新运营商时要充分与居民沟通，了解居民的意愿和需求，运营商企业的进驻必须得到大多数居民的同意，进驻后提供的运营服务必须直接面向居民需求。居住条件的改善将提高居民的满意度，增加他们支付城市社区服务和物业管理费用的意愿。

除了居民，城市更新引擎模型也将吸引更多的社会组织和金融机构参与更新改造。社会组织具有贴近社会、志愿组合、公民个体基础、参与式等多重特点，在社区服务中具有独特优势，通过运用多种资源，创造良好的机制、工作体系、合作机制，孵化或引入各类社区社会组织参与社区公共事务和服务，有利于活跃社区生活、丰富自治内容、健全居民自治机制、发展居民志愿互助服务和提高居民素质。此外，社区运营商企业通过与社会群体的协调合作，可以增加居民对社区运营商及相关运营模式的理解与认可，获取直接的反馈意见，甚至在长期内可以作为运营资金的一种来源。金融机构的参与将有助于城市老旧小区借助金融创新的手段，突破现有的增量更新模式，实现老旧小区更新改造的减量提质。除了中央和地方政府财政资金支持、运营企业投资、居民集资等融资渠道外，金融机构可以探索创新投融资机制，建立包括如银行信贷、地方政府专项债券、企业债券、资产证券化、保险机制等在内的多元化融资机制，加大改造资金筹集力度，以可持续方式加大金融对老旧小区更新改造运营的支持。

图 7－1 总结了城市更新引擎模型如何建立政府、城市更新运营商、居民、社会组

织和金融机构共同参与的更新框架，并通过整合社会关系网络增加社会资本。通过政府引导和运营商运作的带动和孵化进行社会动员和社区规划，形成政府—运营商—居民—社会组织—金融机构等多元主体协同决策、共同缔造的更新改造伙伴关系与运营生态，最终实现社区和城市的更新。

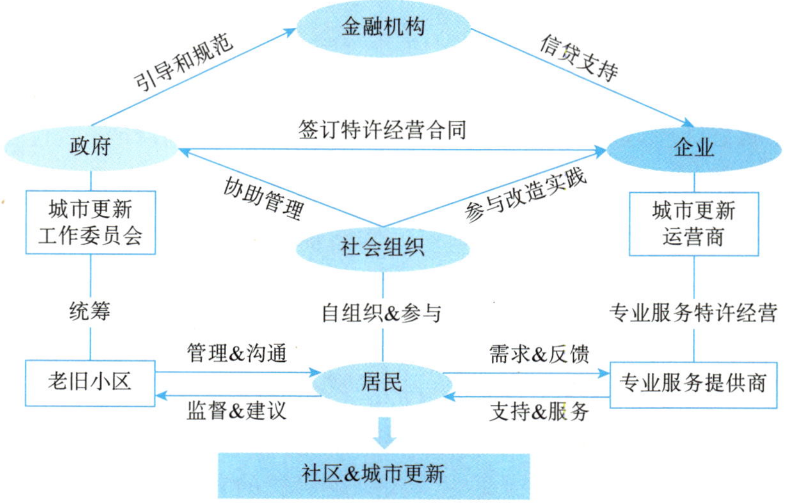

图 7－1　UREM 中的关系和网络

（三）城市更新引擎模型的可持续性

与土地资本驱动的城市更新模式不同，社会资本驱动的更新是可持续的，这种可持续性可以从资金来源多样化（增收）与降低社区治理成本（降本）两个角度加以说明。从增加收入的角度出发，在居民的支持和同意下，更新运营商改善了城市社区的居住环境与设施服务，通过提高居民满意度和多元主体参与促进了社会资本的积累。随着社区居民对更新运营商及其服务的信任度和认可度提高，运营商可以提供更多样化、定制化、高质量的商业服务，如养老、自助早餐、家电维修等，在推动城市社区功能更新和品质提升的同时拓展更新改造的资金来源，有利于长效运营。换言之，当多元主体之间的关系网络得以建立和不断巩固时，社会资本就可以转化为对城市更新运营商专业服务的认可，运营商可以通过对运营和管理收取合理费用增加收入并获得投资回报。

在降低成本方面，城市更新引擎模型创新性地引入市场化和社会化机制，通过“专业服务＋智慧平台＋行政力量”相融合的方式，以专业化的服务总包、模块化的服务划分、社会化的治理结构、精细化的治理手段，将城市社区公共产品服务合理外包，对城市社区公共空间与公共资源、公共项目实行全流程“管理 + 服务 + 运营”的政府、市场、社会多元主体协同治理模式，降低更新改造，特别是后期运营的成本（见图 7 – 2）。

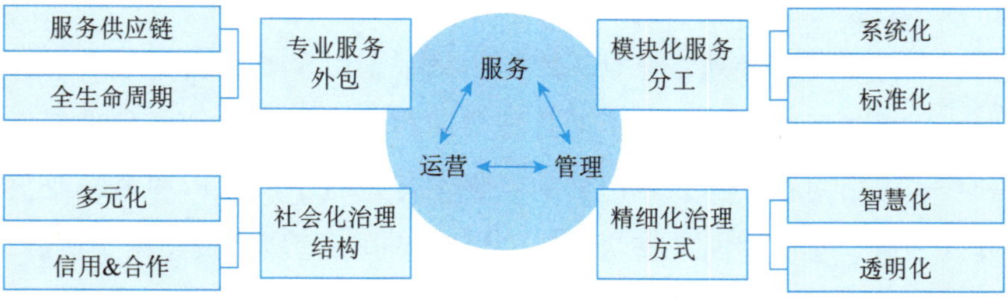

图 7 – 2　UREM 提高效率和降低成本的机制

三、城市更新引擎模型的实践：“劲松模式”

劲松社区位于北京市朝阳区东三环劲松桥西侧，隶属北京市朝阳区劲松街道管辖。社区东西两边均有地铁，周边有 20 多条公交线路，社区商业网点有 90 余家，便民网点 26 家，基本上可以满足居民的日常生活需求。周边有幼儿园、小学、中学各一所，提供基础教育。劲松小区始建于 20 世纪 70 年代，是改革开放后北京市第一批成建制楼房住宅区，楼龄长达 40 余年。作为北京市改革开放初期建设的最大社区，劲松社区见证了改革开放的伟大成绩，但由于社区形成的历史原因，广大社区居民无法感受到市场化的社区物业服务带来的便利和舒适。此前数年，劲松小区虽已开展过抗震加固、外墙保温等改造工程，但未能从根本上改善居住条件，仍存在设施普遍老旧，缺乏绿地、文体和停车设施、没有物业公司管理等问题，实现可持续更新和治理现代化已成为劲松社区亟待解决的问题。

为了解决以上问题，“劲松模式”创新投融资机制，运用市场化方式吸引社会机构参与更新与物业管理。同时将劲松一区、二区作为先行试点由社会机构投入改造，通过后续的物业管理、服务的使用者付费、政府补贴、商业收费等多种渠道，实现一定期限内投资回报的平衡，形成社会机构对城市老旧社区改造介入的吸引点。在业内看来，“劲松模式”运用市场化方式，吸引社会力量参与，是创新老旧小区投融资机制的有效实践。

（一）劲松社区更新的双引擎

政府是社区更新初期的关键引擎。劲松社区更新试点工作推动小组最初由劲松街道内部相关科室成立，在调研社区现有资源需求、征求居民意见、确定整治重点的基础上，工作推动小组决定引入市场力量，以适当的政府采购方式引入社区更新运营商，经40多轮协商，创新性选择了和家物业与劲松房管所共同管理项目的创新模式并形成了单独的协议文件，且在此基础上编制更新计划。

根据协议文件和更新计划，愿景集团作为另一个引擎被引入了劲松社区的更新改造项目之中，愿景集团旗下的和家生活科技集团被确认为劲松社区的更新运营商，和家物业与劲松房管所对社区运营各部分的责任主体进行了明确：和家物业负责社区范围地面的园区设施、小品、园区安防系统、绿化等；房管所负责楼内及所属楼宇安保、保洁（含楼宇内保洁及小广告清理）、绿化、停车管理等。房管局所属楼宇散水外沿至楼宇内公共区域设施设备，园区地下管线、园区地面各类管井、化粪池等区域范围，实施楼宇专项管理（房管局所属范围内）。社区中管理确权和物业确权由和家负责，在实际管理中，市属公房由于产权具有特殊性，由房管所全面管理，提供本地生活服务和城市基础建设。政府与社会企业政府的合作形成了社区更新的双引擎，进一步激活了劲松社区内社会资本的整合与积累（见表7-1）。

表7-1　劲松社区双引擎之间的合作伙伴关系

<table>
<tr><th rowspan="2">物管类型</th><th rowspan="2">管理内容</th><th colspan="3">责任单位</th></tr>
<tr><th>和家物业</th><th>房管所</th><th>第三方服务企业</th></tr>
<tr><td rowspan="3">清洁</td><td>院落、楼道的公共清洁</td><td>√</td><td></td><td rowspan="5">专业公司</td></tr>
<tr><td>生活垃圾清运、垃圾分类</td><td></td><td></td></tr>
<tr><td>电梯外幕墙清洁</td><td></td><td></td></tr>
<tr><td rowspan="2">安全</td><td>楼宇园区巡视</td><td>√</td><td></td></tr>
<tr><td>秩序维护、车辆安全</td><td></td><td></td></tr>
<tr><td rowspan="5">机电系统</td><td>单元门禁</td><td>√</td><td></td><td rowspan="5">专业公司</td></tr>
<tr><td>道闸的管理</td><td></td><td></td></tr>
<tr><td>监控系统</td><td></td><td></td></tr>
<tr><td>电梯</td><td></td><td>√</td></tr>
<tr><td>新增电梯</td><td></td><td></td></tr>
<tr><td rowspan="6">公共系统</td><td>给水系统、排水系统</td><td></td><td>√</td><td></td></tr>
<tr><td>化粪池清掏</td><td></td><td></td><td></td></tr>
<tr><td>避雷系统</td><td></td><td></td><td></td></tr>
<tr><td>供暖系统</td><td></td><td></td><td>热力公司</td></tr>
<tr><td>电力供应</td><td></td><td></td><td>电力公司</td></tr>
<tr><td>宽带网络</td><td></td><td></td><td>电信公司</td></tr>
</table>

续表

物管类型	管理内容	责任单位		
		和家物业	房管所	第三方服务企业
消防管理	灭火器、消防通道疏散畅通	√		
	园区高层楼宇消防系统		√	
建筑主体	楼宇建筑主体		√	

在双引擎的驱动下，政府和社区更新运营商建立了伙伴关系，明确了社区更新改造各部分的责任和边界，构建了一个基于协议的“政府主导 + 和家协同 + 居民参与”的社区服务链和关系网络，并通过社区空间改造、服务提升、运营管理、智慧建设等方式推动社区中社会资本的整合和积累。

（二）双引擎驱动的社会资本增长

在前期调研的基础上（见表 7－2），和家物业以实现社区居民美好生活愿景为目标对劲松社区进行整体规划提升，着力打造尺度宜人、多元融合、景观从容、绿色智能的新劲松社区。在社区基础公共设施和生活服务方面，劲松社区加装电梯 117 台，门禁系统 130 套，构建 24 小时全方面智能监控统一智慧管理平台；同时，通过更新改造，社区便民服务配套设施达到 2200 平方米，适老配套增加 3300 平方米。此外，和家物业还通过提供美好养老、美好早餐、美好家修、美好儿童、美好创业等多元优质的商业服务推动社区功能更新和品质提升，拓展更新改造的资金来源，有利于社区的长效运营。

表 7－2　劲松社区更新前期调查

	团队	调研过程	调研内容
社区现状调研	调研团队	5 次不同时段社区观察走访	社区主要问题、人群需求
社区摸底调研	调研团队	半个月的劲松驻地调研	社区基础数据、人群数据、居民构成与行为习惯
专项社区调研	规划团队、设计团队、电梯团队、物业团队	4 个团队长达两星期驻地调研，甚至深夜实勘	社区环境、人群需求、规划设计专项指标
居民需求调研	调研团队、规划团队、设计团队	10 余次各种形式的居民调研：访谈、焦点小组、问卷	了解社区居民最急迫需求

续表

	团队	调研过程	调研内容
居委会深入沟通	调研团队	7 次与居委会工作人员深入沟通	了解社区居委会管理最急迫需求
街道需求调研	调研团队	4 次与街道领导深入沟通	了解街道治理最急迫需求

除了物理改造外，作为社区更新运营商的和家物业还直接促进了社区内社会资本的整合和人文环境的改善，劲松北社区更新改造注重打造劲松品牌、营造社区文化氛围。目前，社区打造了“两台一会一坊两支小分队”的“2112”劲松品牌。“两台”指社区楼门文化议事平台和金秋文化艺术平台。楼门文化议事平台旨在动员社区居民完全参与楼门、楼院文化建设，在此基础上跟进社区配套设施和服务队伍；金秋文化艺术平台依托每年九月的社区金秋文化艺术节，举行艺术节开幕式汇演、社区才艺大比拼、社区交换空间、社区趣味运动会、诗画摄影展、社区健康行等活动，营造社区文化氛围，增强居民归属感和参与感，更乐于为社区运营治理建言献策。“一会”指社区老年同乐会，是劲松北社区 2014 年打造延续至今的社区品牌项目，由居民自发针对社区中四五十对孤寡、空巢老人开展定期上门、结婚庆典、庆祝生日、厨艺比赛、赏花出游等活动，老年同乐会各项活动的前期运行、中期报告再到最后的内容总结和经验提炼全部由同乐会骨干和居民自主负责。“一坊”即社区手工坊，每周一次组织居民编织丝网花、串珠作品，参与者大多数为社区老年人，部分作品用于朝阳区先进个人集体的表彰。“两支队伍”指社区环保卫士小分队和青少年互助团队，社区环保卫士小分队旨在发动社区居民、在职党员、保洁人员参与社区环境建设，每月最后一个周五或周末组织党员、居民、政府部门一起参与社区环境建设；青少年互助团队则是充分利用社会资源针对青少年开展各项活动，包括社区微环境建设、青少年交换空间等。

更新工程实施一年来，劲松社区发生了巨大变化，社会资本显著增加，可以从美化度、活力度和满意度三个指标加以说明（见表 7－3）。美化度反映了社区环境、绿化、景观、设施的整体美观程度，劲松小区更新改造一改社区环境脏乱、风貌陈旧的状况，注重绿色环保社区建设和景观品质的亮化提升，用多样的景观类型点亮社区。活力度是反映社区公共空间、设施与服务人气的指标，包括居民参与社区公共活动的频率和参与程度，以及公共空间的人流量。劲松小区更新改造提升了社区活力，目前，社区每周开展 3—4 场社区活动，参与活动人数超 300 人，公共空间的人流量从更新改造前平均每天约 100 人次增加到更新改造后平均每天约 500 人次。居民满意度是指社区居民对社区居住条件、设施服务、治理水平等各方面的总体满意度，可以用物业支付率来衡量，缴纳物业费用一定程度上反映了居民对社区服务的认可。劲松社区更新改造实施后，劲松的物业支付率达到60%，同时12345投诉率下降40%。这说明，和家物业作为更新运营商参与劲松社区的更新改造，与政府形成了一个双引擎，有效地增加了社区的社会资本，为社区更新提供了可持续的动力。

表7-3　　劲松社区更新成效对比

指标	项目实施前（2017年）	项目实施后（2019年）
美化程度	社区的环境、绿化、卫生等条件相对较差；设施老化、破损严重	社区的环境、绿化、景观、卫生等条件得到极大改善，儿童娱乐设施和卫生设施得到完善。社区的开放空间已成为集园林绿化、体育健身、休闲交流、文化宣传于一体的社区休闲功能综合体
生命力	社区内几乎没有公共活动，每年在空地上流动的人不超过100人，主要是老人	社区的活力得到了改善。每周都有3—4次社区活动。参与者的数量经常达到300人。开放空间的年人流量超过500人。有各个年龄段的人
居民的满意度指数	没有物业管理。居民对社区不满意。社区的认同感和凝聚力很低	有了正规的物业管理，居民的支持率和满意率超过95%，缴费率达到60%，居民对政府的投诉率下降40%。缴费率达到60%，居民对政府的投诉率下降了40%

（三）劲松社区更新的可持续性

在城市更新引擎模型的框架下，社会资本可以通过增加收入和降低成本为城市更新提供可持续的动力，这与劲松社区的实践是一致的。对于需要兼顾经济利益与社会效益的更新运营商来说，社会资本的有效整合和积累使得保持利润率、实现投资回报平衡成为可能，从而使其能作为老旧小区更新改造及后期运营的长期可持续的驱动引擎。对于劲松社区这样的老旧小区而言，物业服务长期缺位，居民尚未形成物业服务费用缴纳意识，前期存在的资金缺口需要依靠政府补贴帮助过渡。长期来看，和家生活科技集团将通过提供一星级标准的物业服务，逐步以服务品质感化居民，实现付费与市场化运转。据和家生活科技集团测算，按照社区多层物业费单价每月0.82元/平方米、高层单价每月1.50元/平方米的标准，前三年劲松北社区的物业收缴率分别为20%、60%和80%，物业收缴率的快速提高将一定程度缓解改造前期的资金缺口。此外，在更新改造的过程中，劲松社区盘点了社区内的配套用房、人防工程、闲置空间，并逐步分批交由企业开展经营，在使企业逐步收回成本的同时也有利于补齐老旧小区生活性服务业的短板。通过品质逐步提高物业费收缴率、盘活社区闲置空间、社区商业服务设施付费，根据不同人群和需求配比合理布局不同的服务业态等资金回收渠道，愿景和家投入的改造资金约在 14 年后全部收回，并实现微利、可持续经营。

另外，社会资本的整合通过动员更多利益相关者参与社区治理，也将降低社区运营管理的成本。在双引擎的驱动下，社区居民更愿意释放需求信号并直接参与社区事务的决策和反馈。在劲松社区更新改造的实践中，在和家与基层政府的支持下成立了由 30 多人组成的社区议事代表会，成员主要包括支部党员、居民骨干、社区带头人等比较威信的居民（见图 7－3），针对社区的改造和服务进行初步的沟通交流并作出一些决议。社区的整体改造方案则是经过居民召开 20 余次议事会反复推敲最终达成一致的。此外，社区内停车管理、治安、景观、灯光、电梯加装等 21 大类、51 项，每一项都由社区居民拍板定夺，实现了真正的“民有所呼，我有所应”。

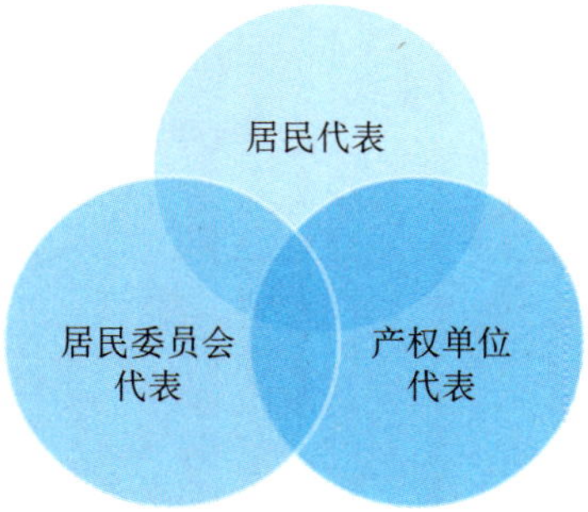

图 7－3　社区更新委员会的组成部分

在政府、和家和居民都不具备专业技能和运营能力的领域，社会组织基于贴近社会、志愿组合、公民个体基础、参与式等特点可以有效填补空白，完善更新改造的合作体系和自治机制。劲松社区在更新改造过程中引入了“责任规划师”——受聘请的第三方专业规划师团队，以有别于政府部门整体的宏观视角，为更新项目的具体实施和详细方案建言献策，使更新的本地实践质量得到显著提高。此外，劲松社区还邀请了高等院校与专业机构参与更新改造，例如，邀请中央美术学院的师生参与劲松社区闲置空间的改造设计。金融机构则在政府监管框架下基于社会企业的长期盈利能力，积极探索和创新投融资机制，加大对劲松更新的资金支持力度：地方政府专项债券、企业债券、项目收益债券、项目贷款等金融工具获准进入更新过程，此外，还为信托等一些非标准业务预留了空间，以防资金短缺。

劲松模式试点探索出了一条“区级统筹、街乡主导、社区协调、居民议事、企业运作”的“五方联动”机制（见图7－4），由区级部门领导，区委办局、街道办事处、居委会、社会单位和企业代表五方联动，共同推进社区综合整治。这极大减轻了作为双引擎的政府和社区更新运营商的行政和财务负担。社区治理成本的降低、物业管理和商业服务收入的增加，使劲松社区实现可持续更新成为可能。

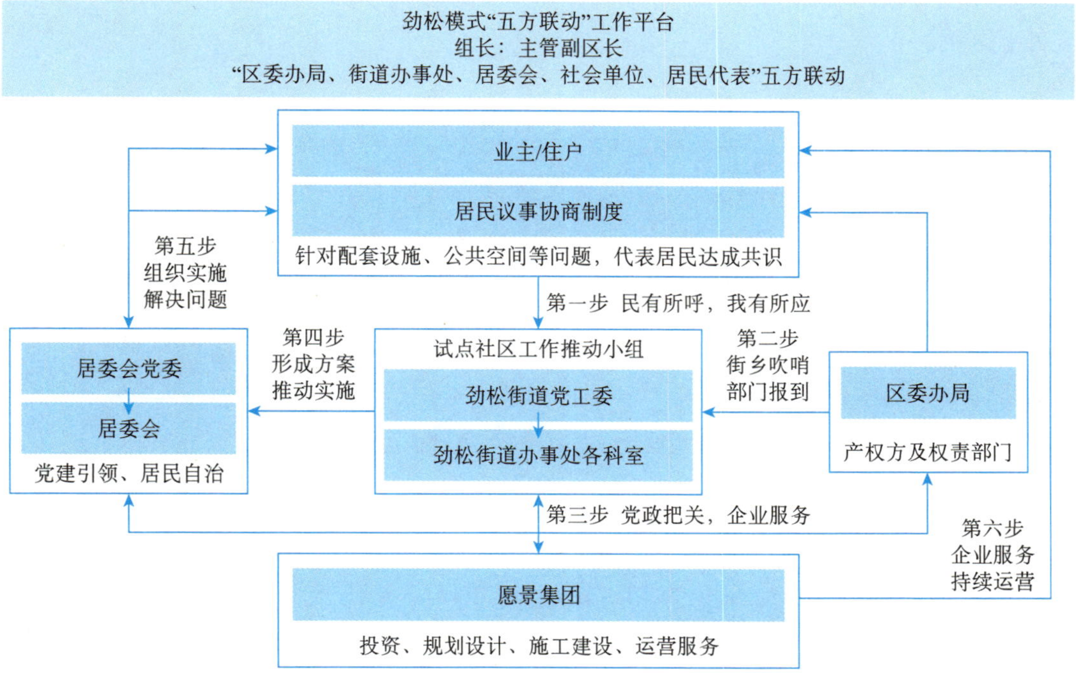

图7－4　老旧小区改造的五方联动“劲松模式”

四、案例总结

（一）劲松模式的经验

劲松街道从2018年7月试点引入社会资本参与改造，取得了阶段性成果，“劲松模式”被写入市委“十四五”规划和2035年远景目标建议。根据课题组调研，劲松模式兼顾了居民多元诉求、改造资金多元化、可持续性管理要求。其基本经验可总结为：参与式治理＋引入社会资本＋探索长效机制。

一是参与式治理提供基础制度力量。党建引领，强有力的街道、社区动员支持，可以降低社会资本的进入成本和改造成本。从全国探索实践来看，通用模式是由政府统筹整合基层社会治理力量、汇聚国资国企力量协同推进改造，并在部分盈利环节吸纳社会资本参与共建。其基础性作用在于：政府主导的多元参与治理模式，为营造良好的治理场域，强化互信、承诺、合作等关系规范创造了良好的氛围。多主体协同共建的行动者网络使得信息交互共享更加便利、网络的反应能力更加敏捷，有效降低了社会资本参与改造的信任成本与协商成本（见图 7－5 和图 7－6）。实践表明，将这种关系治理与市场化的契约治理相结合，有利于赋能社会资本的参与，为其参与提供基础制度力量。

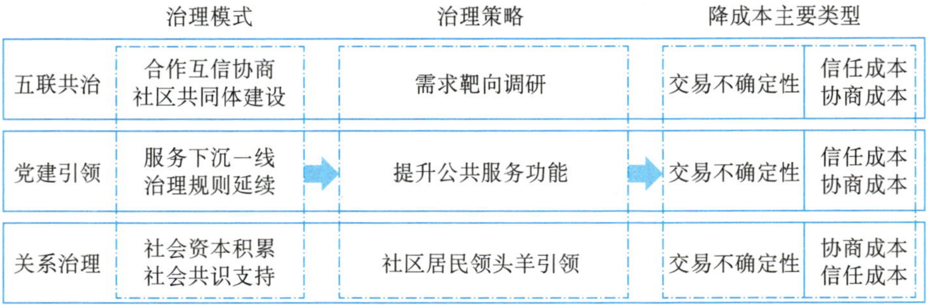

图 7－5　治理赋权社会资本参与改造的成本降低路径

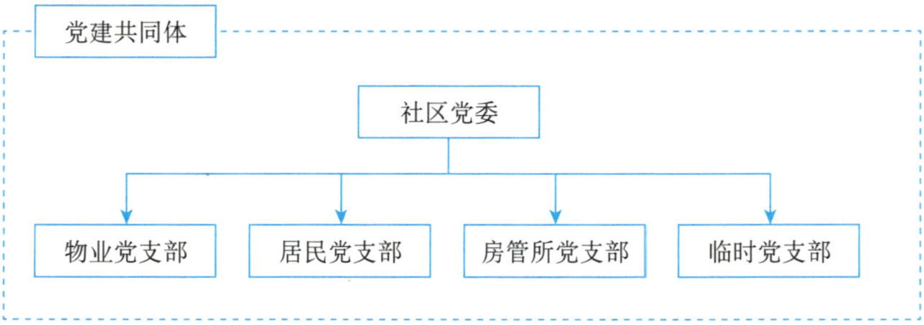

图 7－6　劲松案例中多层次党建嵌入路径

二是探索形成了社会资本参与的三条可行路径。其一，挖掘资源优势，进行“资源再开发”。盘活闲置空间和闲置用房，进行存量用地的填充式开发，置换运营空间（见图 7－7）。其二，承担社区长期空间运营服务，获得稳定收入。获得包括物业管理收入、社区空间运营收入、停车管理收入等收入，形成稳健的收入来源，约占预计收入的 46%（见表 7－4）。其三，做好民生工程，获取社会认可和信任度，授信其他板块业务。可以有力促进其他板块。例如，租赁房市场、长期养老公寓项目上占据优势，获得政府信任与授信支持。

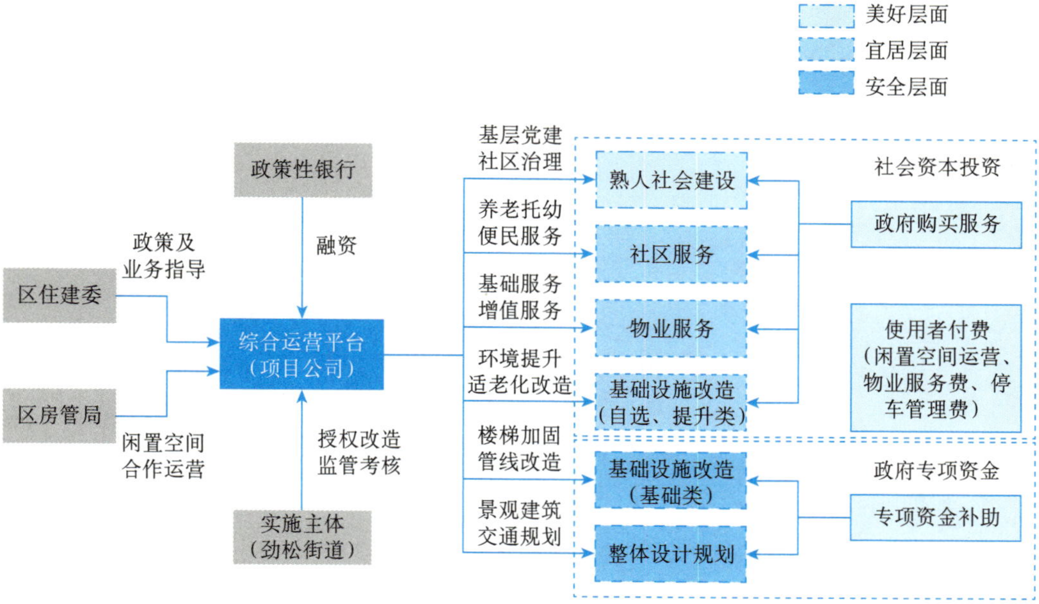

图 7－7 劲松社区改造方案及其中社会资本参与情况①

表 7－4 劲松案例中愿景集团收益项目及预期②

	收益项目	估算
稳健的收入来源	前三年政府补贴	143 万元/年
	物业费	0.43 元/月/平方米 ×55 平方米 ×12 月 ×3605 户 ×80% ＝818479（元）
	停车费	1800 元/年 ×600 个 ×94% ＝1015200（元）
其他收入来源	公益性、半公益性的商铺租金	微利
	1600 平方米的低效利用闲置空间盘活	预计约 46% 收益将来自于此
	绿化、保洁服务	—
	“使用者付费”项目	
	如公共饮水机、快递驿站、停车棚、家政、保洁等服务	
	将社区延伸至街区	
	适老化改造服务	
	智能化改造服务	
	新增简易低风险类建筑	
无形收益	品牌宣传（央视平台、北京卫视新闻报道）	—
	政府背书，投资和运营风险降低	—

① 本图根据调研中相关部门提供资料整理而得。

② 本表根据调研中相关部门提供资料整理而得。

三是物业管理获得居民的认可。经过小区业主的投票，愿景集团旗下的物业公司正式入驻小区，负责推进改造项目和改造后的管理与维护。根据课题组的调研，居民对物业整体满意度达到60%以上，物业费收缴率达到80%（见图7－8）。

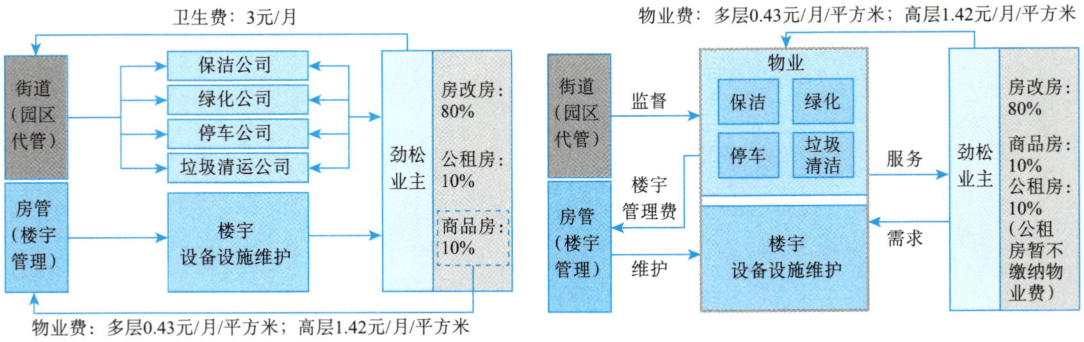

图7－8　劲松案例中愿景集团物业收益项目及预期

（左：没有物业；右：引入物业后）

（二）劲松模式的启示

一是要尽量让市场发挥作用。要理顺利益关系，在老旧小区改造项目中进行存量挖掘和价值创造，将改造社区的增值潜力与社会资本的盈利动机进行捆绑。既要做让群众满意的民生工程，又要让承担资金的企业有合理的盈利点。

二是要重视治理赋权对社会资本参与的重要意义。社群力量的覆盖以及居民领头羊的感召培育社区共同意识，可以激活熟人网络中的社会资本，通过关系治理节约改造中的协商成本、信任成本。

三是要政府运用一系列政策工具和制度设计来实现共赢，并预见可能的风险。政府给社会资本背书，可能会存在一定的风险，在引入社会资本时政府应注意对企业社会责任的考察和规制。

劲松案例中还有其他可供借鉴和未来探索的细节。其包括可考虑股权融资方式吸引外部资本；零散的小区可进行集中改造；探索适当提高容积率的方式，即垂直填充；尝试建立老旧小区的房屋维修基金制度等。

案例《教学手册》

一、教学目的与用途

1. 本案例的适用课程

本案例主要适用于“城市规划与管理”“城市运营”“城市财政”等课程。

2. 本案例的教学对象

本案例的教学对象为城市规划与管理硕士研究生。

3. 本案例的教学目标

本案例通过对北京市劲松社区更新改造案例的分析，引导学生运用城市更新模型对案例进行分析，启发学生思考在存量更新的发展现状下如何对老旧小区进行升级改造并实现可持续生产，加深学生城市更新的理解。

二、启发思考题

1. 城市更新引擎模型的核心是什么？它与传统的城市更新模式有什么不同？

2. 城市更新运营商是如何与政府、居民、社会组织和金融机构等利益相关者协作的？它们之间的合作机制是什么？

3. 城市更新引擎模型是如何促进社会资本的整合与增长的？社会资本对城市更新有什么作用？

4. 劲松模式在北京市劲松社区的实施效果如何？它有哪些优点和不足？它是否可以推广到其他城市或地区？

三、分析思路

首先学习了解城市更新引擎模型，然后运用模型分析北京市劲松社区的改造模式和具体做法，总结成功经验。在此基础上对比其他老旧小区改造模式，分析不同模式的适用场景以及在执行中可能存在的问题，为城市更新总结出一套有价值的方法论。

四、关键点

1. 城市更新引擎模型的主要内容。
2. 劲松模式的参与主体及其作用地位。
3. 总结在存量时代下老旧小区更新的路径方法。

五、建议课堂计划

（一）引入案例（10 分钟）

教师课前将案例资料发给学生，并引导学生思考相关问题。课上通过多媒体方式向学生展示北京市劲松社区改造的背景、政策文件、组织执行体系以及执行情况内容。

（二）情景模拟（10 分钟）

设定现实情境，学生分组，每组成员分别扮演不同的参与主体就更新改造事项进行角色模拟和讨论。

（三）方案展示（20 分钟）

经过讨论，各组得出一份具体的更新改造方案并公开展示，每组时间控制在 5 分钟左右。

（四）案例点评（30 分钟）

小组对方案进行自评与互评，教师进行适当补充。

（五）案例总结

总结案例，启发学生对劲松模式及老旧小区改造工作进行更深入的思考。

案例八

从低效空间到共生大院：混合街区更新案例研究①

① 本案例由中央财经大学政府管理学院温锋华教授、中央财经大学政府管理学院行政管理专业硕士研究生蒋雅婷共同编写。

案例正文

本案例分析了北京石油共生大院的更新改造之路，为全面扎实推进可持续的街区更新改造提供了典范。推进街区更新是落实城市更新精细化要求的重要途径，也是打造社区生活圈，提升环境风貌、公共服务品质供给、完善社区治理体系等的重要手段。以共生理念为理论基础，通过坚持居民意愿导向、多元主体共治机制、搭建社会公众参与平台、完善规划引领机制等举措，实现街区从低效空间到共生大院的更新转型，并且取得长期有利成效。石油共生大院街区更新模式，体现了更科学、更客观、更持续的规划改造模式。

一、引言

新中国成立后，我国学习苏联的城市综合体概念，通过在城市实行“单位制”构建“单位共同体”，实现资源整合和社会联结，逐渐形成了“居住、商业、办公和工业”等多业态混合并存的城市空间布局模式。1980 年以来，中国的社会形态迅速变迁，社会结构深度重组剧烈冲击了计划经济时期的社会整合机制，传统的单位大院模式也催生出社区功能缺失、建筑年久失修、关系割裂、缺乏公共空间、难以适应大院居民和职工日益增长的文化物质生活需求等“大院病”，难以满足现代居民生活需要。随着中国城市逐渐从以经济增长、土地开发为中心的发展模式转向以人为本、以社会建设为核心的新型城镇化阶段，城市发展的核心目标逐步转变为社会管理的精细化与居民生活质量的提升。2022 年，党的二十大将城市更新列入高质量发展的重要内容和目标任务，明确指出“实施城市更新行动，加强城市基础设施建设，打造宜居、韧性、智慧城市”，可见城市更新工作在全面建设社会主义现代化国家实践中的重要地位和作用。

城市更新不仅涉及城市建成环境和设施的整治与振兴，更关乎城市精细化管理和更广泛的社区营造和自治，需要多元主体、众多领域理念与实践的共同创新和协同发展。在以人为本、重视人的需求的城镇化转型背景下，以居民日常生活为对象的生活圈规划成为推动城市更新工作、完善城市功能织补和公共空间重构的重要抓手。城市更新改造涉及政府、社区、居民等诸多利益相关者，一方面，居民的参与和支持尤为重要，是决定更新工作成败的决定性因素；另一方面，更新改造不仅是物质空间的重构，也是人与人、人与环境之间关系网络的重构。

2022 年，学院路街道一刻钟生活圈实践项目荣获首届北京城市更新最佳实践，成功探索了以街道为主体实施城市更新、补齐民生短板的有效路径，也是大院型低效空间更新的有益尝试。其中，石油共生大院作为成功代表项目，也成为了学院路的网红打卡地标。石油共生大院更新改造缘何能成功？如何开展协同共生的街区更新模式？不同主体是怎样参与到街区更新工作中来？街区更新还存在哪些工作难题？

二、共生理论：北京街区更新的创新实践

（一）街区更新是北京城市更新的特色

街区更新是以街区为单元的城市存量更新，不同于大规模的城市更新，街区更新更加注重常态化的小规模更新，以人民为中心，更加重视人的需求。“街区”作为北京规划管理体系的最小单元，也是衔接规划要求与落地项目之间的桥梁。2019 年北京发布《关于加强新时代街道工作的意见》，正式提出实施街区更新，提升城市精细化管理水平。街区更新是以小规模、渐进式的微更新和整治为主，强调从人民实际需求出发，最终目标是实现人居环境和城市品质的整体提升。北京的街区更新在近年的街巷环境整治工作的基础上，将整治范围向院落延伸，向完整街区扩展，由单纯的环境整治转向社会、文化、经济和城市治理等多维度治理（见表 8－1）。

表 8－1　　北京城市更新历程梳理

阶段	重点	内容
1949—1980 年	保护性建设和拆除重建	原因：迫切需要调整城市布局，改造城市面貌，起到窗口典范作用。 手段：主要对重点地区进行保护性改造和拆除性重建，消除房屋安全隐患、增加居住面积。北京市先后尝试推行“滚雪球”“见缝插针”和“四合院接、推、扩”等不同方式进行危旧房改造，以创造更多的居住空间。 效果：由于条件的限制，对于旧城居住区和环境恶劣地区仅采取简单的临时救急措施，拆除、翻建或大修，致使破旧危房剧增，居住状况恶化。
1981—2000 年	危旧房改造	原因：北京市人口急剧增长，住房需求不断增大，城市建设的首要任务是解决严峻的住房短缺问题。 手段：1990 年政府全面推行“开发带危改”政策，使拆除重建类城市更新规模急剧增大，1992 年以后从“改建”向以“街”带“片”的整体改造方式转变。这一阶段北京还探索出“房改带危改”“市政带危改”等新的旧城改造模式。 效果：加快了北京现代化的步伐，在一定程度上改善了居民住房紧张的困境，但是也极大地破坏了旧城风貌和社区关系。

续表

阶段	重点	内容
2001—2016 年	有机更新	2002 年中央阻止“大拆大建”，开始以渐进式更新模式为特点，核心问题是历史文化资源的存续、利用和开发、创造，使之融入现代城市生活。 2005 年新城市总体规划实施，撤销部分旧城危旧房改造项目，推行小规模、微循环、多样化、渐进式改造方式，促进城市的有机更新和文化复兴。 2010 年北京市委、市政府专门成立历史文化名城保护委员会，进一步加强首都历史文化名城保护组织领导工作，将旧城改造工作思路调整为“疏散、修缮、改善”，明确了旧城改造工作要引导人口、资源和功能同步输出。
2017 年至今	疏解非首都功能和减量城市更新	2017 年《北京城市总体规划（2016—2035 年）》强化精细化管理，推动多元治理；制定政策法规，鼓励存量更新；强化以规划实施单元为平台的乡镇（街道）、区、市三级统筹机制；提出建立责任规划师制度。 “十三五”时期：北京住建委推行“三老一改”，即以老旧小区综合整治、老城保护、老旧楼房改建、棚户区改造为抓手。 “十四五”时期：为完善城市空间和功能布局，建立良性的城市自我更新机制，与疏解整治促提升专项行动紧密配合，以疏解北京非首都功能为“牛鼻子”，深入推动京津冀协同发展，聚焦城市建成区存量空间资源提质增效，不搞大拆大建。

（二）共生理论的基础概念

“共生”这一概念最早属于生态学领域，1879 年由德国真菌学家德贝里（Anton de Bary）提出，他将“共生”定义为不同物种共同生活，相互间不断进行物质交换与能量传送。科勒瑞和刘威斯将其定义为多种不同物种生物体间的相互关系，包括共生、寄生、互惠共生等，认为共生是在生物界普遍存在的生物现象。20 世纪中叶以后，共生理论逐渐由生物学领域扩展到社会学、经济学、哲学、公共管理学等诸多学科，成为某些领域问题研究的重要理论与方法（见表 8－2）。

表 8－2　　相关领域“共生”理论的核心观点与启示①

相关领域	共生理论的核心观点	启示
生物学	德贝里：不同的生物有条不紊地生活在一起的形式； 科勒瑞和刘威斯：互惠共生、偏惠共生、寄生等； 斯格特：共生是两个及以上的生物在生理上相互依存达到平衡的一种状态； 道格拉斯：生物彼此联合、共同应对周边复杂环境，双方在此过程中均获得一定的利益。	相互依赖 相互作用

① 武小龙．共生理论的内涵意蕴及其在城乡关系中的应用［J］．领导科学，2015（29）：7－10.

续表

相关领域	共生理论的核心观点	启示
社会学	井上达夫：相互承认不同生活方式的人们自由活动和参与的机会，积极地建立起相互关系的一种社会结合； 胡守钧：社会共生是围绕着资源竞争所形成的一种关系； 费孝通：中国乡土社会的基层结构是一个个私人联系所构成的共生关系网络。	公平相处 和而不同
经济学	徐杰："共生""共享""共赢"是经济发展的三个要素； 袁纯清：经济发展需要调和多方面与要素的共生关系。	共生度
建筑学	黑川纪章：城市如同生命一样，各个功能要素需要有序共生； 张旭：城市共生包含共生单元、模式、环境三个要素。	生命本质 多元并存
管理学	刘志辉：共生关系的本质是共生关系主体之间的资源依赖关系； 柯红波等：这些主体与机制彼此之间相互砥砺又相互补充，达成一种合作共治、协同发展的状态； 欧阳晓：城市和乡村既相互依赖又彼此竞争，是区域经济系统的两个共生单元。	合作共治 协同发展

共生系统是由共生单元、共生模式、共生环境共同作用的结果①，其协同作用的载体又被称为共生界面（见图 8－1）。其中，共生单元是物质基础和具体作用的对象；共生环境是共生单元所在的外部条件；共生模式是共生单元间进行物质、信息等交换或相互作用的方式；共生界面是共生单元间传导物质和能量的载体或媒介。

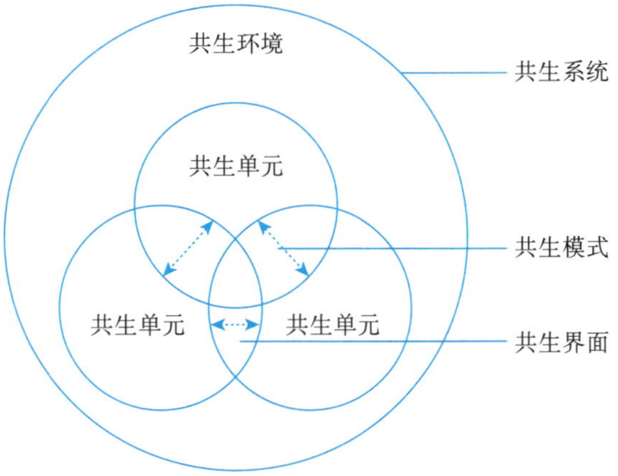

图 8－1　共生系统示意图②

① 马航，刘琳．基于共生理论的城市边缘古村的保护性更新策略研究——以深圳凤凰古村为例［J］．现代城市研究，2016（01）：30－37.

② 邬轶群．电商驱动下的浙江乡村"产居共生"空间格局与营建策略［D］．浙江：浙江大学，2023.

虽然不同领域对共生理论的解释有所差异，但可以发现共生理论都有着相同的核心价值目标，即“协同发展、共同增长”。虽然运用到具体的学科中，共生理论具有不同的应用场景，然而其体现出来的指导思想都是相近或相似的，即引导对象从寄生、偏惠共生、偏害共生等的“偏态”转向互惠共生的“稳态”①。“偏态”的共生关系是一种不可持续的状态，容易造成各类问题出现和矛盾发生，而“稳态”则是一种相对完善和谐的共生关系形态，这与各领域中“协同发展”以及“共同增长”的共生理论价值相互契合。

综合来看，共生理论强调的“协同发展、共同增长”核心价值以及引导“偏态”向“稳态”的演进过程②，对于用来解读、诠释和分析街区更新过程中存在的各种问题具有重要意义。尤其是在城市更新精细化推进的趋势下，人和物要素之间存在的矛盾博弈和对立摩擦愈发明显，而这些都可以归为“偏态”的共生形态，采取措施寻求转型就是为了实现互惠共生的“稳态”。此外，研究视角也将由针对人和物的“机械共存”，即就空间论空间的现象分析，演化到“有机共生”，即对机制内涵进行深入分析和思考。

一般而言，共生系统具有整体性、多重性、协同性三个基本特征，共生系统中的各要素形成环环相扣、相互依存的整体。共生单元之间可能存在多种共生关系，这种关系并非固定不变，而会随着外界环境的变化或者共生单元自身发展发生转变。同时，共生系统中的共生单元与单元间、单元与环境间，在相互作用的机制下，最终会趋于一个相对稳定、协同发展的共生系统。

（三）街区更新的共生模式分析

1.“共生院”的提出

街区中多元主体相互依赖相互作用的关系可以被视为是一种共生关系，共生理论为街区更新实践提供了新的理论视角，为建立合作稳定的街区共生系统，实现街区更新治理的可持续发展提供了重要启示。城市街区是居民生产生活的基本场所，是居民与其构成的组织间产生关系的首要空间场域。街区更新治理涉及地方政府、街道办、基层党政组织，以及居民等多元主体，需要不同主体通过人力、财力、物力、信息等资源交换或共享、功能互补共同参与。2016 年，围绕老城保护和民生改善两大核心任务解决大杂院面临的几大难题，北京市建筑设计研究院首次提出“共生院”概念。

---

① 袁纯清．共生理论及其对小型经济的应用研究（上）［J］．改革，1998（02）：100－104.

② 武小龙．城乡“共生式”发展研究［D］．南京：南京农业大学，2017.

2019 年，“共生院”理念被写入北京市东城区政府工作报告和北京市政府工作报告。2020 年 8 月，《首都功能核心区控制性详细规划（2018 年—2035 年）》正式发布并得到党中央、国务院正式批复，“共生院模式”被纳入其中，成为老城改造的新模式。

共生院包括建筑共生、居民共生和文化共生三个方面。其中，建筑共生，指对老旧建筑进行保护修缮的同时，引入新的建筑风格、建筑元素、建筑技术等，提高建筑质量、改善居民生活环境、完善生活居住配套设施；居民共生，是指在腾退出的居住空间，引入新居民居住，实现新旧居民在大院内共生；文化共生，则是现代生活理念与胡同四合院文化理念的共生，引入的新居民能够为院落文化注入新的文化活力。近年来，北京依据共生理论进行了多次成功的“共生院”改造项目，逐渐从早期以南锣鼓巷胡同改造为代表的共生院 1.0 实践，发展到以街区更新为对象的共生院 2.0 实践①。

2. 共生理论与街区更新的契合性

经过对共生理论的分析归纳后，发现其已在多个学科领域内形成了较为完善的体系，而且产生了一定的指导价值与意义，尤其是在管理学领域，对于分析多元主体协同共生具有高度契合性。共生理论对于街区更新中的契合性和关键意义具体体现在以下三个方面：

（1）研究内容的契合。基于共生理论的分析主要是辨析系统中的共生单元、共生界面、共生模式和共生环境在街区更新中的对应，可以发现这些要素在街区更新中是十分明显的。其中，更新中涉及的多元主体、文化、建筑等是更新直接或间接作用的对象，因而可以被视为是共生单元；多元主体参与街区更新，发挥共商共治共享等作用需要借助特定的平台、载体或组织形式，多元主体之间在此充分互动，因而可被视为共生界面；而街区中不同主体之间可能存在不同的互动模式，从以往的混合并存、关系割裂、利益冲突，到如今的协同共生构成了共生街区更新中的共生模式；影响街区内不同主体互动模式的非物质环境，主要是组织模式、制度机制、政策环境等可以被视为是共生环境。

（2）研究目的契合。从街区更新过程来看，街区各主体间、各事物间、主体与事物间的关系属于演变样态，其最终目标是为了达到街区内不同要素之间和谐共生的发展格局，即人与物构成相互依存、相互协作的共同体。“大杂院”的概念可以对应于共生理论中的“偏害共生、偏惠共生”状态，“共生院”的概念又与共生理论中所提到的“互惠共生”目标相契合。

---

① 吴晨，郑天，杨婵等．从“共生院”到“最美院落”：基于共生理念的首都核心区街区更新［J］．北京规划建设，2023（02）：181－185.

（3）研究过程的契合。从发展过程来看，街区的人与物关系演变与“偏态—稳态”的过程契合。如上述所言，共生理论的核心价值是对象从“偏态”朝着“稳态”的方向逐渐发展，即逐步从“依托寄生、偏惠共生、偏害共生”进化为“互惠共生”。这种对发展过程中“偏态”的现状分析和对“稳态”的策略引导，与街区发展状态从“偏态”朝着“稳态”的共生诉求非常契合。

3. 共生理论对街区更新的启示

无论是在生态学、社会学，还是经济学、建筑学、管理学中，共生理论都具有较强的应用价值与相对统一的核心内涵。在街区更新关系的研究过程中，共生理论提供了全局统筹的视野、传承融合的方式、协同发展的理念和成熟思想的指引，为建立合作与稳定的街区共生系统，实现街区更新的可持续发展提供重要启示。

（1）整体统筹的视角。共生理论由此为看待对立问题提供了一个全局统筹的视野，对立的双方并不是非此即彼、简单的替代关系，不应是相互对抗与冲突，而应是共同激活、共同适应、共同发展的共同进化过程，持续进行完善、发展、提升，最后实现整体统筹发展的目标，完成协同发展、互利共生。在街区更新不断发展过程中，会不断演化出人和物之间的矛盾与冲突，从统筹视角来看分，街区更新的可持续发展需要人、物等子系统相互协调统筹，探寻冲突的协调处理，才能创造出协同前进的发展动力，实现互惠共生的目标。

（2）协同发展的理念。相比于传统的城市更新更加侧重物质空间重构，仅在一定时期内、或仅满足某部分群体的物质需求。共生理论更加注重多层面的协同作用和创新活力，是共生系统趋于稳定、健康可持续发展的内在动力。因此，在实践过程中，需要将街区符合价值当作具体目标，既改善物质环境，也要改善文化环境，增进人际关系，促使街区由“生人社会”向“熟人社会”转变，同时也要考虑不同群体、不同年龄等多元主体的不同需求。

（3）兼容并蓄的方式。从理论概念转化到实践运用需要借助确切的操作方式。共生理论强调积极地去应对处理矛盾，通过兼容并蓄的方式来使共生系统形成相适应、相协调的共生关系。应用在街区更新治理工作中，即鼓励主动吸纳新居民、结合新功能、融合新文化，提升街区的整体兼容性，为街区更新治理探索人、建筑、环境、文化等之间的内在均衡提供具体指引。

三、共生理论的实践：石油共生大院更新改造

石油共生大院位于北京市海淀区学院路 20 号院（石油大院）内，始建于 1953 年，

原为“八大学院”之一“北京石油学院”所在地，也是我国石油行业的重要研发聚集地，集教学、科研、办公、居住于一体。目前大院里有四家单位，分别是中国石化石油化工科学研究院、中国石油勘探开发研究院、中化化工科技总院、中国石油大学（北京）；还有两个社区，分别是石科院社区和石油大院社区。

大院经历将近半个世纪的变迁更替，中部偏西平房区域占地8700平方米，建筑面积2200多平方米，成为“四不管”地带，造成土地使用、建筑空间、人员构成、业态混乱等多方面混合，参差交互的行政级别、单位管理和地方管理等制度区隔以及产权关系复杂的状态，仅目前涉及的2000多平方米建设空间里就有6家产权主体，存在建筑年久失修、公共服务缺失、安全隐患严重、环境秩序混乱、社区归属感差等问题，也导致居民不愿到此活动，缺乏共商机制。这些问题也是典型的后大院时期的大院病。2018年，为恢复大院生机，学院路街道决定借助新时代文明实践基地建设，统筹各方资源，逐步对大院进行升级改造。

（一）共生：居民意愿优先的街区更新理念

促进坦诚对话是多元参与更新建立社会信任的基础，通过不同会议方式，提升沟通效率，激发更多人思考，实现有效对话。

2018年，主要进行街区画像和评估，查找问题和资源以谋求共识。从西北角平房的脏乱差治理开始，责任规划师、教师、社会组织、媒体、专家、居民等从不同角度和维度对片区先后进行了12次体检，明确地区真实需求和问题，挖掘大院既有优势，为后期达成共识打下较好基础。2019年，街道将党建工作协调委员会作为机制型工具，在党建引领、四区联动、多元参与、协同共治的理念指导下，走访涉及的各个央属产权单位，在8个月的时间里召开多次协调会、座谈会、论证会、推进会，让各利益相关方共商共议，逐步获取各个产权单位、商户和居民支持，坚持“需求、问题、群众、结果”导向，最终达成建设石油共生大院共识，激活内部单位和单位、居民和职工间关系网络，为社区空间共同努力出谋划策，确定石油共生大院“6区1站”的使用功能，打造文化空间、党建空间、美食空间、便民空间、亲子空间、健康空间及街区工作站（见表8－3）。未来，石油共生大院还将打造汉字乐园、老年友好社区、儿童友好社区和社会创业园等，不断满足居民高质量高水平的生活需求。

表8－3　石油共生大院“6区1站”功能内容

空间	功能
党建空间	承载学院路地区党建活动室、社区会客议事厅、综合会商室等功能。

续表

空间	功能
文化空间	包括多功能厅、咖啡厅和书苑；室外面积千余平方米，包括文化广场、空中连廊和后花园。
亲子空间	由鸿萌托育、母婴健康屋、非遗手工坊、儿童艺术教育和儿童娱乐区组成。
养老空间	服务辐射辖区60岁及以上老年人，以站内服务和上门服务两种方式为主。养老驿站服务职能包含日间照料、文化娱乐、怀旧影音、文体娱乐、精神慰藉、按摩理疗、健康管理、紧急救护。
美食空间	地域特色菜系、邻里厨房，满足社区居民用餐及各个年龄段饮食的基本需求。和合咖啡，西式简餐与中西方饮食文化完美结合。
便民空间	包括超市、洗衣、理发、立体停车楼、洗车、公共卫生设施和公共健身设施，让居民们足不出院就能享受到便捷实惠的便民服务。
街区工作站	以党建引领为龙头，以平安建设为基础，以街区共治为方式，以养老救助和退役军人服务为特色的一体化运行平台。包括智慧养老应急指挥中心、24小时应急助老服务站、社区人大代表联络站、退役军人活动室、民警办公室、流管站、平安建设办公室、劳动人事争议调解中心、巡防站、心理解压室、退役军人接待室、矛调室。

在前期协商过程中，将改造规划融入居民日常生活，以适合街道的方法和路径开展工作，充分吸纳更多社会力量自下而上地推动城市存量更新和社区治理，逐步引导居民意识的统一和居民参与感的提升，搭建上下沟通及联系的桥梁，辅助构建良性社会秩序，使社区向健康、有序方向发展，充分提升地区单位的满意度及人民群众的参与感、幸福感，激发地区内在活力。

（二）共生单元：街区更新的多元主体共治

为推动各单位深度合作，维系长效运行机制，石油共生大院积极倡导“政府＋单位＋社会＋居民”四方共建，并采取“院委会＋督导组＋顾问团＋社会组织＋志愿者”五方共管的模式，聘请社区、校区、院区、德高望重的老专家、教授和社区居民代表组成石油共生大院管委会，履行监督职责，确保“大院”健康发展。通过各方努力，探索出大院单位治理新模式，实现“共商共治共享共升”，扩大同心圆，破解基层治理难题。

成立由各方面代表人士组成的共生大院院委会，社会组织承担“转型的润滑剂”功能，受院委会委托进行日常运行，社会组织的嵌入旨在将群众组织起来，动员志愿精神，提高服务的力量和公益慈善的吸引力。经费来自政府多级投入、单位支持、企业赞助、社会捐助，坚持公益性、便捷性、共享性和可持续性原则，活动场所每天开放，采用“免费＋部分低偿”的模式，切实体现社区服务的公益性、便捷性、共享性和可持续性。成立督导组，采用“政府考核＋专业督导＋群众投票满意度评价”结合的模式对运行团队考核。共生大院坚持服务社区、服务单位、服务居民、服务社会的要求，处处体现“未诉先办，有诉共办”和“共治共商共管”，成立党建工作协调委员会，设立社区议事厅、警务工作站、心理辅导室、零距离工作室、退役军人服务站、人大代表工作室、政协委员联络站等。

街道将文化作为街区治理工具，深耕石油大院原生态文化特质，呈现鲜明的群体记忆，打造特色空间，培育街区核心价值和集体认同。更新改造后，过去的汽修喷漆厂变成社区活动场所，公共空间恢复了石油记忆。在总体规划上以保留、修缮、改造、修旧利旧为基本原则，同时融入新的时代气息，将现代文化需求与传统浓厚的石油氛围融合一体，既赋予时代感又焕发新的生机，形成新老建筑共生、居民与职工共生、各类文化共生，超越城市基层“单一化治理”的新格局。

（三）共生界面：街区更新的参与平台搭建

学院路“城事设计节”作为切入点，贯穿街区更新的全过程，从街区画像—街区评估—提出愿景—规划实施。“城事设计节”根据街区的发展情况和工作重点每年年初定一个主题，活动贯穿全年，从 2018 年“发现学院路”、2019 年“共想学院路”到 2020 年“共健学院路”，通过开展“手绘地图”“城市规划”“共健社区花园”“一起垃圾分类”“高校社团进社区”等活动宣传共建、共治、共享理念，逐步构建起以“街区更新提品质、共治平台凝共识、社区营造促治理”三位一体的方式。随着历次设计节活动搭建起的沟通和实践平台，吸引了城市更新、社会学、品牌营销等 30 余位专家、350 余名在校学生、150 余名居民、多家商户共同参与，成功促进了地区良性互动的社会治理创新生态系统，在北京市、海淀区各级主管部门中取得良好反响，获得各界一致好评，并成为学院路街道工作中的突出亮点，形成创新的人员和活动新型组织形式。

改造后的石油大院引入专业社会机构运作模式，建设立体停车、共享花园，破败闲置房间改造为便民超市，开展丰富的居民活动，注入 15 分钟社区生活圈的多元服务，提升街区居民生活品质，丰富群众文化生活，通过单位和居民深度参与，重塑邻里关系。努力提升“全生命周期服务”水平，从出生 3 个月的婴儿托育到学龄儿童的托管辅导，再到为大学生准备的就业双选会，为单身青年举办的联谊活动，为职场精英们组织的阅读分享会，为各个年龄段居民准备的古琴、茶艺、合唱、书画等文体活动，可谓应有尽有。此外，还有洗衣、理发、助老、家政等服务。通过低效空间的整体升级，“石油共生大院”的服务可以辐射到周边多个社区，有效提升公共服务水平，满足周边基层党建、科技创新服务、居民议事、文化生活、安全稳定、便民服务等需求。在持续孕育地区文化，促进地区品质提升，增强居民幸福感与满意度方面具有重要价值，也成为北京市以大院改造为基础的城市更新成功示范。

（四）共生环境：街区更新的规划引领机制

学院路街道和责任规划师、设计团队共同总结了街区更新“4＋1”工作法，即“精细化街区画像—多维度街区评估—基于共同愿景和提出行动计划的街区更新规划—多元参与的规划实施”四步法及一套“贯穿于街区更新过程中的社会创新工具箱”（见图8－2）。“4＋1”工作法以精细化为标准，以问题为导向，以统筹为思维，以实施为目标，帮助街区更新实践者更系统地了解街区，更客观地看待问题，更全局地把握发展，更有的放矢地参与实施，通过社会创新的方式推动街区更新①。

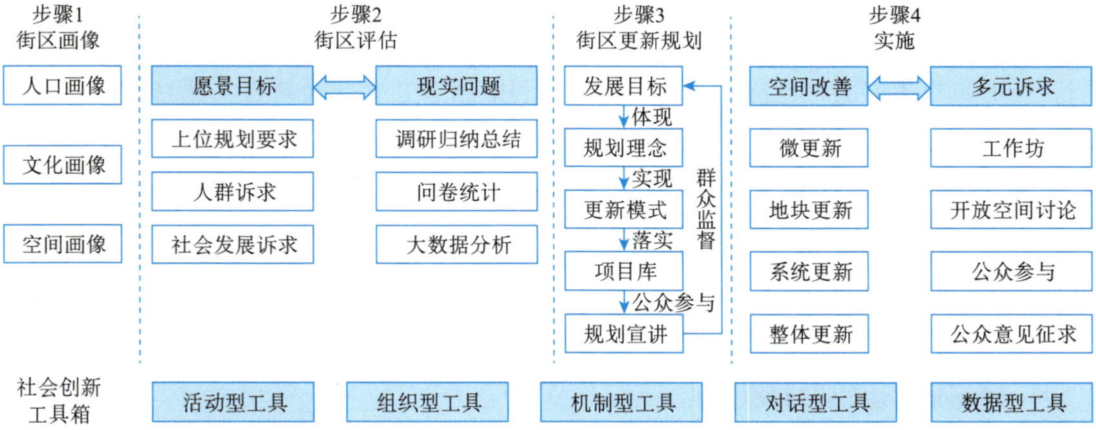

图8－2　街区更新“4＋1”工作法

此外，街道还形成了《学院路街道10＋1街区更新手册》，整合1—3—5年行动计划形成项目库，纳入街道“为民办实事清单”中，统筹考虑推动实施。在机制建设方面，通过“地区大党建”“城事设计节”“街道智库”“责任规划师”“社区营造师”等方式调动专家、本地高校和单位资源为街区更新献计出力。组织大院单位签订《大院文明公约》，建立组织共建机制、议事决策机制、信息共享机制等一系列工作机制。

① 田昕丽，刘巍，张及佳．街区更新“4＋1”工作法的探索——以北京市海淀区学院路街道街区规划为例［J］．建筑技艺，2019（11）：54－60.

四、案例总结

（一）运营难题

虽然现在“石油共生大院”的名气越来越高，成为网红地，但对于大院的总运营方北京和合来说，如何度过将商业模式引流到社区的“阵痛”阶段，如何引导“大院生态”的可持续发展，仍然是一道难题。街区更新改造需要大量时间投入，包括建立群众基础、治理过程、治理成效、调整服务针对性等，街区治理是一个长周期项目。而且，企业的实际运营情况还受到来自外界环境变化影响，例如，行政管理变化、合同关系变化、运营周期不稳定以及其他不确定性因素都有可能导致实际运营时间被缩短。

（二）资金难题

项目长周期性质决定了企业前期需要投入大量资金，且资金回报周期长。企业的资金压力来自多方面，包括人员成本高、盈利限制多、资金周转慢、项目资金碎片化以及样板的利弊权衡等。目前，总运营方仍然处于亏损阶段，需要街道给予一定的补贴。在学院路街道的指导扶持下，运营方也在积极探索以有偿服务带动无偿服务，在完成大院的公益属性后再进行商业属性的尝试，在满足更多居民需求的同时逐步提高社会组织的自造血能力。

案例《教学手册》

一、教学目的与用途

1. 本案例的适用课程

本案例主要适用于“公共管理与公共政策”“城市规划与管理”“城市运营”等课程。

2. 本案例的教学对象

本案例的教学对象为公共管理硕士研究生。

3. 本案例的教学目标

本案例通过对北京街区更新政策历史回顾、共生理论基本概念以及该理论在街区更新中具体运用和实践困境的描述，引导学生运用共生理论对案例进行分析，启发学生思考在精细化城市更新中如何促进更新治理的多元参与、体现以人为本的核心导向，加深学生对街区更新的理解。

二、启发思考题

1. 街区更新是在什么背景下提出的？
2. 街区更新的核心理念体现在哪些方面？
3. 不同主体如何参与到街区更新中来，以及各自的作用地位？
4. 街区在执行城市更新过程中存在哪些困境？
5. 街区更新执行困境产生的原因有哪些？
6. 街区更新如何长效运营？

三、分析思路

首先分析北京城市更新历程，了解街区更新提出的北京，然后了解自上而下推进这一工作的顶层设计、政策体系、组织架构、价值导向等内容。在此基础上，分析街区更新在执行过程中解决的主要问题、多元主体在街区更新中的作用，以及社会组织在参与过程中存在哪些发展困境。

四、关键点

1. 石油共生大院进行街区更新实施的创新点主要体现在哪些方面？
2. 街区更新实施中要注重从哪些角度开展工作？
3. 思考多元主体如何参与到街区更新，以及其所发挥的作用？

五、建议课堂计划

（一）案例引入，背景介绍（10 分钟）

教师课前将案例材料发给学生，利用 20 分钟时间认真阅读，并思考相关问题。在学生熟悉案例的基础上，利用 10—15 分钟时间，通过多媒体方式向学生展示北京街区更新政策提出的背景、政策文件、组织执行体系以及既有实践情况等内容。

（二）情景呈现，角色模拟（15 分钟）

设定街区更新改造情景，让全班同学按照 8—10 人为一组进行分组，每组成员分别承担不同的角色，进行更新改造角色模拟，就更新改造事项进行协商和讨论。

（三）公开辩论，案例分析（40 分钟）

各组经过讨论，就预期的街区更新改造方案及执行困境交流汇报，并书写在黑板上，每组时间控制在 5 分钟左右。

（四）案例点评与总结

教师针对学生分组辩论的结果予以点评，并针对案例的关键问题及核心群体进行重点分析，总结案例，启发学生对街区更新执行进行更深入的思考。

案例九

以人为本、共同缔造：崇雍大街更新与综合整治提升案例研究[①]

① 本案例由中央财经大学政府管理学院温锋华教授、中央财经大学政府管理学院公共管理专业硕士研究生田静共同编写。

案例正文

崇雍大街历史文化价值极高，老北京生活氛围浓郁，兼具北古南新、市井文化、活力商街等特点，堪称除北京中轴线之外最能完整展现老城历史文化底蕴的空间轴线。本案例总结北京市东城区崇雍大街环境整治提升项目——北京城市更新最佳实践“优秀案例”和全国优秀城乡规划设计奖获得项目，在打造“慢街素院”、恢复“文风、京韵、大市、银街”城市风貌过程中的实施情况、取得的突出成效和主要经验做法，分析其存在的问题并提出相应的建议，为历史文化街道的更新改造提供一个典型参考案例。

一、案例背景

北京是一座建在古都上的城市，老城更新是永恒的课题。党的十九届五中全会提出实施城市更新行动计划以来，北京在历史文化保护工作方面开展了大量的工作，一方面我们看到北京历史保护工作从老城向区域到市域拓展，整体的保护工作也在不断向纵深推进，这些年越来越重视历史文化街区，甚至是一般的历史地段，开展了包括一些街巷的基础设施、民生改善等一系列工作，还推动老城中轴线申遗工作及中轴线南北的拓展等。同时，我们也看到北京在历史文化保护工作的机制上也有很多创新和突破，包括责任规划师、街巷长、小院管家制度等。东城区崇雍大街历时 4 年完成整治提升，焕新亮相，历史风貌得到充分保护，人居环境有了明显改善，“文风、京韵、大市、银街”得以重现。

崇雍大街位于北京市东城区中部，南起崇文门，北至雍和宫桥，从北至南依次由雍和宫大街、东四北大街、东四南大街、东单北大街 4 条首尾相连的大街串联而成，全长 5.2 千米。自元代以来，这里既是京城通衢要道，又是商业繁华胜地，作为连接天坛与地坛的重要轴线，可谓“天地之街”。大街沿线分布着北新桥、东四、灯市口、东单等北京标志性地名，两侧有国子监等 24 处全国重点文物保护单位和 7 片历史文化街区，崇雍大街商业比例达 84%。崇雍大街历史文化价值极高，老北京生活氛围浓郁，兼具北古南新、市井文化、活力商街等特点，堪称除北京中轴线之外最能完整展现老城历史文化底蕴的空间轴线。

由于复杂的历史原因，崇雍大街主要存在几方面的问题：一是建筑界面比较杂乱，沿线违法建设、店外经营等环境秩序问题突出，建筑立面、门窗、牌匾标识等与周边历史文化街区风貌极不协调；二是街道空间不够舒适，各种电力设施挤占步行空间，公共服务设施、违建、停车占道等导致人行步道空间比例不均衡；三是交通环境不友好，常有人车混行现象，慢行空间缺乏连续性、安全性、舒适性；四是文化内涵不彰显，沿线故居、文物、古迹众多，资源丰富，但市民体验不足，与核心区控规要求的"不求所有、但求所保、向社会开放"的目标还有差距。

2017 年 9 月，中共中央、国务院在对《北京城市总体规划（2016—2035 年）》（以下简称《规划》）的批复中指出，坚持以人民为中心，加强精细化管理，在精治、共治、法治上下功夫，既管好主干道、大街区，又治理好每个社区、每条小街小巷小胡同，让人民群众生活得更安全、更放心。《规划》规定"老城原则上不再拓宽道路，建设以'三横四纵'为代表的文化景观街道"。北京市委书记蔡奇在 2018 年 8 月调研首都功能核心区时指出：要以崇雍大街和什刹海地区为样本推进街区更新，崇雍大街的更新要整体谋划、分步实施、作出示范。

为进一步贯彻落实党中央对北京城市总规和核心区控规的要求，北京市东城区把崇雍大街环境整治提升作为重要抓手，开展街区更新具体实践。自 2018 年开始，对崇雍大街街区环境开展规划设计、整治提升、更新改造等工作。2019 年 9 月，崇雍大街（雍和宫大街段）作为示范段率先完成环境整治提升工作，打造了"慢街素院"的城市风貌，取得了显著成效。在总结、推广雍和宫大街整治经验的基础上，2020 年继续开展东四南、北大街环境整治提升工作，整体恢复"文风、京韵、大市、银街"的城市风貌，逐步完成雍和宫大街、东单北大街、朝阳门内大街、东四南北大街的整治提升，并在共同缔造、文化传承、系统施治，人居改善、机制创新方面取得创新，得到社会各界广泛好评，推动了北京老城走向可持续、精细化的有机更新，也为我国城市更新探索了新的范式。

二、崇庸大街更新的主要做法

（一）街道总体工作机制

围绕"文风、京韵、大市、银街"的街道定位，崇雍大街城市设计提出了老城保护与更新"六个一"的工作机制和方法。

1. 体现一个中心

体现党的十九大提出打造共建、共治、共享的社会治理新格局。完善党委领导、政府负责、社会协同、公众参与、法治保障的社会治理体制。因此，崇雍大街项目中通过“崇雍议事厅”“崇雍公众号”“崇雍工作坊”“崇雍小程序”“崇雍展示厅”“五大计划”体现“以人为本”的规划理念，回应城市治理观念转变要求，创新规划方法。

2. 坚守一把尺子

一把尺子量到底，一个标准严到头，对于严重破坏街道风貌、缺乏合理依据的各种违法建设应严格予以拆除，真正做到还路于民、还绿于民、还安宁环境于民。在合规的前提下，充分考虑合理性，保障业主居民的基本权益。

3. 把握一个整体

从遮挡走向展示，从立面走向环境，从通行走向体验，从街面走向院落，把崇雍大街的U形面以及其两侧的背街后院作为一个整体对象来进行设计，不局限于以往的一层皮的做法，综合施策，系统解决老城保护与发展问题。

4. 搭建一个平台

搭建一个多专业协同、多部门联动的工作平台，通过城市设计统筹建筑、景观、交通等专业团队，通过设计单位、城管委、规划分局、街道办等多部门联动，形成合力。综合施策，系统解决老城保护与发展问题。

5. 探索一套机制

注重规划实效，远近结合，分期实施，提出大街发展的长远目标，整体采用统规统建与统规自建结合的实施机制。明确近期综合提升的具体工作，以示范工程带动其他区段实施。通过编制院落、建筑和公共空间设计导则，将设计意图通过导则进行传导，指导实施不走样，实现长效管控。

6. 实施一段示范

崇雍大街城市设计选取历史文化底蕴丰厚的雍和宫大街作为崇雍大街的示范工程，在示范中进行探索，为全段实施积累经验，同时也对崇雍大街城市设计的传导机制进行不断校验、修正和完善。

（二）规划构思

1. 整体性保护更新的理念

本项目首次采用“街区更新”理念，从遮挡走向展示，从街面走向院落，把大街U形道路断面以及其两侧的背街后院作为一个整体对象来进行设计。

2. 系统性多专业协同的理念

本项目提出了建设城市设计统筹建筑、景观、交通、照明多专业以及“政府统筹、专业协作、部门联动”的“1＋N”协同平台。

3. 可持续性长效管控的理念

本项目通过编制街区、院落、建筑、公共空间四套设计导则，以及《张自忠路北历史文化街区导则》等区段导则，将设计意图进行有效传导，为地方持续长效管控提供技术依据。

4. 践行“以人民为中心”的“共同缔造”理念

本项目采用多种方式，在规划编制的全过程开展丰富多彩的公众参与活动，提升崇雍大街项目社会影响力。

（三）创新内容

1. 特色一：系统施治，搭建专业协同一个平台

项目搭建“政府统筹、专业协作、部门联动”实施平台，通过城市设计统筹历史保护、建筑、交通、景观等八大专业团队，全技术视角系统施策。横向联动城管委、规划分局、市政、交通、公安等30多个相关管理部门，凝心聚力协同推进。通过大数据综合研判功能、交通和行为特征，从多视角研判大街“文风京韵、大市银街”的总体定位。从城市设计层面提出功能布局、交通系统、业态提升、建筑风貌、景观环境、文化展示的系统性方案。通过总控方案一张蓝图协调多专业系统工程的同步实施，并编制一整套多维度的城市设计导则，为院落、立面、公共空间工程设计提供系统性引导和长效管控的技术依据。同时搭建平台，创新“开门做设计”方式，集合全社会改造智慧；联合书法家协会和广告设计公司，对400余家商户牌匾进行一对一设计；联合责任规划师团队开展橱窗设计，提升人文关怀；联合央美团队植入小微空间公共艺术品，提升街道艺术气息。

为推进重点特色山城步道建设项目落地，北京市制定了山城步道设计导则，编制了街巷步道、山林步道、滨江步道3类步道技术标准，组建山城步道慢行系统动态专家库，指导各建设责任主体单位高水平推进步道建设。同时，为激发主城各区建设积极性，北京市简化了山城步道建设审批程序，落实市级补助资金及激励措施，推动项目迅速落地实施。

2. 特色二：共同缔造，坚持人民群众一个中心

在项目设计、实施、管理全过程开展多形式的公众参与，动员社会各界力量，众筹智慧。多次召开跨行业专家研讨会，举办“认领街道”工作营和公共空间设计竞赛，吸引百余家团队参与。

项目组高效联动街道办、社区，成立提升工作专班。开创了统规自建的工作方法，通过数十种“菜单式选择”的方式，让在地居民、商户参与到个性化方案设计中。研

发了一款小程序，召集了十余场社区座谈会，一家一户登门沟通，融入居民的情感和生活需求。深入居民商户，驻场基层开展共同缔造，创造了“4+2+N”全过程陪伴工作法，实现从“我给你设计”到“一起来设计”的基层治理方式转型。协助街道开展绿化认养活动，推动共建、共管、共享的全过程共同缔造。设立和运营了“崇雍客厅”实体空间，长期驻地参与社区营造。

3. 特色三：擦亮金名片，探索文化引领一条主线

以文脉传承为内核，从时空双视角对历史沿革与文化脉络进行了全面梳理，深入挖掘崇雍大街历史文化价值特色，并以价值彰显为目标，分区段提出了点线面串联的保护和展示结构。示范段以城市设计为指导，充分尊重历史的真实性，从“慢街素院”“儒风禅韵”到“贤居雅巷”“文旅客厅”，展现了从古朴向现代、由居住向商业过渡的多元历史风貌，因地制宜应用了传统、近代、新中式、现代全类型基础立面风格，展示大街全景脉络。实施中坚持严格采用传统的营造工艺，修缮和恢复了一批历史建筑和院落，复兴了一批承载着胡同记忆和情感的老字号、老国营店铺。项目系统梳理文化资源，研判建筑风貌，去伪存真，发掘历史建筑，规划提出17栋历史建筑建议，在拆除层叠多年的大量超规牌匾后，这些老建筑真容得以显露。创新老城更新中的旧材利用方法，对55万块旧砖、13万块旧瓦及大量木构件等进行了回收再利用。示范段重点塑造了“雍和八景”文化景观节点。“儒道禅韵”在雍和宫地铁口展现国学文化，“宝泉匠心”通过历史建筑恢复和地面铺装展现宝泉局造币及机械制造文化渊源，“翠帘低语”织补了胡同天际线，成为了居民喜爱的活动场所。绣花功夫、精心打磨，小到每一处树池、栏杆、砖雕、门牌、旗杆盒等建筑细部和城市家具也处处体现出崇雍大街的文化底蕴和特色。项目充分挖掘胡同口的标识作用，通过胡同地图、文化雕刻等个性设计引导胡同文化探访。

4. 特色四：以人为本，坚守民生改善一颗初心

项目以民生为基点，摒弃“一层皮”的做法，从街面走向院落，提升人居环境品质。全面梳理街区院落特征与问题，分类制定实施策略。选择示范院落先行改造，修缮危房，拆除违法建设、修整铺地及上下水系统。完善5分钟便民服务生活圈，利用示范院落保留和植入了永安堂、同日升、崇雍客厅等便民设施和文化设施，保留社区记忆，再造社区活力。街道空间从“以车优先”转变为“以人优先”。优化道路断面，打通多处“断点”，人行道变得宽阔畅通。利用铺装变化合理分配路权，完善无障碍设施，贯通盲道，优化胡同口转弯半径和放坡设计，保障行人和非机动车的通行空间品质。针对多头管理的街道市政设施进行了集约化、智能化探索。通过北京首次“多杆合一”工程，将893根杆件精简为345根，让大街杆件林立的场景成为历史。通过

“箱体三化”，为每一个电箱量体裁衣，设计独特的隐形方案，让出宝贵的公共空间。

三、崇庸大街更新主要成效

崇雍大街示范段（雍和宫大街环境整治提升工程）于 2018 年 6 月动工，2019 年 10 月竣工。在总结提升示范段经验的基础上，持续向南推动，东四北大街—崇文门内大街环境整治提升工程于 2019 年 8 月启动，2021 年 8 月竣工。至此，崇雍大街全线完工，取得了较好的实施效果。在“首届北京城市更新最佳实践评选活动”中崇雍大街城市设计与更新实施示范项目被评为城市更新“优秀案例”，在共同缔造、文化传承、系统施治、人居改善、机制完善方面取得创新，得到社会各界广泛好评，并获得 2023 年全国优秀城乡规划设计奖。

（一）历史风貌得到整体保护与展示

在规划阶段对建筑和院落格局风貌进行逐栋摸底，建立保护要素底图底账，提炼历史文化价值。在实施过程中，确保各类保护要素保存完好，去伪存真，拆除过去整治的“一层皮”，为街道“卸妆”。保留风貌的多样性，邀请文联书法家协会书法家为两侧商户题写匾额和对联。拆除部分影响街区风貌的违章建筑。选取景观节点建设“雍和八景”“东四八景”，重塑街道文化认同感。创新探索了老旧建材回收利用的方式，共使用旧砖 141 万块、旧瓦 31.2 万块，旧材回收利用约占 65%。精细化设计，各类雨水口、砖雕、门墩，小到空调机罩、旗杆盒、古铜色门牌等物件都进行了单独设计。

（二）人居环境品质得到显著改善

改造更新从“立面”走向“院落”，总计大修危房 65 处，极大改善了居住条件。道路交通环境从“以车优先”转变为“以人优先”，优先保障行人和非机动车的通行空间和路权，调整路幅断面，消除瓶颈点、弱化小路口。通过区分铺装，将街道空间划分为设施带、通行带、过渡带三部分，保障街道空间的有序、集约、丰富。市政设施实现了集约化设计，对大街的电箱设施进行布置和隐藏。通过多杆合一，大街的杆件由 893 根杆件减少为 345 根。

（三）街道功能得到完善与提升

按照城市设计提出的区段定位，形成人文精华、胡同生活、多元商业、现代都市的特色区段功能，突出老字号的活化利用和保护，永安堂、同日升粮行等老字号迎来了“老店新生”。增设了“崇雍客厅”社区中心等各类便民文化服务设施，打造5分钟便民生活圈，实现了传统功能和现代生活的有机融合。

（四）社会经济得到综合提升

网格案件发生率大幅降低，极大减轻了地方行政管理支出。通过空间更新逐步引导高品质业态升级，“丰年灌肠”老字号、“稻香村”零号店、“亮点雪莲”文创园、“联合设”展厅、“图吉纳”咖啡美术馆、“来呀东四”家居生活馆等业态逐渐入驻，更新了原有家居、电动车等低端业态、加强了文创产业集聚，带动了片区文化旅游热度，节庆期间市民以多种方式打卡东四南北大街，老居民普遍反映“年轻人更愿意回来了”，并成为婚纱摄影的取景地。此外，进一步提升了沿街商铺的租金水平，使周边群众共享更新成果，出租均价从改造前的8000元/平方米提高到了12000元/平方米，并在与相邻的交东大街、平安大街租金对比中，跃升为所在片区的高位租金水平。

（五）实施成效得到社会各界广泛好评

项目的实施得到了两侧居民、商户和社会各界一致认可，被中央电视台、北京电视台等多家媒体集中报道，市区两级领导多次考察并给予充分肯定，人民群众获得感得到了显著提高，街道和社区的治理水平也得到了提升。

四、崇庸大街更新主要经验

（一）开展全过程、全内容的公众参与

在崇雍大街综合整治提升工作开始时就确立了一个指导思想——多途径、全方位、全过程地开展以人为本的公众参与。在工作开展过程中通过工作坊、议事厅等形式，全面开展公众参与工作，全方位地了解社区里的居民、游客、部门及不同层面的专家的意见。具体而言，围绕公众参与，实施包括举办“认领街道”工作营和公共空间设计竞赛；设计微信小程序“识图”，便于公众献计献策；提出了“统规自建”的理念，采用“菜单式选择”的方式邀请居民参与到设计中；谋划设立和运营“崇雍客厅”实体空间，长期驻地参与社区营造等。

第一，项目实施团队与东城区政府、街道共同建立了“崇雍议事厅”并贯穿了工作全程。通过集中会议、调研走访、入户访谈等方式全过程、全方位地征求意见，如

在实施过程中，针对已经修缮的一些建筑，有些社区居民就反映立面修缮得是挺好，但是就是太新了，缺少些“北京味”。还有的居民反映路面用材料太滑了，不利于雨天出行等，都及时对一些实施工作进行了优化调整。这些看似是一些细枝末节的问题，恰恰是社区里的居民老百姓最关心的事情。

第二，组织以公共空间规划设计为主的“崇雍工作坊”方案征集活动。就老百姓关心的重要空间节点，收集不同设计单位及设计师的建议。引起更广泛的社会公众的关注和参与，使历史文化保护工作有更深厚的社会基础。这项活动吸引了一百多个团队报名参与，社会关注度很高，点击率有八万多次，起到了良好的社会宣传效果。

第三，结合崇雍工作坊系列工作，也开展了随行北京老城——“认领你的街道”活动，让社会上一些院校，包括学生团体等自愿报名，选择一条街道开展调研，提出自己的设想和想法。通过该项活动促进社会公众对自己生活的社区街区的环境加以关注，更广泛地听取他们发现的问题与建议。活动吸引了 16 家团队报名，其中 15 家是科研院所及大学，但有一个参加团队叫“小小规划师团队”是自己报名参加的中小学生团队，这些孩子选择了天坛附近的一条街进行调研，发现问题并提出了设计方案和构想。他们的汇报引起了现场所有人员极其热烈的反响和赞扬。毕竟，这些生活在老城里的孩子在关注自己生活的社区和周围的历史环境，然后提出自己作为一个孩子、一个未成年人的想法，他们希望未来这个街区应该成为什么样子，所以被称为“种子队的种子选手”。这些孩子们关注并理解了传统文化。他们是面向未来的“种子”，关于文化保护和传承这些想法在他们的心里慢慢生根发芽，未来可以长成参天大树。

第四，专门开设“崇雍公众号”，在公众号里持续对街道更新进行跟踪调研、宣传、报道和回访，获得了比较好的社会反响。

第五，开发专门的软件和小程序，通过社区干部下发到社区居民，更高效、更广泛地听取所有老百姓的意见，居民觉得街区里有什么问题就可以直接反馈，如街道铺装的问题、墙面的问题、建筑风格的问题等，都可以通过这个 App 反映到意见征询台上。

第六，策划建设了一个“崇雍客厅”，作为一个老城保护更新在社区层面进行公众咨询和开展活动的线下空间。这个客厅的内容在逐步丰富，在这个空间里持续开展新的活动，如“画出你心中的北新桥”，结合一些小学生的课外活动，让学生们描绘自己心目中的北新桥。

（二）明确街区特色，指导文化价值彰显

习近平总书记在北京视察中特别强调，“历史文化是城市的灵魂”“丰富的历史文

化遗产是一张金名片”。崇雍大街要特别强调以文化为核心，在文化方面进一步凸显它的价值和特色。结合历史上业态、风貌、空间格局以及现代功能业态和交通的变化，综合性地对这条街的风貌提出了总体定位和分段定位。从北面的慢街素院、儒风禅韵，到中间段提出来的京味文创、赏游中西、国风静巷，到南段的大市商街、礼乐文坊等，通过对这条街从北到南不同地段建筑风貌上的定位，展示一个既有历史、又有现代，多元风貌、丰富多样的街道。这条街虽然在老城里，但也不是一味的仿古复古，而是应该有新时代的建筑风貌和风格的要求。从北到南的几公里地段，要体现北京城几百年的历史变迁和新时代的建筑风貌特色。

在更新过程中，对历史建筑进行仔细踏勘和调研，去伪存真，把历史建筑更好地彰显出来。在修缮过程中，设计师详细地查阅它的历史资料，针对其历史文化价值的不同，结合传统的样式和风格风貌，有针对性地开展修缮工作。同时，在深入了解这个建筑在历史上的业态和特征的基础上开展具体的修缮工作。在保护和提升的过程中保护、传承和延续原来的一些老字号，如同日升粮行、四联美发、同仁堂，以及烤肉宛等均进行了一些保护性的修缮。

在具体的修缮过程中，特别强调要坚持“绣花”功夫，更好地传承传统的营造工艺，如在建筑外立面方面，摒弃过去“刷墙”“画缝”“贴瓷砖”和“贴砖片”等方式，通过“真砖实砌”的方法来展现真实的传统风貌。

在不同区段的建筑修缮和风貌提升过程中尽量既体现现代的风格，同时又比较好地体现传统风貌的特点，把原来一些老房子，包括违建拆出来的房子的旧砖旧瓦保留下来。一方面是符合绿色发展、节约材料的要求；另一方面是把这些旧砖旧瓦利用得好，能够形成在风貌上比较有特色的一些建筑。最后在实施的过程中，用了大概有170多万块旧砖旧瓦，旧材料利用率占了80%。

另外，在文化展示上，将文化元素更多植入进去，结合崇雍大街不同的公共空间节点，深入挖掘了崇雍大街的历史故事、文化底蕴，形成了一些具有历史主题感的空间节点，如雍和八景、东四八景等，通过文化和空间结合的方式，充分彰显历史文化元素，让大家既知道、又能看得到、感受得到街道的历史文化。

（三）以系统整体性的思维为导向

将立面和后面的院落作为整体来考量，从原来的“遮挡”走向“展示”，从“立面”走向“整体”，从“街面”深入到后面的“院落”，从“街道”转向后面的“街区”，把街道和城市作为一个整体来考虑。在具体工作上，跳出街道看街道，在分析这条街道的人流、职住人群、交通和功能时，站在整个北京东城区，甚至是整个老城区域来分析这条街什么人来、什么人走、在什么区段，根据体现的不同特征重新去深入挖掘，来定位崇雍大街在不同区段功能的特点和各类空间的需求。

至于从“街面”到“院落”，在做完街面后，对后面的院落进行分类处置，有些院落只需整理一下，有些院落需要修缮，有些院落可能需要拆违等，共细分了九类不同的院落，形成了院落空间导则，通过这个工作能指导后面院落、街区的工作层层推进。

从整体思维出发，在崇庸大街街道更新过程中，特别强调多专业的协同。建立了一个多专业协同的工作平台，多部门联动的体制机制。在项目推进过程中，需要协同实施管理的不同部门，包括分局、城管委、百千办等市区相关部门和街道社区以及实施单位、规划设计团队，将设计、管理和实施的部门和机构都要整合到一个工作平台，很多工作才能够有效地推进（见图 9－1）。

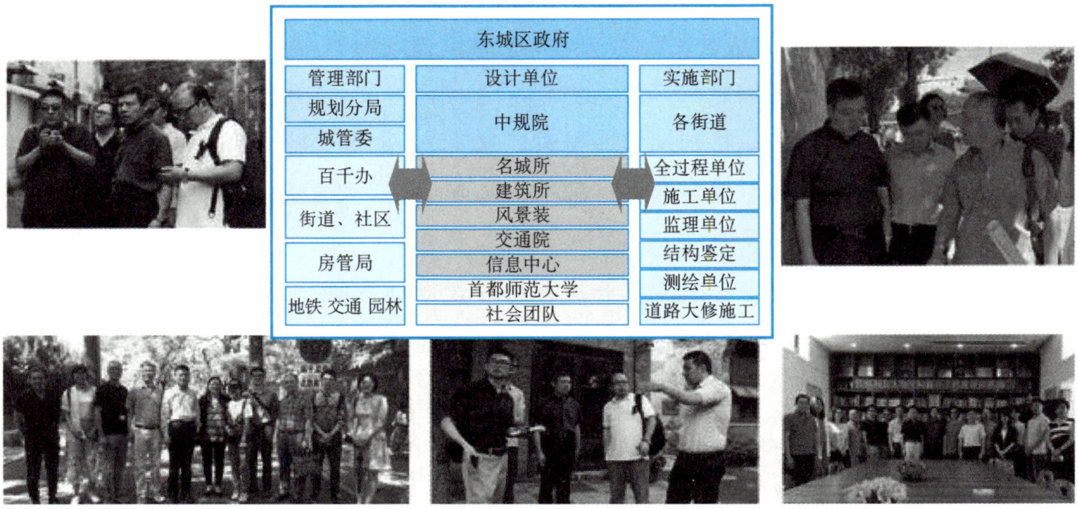

图 9－1　崇庸大街街道更新的多专业协同

资料来源：“北京印迹”微信公众号。

（四）“导则＋示范”指导长效管控

编制院落、立面、景观多维度的城市设计导则，有效传导设计意图。院落整治导则对每一栋建筑的风貌、产权、功能、违建情况进行详细调研，建立台账。构建包含了九类措施的院落分类整治决策系统；建筑立面整治导则提出整体原则并对门窗样式、灯具小品、附属设施等进行专项设计。景观和公共空间导则给出设施带、通行带、过渡带铺装的适宜组合方式和小微空间优化模式。示范先行，选取雍和宫大街作为崇雍大街的示范工程，为全段实施积累经验，同时也对崇雍大街城市设计的传导机制进行修正，完善技术体系，充分总结示范段的经验和问题，形成一套可推广的街区更新方法体系。

在这个过程中特别强调，要将过去的“以车优先”转变为“以人优先”。雍和宫西侧的路段是最典型的一段，原来的道路断面对行人不友好，也有很多安全隐患。在整治前，行人与自行车等非机动车都在一个路权空间里，经过详细的分析，通过停车场的外移、交通断面的压缩、交通管理的优化和人行空间的拓展，把这个区域进行了系统的整合。

此外，从人行的角度对一些胡同口的转弯半径、放坡等细部问题进行了设计，全面提升无障碍的设施，满足人行空间的舒适性。提出“过渡带—通行带—设施带”在内的“三条带”的设计理念。沿着建筑前区的空间，设置“过渡带”，这条带上更多是建筑的入口，还有人的一些活动。中间是“通行带”，包括盲道、人行功能为主。外面临机动车道是“设施带”，在这条“设施带”上把自行车停车、电箱、垃圾桶及绿化集中布置，由此这条街道“三条带”的功能就比较清晰，最后实施效果也非常好。

（五）一体化基础设施实现步行零障碍

结合大数据分析手段，精准识别城市空间、道路交通需求与定位，辅助街道空间资源调配。找准慢行、公交设施覆盖盲区，调整公交场站合理布局；支撑通行瓶颈点消除、小路口弱化、铺装划分步道空间等策略的制定。通过市政、景观、建筑一体化设计，对占用道路的 707 处电箱设施进行布置和隐藏。实现街道空间无障碍通行、步行空间零障碍的目标。首次在北京老城街区更新中开展多杆合一改造，并实现全国首例无轨电车多杆合一。首期实施的这段路有 800 多根杆。这些杆件中，有些是必要的，有些是不必要的，也有很多必要的设备杆相互之间整合性不够，包括探头、信号灯、交通、标牌等，杆杆林立，整合度上存在很大的问题。最后通过整合提出“多杆合一”，把灯杆精简到了 345 根杆。这项工作涉及多个行业的不同标准、多个部门的不同权限。如何寻求更优解，保证各个设备的功能不受影响、整体景观得到提升是一个重点问题。

五、案例总结：问题与反思

因街区更新的理论体系、配套政策还未成型，作为北京市街区更新的示范落地工程，崇雍大街落实了北京新总规及核心区控规的新要求，区别于历年实施的局部、专项、临时的整治措施，第一次采用了系统性提升、共同缔造的方式，体现了街区更新城市设计工作中的文化性、生活性、人民性，也体现了推进国家治理体系和治理能力现代化的要求。诚然，街区更新的理论体系、配套政策还未成型，在实施过程中仍遇到跨部门协调力度不足，功能置换部门瓶颈较多，统规自建缺乏成熟资金配比机制，传统风貌营建缺失奖励机制、腾退资金难以保障、后续长效化监管更新成果难度较大等方面的问题。

哈佛大学经济学教授爱德华·格莱泽在《城市的胜利》的引言部分指出，“我们如何更好地汲取城市带给我们的教训将决定我们的城市人群能否在一个可以称之为新的城市黄金时代里实现繁荣发展。”老城更新的城市设计，需要重新审视工作机制和方法，汲取了既往工作中的经验和教训，在广泛的实践中总结提炼经验。崇雍大街的探索给出了五个方面建议：搭建专业协同平台，从瞎子摸象走向系统施治；整体把握街面街区，从涂脂抹粉走向标本兼治；综合研判功能定位，从千街一面走向因地制宜；坚持以人民为中心，从闭门设计到共同缔造；构建长效管控机制，从大干快上走向谋定而动。

案例《教学手册》

一、教学目的与用途

1. 本案例主要适用于城市规划与管理、公共管理概论、公共政策、城市运营相关课程。

2. 本案例是一篇介绍城市街区更新的典型教学案例，其教学目的在于使学生在城市更新背景下学习街区更新城市设计的实践经验，并体会街区更新和文化引领、以人为本、系统施治等理念的结合，体会老城街区走向有机更新与可持续治理的实践新范式，提升公共管理领域学生的专业素养和创新能力。

二、讨论问题

1. 崇雍大街街区更新与综合整治提升都有哪些创新？这些创新对于城市治理有什么借鉴意义？

2. 崇雍大街街区更新与综合整治中提出的老城保护与更新“六个一”的工作机制和方法是基于什么理念产生，谈谈你的看法。

3. 崇雍大街街区更新与综合整治有什么成效，你认为还存在不足的地方，应该如何改进？

三、分析思路

本案例涉及街区更新这个重要的课题。首先提出崇雍大街街区更新的背景和必要性，引入总体构思和机制规划，明确指出了本次更新创新点，然后分析了改造成效，最后又点明问题建议。学员通过对案例材料的阅读理解，对本案例会有自己的判断和分析思路，教师在讨论过程中，不必强加此分析思路，但是可以进行适当的逻辑引导。

四、关键要点

1. 街区更新主要考虑哪些要素？

2. 街区更新如何多方面协同开展？核心是什么？

3. 深入思考当前的街区更新工作还有什么样的问题？如何改进？

五、课堂教学计划

1. 课前把案例材料发给学员，要求学员用 30 分钟左右的时间认真阅读，并思考相关问题。

2. 课堂教学计划分为三个步骤：

第一步：全班集中，案例导入

在学员上课前通读阅读案例的基础上，利用 5—8 分钟时间，请 2—3 位学员在案例讨论前用几句话高度概括案例的主要内容，目的是帮助学员迅速集中注意力，进入讨论状态。

第二步：分组研讨，案例展开

根据对案例的阅读和理解，对以上问题分组讨论。三组学员汇集后，选出 1 名成员作为小组负责人及发言代表，利用 15 分钟左右的时间组织分组研讨，汇总组内成员的观点。

第三步：公开表达，案例分析

在三组集体研讨结束之后，进入第三步，以公开表达的方式进行案例分析。每组的发言人首先上台向全班报告本组的主要研讨观点，每组时间控制在 8 分钟。如果发言人未用完规定的时间，其所在组的其他成员还可以对发言人的观点进行补充。各组发言结束后，学员可以自由发言。最后，由教师进行 10 分钟左右的小结和点评。总结案例研讨的主要特点、主要观点以及有待进一步关注和研究的问题，提示分析问题的不同角度和方法。

第四部分　基层治理

案例十

基于党建嵌入视角的首都城市基层治理[①]

① 本案例由中央财经大学政府管理学院博士研究生冯博编写。

案例正文

城市基层治理是城市治理研究的热点问题。本案例运用嵌入性理论视角分析党建在城市基层治理中的作用，根据城市基层治理的社会结构和环境，通过组织嵌入、制度嵌入和价值观嵌入等方式，让党的意志转化为城市基层治理的内在动力，进而通过党建统筹国家治理和社会治理，实现各类治理主体的有机配合。通过对首都北京以党建嵌入城市基层治理创新制度成果进行案例研究，为进一步深化党领导力量的发挥方式、作用途径、多样化嵌入载体的创建、基层治理多方协商联动机制等方面提供经验借鉴。

城市治理是我国国家治理体系和治理能力现代化的重要组成部分。城市基层治理现代化是城市治理的基础性工作。首都城市基层治理在我国城市治理中具有示范性意义。党的十八大以来，北京不断加强和创新党建引领城市基层治理实践，持续深化党建引领基层治理变革，树立到基层一线破解难题、担当作为的鲜明导向，以“接诉即办”为主抓手，强化主动治理、未诉先办，集中攻坚基层治理重点区域和薄弱环节，着力抓好“关键小事”、老旧小区改造等高频民生问题，把党的政治优势、组织优势和密切联系群众优势转化成城市基层治理效能，逐步形成党建引领超大城市基层治理的北京路径。

本案例将对首都北京以党建嵌入城市基层治理创新制度成果进行案例研究，为进一步深化党领导力量的发挥方式、作用途径、多样化嵌入载体的创建、基层治理多方协商联动机制等方面进行经验总结。

一、案例背景：党建引领城市基层治理

城市社区是城市治理体系的基本单元，也是城市治理的“最后一公里”，更是党和政府联系群众、服务群众的神经末梢。改革开放以来，随着单位制的消解和城镇化的快速推动，我国社会结构日益从“总体性社会”迈向“流动性社会”，传统城市基层治理的“盲区”愈发明显，出现了城市基层社会治理“脱嵌”和党的基层组织建设“悬浮化”并存等问题，加强党建引领成为完善城市基层社会治理、巩固党的社会基础的关键。

党的十八大以来，党中央高度重视城市基层治理和党的基层组织建设，提出要推动社会治理重心向基层下移，把更多资源、服务、管理放到社区，更好为社区居民提

供精准化、精细化服务。2017年，中共中央、国务院发布了《关于加强和完善城乡社区治理的意见》，首次以党中央的名义对城乡社区治理进行战略布局。2019年，中共中央办公厅印发的《关于加强和改进城市基层党的建设工作的意见》中指出“城市基层党组织是党在城市全部工作和战斗力的基础”，要“加强和改进城市基层党建工作，把城市基层党组织建设成为宣传党的主张、贯彻党的决定、领导基层治理、团结动员群众、推动改革发展的坚强战斗堡垒”。党的二十大报告提出，要“完善社会治理体系，健全共建共治共享的社会治理制度，提升社会治理效能”，同时提出要“增强党组织政治功能和组织功能，坚持大抓基层的鲜明导向，抓党建促乡村振兴，加强城市社区党建工作，推进以党建引领基层治理，持续整顿软弱涣散基层党组织，把基层党组织建设成为有效实现党的领导的坚强战斗堡垒”。由此可见，加强和改进城市基层党建工作，通过党建引领城市基层治理，已经成为我国城市治理的重要环节。

首都城市基层治理具有示范性意义，各方面工作具有代表性、指向性。习近平总书记高度重视首都北京的工作。党的十八大以来，习近平总书记9次视察北京、16次对北京发表重要讲话，深刻阐述了“建设一个什么样的首都，怎样建设首都”这一重大时代课题，强调“建设和管理好首都，是国家治理体系和治理能力现代化的重要内容”。北京市坚决贯彻习近平总书记对北京重要讲话精神，坚持以人民为中心的发展思想，创新探索了党建引领“街乡吹哨、部门报到”工作机制，不断深化“接诉即办”改革，抓好物业管理、生活垃圾分类两件“关键小事”，优化老旧小区改造模式和政策体系，在党建引领城市基层治理方面涌现出一大批创新性制度成果，推动国家治理和社会治理在城市基层治理的有机统一，有效提升了城市基层治理效能。

二、案例切入：党建嵌入视角下首都城市基层治理的创新实践

近年来，北京市委深入贯彻习近平总书记关于基层治理的重要论述和对北京的重要讲话精神，持续深化党建引领基层治理变革，把党的政治优势、组织优势和密切联系群众优势转化成城市基层治理效能。本节将对北京“街乡吹哨、部门报告”工作机制、“接诉即办”改革、抓好物业管理以及老旧小区改造等创新制度成果进行案例研究。

（一）“街乡吹哨、部门报到”：以“赋权、下沉”理顺条块关系

2017年上半年，平谷区金海湖镇为根治金矿盗采多年屡禁不止难题，探索了乡镇发现盗采线索及时上报，各相关执法部门30分钟内赶到现场综合执法的机制，取得了

良好效果。北京市委把这一探索总结提升为党建引领“街乡吹哨、部门报到”改革，并将其作为2018年“北京市1号改革课题”，在全市16个区选取169个街乡试点推广，随后在全市铺开[①]。“吹哨报到”改革的重点是破解“看得见的管不了，管得了的看不见”问题，通过赋予街乡权力、下沉工作力量、推进内设机构改革，着力构建简约高效的党建引领基层治理体制机制。通过“吹哨报到”改革，进一步增强了街乡“吹哨”能力，理顺了条块关系，树立了到一线解决问题的导向。

1. 坚持党的领导和党建引领，提升党组织的领导力和组织力

推动党建引领基层社会治理创新，促使党建嵌入基层治理实践之中，发挥好党组织的战斗堡垒作用。一是加强党对街乡工作的全面领导。为推进“基层党建+社会治理”创新，北京市加强街乡领导班子建设，健全街乡工委工作体系，推进了高素质、专业化街乡干部队伍建设。二是以优化为重点，创新组织引领。北京市围绕提升基层党组织组织力的要求，探索创新功能型党组织建设和区域化党建工作模式，建立区、街乡、社区三级党建协调委员会，形成互联互通的整体合力。朝阳区建立“一轴四网”，区域党建机制具有示范创新性。三是切实转变机关干部的作风。北京市加大机关干部到基层一线实践锻炼力度，发挥考核“指挥棒”作用，推动党员干部形成务实亲民的工作作风。

2. 坚持明责赋权精简机构，增强街乡“吹哨”能力

为解决基层部门权责利不清晰的顽症，增强街乡统筹协调功能，北京市实施“吹哨报到”改革，坚持明责赋权，精简内设机构。一是明确街乡各部门的职责定位，使其“吹哨”有据。北京市聚焦街乡抓党建、抓治理、抓服务的主责主业，明确党群工作、平安建设、城市管理、社区建设、民生保障、综合保障6大板块共111项职责。二是给街乡赋权，使其“吹哨”管用。为确保相关部门闻哨而动，北京市赋予街乡工委对派驻机构统筹调度权、督办权、考核评价权等。三是综合设置和精简街乡各类机构，使其“吹哨”有力。为了减少层级管理，实现精简高效的目标，北京市依据街乡职责任务，按照大部门制、扁平化管理的工作要求，坚持“6办+1纪工委+1综合执法队+3中心”模式设置机构[②]。

3. 坚持资源力量下沉，推动执法部门到街乡“报到”

针对基层执法力量分散、难以“握指成拳”等问题，北京实施“吹哨报到”改

---

① 人民日报．朱竞若，贺勇，王昊男．北京探索建立“街乡吹哨、部门报到”机制［EB/OL］．（2018－12－10（01））［2024－10－20］．http：//country. people. com. cn/n1/2018/1210/c419842－30452682. html.

② 刘太刚，刘邦宇．需求溢出理论与基层治理创新——以北京市“街乡吹哨、部门报到”的实践为例［J］．理论探索，2021（01）：76－82.

革，推动资源权力下沉到基层。一是坚持以下沉为导向，夯实“吹哨报到”的基层力量。为打通基层治理“最后一公里”，北京市坚持人往基层走、钱往基层投、政策往基层倾斜的导向，瞄准治理难点问题，推动资源下沉，开展综合治理、集中发力，坚持事不完、人不撤，提升了街乡统筹指挥能力和应急处置水平。二是加强街道实体化综合执法平台建设。为推动执法力量下沉基层，北京市全面推广石景山区“1+5+N”模式，在290个街乡普遍建立了实体化综合执法中心，引导城管、公安、交通、消防、工商、食品药品监管等部门执法力量到街道办公。

4. 坚持共商共建共治共享，拓展“报到”服务的参与面

多元治理主体间结构化社会关系，决定了必须坚持共建共治的治理思路，充分调动街乡部门、驻区单位和社会力量协同共治。一是搭建平台，凝聚多元治理主体合力。为广泛吸引多方力量参与治理，东城区推进社区、社会组织、社会工作“三社联通”，搭建了纵向到底的“区、街、社区”三级网格一体化工作平台以及横向到边的政府、市场专业力量、社会组织、社区、居民“五方联动”的治理格局。二是积极引导党员参与社区建设。北京市依托“党员E先锋”网络平台，组织相关单位的在职党员回社区报到服务。三是发挥新型经济组织和社会组织在基层治理中的作用。通过政府购买服务等方式，用好新兴领域治理资源是推动社会力量共建共治的内在要求。北京市工商系统把分散的“小个专”企业和商户聚拢在一起，夯实了基层治理力量。四是实施“双向”沟通机制，创新共建方式。为促使基层自治组织与驻区单位在社区建设中实现“双向”沟通，北京市围绕资源、需求、项目等清单，实现双向需求征集、双向沟通协商、双向提供服务、双向压实责任、双向考核评价。

5. 完善“吹哨报到”响应机制，激活基层治理“神经末梢”

新时代影响社会治理体系和治理能力现代化的最关键因素是体制机制问题。为办好群众的烦心事操心事，就应着力从体制机制创新上破解街乡管理顽症，引导街乡干部深入一线，精准有效破解基层治理难题。一是完善“街巷长”机制。街长一般由街道处级干部兼任，巷长一般由街道科级干部和站所负责人兼任。北京市深化了“日巡周查月评季通报”机制，加强对街巷长的考核。二是建强“小巷管家”队伍。北京市进一步明确“小巷管家”工作职责、工作流程，扎实推进“小巷管家”典型经验制度化工作。三是加强社工队伍管理。东城区加强对社区工作者队伍的管理和激励，深化社区“匠心工作坊”建设，试点打造了优秀社区党组织书记工作室，推行了社区全面服务制。四是整合协管员队伍。北京市建立了市级总体统筹、区级部门招录培训、街道统筹管理使用的协管员队伍管理机制，加强了协管员队伍管理。五是建立专职社区专员制度。社区专员具体负责沟通协调、组织发动、检查督促，帮助社区协调解决困

难和问题。六是推动“吹哨报到”向社区延伸，提升社区服务功能。北京市坚持开展社区减负行动，坚持做实做优社区，建立社区准入联席会议制度，推广“离案式”“走动式”工作法，实施社区全响应服务制。

6. 坚持科学运用新技术，夯实街乡治理信息化支撑

新技术的快速发展，迫切要求促使其与社会治理深度融合，实现社会治理的智能化。一是充分运用新的技术手段，积极创建智慧城市。相对于过去的电子政府而言，在社会治理中智慧城市更强调互联网、物联网的综合运用。北京市科学运用“互联网 +”、大数据等新技术，加大对智慧城市建设的整体规划，加强城市基础设施智慧化管理与监控服务。二是给城市治理赋予智能，推进城乡“多网”融合发展。构建以智能化为核心的基层社会治理系统，探索“大数据 + 网格化”的工作新模式，是适应新技术发展的必然要求。北京市依托“北京通”等重点工程，推进城市管理网等“多网”融合发展和社区公共服务综合信息平台建设，有效采集交通、环保、房屋管理和综合执法等数据并进行综合智能化分析，实现了网上吹哨、报到一体化运行。

（二）“接诉即办”与“未诉先办”：以人民为中心的发展思想贯穿始终

2019 年，北京市委持续推进党建引领“吹哨报到”改革向“四个方面”深化，即向党建引领深化、向街道（乡镇）体制改革深化、向社区治理深化、向受理市民诉求、解决群众身边的问题深化。进一步思考“哨”声来源，延展“吹哨”主体，通过让群众“吹哨”，推进“吹哨报到”改革向“接诉即办”深化。在“接诉即办”改革中，北京市委将以人民为中心的发展思想贯穿始终，攻坚克难、主动治理，解决了一批群众的“急难愁盼”问题。

1. 高位统筹专班治理

在北京市委全面深化改革委员会下增设“接诉即办”改革专项小组，负责全市“接诉即办”改革工作的顶层设计、统筹谋划、整体推进，完善党委领导、政府负责、市级部门和街乡以及承担公共服务职能的企事业单位落实、社区（村）响应、专班推动的责权明晰的领导体系和工作体系。坚持“书记抓、抓书记”，将“接诉即办”作为各级党委政府“一把手”工程，注重把基层党组织建设成为领导基层治理的坚强战斗堡垒。建立“接诉即办”十个工作机制，推动“接诉即办”工作制度化、规范化。以“每月一题”问题场景化治理为导向，印发《接诉即办“每月一题”专项清单》。

2. 市级牵头上下协同

市委主要领导每半月审阅各个问题的量化工作进度，每月市委“接诉即办”专题

会听取问题解决情况，书记点评会通报点评，专题调度难点问题，推动问题加快解决。分管市领导亲自挂帅，每月调度推进具体问题。充分发挥市级层面系统治理、整体治理、协同治理的作用，以市级部门统筹出台政策、集中整治为着力点，帮助基层破解“街乡镇无法解决、各区无力解决”的难题，在各区加强整体推进的基础上，形成条块结合、上下协同的工作合力①。各主责部门通过分析群众诉求，明确“每月一题”各问题诉求工单的主要问题类型和高频点位，实行清单式管理、项目化推进，每个具体问题均制定“一方案三清单”，即一个解决方案和任务清单、责任清单、政策清单，明确量化目标任务、进度安排，强化过程管控。

3. 即时响应闭环管理

整合 64 条各领域热线，建立全市统一的 12345 市民服务热线受理平台，将全市 343 个街乡镇、16 个区、65 个市级部门和 49 个公共服务企业全部接入，形成“统一模式、统一标准、左右协调、上下联动”的热线服务体系。开通“12345 网上接诉即办”平台，上线运行“北京市 12345”微信小程序，实现全年 365 天、7×24 小时对群众诉求的全渠道响应②。建立群众诉求办理的闭环运行机制，实施群众诉求“首接负责”制度，所有诉求直派街乡，街乡能够自行解决的，及时就地解决；需要跨部门解决的复杂问题，由街乡启动“吹哨报到”机制，调动部门力量共同研究解决。探索诉求联合双派制度，将涉及街乡和市区两级部门的诉求进行双派，缩短“条”“块”衔接周期，形成工作合力。建立群众诉求分级分类快速响应机制，由 12345 热线平台根据诉求轻重缓急程度和行业标准，按照 2 小时、24 小时、7 天和 15 天四级处置模式，针对不同诉求类型，实施四级响应。

4. 全程督办多方核验

构建以人民为中心的考核督查体系：以接诉响应率、问题解决率和群众满意率为指标的“三率”考评机制，每月对各街乡、各区、市级部门、承担公共事务职能的企事业单位进行考评，并通报排名；市级挂账督办机制，市委市政府督查室建立日常联合督办、月度会商研判、季度抽查核验、“回头看”和年终绩效考评工作机制；执纪监督机制，市纪委市监委建立“每月一题”专项监督机制，深入开展实地检查调研并形成专题监督报告，强化源头治理；市民诉求监测机制，市民热线服务中心定期对每个问题诉求量进行监测分析，切实把握市民诉求的核心关切。

---

① 杨宏山，赵远跃．政策试验中的多方互动与知识生产——以北京市“接诉即办”改革为例［J］．北京社会科学，2023（04）：15－24.

② 张楠迪扬．“全响应”政府回应机制：基于北京市 12345 市民服务热线“接诉即办”的经验分析［J］．行政论坛，2022（01）：78－86.

（三）解决物业问题“关键小事”：以党建引领多方协作治理体系

随着城市住宅小区物业纠纷的增多，物业管理矛盾愈发突出，社区物业管理问题已经成为影响群众美好生活的重要方面，是困扰城市基层治理的难点之一。为落实“七有”“五性”要求，抓好影响群众美好生活的关键小事，集中解决社区物业服务管理问题，2020 年 5 月 1 日《北京市物业管理条例》（以下简称《条例》）正式实施，并印发了《关于加强北京市物业管理工作提升物业服务水平三年行动计划（2020—2022 年）》（以下简称《计划》），为加强和改进全市物业服务管理提供了法律政策依据。其中《条例》明确要求，将物业管理纳入社区治理体系，构建党委领导、政府主导、居民自治、多方参与、协商共建、科技支撑的工作格局；建立健全党建引领下居民委员会、村民委员会、业主委员会或者物业管理委员会、业主、物业服务人等共同参与的治理架构。探索党建引领物业企业更好地服务社区，既是在践行党的十九届四中全会“健全总揽全局、协调各方的党的领导制度体系，把党的领导落实到国家治理各领域各方面各环节”的要求，又是在实践中切实推进物业服务企业在社区“共建共治共享”格局中起到重要作用的具体举措。

1. 强化“三级统筹”，构建党建引领“传导链”

党建引领通过对多元社会治理主体的关系进行再造，为各社会治理主体实现良性合作提供新的连接点，让各社会主体、社会组织通过党组织的纽带紧密连接起来，推动重大事情和复杂问题得到及时解决。北京市城市地区实行三级统筹制度，构建党建引领物业参与社区治理的“传导链”。

区级层面作为一级统筹。由各区区委社会工委、区民政局牵头成立工作专班，负责统筹、协调和指导城市地区街道物业服务管理工作。先后编制下发《街道系统物业管理委员会工作指引》《关于物管会成立相关问题答复摘要汇编》《业委会（物管会）、物业企业实现党的组织覆盖和工作覆盖参考流程》《街道系统物业管理委员会问答手册》《应急物业管理流程》等五份指导性文件，为街道和社区党建引领物业参与社区治理提供支持。

街道层面作为二级统筹。各街道工委积极统筹辖区物业服务管理工作，各街道全部将党建引领物业参与社区治理纳入“基层建设三年行动计划”，作为街道工委、办事处年度重点工作任务，工委书记作为第一责任人，统筹规划，定期调度。班子成员分工包片，指导社区抓好物业管理工作落实。各街道全部成立了地区级物业服务联盟，并同步成立物业联盟党组织，全面领导地区物业开展社区服务管理。

社区层面作为三级统筹。各社区党委将社区物业管理作为服务群众“最后一公里”的重要内容，通过“双向进入、交叉任职”，加强对物业企业的领导。将辖区物业服务企业纳入党建工作协调委员会成员单位，优化运行机制，统筹调度物业资源，引导物业服务企业参与社区治理。同时，将物业划入社区党建网格，通过社区居民党组织、物业党组织与网格内业主互动，帮助物业及时了解居民需求，促进物业服务管理矛盾协商解决。

2. 推进“三个覆盖”，筑牢党建引领“桥头堡”

北京市通过深入推进“三个覆盖”，积极推动物业“三率”落实，打造党建引领物业参与社区治理的“桥头堡”。一是推进社区业委会（物管会）覆盖。北京市城市地区街道将社区业委会（物管会）作为党建引领物业参与社区治理的基础工程，各社区党组织在摸排情况、了解民意的基础上，积极推动筹备组建社区业委会，对暂时不具备条件的社区建设物管会。二是推进社区物业服务覆盖。北京市城市地区采取市场化引进、国企兜底、准物业管理等形式，推进社区物业管理工作覆盖。老旧社区较多的街道采取成熟一个引进一个的办法，逐步推进社区正规物业管理。各街道对物业管理出现问题的社区，采取危机介入的方法，先委托服务和信誉较好的物业公司代管，然后通过相关法律程序引进，确保社区物业服务管理不间断①。三是推进社区物业党的组织和工作覆盖。北京市城市地区将社区物业纳入区域化党建工作重点，积极推进社区物业党的组织建设和党建工作覆盖，以提升组织力为重点，强化基层党组织对基层社区各类组织和各项工作的统一领导。目前，北京市业委会（物管会）党组织整体覆盖率已经达到99%。

3. 突出“四种模式”，打造党建引领“发动机”

北京市城市地区依托4种物业服务管理模式，探索不同类型社区党建引领方式方法，为物业参与社区治理提供“发动机”。

一是市场运作模式。商品房社区基本采取这一模式，该类型社区居民一般具有花钱买服务的意识。针对该类型的社区，北京市城市地区重点通过党建工作协调委员会、物业联盟等形式，推进党建引领物业参与社区治理，为业委会（物管会）党组织赋能，提升对物业服务企业的监督能力，通过党群服务中心、社区书记工作室等，加强与物业服务企业党组织的联系协调，促进共建共治共享。

二是单位管理模式。直管公房、自管公房等福利分房社区，一般采取单位管理模式。但是该类社区一般只负责楼体及楼内的管理，对社区公共区域不予管理。多产权

① 张秀娟. 党建引领物业服务企业参与社区治理研究——以北京市D区为例［J］. 改革与开放，2020（24）：48-52.

单位的老旧社区，往往存在公共区域管理“真空”。针对这些情况的社区，北京市城市街道通过党建引领“吹哨报到”机制，着力推进“吹哨报到”扩展延伸。顺义区运用吹哨报到机制，召集区住建委、区委社会工委、区民政局、市规划和自然资源委顺义分局、区城市管理委等区直部门及6个街道等多方力量，围绕群众反映强烈问题进行专题研讨，形成可行性建议。朝阳区根据不同社区实际情况，加强社区基本公共服务，创造条件逐步向市场化管理模式过渡。

三是居民自管模式。对失管、弃管的老旧社区，原单位不复存在或没有能力管理的，北京市城市地区采取准物业模式进行社区自治自管，组织居民骨干成立自治管理委员会，由社区党组织发动社区党员志愿者参与楼院管理，组织有专长的居民开展维修服务。建外街道光华里社区建立的党员“五色暖光服务队”，将社区维护维修、治安巡逻、邻里互助、便民服务、文化活动等承担起来，既弥补社区服务管理不足，又促进了邻里和谐①。

四是综合管理模式。对既有商品房、又有单位自管房、房改房的社区，特别是老旧社区占多数的混合型社区，北京市城市地区采取综合管理模式，按照“党建引领、多元参与、共治共享”的思路，由社区党委加强对各社区物业党组织的统一领导，在指导物业做好本社区服务管理的同时，通过物业联盟党组织开展物业之间协作，推动资源共享、技术互学、服务联做，整体提升社区物业服务管理水平。

4. 打造“三个物业”，树立党建引领“风向标”

为提高社区物业服务管理标准，北京市城市地区积极探索法治物业、智慧物业、品牌物业“三个物业”，为党建引领物业参与社区治理树立“风向标”。

一是探索“法治物业”。北京市各街道以贯彻《条例》为契机，积极推进“法治物业”。麦子店街道枣营北里社区与酒仙桥法庭党支部开展“物业纠纷源头治理示范社区”共建项目，酒仙桥法庭党支部指派法官以党支部副书记（席位制）身份加入社区物业服务联盟党支部，开展法治专业指导。通过“法官眼中的物业纠纷”动画等形式，为居民解答相关法律，协调解决邻里采光纠纷、噪音纠纷等问题，并指导物业服务企业完善制度、改进服务，有效促进了社区的和谐稳定②。

二是发展“智慧物业”。智慧物业管理系统借助移动互联的技术优势，改变原来社区传统的服务模式，形成智能化、人性化、敏捷化的智能社区。北京市城市地区利用“吹哨报到”机制，协调区级部门参与智慧物业建设，按照城市大脑+智慧物业平

① 白如冰，陈竹君，冯雪梅．北京市朝阳区老旧小区物业管理转型升级探索与思考［J］．城市管理与科技，2021，22（05）：77－79.

② 刘立华．浅析加强物业纠纷调解工作——以北京市为例［J］．人民调解，2022（08）：36－39.

台+N个智慧应用思路，充分发挥大数据、云计算等现代信息技术支撑作用，形成“1+1+N”的智慧物业工作格局，以科技赋能助力党建引领物业服务企业参与社区治理。各街道还积极引入科技手段助力社区服务管理，团结湖街道率先在南北里和一二条两个社区229个楼门全部安装智能人脸识别门禁系统，实现了社区楼门管理的智能化。

三是培育“品牌物业”。北京市城市地区积极培育不同类型社区物业管理典型，推动“品牌物业”建设。八里庄街道打破原有老旧社区“楼、院”界限，将公共区域内管理、保洁、绿化、停车、便民服务等项目整合“打包”，交由“大物业”管理。原有产权单位或物业作为“小物业”，对楼体、公共设施设备及楼内居民家中维修等提供服务，推动“大小物业”功能互补，形成“大小物业综合服务管理模式”，共同为居民提供服务，所属红庙社区、机二委社区成为全市的“品牌物业”。

（四）推进老旧小区有机更新：党建引领多元共治的“劲松模式”

老旧小区由于历史发展过程中形成的粗放式、不规范的失管、漏管现象已经成为城市基层治理的难点问题。北京市劲松辖区面积5.2平方千米，辖区小区多为改革开放后第一批成建制住宅，老旧小区众多，老龄化程度高达36.9%，配套设施不足，生活服务便利性差，居民对加装电梯、完善无障碍设施、建设社区食堂、提升社区环境等呼声很高。

对此，劲松街道工委紧紧围绕“七有”要求和“五性”需求，以劲松北社区为试点，引入愿景集团作为社会资本力量，探索推进老旧小区综合改造和有机更新，于2018年7月启动试点示范区改造项目，以“一街”“两园”“两核心”“多节点”为改造重点，围绕公共空间、智能化、服务业态、社区文化四大类16小类共30余项专项作业实施改造。在改造过程中，街道工委、办事处和社区居委会坚持“以人民为中心”，突出党建引领，把老旧小区综合改造作为系统工程来抓，推动共同参与，强化改造各个阶段中的“六导”，即“主导、引导、指导、督导、倡导和领导”作用，形成了“区级统筹，街乡主导，社区协调，居民议事，企业运作”五方联动的老旧小区改造“劲松模式”①。通过深化“劲松模式”机制化成果，劲松又迈出了完善城市治理体系、提升社区治理能力的新步伐。

1. 党建引领汇集民意，由点到面达成共识

为准确摸清居民的需求，早在改造启动之初，劲松街道党工委联合楼门长、社区

① 邢华，黄祖良．老旧小区改造如何“以人为本”？——北京劲松北社区改造中的党建引领与社会资本重塑［J］．上海城市管理，2021，30（05）：23-28.

志愿者、居民代表等社区党员骨干进行宣传动员，先后对3605户居民挨家挨户走访，发放问卷2380份，召开问需会10余场，真正做到“民有所呼，我有所应”。利用下沉式调研梳理出居民多样化、个性化的改造需求，通过建立社区居民议事二级平台，进一步统一思想，达成共识。在初步达成改造意向后，朝阳区委区政府依托“街乡吹哨，社区报到”工作机制，发挥“五方联动”平台优势，根据改造问题的性质和办理时效，针对性地采取不同的解决方式：对于改造中涉及的重大突出难题，由各区委办局专门成立改造试点工作小组，召开联席会议进行集中处理。而面对日常改造中遇到的困难，则由街道党工委领导成立一个以40余名党员为核心的议事小组，每月定期召开党建协调委员会工作会议，对改造分歧及涉及问题进行专题讨论，依靠“党建引领，协商共治”化解争端。党建工作和社区改造的紧密结合大大简化办事流程，提高社区改造效率，为改造的顺利启动奠定基础。

2. 引入外部专业化社会资源，凝聚社区居民合力实施改造

为尽快开展改造，劲松北社区创新性采用“1+3+N”共建共治模式，即“1”以社区党委为核心，“3”以居民党支部、项目党支部、临时党支部三位一体共同参与社区改造，“N”即引入外部专业的社会资源[①]。为此，劲松北社区先举行路演，按照长效运营的市场化原则，经过多方比较，最终与具备投融资、规划设计、建筑改造、社区服务、物业管理等全链条业务能力的某集团签订合作协议，共同推进项目改造，初期计划投资3000万元，合约期为20年。该集团作为全国第一家引入老旧小区改造的民营企业，有明确的目标、微利“可持续”能力和专业的改造技术作支撑。其利用自身优势迅速成立临时党支部，派出一支专业的党员设计师队伍，深入社区开展沉浸式规划设计，将改造方案与社区实际、居民诉求相结合。在实施改造的过程中，社区党委联合居民党支部、项目党支部、临时党支部一起驻扎施工现场，发挥党员的先锋模范作用，详细倾听居民心声，随时调整方案，不断优化设计，力求改造符合民意。改造内容重点围绕宜居社区、有序社区、敬老社区、平安社区、家园社区、智慧社区等六大板块进行建设，不仅提升了社区的硬件设施，还加强了基层党组织的引领和凝聚。改造后集团又成立物业党支部，根据社区实际首创“先尝后买”模式，为居民提供低价优质的物业服务，最终赢得了居民的赞赏和信任。

3. 以党员骨干为纽带构建居民社会网络，重塑社区社会资本与信任机制

劲松北社区中的党员骨干在改造中发挥了重要作用。他们大多来自具有共同兴趣爱好的社区团体，具有群众基础广、人缘关系好、热心社区事务等特点。基于党员的

---

① 杨守涛．“劲松模式”的基本经验［J］．前线，2021（08）：79－82.

政治觉悟和自身的群众优势，他们带头推动老旧小区改造，逐渐成为社区发展中不可或缺的中坚力量。在改造开始时，党员骨干主动担任宣传员，针对不支持、不情愿改造的部分居民，开展一对一入户，引导持反对意见的居民换位思考，强化家园理念，争取获得居民的认可和支持。随着改造动员的深入，在社区内部建立非正式组织“社区共建管理者”，构建起社区新的网络联结。社区被激活后，利用微信、微博、抖音等互联网社交软件，进一步加强居民之间交流互动，为居民理性有序参与社区改造提供了更便利的渠道。党员志愿者在社区实施改造时也持续发力：一方面，深入施工现场进行巡查，及时发现问题、反馈居民建议、监督工程进度和质量，不断激发居民参与社区改造的热情和积极性；另一方面，依托社区文明实践站，定期在社区内开展义务理发、医疗问诊、衣服裁剪、免费维修等便民服务活动，解决了便民商店重新装修给居民带来的生活不便，增进与居民之间的情感联系。为巩固改造效果，营造守望相助的社区氛围，社区党员又联合社团骨干整合社区资源，在社区公园、美好会客厅、居民议事会等区域开展各种活动，丰富了社区整体的精神文化生活，实现居民从最熟悉的陌生人到熟人、家人、主人的有效转变。

劲松北社区改造成功的关键在于发挥党组织的桥梁纽带作用，党建引领贯穿劲松北社区改造的全过程，社区党委依托“党建共同体”的优势，实现党建引领下政府、企业、居民自发联结，利用基层党支部和先进党员的榜样力量，在联结的过程中培育和塑造社会资本，激励居民积极参与，充分表达自身意愿，推动了居民主人翁意识的觉醒和社区公共价值的实现，真正实现了老旧小区改造“以人为本”的承诺。

三、案例总结：党建嵌入视角下城市基层治理的实践启示

党建在我国国家治理体系中具有独特作用，能够推动国家治理和社会治理在城市基层治理的有机统一。党建内生于城市基层治理，从党建引领城市基层治理顶层设计出发，通过组织嵌入、制度嵌入和价值观嵌入等方式融入城市基层治理，推动各类治理主体的有机配合，夯实党建引领城市基层治理的组织力、执行力和牵引力。

（一）强化党建引领城市基层治理的顶层设计，推动各项改革转化为稳定的制度安排

发挥党对城市基层治理的全面领导是新时期推动城市基层治理体系和治理能力现代化，巩固党的执政基础的重要保障，是做好城市基层治理各项工作的前提和基础。党建引领城市基层治理是城市基层发展和治理的现实需求，是党领导革命和建设工作的历史经验，是新时代城市基层治理的发展要求。要加强党对城市基层治理工作的全

面领导，关键是强化党建引领城市基层治理的顶层设计，基于党建嵌入视角，借鉴其他城市发展经验，把在城市基层治理中经过实践证明行政有效的改革措施转化为稳定的制度安排。

（二）夯实党建组织嵌入，提高党建引领城市基层治理的组织力

城市基层治理面临着“条条—块块”矛盾、“国家—社会”矛盾等问题，传统的政府层面管理面临着很大的挑战，传统国家—社会二元管理体制受到很大冲击。首都城市基层治理也面临着街道管理体制的条块矛盾、社区治理的主体缺位以及基层社会治理的“脱嵌”和基层党建的“悬浮化”问题并存等状况。党建引领城市基层治理可以较好地解决上述矛盾和冲突，为新时期城市基层治理提供一条可行的路径。

党建组织嵌入是将党的基层组织嵌入到各类治理主体中，发挥通过党建组织引领作用和党员示范带头作用，从而解决城市基层治理中的“主体缺位”和无序发展问题，同时为培育社会创造了条件。党建组织嵌入的整合方式主要考虑对社会力量的吸纳和对于群众的融入等方面。党建组织嵌入是实现党建引领城市基层治理的前提和基础，只有通过完善的组织建设，才能贯彻党的意志和决策，将城市基层治理纳入到国家治理体系，提高城市基层治理的现代化。要通过各种形式的党建嵌入更好发挥党的领导作用，扩大党的执政基础。

（三）优化党建制度嵌入，提高党建引领城市基层治理的执行力

党建制度嵌入是通过党建引领，以党组织为枢纽构建良性的基层制度安排，以解决城市基层治理中由于条块矛盾、社区治理主体缺失以及国家—社会二元矛盾等导致的基层治理问题的过程。党建制度嵌入是提高城市基层治理效能，巩固党的执政基础的重要保障，是具有鲜明中国特色的城市基层治理模式，凸显了我国的制度优势，有助于推进城市基层治理体系和治理能力现代化。基于首都城市基层治理的特点，应从强化激励驱动机制、完善基层治理制度体系、创新党建制度嵌入载体和平台，推进服务型政府建设等方面优化党建制度嵌入，提高党建引领城市基层治理的执行力。

（四）注重党建价值嵌入，提高党建引领城市基层治理的牵引力

党建价值嵌入式将党的意识形态和价值观贯穿到城市基层治理中的嵌入模式。党建价值嵌入构建了党建引领的内生动力，为党建组织嵌入和制度嵌入提供了可持续发展的基础。党建价值嵌入有助于主流价值观的统一，有利于形成价值共识，有

利于凝聚社会资本，实现价值共创，是应对社会治理“原子化”的重要途径，是党的政治领导和思想领导的重要保障。在城市基层治理中，要强化主流价值导向，坚持价值引领，推动价值共创，完整、准确、全面地将党的价值观和各项决策落到实处。

案例《教学手册》

一、教学目的与用途

1. 本案例的适用课程

本案例主要适用于《公共政策分析》《公共管理》《城市管理前沿》等课程。

2. 本案例的教学对象

本案例的教学对象为公共管理硕士（MPA）、行政管理专业研究生和城市规划与管理专业研究生。

3. 本案例的教学目标

本案例是一篇阐释党建引领城市基层治理的典型教学案例，其教学目的在于通过深度呈现首都党建嵌入城市基层治理的丰富实践，使学生在国家治理体系和治理能力现代化背景下，对于党建引领城市基层治理具有更深刻的认识和思考，提升公共管理领域学生的学术报国使命感和责任感。

二、讨论问题

1. 首都北京的党建引领城市基层治理有哪些创新？这些创新对于城市基层治理有什么借鉴意义？

2. 请谈谈你对嵌入性理论的理解，党建主要通过哪些方面的嵌入来提升城市基层治理效能。

3. 你认为我国当前的城市基层治理中还存在什么不足的地方，应该如何改进（可结合所在家乡城市来谈）？

4. 查阅我国其他典型城市的党建引领城市基层治理工作，与首都城市目前的情况进行对比，谈谈你从中受到的启发。

三、分析思路

城市基层治理是城市治理研究的热点问题。城市基层治理是社会成员的自主治理，但它不能脱离国家治理体系，需要从治理的整体性去考察城市基层治理问题。党建是我国国家治理体制中的重要环节，是具有中国特色的治理制度安排。在我国基层治理中，党建发挥着重要的作用。嵌入性理论为理解党建与城市基层治理的融合提供了很好的理论视角。对本案例的分析，可以运用嵌入性理论视角来分析党建在城市基层治理中的作用，根据城市基层治理的社会结构和环境，通过组织嵌入、制度嵌入和价值观嵌入等方式，让党的意志转化成城市基层治理的内在动力，进而通过党建统筹国家治理和社会治理，实现各类治理主体的有机配合。

四、关键要点

1. 首都北京党建引领城市基层治理的亮点和创新点是什么？

2. 党建主要通过哪些方面嵌入城市基层治理？

3. 深入思考当前党建引领城市基层治理的过程中还存在什么不足，应该如何改进？

五、课堂教学计划

1. 课前准备工作

课前将案例材料发给学员，要求学员用 30 分钟左右的时间认真阅读，并思考相关问题。

2. 课堂教学安排

第一步：全班集中，案例导入

在学员上课前通读阅读案例的基础上，利用 10—12 分钟时间，请 4 位学员分别介绍案例材料中 4 个分案例的主要内容，目的是帮助学员迅速集中注意力，进入讨论状态。

第二步：分组研讨，案例展开

根据对案例的阅读和理解，根据 4 个分案例对学员进行分组。4 组学员汇集后，选出 1 名成员作为小组负责人及发言代表，利用 15 分钟左右的时间组织分组研讨，汇总组内成员的观点。研讨时，主要参考以上 4 个问题来总结各组的讨论意见。

第三步：集体讨论，案例分析

在 4 组学员集体研讨结束之后，以班级集体讨论的方式进行案例分析。每组的发言人首先上台向全班报告本组的主要研讨观点，每组时间控制在 8 分钟以内。如果发言人未用完规定的时间，其所在组的其他成员还可以对发言人的观点进行补充。

第四步：教师总结，案例启发

教师针对学生分组辩论的情况予以点评，并对案例的关键要点进行重点分析。总结案例研讨的主要特点、主要观点以及有待进一步关注和研究的问题，提示分析问题的不同角度和方法。注意启发学生进一步思考如何在国家治理体系和治理能力现代化的背景下更好发挥党建在城市基层治理中的作用。

3. 课后实践安排

在教学时间和教学经费允许的情况下，建议安排实践教学环节，带领学生深入首都基层开展田野调查，实地观察党建引领首都城市基层治理成果，与相关人员开展座谈。启发学生结合所学理论知识进行思考，完成 2000 字左右的调研报告。

案例十一

科技赋能如何推进基层治理现代化？

——“双井街道数字生态圈”的创新实践[①]

① 本案例由中央财经大学政府管理学院副院长李宇环教授，北京市朝阳区双井街道办事处副主任丹红，中央财经大学政府管理学院本科生薛涵月共同编写。

案例正文

基层治理是国家治理的“神经末梢”和重要基石，《国务院关于加强基层治理体系和治理能力现代化建设的意见》中明确指出，统筹推进乡镇（街道）和城乡社区治理，是实现国家治理体系和治理能力现代化的基础工程。当前，我国百年未有之大变局加速演进，新旧矛盾相互交织，利益关系复杂多变，基层治理的重要性愈加凸显。在新一轮科技革命和产业变革孕育兴起的时代，探寻科技如何赋能基层治理水平提升，成为一个具有战略性、前瞻性的新议题。本案例选择北京市双井街道数字生态圈的创新过程为例，以期通过阐释科技赋能基层治理的过程机理，为公共管理专业相关课程的理论学习提供案例材料。

一、案例背景

北京市双井街道位于朝阳区中西部，辖区面积5.08平方千米，现有23个行政社区，常住人口9.3万人，是北京CBD商务生活服务功能区、文化创意产业延伸区、城市升级改造建设区，同时也成为连通首都功能核心区与城市副中心的重要廊道，有着多元产业格局及优质资源聚集的良好优势。地区拥有5000平方米以上商务楼宇、园区19个，重点商圈3个，城区服务元素配套齐全。

在北京建设全球数字经济标杆城市和朝阳区打造数字经济示范区的双重机遇下，双井街道率先成立党建工作协调委员会数字经济专委，以习近平新时代中国特色社会主义思想为指导，紧紧围绕首都“四个中心”城市战略定位和朝阳区社会建设总体目标，结合全国首个数字经济示范街道基础，积极探索“数智”双井建设，创新性打造元宇宙孪生社区，科学性推进“五社联动”工作，互动性搭建“一促五”社区联动站，不断探寻新时代社会治理的新路径，致力于打造数字经济背景下社区治理的“双井样本”。

二、数智双井城市管理大脑建设概览

国家“十四五”规划和2035远景目标建议提出，要“加强数字社会、智能化水平；构建网络化管理、精细化服务、信息化支撑、开放共享的基层管理服务平台”。在此背景下，智慧技术的创新性应用从政府治理延伸至基层街道与社区治理，各种信息化平台和智能化手段开始应用于基层治理中，为基层治理能力和服务效能的提升提供了重要技术支撑。

北京市双井街道根据中央和北京市相关文件中提出的“七有”和“五性”要求搭建了联通上下层级及相关部门的智慧平台（见图 11－1）。“七有”出自中共中央办公厅、国务院办公厅印发的《关于建立健全基本公共服务标准体系的指导意见》，具体指“幼有所育、学有所教、劳有所得、病有所医、老有所养、住有所居、弱有所扶”；“五性”是在北京市委十二届七次全会上提出的，具体指“便利性、宜居性、多样性、公正性、安全性”，是结合首都发展定位、围绕全市群众主要诉求以及社会对美好生活的向往需求等提出的服务目标。双井街道在“七有”“五性”的要求下，找准新方向、拓展新思路、挖掘新重点、推动新提升，探索“数智”双井与“共治”双井的建设。

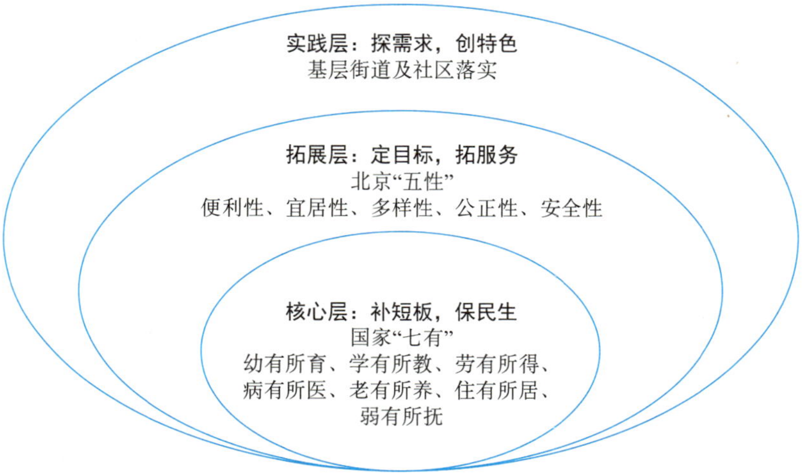

图 11－1　“七有”“五性”核心关系图示

在“共同治理”方面，双井坚持以区域化党建为指引，以资源平台、网络平台为支撑，以乡贤智库为内核，挖掘居民积极分子，建立社区顾问团；同时，构建了以高校、社会组织、社会企业等社区共建者组成的外部资源池参与社区共同治理，从文化、设计、问题三个角度切入，培育社区文化，提升社区议事能力，打磨参与式设计方法，以及推动建立真实有效的共建共治、协调发展机制。

在“智能治理”方面，双井构建起以“井井有条”街道大脑为核心的智能治理系统，遵循“人本”的原则，以人的体验认知和人居品质评估来引导治理的价值导向，增进城市运行的可感知性、治理决策的科学性，提高行政资源运转效率，支撑空间资源和社会服务资源的有效利用。智能治理系统包括了运行监测、体检评估、数字经济三个模块（见图 11－2）。

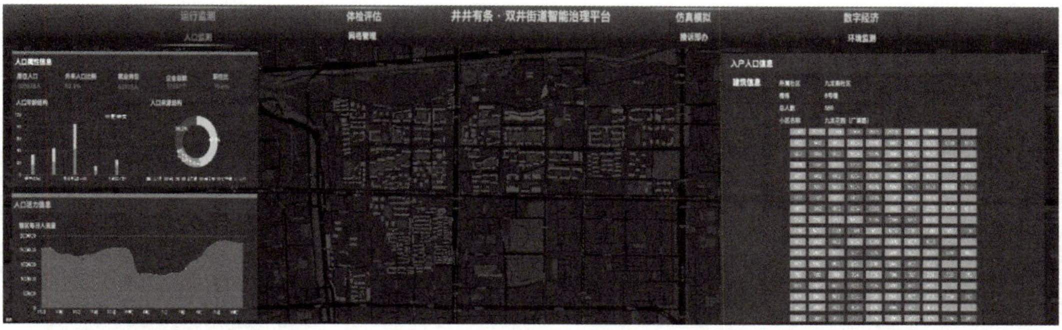

图 11－2　双井街道智能大屏

（一）运行监测模块

“运行监测”模块包括人口数据、网格数据、接诉即办数据以及环境监测数据。人口监测数据包含基本人口属性信息、活力信息和入户信息（见图 11－3）。一方面，通过人口标签的设置与录入，面向多元人群进行基层治理与服务保障（如助老助残等服务），完善基层服务支撑体系，提高基层工作效率；另一方面，满足街道管理者与社区工作人员的统计需求，包括地理单元、时间周期、人口标签、人口变化情况等不同统计维度以及维度间的组合情况，形成可视化台账总览，便于基层工作的有序开展。

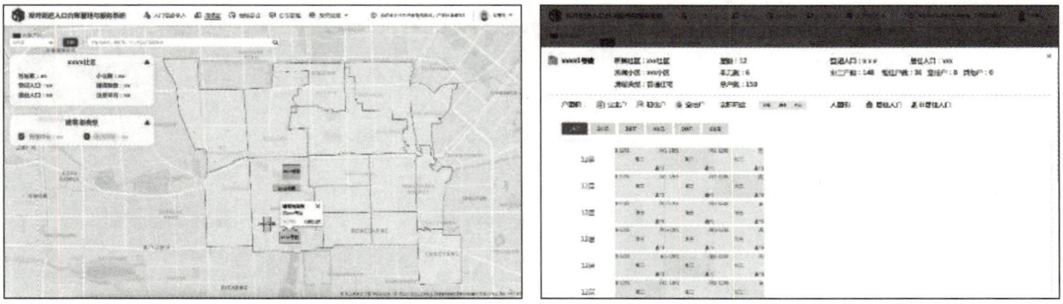

图 11－3　人口监测数据窗口

网格管理和接诉即办数据记录居民的投诉和办理情况，帮助基层工作者了解并解决社区热点和问题。接诉即办监测功能模块，从三个时间周期进行投诉案件空间统计、案件类型统计、案件数量周期性波动情况等内容进行监测，将案件类型及其对应的数量变化趋势进行可视化处理。可视化的信息使社区对这些复杂的案件形成空间化的整体认知，辅助判断判断案件重点问题类型和发生区域等，有助于更好地理解和响应居民的诉求，提升辖区品质。

环境监测数据主要通过环境感知设备获取，环境监测系统可实现对社区环境的综合感知、分析及治理辅助（见图 11－4）。具体包括各点位环境指标数值显示、异常问题空间分布、环境指标趋势变化等内容，通过移动端管理工具向社区巡检人员推送异常问题，实现问题快速响应，辅助提升社区环境品质。

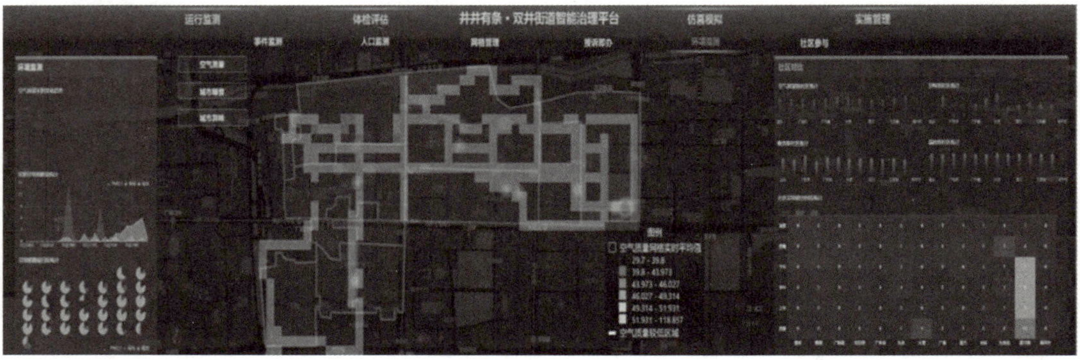

图 11－4　智慧平台环境监测界面

（二）体检评估模块

“社区体检”作为街区治理工作中的重要一环，支撑着社区的精细化管理、民生保障、街区更新和社会参与等各项治理工作（见图 11－5）。根据联合国国际可持续发展目标中面向可持续的城市和社区相关要求，双井街道开展了基于大数据的可持续社区评估，在公共服务、文化活力及安全与韧性方面呈现出一定优势。该模块的创新旨在对社区的服务设施、公共环境、建筑空间等内容进行系统、全面的问题诊断，形成社区更新清单。

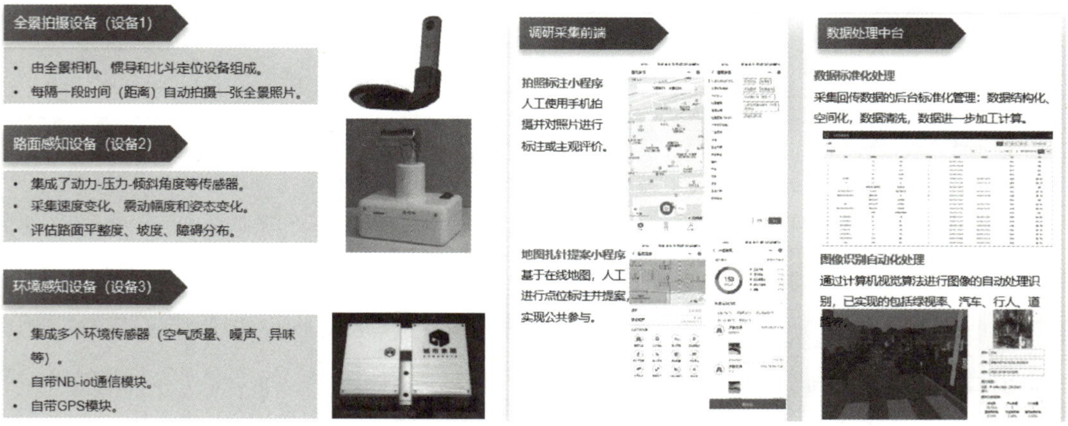

图 11－5　“社区体检”设备与功能介绍

双井开展的社区体检主要围绕三个层面：一是每半年开展的品质性体检评估，基于社会开放大数据量化街区品质优劣诊断街道问题，并针对性开展治理提升行动计划；二是常态化开展的社区监测性体检评估，通过传感器对街区体征状况和异常问题开展实时性监测，由“街道大脑”运算生成的自动化报告，形成面向城市运行状态的日报、周报、月报监测性体检机制，支撑街道日常治理和社区日常核查工作；三是不定期开展的专项体检评估，如无障碍环境建设、微空间活力评估及健康城市环境评估等（见图 11－6、图 11－7、图 11－8 和图 11－9）。

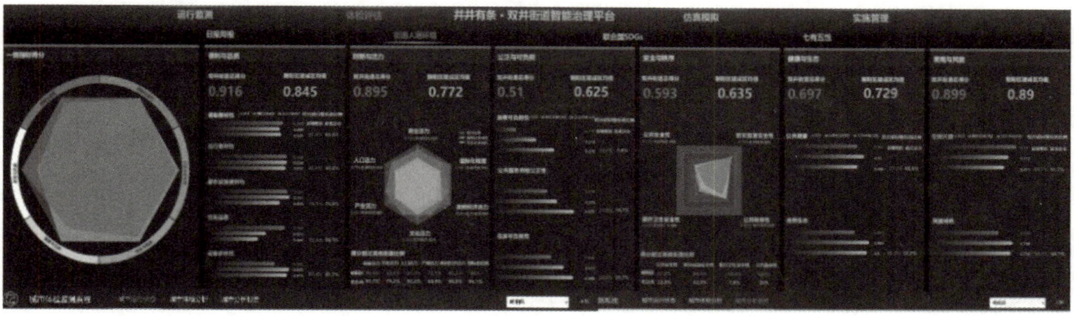

图 11－6　智慧平台社区体检界面

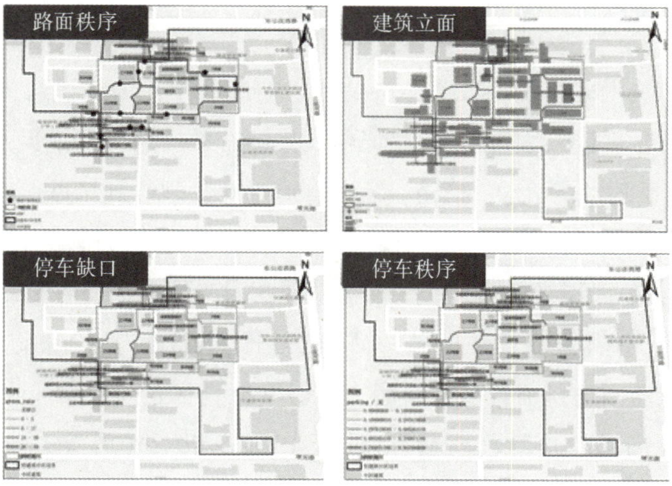

图 11－7　公共空间及服务设施体检窗口

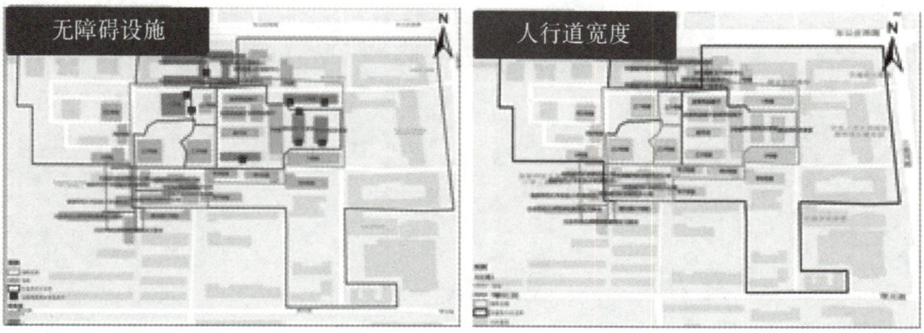

图 11－8　无障碍环境体检窗口

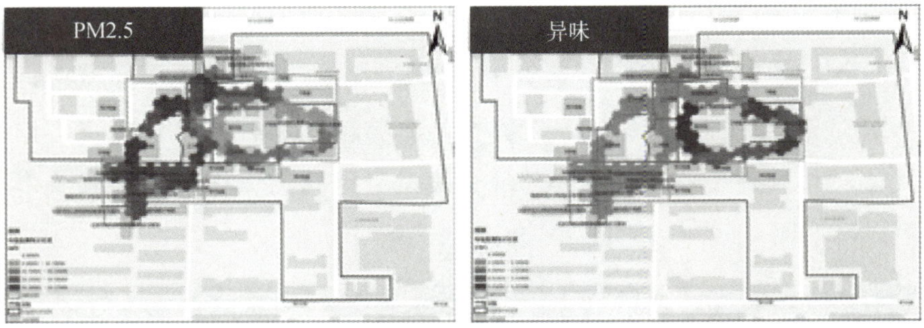

图 11－9　环境品质体检窗口

社区体检是一项以人的体验认知和人居品质评估来引导治理的价值导向，是一项长期性、常态化的工作，要求基层街道与社区充分运用信息化手段，全方位、多途径采集社区综合指标数据，以稳定、连续、系统地捕捉“社区体征”，精细化、针对性地满足居民需求。在应对街道及社区未来发展、外来冲击以及各方面的变化时，能够对症下药，切实提高街道及社区的发展质量。

（三）数字经济模块

2016 年 G20 峰会明确提出，数字经济是指以使用数字化的知识与信息为关键生产要素，以现代信息网络为重要载体，以信息通信技术的有效使用为效率提升和经济结构优化的重要推动力的一系列经济活动。制造、流通、通讯及管理等领域已经在数字经济的催化下形成新的数字化经济形态，驱动行业创新与产业升级。双井街道提出的“数字经济”概念与当前对数字经济的界定有所有不同，更多侧重于对支撑数字经济发展的场景构建。

数字商圈经济。基于北京商务局“一圈一策”提升工作和“全市重点商圈监测评价”工作，对辖区重点商圈进行消费活力监测，实时掌握辖区消费活力变化情况，包括辖区商业活力水平、商圈基本信息、消费客流、热门业态以及发展潜力商圈活力评估内容（见图 11－10）。

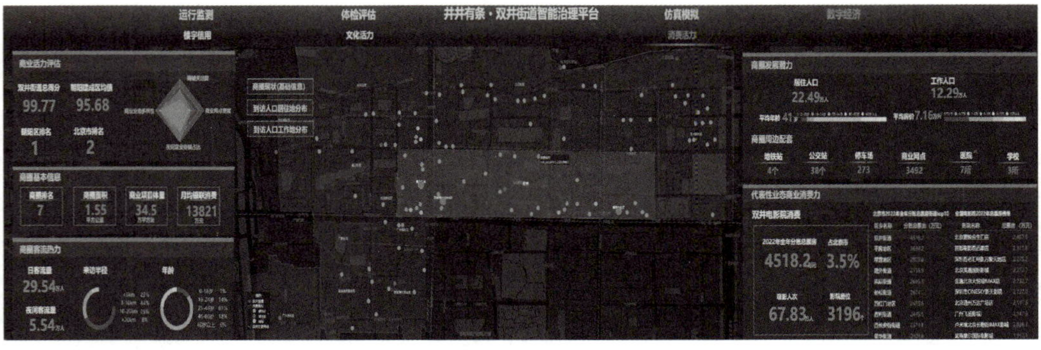

图 11－10　消费活力监测界面

楼宇信用评估。动员辖区重点楼宇参与信用领跑行动，基于楼宇、企业数据填报工具对楼宇运营、企业经营相关数据进行采集汇总，形成楼宇、企业数据集。基于信用楼宇、信用企业评价体系进行评价，针对短板问题进行针对性提升，并基于评价结果申请各项服务包，进行品牌宣传（见图 11－11）。

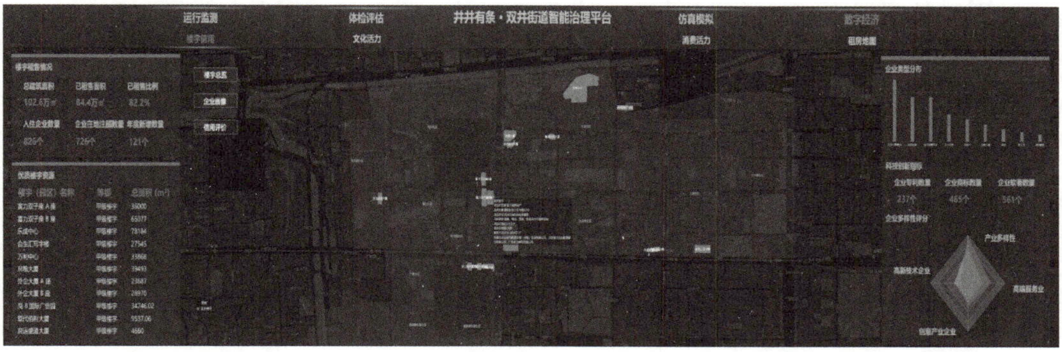

图 11－11　楼宇信用监测界面

数字文化消费经济。对辖区公共文化活动、市场类文化活动进行实时感知，沉淀文化活动、文化品牌、文化运营资源等数据要素。

实时洞察辖区热门活动、热门场所，并推荐同类区域的热门文化运营活动、运营策略，对接品牌、运营资源，提升辖区文化消费活力（见图 11－12）。

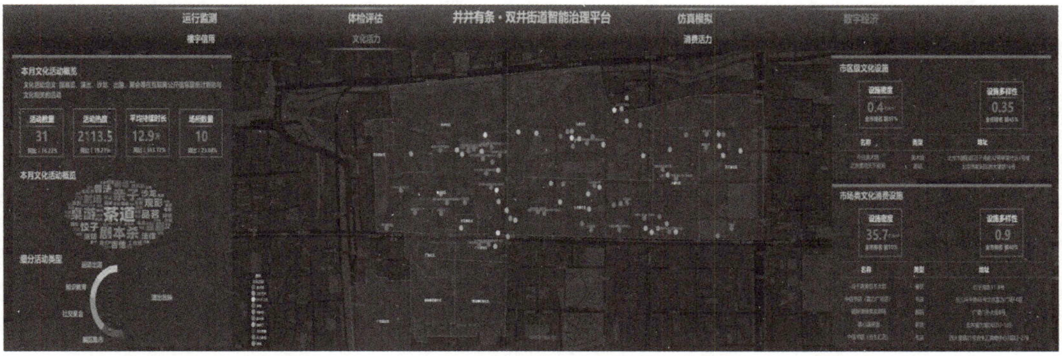

图 11－12　文化活力监测界面

三、科技赋能双井街道数字生态圈发展

数字生态圈是指由数字经济、数字政府、数字社会、数字文化等构成的生态系统。数字生态圈的建设吸纳了政府、企业和居民等多元主体参与方。双井街道着力于共建共治共享理念，以平台建设带动多方参与，以科技赋能助力生态圈发展。

（一）六网协同：助力党建引领服务转型

双井街道坚持党建引领、科技赋能，探索“接诉即办”“六网”模式，以“井”字型工作架构构建新型基层治理服务格局（见图 11－13），促进地区“井井有条”精细化社会治理建设，打造“接诉即办”工作的双井经验，推动体制互融与机制落实，不断完善“井”字形党建引领体系和“党统六网”接诉即办工作体系互融互通（见图 11－14）。

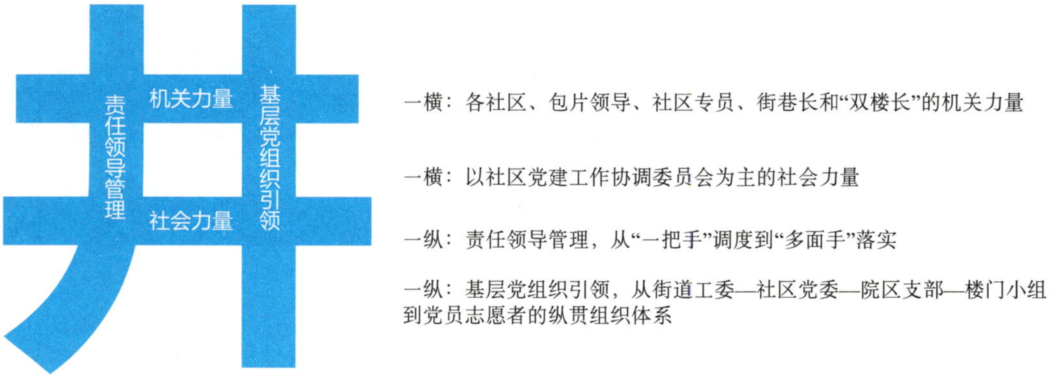

图 11－13 “两纵到底，两横到边”“井”字形工作体系

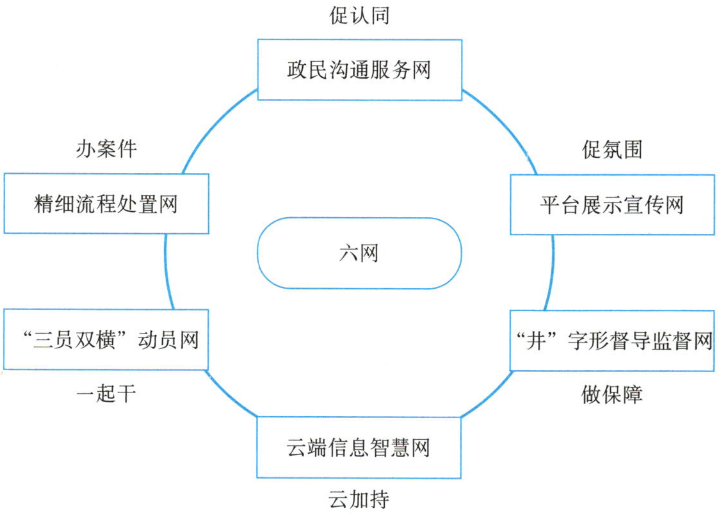

图 11－14 接诉即办双井模式“党统六网”模式图

规范流程，解决诉求。为让群众的诉求事事有回音、件件有落实，双井街道建立精细流程处置网，规范诉求处置流程，将诉求件分为必办类、快办类、即办类、劝办类，智能投递，精确筛选，分类施策，精准处置。同时，创新“724”工作法，打造“全时响应—责任派单—分级把关—满意回复—全面回访—专人核查—严格结案”案件处理闭环“七步流程”，落实接诉后、解决后“两次见面”，建立周会商、联合处置、定向督办、责任实化“四项机制”，明确突发应急类诉求案件责任人必须 30 分钟内到场。建立疑难案件兜底机制，兜底解决责任不清的特定案件。

沟通无阻，政民协同。双井街道建立政民沟通服务网，通过数字平台搭建起专门的市民服务热线（见图 11－15），联合专业团队编制《市民热线“标准化”沟通技巧规范》，对社区干部进行定期培训。双井街道的工作人员会对诉求电话进行数据记录与人员回访，确保居民诉求得到解决，直到得到居民满意答复，该诉求才算真正实现闭环。同时，双井会定期对电话热线的集中时间、地点等进行数据集中分析，明确基层治理的关注重心。

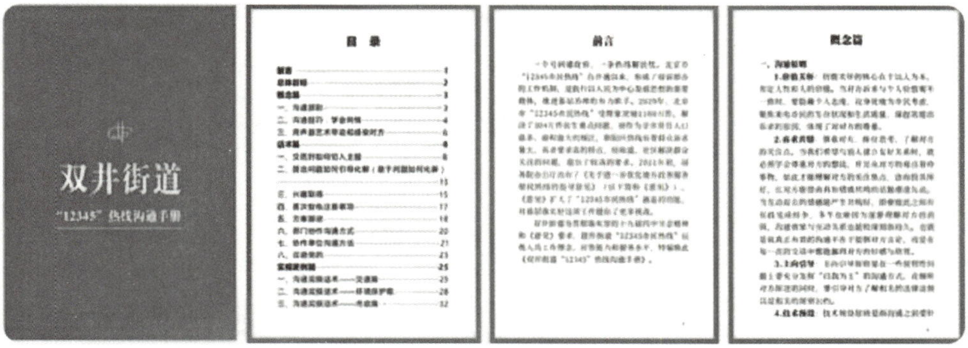

图 11－15　双井街道沟通手册

接诉即办，未诉先办。双井街道搭建云端信息智慧网（见图 11－16），依托“井井有条”社会治理大数据平台，积极探索“用数据说话、用数据管理、用数据决策、用数据创新”的工作方法，形成集中诉求点直观热力图，利用第三方团队预判分析，

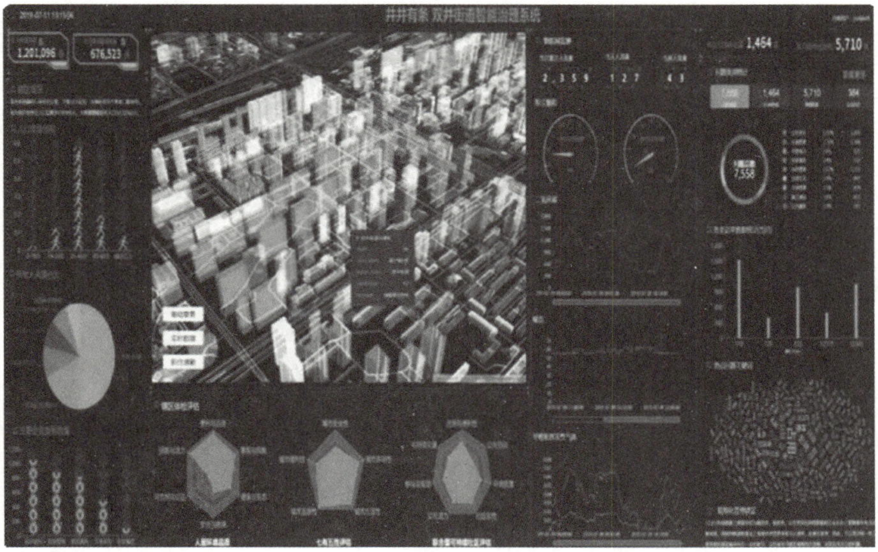

图 11－16　“接诉即办”监测界面

对重点诉求人进行画像，对居民的集中诉求点和发案点位进行预警、预测、预判，推动“接诉即办”向“未诉先办”转化，提升专业管理水平。

人员协同，互助建设。双井通过“三员双模”动员网发动由志愿者、楼门长、物业及其他社会单位人员组成的“社会协理员”，建立“自主＋委托”的双团队运营模式，委托第三方团队优化专业沟通、统计分析等。实行派驻、包片制，定向联系、责任实化，依托“科室机关干部包社区”“掌上双井”随手拍、“三员管家”随时上报身边问题。

靶向纠治，严查快办。双井街道建立“井”字督导监督网，即横向的纪委专项监督、中心业务监督和纵向的案件全流程监督、各层级办理主体监督，建立上下贯通、横向联动、有形有效的一体化监督格局。建立“三级调度机制”，主要领导重点调度、分管领导每日调度、诉求中心随时调度，切实解决辖区居民“急难愁盼”问题，不断增强人民群众的获得感、幸福感、安全感。

科技赋能，创新宣传。统筹宣传阵地，打造日报、周报、月报“三报”联播台，在平台展示宣传网上发布好的经验做法、通报案件办理进度，着力办好十个典型案例、百个处理细节、千人留言“十百千”宣传活动，激发居民的参与热情与积极性，让老百姓切实提升获得感、幸福感、安全感。

（二）数字经济：助力街道商圈活力提升

数字经济是指以使用数字化的知识和信息作为关键生产要素、以现代信息网络作为重要载体、以信息通信技术的有效使用作为效率提升和经济结构优化的重要推动力的一系列经济活动。数字化、网络化、智能化的信息通信技术使现代经济活动更加灵活、敏捷、智慧，促使数字经济成为推动经济增长和区域创新的新引擎。双井街道为深入贯彻落实党中央关于发展数字经济的重要指示要求，紧抓北京建设全球数字经济标杆城市和朝阳区打造数字经济示范区的双重机遇，推动数字经济发展，数字经济示范街道建设成效显著。

1. 数字经济赋能基层治理发展

在数字时代背景下推动数字社会建设与社区服务创新，要强化党建引领，坚持共建共治共享，培育社区共同体精神，最大限度地调动居民参与积极性、激发群众的创造力，共同建设美好家园。

“元宇宙时光隧道”的前身是一个破旧且涂鸦痕迹明显的涵洞，为从根源上破解桥下空间治理难题，双井街道坚持党建引领，协调企业、居民等多方力量参与，以数字赋能探索为民服务新路径。同时，双井街道邀请青年设计师和涂鸦艺术家，聚焦数字经济特色，创新打造“时光隧道”人文景观，探索出一种年轻人也能接受、更新潮的治理方式（见图 11－17）。

图 11－17　双井街道“元宇宙时光隧道”

“元宇宙时光隧道”的创新实现了营商环境进阶优化、人居品质有机提升、数字治理有效运用。同时，街区城市的更新项目也激发了居民、企业、社会组织等对美好生活的期待和向往。

2. 深耕“数智双井”商圈经济

双井街道的数字商圈经济是基于北京商务局的“一圈一策”和“重点商圈评价”政策，从商业活力、商圈评价，商圈客流热力等多个维度对双井的消费进行多维度评估，实时掌握辖区消费活力变化情况（见图 11－18）。

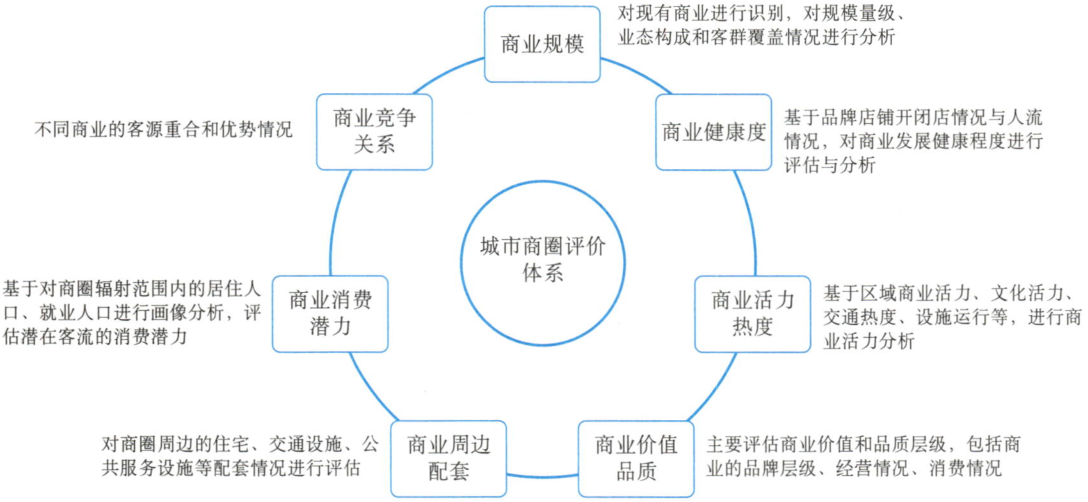

图 11－18　城市商圈评价体系

双井街道通过加快推动数字产业化发展、大力促进产业数字化升级、不断加强数字经济人才队伍建设，持续优化数字经济发展环境，聚力推动数字产业化和产业数字化联动发展，培育壮大双井数字经济的新业态、新模式。通过建立数字化营商服务平台，以数字技术驱动营商环境提升，增进本地企业交流研讨，吸引数字经济相关企业入驻，形成品牌联动聚合效应，打造数字经济“营商圈”。

3. 文化消费引领经济发展新浪潮

双井街道通过数字平台对辖区公共文化活动、市场类文化活动进行实时感知，沉淀文化活动、文化品牌、文化运营资源等数据要素；实时洞察辖区热门活动、热门场所，并推荐同类区域的热门文化运营活动、运营策略，对接品牌、运营资源，提升辖区文化消费活力（见图 11 -19）。

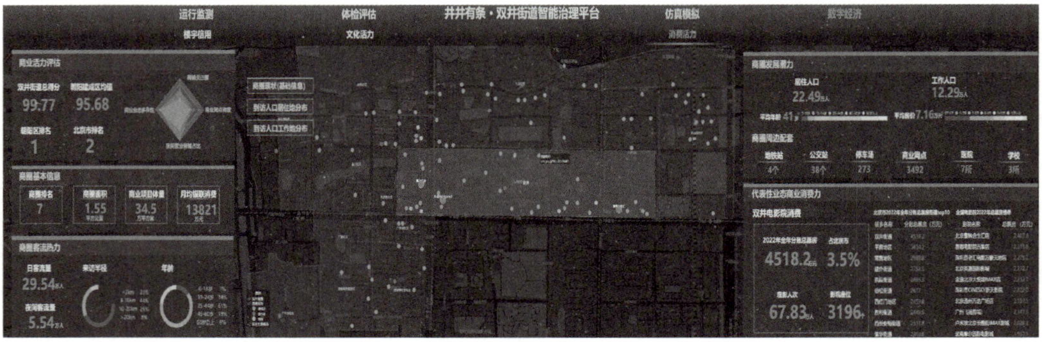

图 11 -19　“井井有条”数字商圈

（三）数字孪生：助力社群互动场景拓展

数字孪生是指充分利用物理模型、传感器更新、运行历史等数据，集成多学科、多物理量、多尺度、多概率的仿真过程，在虚拟空间中完成映射，从而反映相对应的实体装备的全生命周期过程。数字孪生是一种超越现实的概念，可以被视为一个或多个重要的、彼此依赖的装备系统的数字映射系统。

双井街道探索元宇宙孪生社区的概念设计、运行策划等，创新性地打造首个元宇宙孪生社区，通过数字孪生技术深化双井数字社会治理平台，打造虚实融合的“1 · 3 社区”，构建数字孪生场景，建设数字虚拟示范街区，构建起多元参与、现实与虚拟互动融合的元宇宙孪生社区，实现从现实社区治理到虚拟的功能拓展。

1. 科技赋能共建虚拟社区

经过多年的发展，双井街道已然成为 CBD 商务生活服务功能区、文化创意产业延伸区、城市升级改造建设区。但是，在快速发展过程中，社区治理主体的单一化、政府服务内容的单向化、本地社会资源的松散化、社区现有体制的碎片化等问题也在双井街道不同程度地出现。因此，街道负责人员表示：“双井急需构建一个虚拟与现实融合、利益与情感并重的共同体，引导居民关注地区公共事务，参与社会治理，实现共建共享。”

遵循“互联生态”思维和“互益共生”原则的“1·3社区”就此诞生。“1·3社区”的内涵可以概括为：突破“行政社区”思维，让“社区”回归“共同体”本义，使整个双井成为一个“大社区”单元，将街道力量全部下沉，通过党建引领聚合力、创新媒介聚阵地、多方动员聚能量、城市发展聚亮点的“四聚”模式，形成“互融式社会治理”，打造一个和谐互融的社区共同体——“1·3社区”。

2. 居民参与助力社区发展

为更好地推进可持续发展社区试点工作，形成可复制可推广的“双井”模式，双井街道以“社区可持续更新”为主题，开展了以“共治共享”为特色的13个社区设计节活动。该活动针对双井辖区12个社区中待更新的12个楼门、楼院、楼院园节点，联合多家高校设计团队，通过竞赛的形式，协同各社区本地居民一起，以楼门的文化设计、院落内空间利用及功能改造、小微绿地品质和活力提升为设计目标，共同参与设计工作。

此次设计节统筹多方资源，建立了高校、设计机构、专家、街道领导、社区居民共同参与的工作机制，在场地调研和公众投票环节与社区居民对接，鼓励居民表达改造诉求，提升居民的幸福感和获得感，将社区更新工作转变为居民自下而上的推动过程，实现社区更新的可持续化。

3. 依托孪生社区提升治理能力

双井街道在依托“1·3社区”的基础上，建立了二十二艺术院街数字三维模型，利用互动搭建功能在线开展社群互动，共同缔造虚拟艺术街区。“喜欢的话请响铃”项目作为元宇宙赋能下数字孪生社区设计创新方案，荣获世界规划教育组织2022年元宇宙设计创新大赛金奖（见图11-20），为双井街道借助信息化和全媒体手段打造线上线下虚拟公共平台奠定了设计基础，进一步深化基层创新社会治理能力。

图11-20　“喜欢的话请响铃”项目

数字孪生社区的搭建将社区服务从现实社区延伸到虚拟社区平台，同步展示社区建设成果，为居民提供公共服务，实现双井文化线上推介，促进社区建设与新兴技术的深度融合。

（四）智能技术：助力老旧小区安全升级

双井街道曾经是北京的一处重要工业基地，与工厂配套建设的住宅小区建设时间久，楼门、楼院等公共空间，功能单一、长期缺乏维护，老旧小区等城市化顽疾问题较多，不能满足居民的生活需求。例如，位于广和东里中街西段、广和东里北区及广和东里南区丁字路口的积水点曾经一度是社区和附近居民的一块“心病”。

入汛之前，为保障辖区居民安全，双井街道启动共商共治项目，经过多次协商，确定产权户数等前期工作，最终达成一致。由化二、首开、邮局、化机四家产权单位及双井街道共同出资对地下管道进行维修、疏通，缓解积水。“新技术”解决“老毛病”的思路贯穿整个改造工作。其中，北京排水第二分公司工作人员派出勘察机器人进入地下管系，仔细了解管道内部情况。经勘察发现，积水是由于管线淤堵、腐蚀、塌陷造成的，于是更换了6段管网。管网更新后，直接接入垂杨柳中街市政管网，加速排水量，减少积水产生（见图11－21）。

图11－21　勘察机器人反馈图像

管网维修完成后，双井街道在广和东里路口安装了数字单兵摄像头，让工作人员在暴雨来临时，可以通过手机实时监控路面情况，如果有突发状况，可以及时跟相关部门沟通，并及时处理（见图11－22）。

图 11－22　数字单兵摄像头监控画面

（五）元宇宙技术：助力改善居民生活环境

当今社会面临着城市发展的无序状态、规模漫无边际地扩大、人文环境失去特色、生态环境失去平衡、公共空间缺乏设计、建筑形式粗制滥造，建筑空间缺乏人性等问题。基于这些问题，深入探讨社区住宅人居环境显得尤为重要。

1. “井点一号”小微空间创意改造

在城市里，有一些“边边角角”的存在，看似是无用的空地，但如果加以改造，就能变成居民的休闲场所，双井街道名为“井点一号”的小微空间就是一个很好的例子。

“井点一号”于 2023 年 7 月 15 日建成，位于九龙社区苹果小区东北部，是由双井街道责任规划师带头实施的小微空间改造项目。改造前，这里是一片约 300 平方米的空地，地表硬质铺装，高出地面有半米左右，仅有一处楼梯入口，上面放置着少量的健身器材（见图 11－23）。

图 11－23　改造前的“井点一号”空间

资料来源：网络。

从设计到施工，从空间改造到社区营造，朝阳区双井街道责任规划师“葵花籽儿”城市象限团队一共组织了 7 场公众参与议事会，在选点、设计、植物品种和场地命名、居民公约制定等各个环节，都邀请居民共同参与（见图 11－24）。

图 11－24　居民参与设计工作坊

资料来源：网络。

经改造后，场地的整体活力、群体包容性得到了显著提升，由原本低效、功能单一的社区健身空间变为可以承载老中青年、儿童群体，残疾人以及外卖员、工人等城市服务群体休闲、娱乐、健身、社交活动的“街道会客厅”（见图 11－25）。

图 11－25　改造后的“井点一号”小微空间

资料来源：网络。

不同年龄段的居民都可以在这儿找到属于自己的乐趣。通过不锈钢装置的镜面反射，年轻人可以通过自拍“打卡”国贸天际线，在朋友圈晒出独具一格的照片；地面上印制的量角器、三角板、卷尺等巨型测量工具，既是场地装饰，又增加了活动趣味性；新铺设的无障碍坡道上标注了无障碍设计规范，生动普及了无障碍理念。最受欢迎的秋千、孩子们喜欢的小型蹦床、安全有趣的陀螺玩具、花箱座椅与可移动桌椅的设置，让周边居民及过路行人都可以游玩、休憩。

“井点一号”现场还放置了传感器，可以持续观测场地的温度、湿度、空气质量、噪声等数据情况，通过大数据监测、评估与分析，便于后期对空间使用进行更新改进。根据数据显示，“井点一号”实施后，场地的活力大幅提升，每日到访人次提升了50%，全人群停留性活动数量提升了100%，相较于更新前基本只有老人到访的情况，更新后场地做到了全年龄人群友好，也大幅促进了人群间的社会交往，使一个小微公共空间成为了社区活动和社会交往节点。

2. “幸福双井社区卡”强化社区认同感

“幸福双井社区卡”项目是双井街道办事处借助“互联网＋”思维，结合地区实际情况搭建的地区综合管理创新项目。动员辖区全体居民及企业共同参与，搭建集地区维稳、社会综合治理、社会动员、志愿回馈、民商共建等重点工作于一体的平台。

而社区卡的积分制度是对“好人有好报”的及时兑现，是对当前公益志愿服务时长，实现智能化记录和兑换的一种创新与探索，有效促进居民将公益行为内化成一项自觉的日常行动。

目前幸福双井社区卡已成为34000余人的社区生活必需品，做志愿有积分的居民，平日里到商家采购可以享受优惠，还可以用积分兑换米、面、油等物品。在推进社区卡项目的过程中，我们更注重将商业街的商户和社区的居民相融合，积极鼓励地区商户成为社区卡服务商，为地区百姓提供优惠消费、优质服务等，激励居民和辖区单位更多参与到社区建设之中。

四、结语

双井街道通过数据信息管理综合系统的发展和应用，充分利用现代科技赋能基层治理，借助运行监测、体检评估、仿真模拟和数字经济等多维数字化分析，实现了辖区信息总览、综合指挥调度、人居品质评估和街道态势感知等功能，构筑起由数字经济、数字政府、数字社会、数字文化组成的数字生态圈，不仅提升了街区精细化管理水平、人居环境品质和优化公共服务能力，同时对基层治理体系的完善和治理能力的现代化发展起到了重要推动作用。

在数字时代背景下，科技已然成为基层治理中不可或缺的关键要素与重要力量。在国家治理基层，科技创新为社区治理提供了现代化的智慧支撑，有效解决了现实治理难题。科技通过技术应用、技术嵌入、技术赋权和技术赋能，深入社区治理体系中，推进社区形成多元参与共治的社区共同体，从根本上催生社区治理活力，达到科技赋能的最终效果。面向未来，在中国式现代化进程中，基层智慧治理研究要顺应时代潮流与社会治理需要，找到科技与社区治理的契合点，持续优化智慧治理的体制机制，切实提升基层治理效能，更好地构建人人有责、人人尽责、人人享有的基层治理共同体，推进基层治理体系和治理能力现代化。

案例《教学手册》

一、教学目的与用途

1. 本案例的适用课程

本案例主要适用于公共部门战略管理、社区治理、公共管理学等课程。

2. 本案例的适用对象

本案例的教学对象为公共管理硕士研究生。

3. 本案例的教学目标

本案例通过对科技赋能基层治理现代化的平台建设、赋能维度、治理场景、主体参与等内容的阐述，引导学生运用组织理论、基层治理理论对案例进行分析，启发学生思考在新一轮科技革命的背景下，中国基层治理体系和治理能力现代化面临哪些机遇和挑战，为理解和创新新时期的基层治理理论提供启发。

二、启发思考题

1. 科技赋能给基层治理带来怎样的机遇和挑战？
2. 数字技术主要应用于基层治理的哪些方面？
3. 如何理解基层治理体系与治理能力现代化？
4. 数字技术的应用如何吸纳多元主体参与？
5. 科技如何赋能基层政权治理能力建设？

三、分析思路

首先，要理解掌握基层治理现代的基本内涵与内容要素。其次，通过案例分析科学技术赋能基层治理的场景内容和基本逻辑，阐释科技赋能如何吸纳多元主体参与治理过程。最后，对未来科技如何更好赋能基层治理提出建议。

四、理论依据及分析

1. 基层治理共同体理论。
2. 合作生产理论。
3. 价值共创理论。
4. 数字社会治理理论。
5. 技术变革对政府治理范式的影响分析。

五、关键点

1. 将数字技术与基层治理相融合是推动基层治理体系和治理能力现代化的重要方向。

2. 数字化转型为促进多元治理主体协同互动提供渠道载体。

3. 数字化治理工具的运用有助于治理主体、治理对象之间加强沟通和理解，提高治理效能和治理满意度水平。

4. 数字技术的应用可以提升基层公共服务的平等化水平，从而解决城乡分割、部门壁垒、信息孤岛等问题。

六、建议课堂计划

（一）案例引入（10 分钟）

通过简洁生动的开场白，激发学生对案例研究的兴趣和好奇心。教师展示与双井街道基层公共服务相关的图片或视频资料，提出若干引导性问题，激发学生思考案例中可能涉及的知识点或潜在解决方案。

（二）情景呈现（10 分钟）

通过使用 PPT、故事板或角色扮演等多样化手段，生动地复原案例场景，涵盖双井街道具体情境、参与角色主体、行为表现以及最终结果。教师在叙述过程中应确保内容的连贯性与逻辑性，同时保证信息的准确性与现实性。其目的在于使学生能够全面掌握案例细节，为接下来的分析和讨论奠定坚实的信息基础。

（三）分组讨论（15 分钟）

学生被划分为若干小组，每组负责特定的讨论主题（如科技赋能双井街道基层公共服务供给的决策流程、影响因素、改进意见等）。小组成员首先进行自主讨论，之后每组选出一名代表，向全班展示讨论成果。教师在小组讨论时巡回指导，激励学生踊跃发表意见，并在必要时提供引导或解答疑惑。

（四）案例总结（15 分钟）

各小组的代表依次登台进行汇报，期间教师及其他学生有权提出问题或进行补充说明。随后，教师将进行概括性的总结发言，整合各小组的讨论成果，提炼出核心观点，着重强调案例中的关键学习要素，并激励学生思考如何将所学知识应用于解决现实问题，并转化为个人未来发展的动力。

案例十二

征地利益博弈棋盘中，如何助力“三重身份”的村干部破局？

——以佛山市S区Q村为例[①]

① 本案例由中央财经大学政府管理学院宋魏巍副教授、北京大学公共卫生学院公共卫生专业博士研究生张首创、香港大学经济及工商管理学院市场营销专业硕士研究生梁纪童、广东金融学院金融与投资学院财政学专业本科生张晓婷、华南理工大学法学院法律专业硕士研究生杜思琪、中山大学政治与公共事务管理学院行政管理专业本科生胡芷凝共同编写。本案例内容主要取材于作者实地调研，经作者整理并撰写。

案例正文

随着工业化、城市化的发展，大量农业用地被征收为建设用地。征地拆迁在本质上是对土地增值收益的再分配，不同利益主体争取自身效用函数最大化，必然会引发碰撞、博弈与抗争，衍生出其他社会问题。征地冲突日益成为政府城市化进程中必须关注、必须妥善解决的议题。佛山市作为地处珠三角地区快速发展的城市代表，经济发展水平较高，村庄民主化水平发展较高，同时也意味着面临更为错综复杂的利益局面，如何防范化解征地冲突显然已经成为城市化建设过程中重大阻碍之一。

村干部居于“国家—社会”的中介位置，上与基层政府衔接，下连普通村民，其利益诉求和行动逻辑，在征地过程中发挥重要作用。因此，本案例将村干部作为研究化解征地冲突的切入点，对佛山市 S 区 Q 村进行了实地调研，并对 Q 村村长、村民进行半结构性访谈。Q 村是典型的征地村，出现过前任村干部在征地过程中有腐败行为而被村民集体罢免的事件，村民和新任村干部也因此事而建立了更多监督机制，Q 村的转变能让我们更加全景性地观察到村干部在征地过程中的角色和行为逻辑。

本案例通过对相关文献的梳理和研究，结合案例的实际情况，运用“重叠群体模型”构建分析框架，通过调研访谈法、案例研究法和文献研究法，将村干部的“三重身份”嵌入到模型的“连结针”角色中，尝试归纳出村干部在征地场域中的行为逻辑，理解基层社会治理的内在逻辑。本案例创新性地将“重叠群体模型”作为框架分析村干部在征地过程中的“多重身份”，从村干部的身份冲突中透视政策执行变异的逻辑。最后，本案例对如何发挥村干部的“连结针”作用，顺利解决征地冲突提供政策建议，如公开透明土地征收、补偿、分配程序，解决政策、法律间的“碎片化”问题，完善内外部监督体系和涉农项目财务管理制度等。

一、引言

在工业化、城市化背景下，大量农用土地被地方政府征收，由此引发的社会冲突不断加剧，还衍生出因违规征地而造成农村冲突性事件等社会问题。

征地拆迁在本质上是对土地增值收益的再分配，不同主体作为“理性人”，会在具体场域下选择恰当的策略和方法，极力追求征地利益博弈中自身效用函数最大化，进而引发利益主体之间的纠纷与冲突。不同利益主体所掌握的权力等资源大小不一，获得的再分配利益存在差距，农村的征地利益冲突问题与日俱增。有学者指出，征地冲突问题是目前中国城市化进程中面临的最大阻碍。

作为当前农村的村民自治组织和村庄集体所有财产的管理者，村干部在土地征收中扮演着关键性的角色。在征地过程中，村干部居于“国家—社会”的中介位置，既是贯彻国家权力意志的行政末梢，又是获取社会动态和提取与输入资源的一线实践者，拥有涉及这两方面的特殊资源。在这种条件下，村干部的利益诉求和行动逻辑，对土地征收与否以及土地征收后的补偿分配起着重要的作用。

一方面，从“基层政府—村干部”的角度看，村干部是基层政府的代理人。《村委会组织法》明确赋予村委会对政府工作的协助职能，但这为后来村委会所承担的角色冲突埋下伏笔。税改后，乡镇政府对村级组织的支配关系增强，对村干部实行工资制、考核制、坐班制和考勤制，进而导致了村级组织的官僚化。在“委托—代理关系”中，部分地方官员和村干部形成乡村利益共同体，制度的空隙、信息不对称为他们共同蚕食公共资源提供了条件。

另一方面，从“村干部—村民”的角度看，村干部是农民的当家人，拥有在村庄中的权力、权威和网络。2018 年出台的《乡村振兴战略规划（2018—2022 年）》中强调：“推动乡村治理重心下移，尽可能把资源、服务、管理下放到基层。”村干部作为村庄治理的核心主体，在新时代乡村振兴中的重要作用进一步凸显。如何进一步发挥村干部治理的作用，成为新时代乡村振兴战略的重要课题。因此，精准识别村干部角色、厘清其行为逻辑，成为兼具理论和实践意义的重要问题。

本案例基于对佛山市 S 区 Q 村的实地调研，并对 Q 村村长、村民进行半结构性访谈，综合运用案例研究法，在征地拆迁中利益博弈的空间下，运用“重叠群体模型”，构建一个“地方政府—村干部—村民”的分析框架，分析拥有“三重角色”的村干部作为利益主体的基本状况、职责，勾勒村干部的诉求和基本策略，剖析村干部在征地利益博弈中的行为逻辑，并揭示其运行实践与制度安排的偏差。从村干部的角度，为顺利解决征地问题、稳定农村社会秩序提供参考范例。

二、研究背景、现状与问题

（一）研究背景

1. 新型城镇化下征地冲突频发

随着新型城镇化的发展，征地成为地方政府在城市建设中一个难以回避的问题。一段时间内，由于征地流程不完善，征地过程不公开透明，加之历史遗留问题，产生了许多矛盾，引发了许多集体上访、信访甚至冲突等恶性事件。征地冲突频发不仅对社会治安带来了极大的挑战，也对村民与基层政府之间的信任感造成了威胁，是基层治理中必须着力解决的顽疾。为了规范化征地问题，减少因征地冲突而带来的社会动荡，国家多次出台相关政策对征地中的补偿标准和指导原则进行规定。2019 年新修订的《中华人民共和国土地管理法》公布，在多个方面对征收制度进行了修改。例如，将原来的批后公告改为批前公告、以区片综合地价取代原来的土地年产值倍数法、建立土地督察制度等。

2. 税改后村干部角色转变

随着国家对“三农”问题的关注，为农民减负成为大势所趋。国家相继实施了税费改革、开展新农村建设并最终取消了农业税，这一重大举措影响了农村生活的方方面面，村干部的行动逻辑和职责也受其影响。税改前，农业税的收缴是基层政府的重要政治任务，也是早期快速工业化的物质基础，而基层政府需要通过村干部完成农业税的收缴任务，因此，介入和干预村民的选举的行为十分普遍，目的就是选出能够体现基层政府意志、完成政治要求的村干部。除此之外，为了激励村干部对农业税收取的积极性，许多地区采取农业税费与村干部的工资挂钩机制，这就导致了村干部的利益与基层政府的利益一致性，有了村干部与政府“共谋”的基础，村干部更多地体现为基层政府的“代理人”角色。税改后，短时间内国家仍有很多任务需要依靠村干部来完成，因此村干部与基层政府之间的联结纽带依然存在，“代理人”的角色虽弱化了但仍发挥着重要作用。不过，由于取消了村干部与基层政府联系最紧密的税费收缴工作，村干部的角色逐渐由管理型向服务型转变，基层自治工作也得以深入发展。随着国家资源向农村的倾斜，村干部更多成为负责资源分配的枢纽，与村民的联系日渐紧密。在此情况下，聚集了各方利益的征地活动，成为展示税改后村干部角色变化的最好平台之一。

（二）现状与问题

1. 征地腐败问题突出

随着大力推进新型城镇化建设和统筹城乡一体化发展，涉及农村拆迁征地的项目不断增加，农村拆迁征地腐败案件时有发生。因农村拆迁征地涉及被拆迁村庄村委会、被拆迁户和评估公司等多方参与主体，腐败群体化和“共谋”现象凸显。其中，村干部等一把手涉案现象突出。在农村拆迁征地领域的相关腐败案件中，当事人涉案的罪名高度集中，主要表现为贪污罪，少数涉案人员涉嫌职务侵占罪、受贿罪或者滥用职权罪。村干部腐败问题涉及拆迁征地资金链，一旦出现腐败问题将直接侵害农民的利益和激化干群矛盾，深刻影响城乡统筹和城镇发展，给国家和集体造成重大经济损失，损害政府公信力，具有严重的社会危害性。

2. 村干部的角色定位

2006 年 1 月 1 日之后，中国全面免除农业税这一重大举措牵动着农村的各个方面，村干部这一特殊群体也必然受到影响。随着新农村建设举措的出台、农业税的取消、粮食直补政策的加大落实，国家对农村问题越来越重视，在此情况下，国家与千万村民出于对振兴农村的共同关怀，对于村干部的要求和期盼具有更大程度上的一致性。对于村干部而言，取消农业税意味着工作量的减轻，无须再处于征收税费时期面临的两难处境，与村民的关系得到缓和。村干部需要从税改前的“代理人”和“监护人”逐步转变成税改时期农业生产的“智囊团”、科技致富的“指导员”，但是现如今已然是后税改时期，村干部在实际中担任的角色却趋向多元化，面临着是否成为“弱代理人”和“弱监护人”的选择困境，如何在新时代下定位村干部的角色，以满足国家和广大村民的期待是亟待解决的问题。

3. 征地拆迁法治程序不完善

首先，目前我国相应的拆迁征地立法还不完备，相关政策比较宏观，涉及对拆迁补偿金的发放标准、程序等规定的可操作性不强，而在具体实践中，农村拆迁征地主要采取村基层组织主导的“腾退”模式。如何腾退并做好补偿安置主要是由村基层组织制定方案，每个村的安置补偿情况不一致，“一事一议”“一村一策”情况相当普遍。其次，相关监督制约机制仍不完善，监督难以及时到位。村基层组织主体责任和监督责任落实不到位，部分村干部之间好人主义风气盛行，在协助基层政府从事拆迁确权等工作中存在不担当、不作为、不负责的现象。最后，拆迁征地补偿程序不透明纵容暗箱操作行为的产生。农村拆迁征地工作大多是村基层组织主导，相关拆迁补偿安置程序不规范，信息公开范围有限，而被拆迁人员大多为村民，尚不能完全充分地了解拆迁补偿的相关政策和标准，导致村民的知情权、参与权、表达权、监督权保障落实不到位，造成信息不对称和道德风险等问题。

三、理论框架

本研究采用“重叠群体模型”作为分析框架。“重叠群体模型”由美国现代行为学家伦西斯·利克特（Rensis Likert）提出，他认为组织是由互相关联、发生重叠关系的群体组成的系统。这些互相关联、发生重叠关系的群体是由同处于几个群体重叠处的个人来连结的。这种起连结作用的个人称为“连结针”或“连结针角色”。担任“连结针”的人，既是本单位的领导人，又是上级组织的成员，在组织中起承上启下的作用。同时，整个组织同环境之间也需要依靠在组织与环境之间占有重要地位的关键人物来起“连结针”的作用，使组织与环境较好地互相协调。

本研究结合中国的治理现状，对“重叠群体模型”进行延伸——本研究认为，“连结针”角色也存在于基层自治中——村干部既是村民的当家人，也是基层政府的代理人。此外，面对征地补偿的巨大经济利益，村干部在充当政府代理人、村民当家人的同时，还是追求个人利益最大化的理性人。因此，本研究将“重叠群体模型”嵌入村干部的“三重角色”中（见图 12 - 1）。

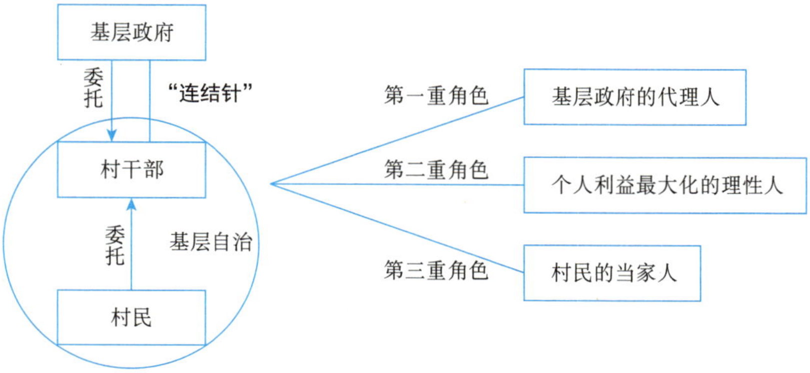

图 12 - 1 重叠群体模型框架

资料来源：作者自制。

由此可见，村干部在“重叠群体模型”下理论上拥有双重身份，并在两个组织之间担任“连结针”角色，建构了信息沟通、协调合作的渠道。而由于现有研究表明，村干部在征地利益博弈中谋取个人利益最大化的动机非常活跃，因此村干部还有第三重角色——理性人（追求个人利益最大化）。本案例将依照“重叠群体模型”，并将其嵌入“三重角色”理论，从复杂的村庄征地利益博弈关系中，提取出村干部在不同身份、不同场景下的行为逻辑。

四、个案研究

（一）案例背景

Q 村位于佛山市 S 区，总人口 1227 人，其中常住人口有 850 人。部分村民前往外地打工，即使留在家里的人也会选择离家不多远的城里或者镇上打零工。该村农业收入占比较少，现有耕地面积 1433 亩，其中已租出去约 1100 亩。Q 村第一次征地发生在 2014 年 10 月，当时一次性征收了 180 亩，涉及大概 150 户，之后每年陆续有一两次征地情况。前村支书、前村长由于在征地过程中私自签订征地合同、长期霸占村集体鱼塘养殖渔业、培植黑恶势力阻挠学校选址建校等原因，被村民集体罢免。本研究团队前后两次入村调研，访谈对象覆盖村主任、村支书和村民等群体，具体的访谈对象情况如表 12－1 所示。

表 12－1　　访谈对象具体情况

访谈对象	身份	年龄
李先生	村主任	51 岁
刘先生	村委会副主任	25 岁
邓先生	村附近制鞋厂门卫	47 岁
梁先生	普通村民	35 岁
邓女士	普通村民	54 岁

（二）案例分析

本部分将通过征地过程中不同利益主体的利益博弈分析，并将肩负“三重角色”的村干部的行为逻辑放入征地情境下讨论，从村干部“连结针”的身份冲突中透视政策执行变异的逻辑，探究征地场域内的村干部如何重塑基层治理生态。

1. 征地博弈中各方的利益诉求

征地不仅是土地资源配置的过程，也是利益再分配的过程[①]，不同主体会争夺新出现的经济利益并引发各种效应[②]。征地案例中涉及用地单位、国土部门、镇政府、街道办（村委会）、失地农民、公安机关、施工队等利益相关者。其中，最主要的两方为农民和地方政府。

（1）村民。

在市场经济的影响下，当前的农民已不是一个利益诉求高度一致的群体，单纯地以土地为唯一生存依靠和收入来源的农民只是一小部分。对于大多数农民来说，相对于土地农业收入，征地相当于将土地利益提前变现，而且补偿费用较高。因此，越来越多的农民希望被征地，而利益博弈之处在于——获得尽可能多的利益。

从对 Q 村村长及村民的访谈中，可以印证这一趋势：

村长李先生：“因为现在我们村都不务农了，就算有地也是租出去的，所以政府征地如果能一次性把钱给够了，村民基本上都是想被征地的。不过相对而言的话，老年人的征地意愿会强一点，年轻人主要是嫌征地补偿太少了，说来说去还是钱的问

① 扈映，宋燕敏，陈伟鑫．农村征地拆迁中村干部的行为逻辑及制度基础——兼论村庄治理中管理与监督环节的缺陷与改进方向［J］．中共杭州市委党校学报，2016（01）：63－70．

② 贺雪峰．征地拆迁背景下的村庄政治［J］．社会科学文摘，2016（12）：68－70．

题。”（来源：村主任访谈记录）

村民邓先生：“如果是在七八十年代的话，对于老一辈来说，肯定是不愿意被征的，毕竟对农民来说，土地就是全部的资本、生活保障。但是现在这个社会，除了务农之外，还有其他很多出路，包括像我一样出去打工，所以大家都希望被征地，卖个好价钱，拿着这笔钱进城生活。”（来源：村民访谈记录）

农户追求征地补偿最大化的方面主要包括三个：第一，地上附着物补偿。地上附着物越多、价值越高，获得的赔偿也就越多。第二，征地补偿标准。在特定的时期和地区，征地补偿标准是统一的；而另一种情况是，土地征收补偿逐年提高，土地已被征收农户觉得自己吃亏，而希望向征地方“找补”。第三，征地面积的估算。尽管可以依据标准测量来计算征地补偿标准，但在如何划分不同农户间以及农户与集体土地边界时，容易引起利益纠葛。

大部分村民会选择通过村委会，向政府提出自身的诉求，希望村委会能够代表他们的意志来协调。少数人村民选择争取自己的话语权，集体上访成为农村征地拆迁当中较为常态的一种利益表达的形式，迫使政府有关部门对问题进行彻底解决。

“首先肯定是找村干部、村主任的。因为他们跟政府有联系嘛，我们把不满意的地方告诉他们之后，他们会向政府工作人员反映的。我记得我堂哥就是这样反映的，后来政府还派了两个工作人员来我们村，专门找我堂哥了解情况。我感觉我们这边的村干部、政府都挺上心的，所以这样基本能解决问题。如果实在不行的话，可以去上访。”（来源：村民访谈记录）

（2）地方政府。

在征地中，政府最主要的诉求有二：第一，以最小的成本征收土地；第二，尽量降低村民的不满，保持社会稳定。

一方面，土地征收中用地单位所要支付的土地出让金已经成为市县政府的重要财政来源，即“土地财政”[①②]；另一方面，当前城市建设用地规模剧增直接推动了部分农村土地以合法或非法、公开或隐蔽等手段被征为城市建设用地（赵佩，2016）[③]。

由于当前中国集体农地产权归属问题仍未得到明确界定，土地很难按照市场化途径实现完全市场交易，因此，地方政府填补空缺承担起土地价值转移中间人的角色。正如学者祝天智[④]指出，地方政府实际扮演了土地“中间商”的角色，即通过低价征

① 周飞舟．生财有道：土地开发和转让中的政府和农民［J］．社会学研究，2007（01）：49－82＋243－244.

② 罗必良．分税制、财政压力与政府“土地财政”偏好［J］．学术研究，2010（10）：27－35.

③ 赵佩．理性选择视角下的失地农民与地方政府［J］．中国国情国力，2016（04）：42－44.

④ 祝天智．农村征地冲突的整体性治理研究［J］．中国行政管理，2013（10）：52－56.

收高价出售谋取利益的角色。

压力型体制是基层政府“财政饥渴症”和“土地财政依赖症”的深层根源：一方面，是压力型体制之下“锦标赛”的巨大压力，层层考核体系中的经济增长指标，已经具体化为招商引资的数量、新投产的产业规模、新增加的财政收入等可以量化的标准。

另一方面，是现行体制下县乡政府分税制改革后、取消农业税后收入少，但支出责任多的问题。按照中国现行法律规定，地方政府为了公共利益的需要，可以按照相关规定启动征地权，然而征地中的自由裁量权并没有得到法律的严格管控。从现状来看，较多地方政府迫于财政压力，在法律漏洞下对农地过度征收转用，导致了失地农民数量快速增长。

与之相比，大量耕地带来的粮食安全，虽然关系长远和稳定的国家战略问题，但其作为一个抽象的概念，还不足以构成上级政府对下级政府的具体考核指标。此外，基于“成本—收益”分析，地方政府的付出与收益具有高度的不确定性，进一步导致地方政府不愿意采取实际的行动。

综上，地方政府一定程度上也可以被认为是“理性经济人”，他们不仅是征地博弈制度的制定者和维护者，也是征地中土地增值收益的追逐者。基于此，地方政府在农地征收过程中具有双重身份：一是利益竞争者，参与农地征收的利益分配；二是竞争规则的制定者，从制度上保障自身利益，利用垄断性行政权力与相对方利益相关者进行土地增值利益的博弈（见图 12－2）。

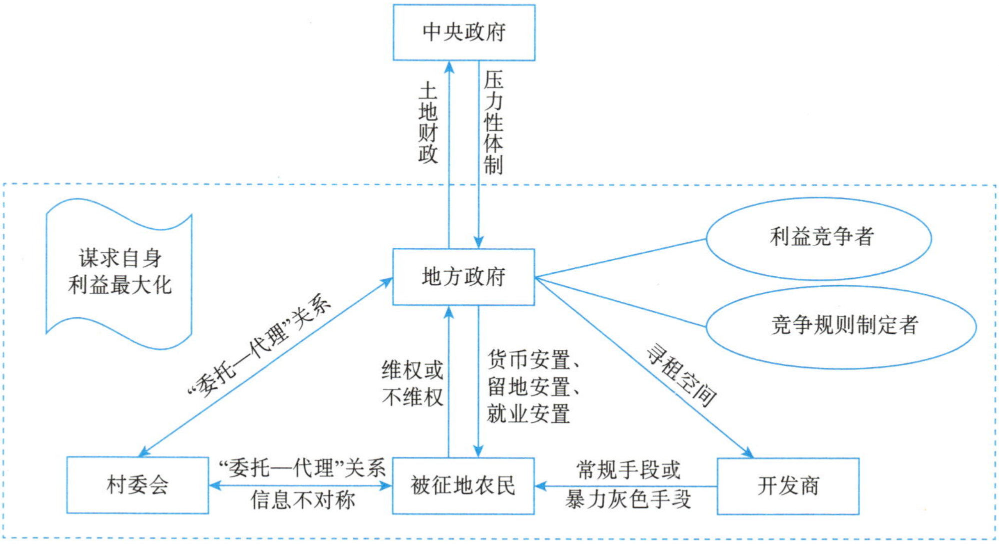

图 12－2　地方政府在征地利益博弈中的角色

资料来源：作者自制。

（3）其他主体。

本研究队伍整理表 12－2 以简要概括征地博弈中各方的利益诉求，为后文的分析作铺垫（见图 12－3）。

表 12－2　征地博弈中各方的利益诉求

主体	利益诉求
基层政府（征地单位）	在“压力性体制”下，为解决本地财政紧张状况，极力充当村集体与开发商之间的土地交易桥梁[①]，有学者将这种预算外的财政收入称为“土地财政”[②]；征收农地，开拓新的发展空间，也为扩大招商引资提供便利；考虑地方 GDP 增长、绩效考核等，可能以公共利益为名，打着追求地方发展的旗号违法征地，另外，可能为了顺利推进征地拆迁而使用行政、司法强拆[③]。
村委会（代征单位）	村干部扮演着政府代理人和村民当家人的双重角色[④]，而面对征地补偿的巨大经济利益，村干部还是追求个人利益最大化的理性人，这时，村干部享有土地使用权的村民身份凸显，谋取个人利益最大化的动机非常活跃[⑤]。
失地农民	政府在对土地一级市场的垄断购买中，拿走了土地级差地租的绝大部分，而对失地农民的补偿很少[⑥]，从而造成失地农民的无地、无业和无社会保障问题[⑦]，较容易触发征地拆迁冲突[⑧]。 但是，随着我国征地拆迁补偿的数额和标准不断提高，对失地农民的保障制度也逐渐建立和完善，征地拆迁对于农户来说不再是洪水猛兽[⑨]。 在维权过程中，权利话语、“抗争政治”的理论范式，主导了对征地拆迁过程中出现的“钉子户”“上访户”抗征抗拆等现象的解释[⑩]，而“钉子户”“上访户”抗征抗拆不一定是维权抗争，更多的是利益博弈。
用地单位（开发商）	开发商直接与农户谈判，使博弈方从地方政府、村委会与农户，变成开发商与农户。一旦开发商与农户发生利害冲突，也是社会主体之间冲突，属于民事纠纷的范畴，不会演变为政治事件（如上访、群体性事件）。开发商也乐意如此，因为这样征地拆迁的速度要快得多。 开发商征地拆迁速度快，有两个方面原因：一是出价较地方政府高；二是请混混通过威胁或直接使用暴力，协助征地拆迁。

① 陈国富，卿志琼．财政幻觉下的中国土地财政——一个法经济学视角［J］．南开学报（哲学社会科学版），2009（01）：69－78.

② 周飞舟．大兴土木：土地财政与地方政府行为［J］．经济社会体制比较，2010（03）：77－89.

③ 刘广平，连媛媛，甄亚．基于社会网络分析的征地冲突形成动因研究［J］．系统科学学报，2019，27（03）：68－72＋107.

④ 徐勇．村干部的双重角色：当家人与代理人［J］．二十一世纪（香港），1997（8）．

⑤ 付英．村干部的三重角色及政策思考——基于征地补偿的考察［J］．清华大学学报（哲学社会科学版），2014，29（03）：154－163＋11.

⑥ 刘东，张良悦．土地征用的过度激励［J］．江苏社会科学，2007（01）：47－53.

⑦ 钱忠好，曲福田．中国土地征用制度：反思与改革［J］．中国土地科学，2004（05）：5－11.

⑧ 谭术魁．中国土地冲突的概念、特征与触发因素研究［J］．中国土地科学，2008（04）：4－11.

⑨ 段修建．郊区农民不想种地盼拆迁［J］．共产党员，2011（05）：53.

⑩ 于建嵘．农村土地改革的根本出路［J］．南风窗，2010（26）：38－40.

续表

主体	利益诉求
中央政府	国家期望采用一种温和的土地征收方式，希望在基本耕地保护与经济适度发展之间找到一种平衡[①]。也就是说，中央期望通过征地来加速社会经济的发展，又不想因为政策的改变打破原先的社会结构、破坏原有的社会稳定。
国土部门	制定征收土地规章、制度，规范征地补偿行为及土地用途。 某些情况下，部门人员可能为了获取自身利润，接受用地单位的贿赂，不严格按照规定进行征地。
公安机关	执行上级政府指令，帮助政府维护秩序，并对农民强行征地，与农民发生冲突。
施工队	考虑自身利益希望顺利施工获取工程款，在农民不同意施工或施工过程中与失地农民发生冲突。

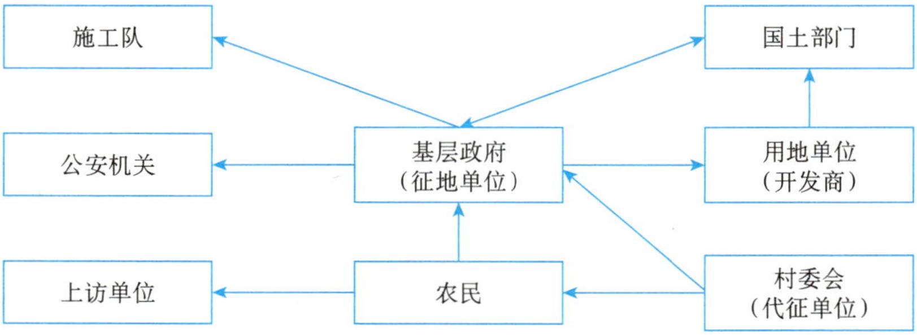

图 12－3　征地冲突社会网络图

资料来源：作者自制。

2. 村干部在征地中的行动逻辑

村委会在涉及征地的事务中被赋予了三重角色（见图 12－4），是征地中是非常重要的一环——首先，村干部期望能顺利完成征地任务；其次，争取到让村民满意的征

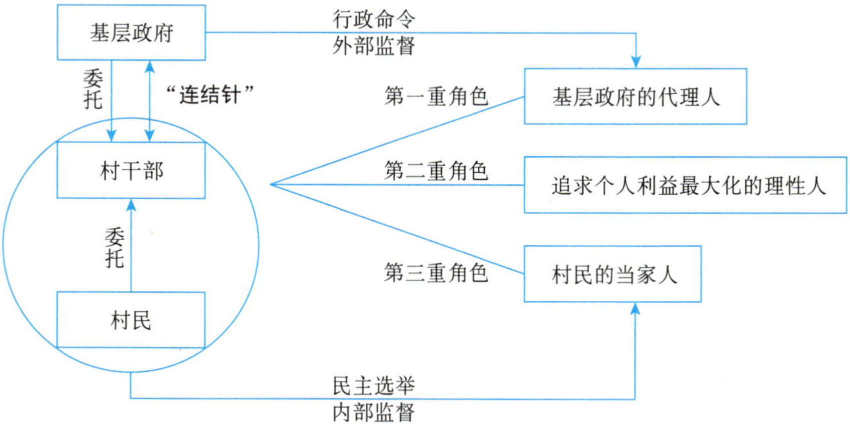

图 12－4　村干部的三重角色及生成逻辑

资料来源：作者自制。

① 郭亮．土地征收中的利益主体及其权利配置——对当前征地冲突的法社会学探析［J］．华中科技大学学报（社会科学版），2012（05）：49－57.

地补偿款；最后，还能有自己的利益空间。本节将对三重角色进行具体的阐述及分析，理解村干部在征地过程中面对不同主体的行动逻辑，并剖析其矛盾之处，为下一节分析村干部的腐败行为作铺垫。

（1）政府代理人角色——服从地方政府的行政命令。

《中华人民共和国村民委员会组织法》（2018年修正版）第六条规定：“村民委员会由主任、副主任和委员共三至七人组成。”此外，村民委员会成员中，应当有妇女成员等规定，结合当地人口和村子的规模，Q村的村委组织架构具体如图12－5所示。

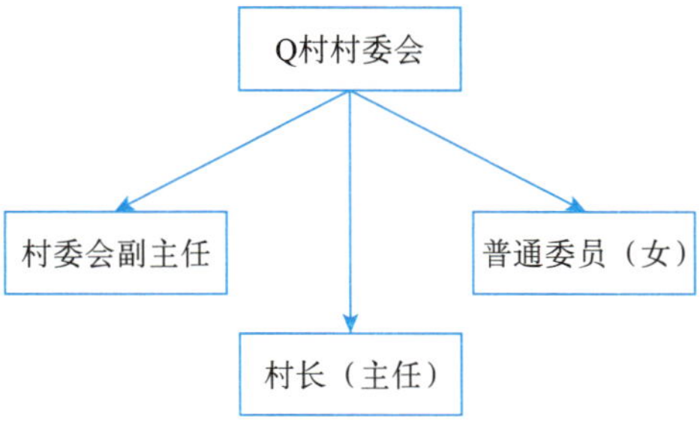

图12－5　Q村村委组织架构

资料来源：作者自制。

根据《中华人民共和国村民委员会组织法》第五条第二款，村委会虽然是群众自治性组织，但在工作职能上，村干部仍然代表乡镇政府管理农民，协助乡镇政府开展工作。在现有的政治体制下，在法律上标榜自治的村委会很难在实践中实现真正意义上的完全自治。在上级政府和村党支部的领导下，村民委员会很大程度上仍然是地方政府权力的延伸，成为地方政府土地征收的具体执行者和协助者。此外，部分地区的基层政府会插手村委会的选举。例如，通过下派干部参与选举领导小组影响当选人在村委会中的职务、通过选举前夕镇领导召开村干部和村代表会议吹风等。在此背景下，村干部迎合政府的倾向趋于严重。

在征地场域中，一方面，前述基层人民政府在农村土地权益转移工作中，可要求村委会对特定的征地事项协助进行前期的思想动员、政策宣传工作；另一方面，基层人民政府根据的实际需要，在处理征地事务中，要求村委会提供必要的人力和物质的协助①。通常情况下，基于对村民实际情况的了解，村委会对村民的劝说工作更能产生积极的效果。

此外，在当前征地实践中，部分地方政府采用“征地包干制”，即以“行政包干”

① 罗伦林．村委会在农村土地权益转移中之角色分析［D］．重庆：西南政法大学，2015.

的方式将征地任务整体发包给村委会来完成。地方政府通过责任书、征地协议等形式，与被征地所属居委会明确征地包干任务、包干费用、完成时限要求和风险责任划分，要求村委会具体组织实施征地补偿安置工作，从而将层层下放的治理压力转移至村干部肩上。而学者马晨①进一步指出，从地方政府与村干部在村级组织官僚化这一现状下的互动中可以看出，官僚化导致的村干部与村民利益纽带的断裂，同时搭建并强化着地方政府与村干部之间的利益联结，导致“当家人”身份继续存在但明显弱化，而“代理人”的身份强化，同时也为“谋利者”身份的存在提供了必要空间。

（2）村民当家人角色——维护村民的利益。

根据《中华人民共和国村民委员会组织法》，村委会应是农村基层社区群众的自治性组织，村干部主要工作必然要以村庄与村民自身为目标指向。此外，选举制的实行从理论上可以导致村干部的当选或罢免，这会促使村干部从过去的“唯上是从”转变为更多地考虑村民的利益。

在这种身份之下，村干部就负有“集合民意，反映村民意见”的责任。征地过程事务繁杂，村干部需要在能力范围内对村民问题进行回应与解决，或者收集村民对征迁过程中的意见，汇总到街道办或上级政府协助解决。正如本研究对Q村村主任的访谈中，当被问及“村干部具有双重身份，既要贯彻政府的指示，又要维护村民的利益。如果二者产生的冲突，您更认同哪一种身份呢？为什么”，村主任的回答如下：

“我更认同‘维护村民利益’的身份。首先我从小就在这条村主任大，我们村也不是特别大嘛，所以基本认识，大部分挺熟的，村民都像我的家人一样。最重要的是因为我是村民出于信任而选出来的，我既然以最高票数当选了这个村主任，就不能辜负村民的信任。所以哪怕政府说我们村委怎么怎么样，他们就是不能损害我们村的利益。”（来源：村主任访谈记录）

而前文已提到，大部分村民的征地意愿较强，这意味着，对于土地征收与否，地方政府、村委会以及农民的诉求并非截然对立，甚至还存在一致性的一面。因此，对于村干部而言，主要面临的问题往往不是土地能否征收，而是如何征收、怎么征收、征收补偿是多少的问题，其工作的主要内容是协助地方政府和村民协调双方利益。

（3）理性人角色——追求个人利益最大化。

付英②在对征地补偿过程中村干部行为的调研中发现，面对征地补偿的巨大经济利益，村干部在充当政府代理人、农民当家人的同时，还是追求个人利益最大化的理

① 马晨．乡村社会中的国家政权建设：理论归纳与探讨［J］．大连干部学刊，2020，36（08）：49-55.

② 付英．村干部的三重角色及政策思考——基于征地补偿的考察［J］．清华大学学报（哲学社会科学版），2014，29（03）：154-163+11.

性人。这时，村干部的村民身份，即享有土地使用权的村民身份凸显，他们谋取个人利益最大化的动机非常活跃，并由此产生系统的越轨行为。

担任地方政府和村庄的“连结针”角色，村干部具有一定的权力权威、人脉关系、正式和非正式的网络媒体等资源，并依据制度的空白和不足，村干部可能会产生某种意义上的“越轨”行为——跟村民合谋；跟政府合谋；自身找到补偿底线和村民期望值之间的平衡，以实现个人利益最大化。

因此，村干部的多重角色与政府、村民会产生不同的冲突与合谋行为（见图 12－6）。

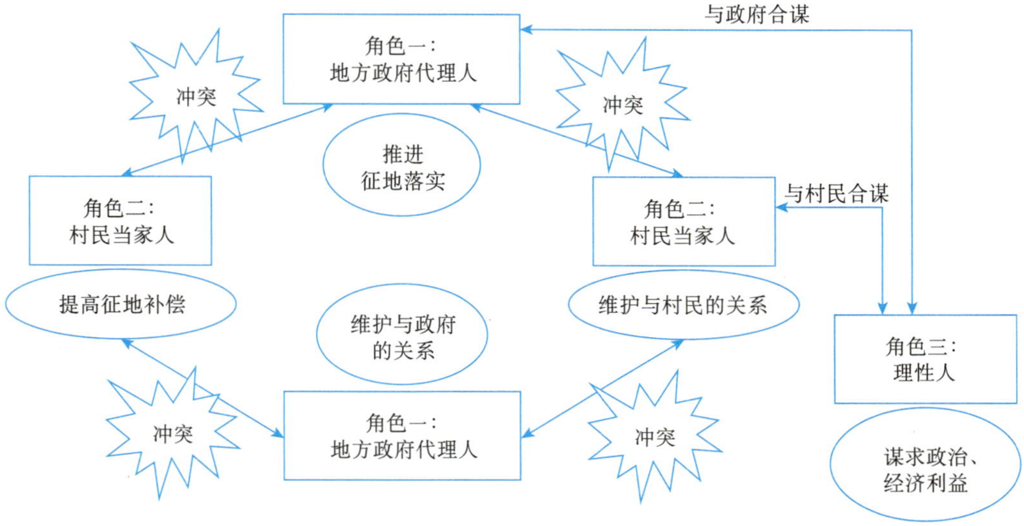

图 12－6　村干部的多重角色下冲突与合谋图

资料来源：作者自制。

3. 村干部征地中产生腐败的原因

征地过程中，腐败的原因可从“腐败动机—腐败条件—腐败机会”三方面来归纳——“腐败动机”是从个人主观上的腐败意愿；“腐败条件”指村干部具有外部、内部的特权；“腐败机会”则指其能够有效规避监管和惩罚。著名法学家波斯纳（2001）指出“由于犯罪的预期收益超过预期成本，所以人才会实施犯罪”。若满足以上三个条件，腐败则应运而生。

（1）从个人“腐败动机”来看。

在心理上，由于受上千年的“官本位”“家长制”传统观念的影响，以及当下市场经济产生的拜金主义、急功近利思潮的影响，农村淳朴的风气逐渐被污染。又由于信息不对称，腐败行为没有受到惩处、正直行为没有得到额外的奖励，长此以往，导致逆向选择现象的发生——许多村干部因为腐败发家致富，导致勤勤恳恳的村干部产生浮躁、骄躁的心态，对社会上的腐败现象产生“认同”，发生了路径选择的变化，产生了“劣币驱逐良币”的现象。

在物质上，村干部履职成本高，但收入低。村干部不是国家工作人员，其工资制度在全国没有统一的标准，来源主要有三个渠道：上级财政转移支付、乡镇补助、村级集体经营等收入①。若村集体经济不好，则会导致村干部的收入远远低于平均工资水平，与个人才能、管理村庄的贡献和承担的风险不相符合，因此心理产生了落差。在面对当下城镇化建设、征地拆迁等各种利益诱惑时，便产生了贪腐致富的“捷径”。在对Q村村主任的访谈中，也指出村干部的收入偏低这一现象：

“其实收入只有一千多块钱，单论收入的话远不如在外面随便打一份工。但是村干部的初衷是为村民服务嘛，所以我也没想那么多，但还是希望补贴能多一点吧，毕竟这份工作也不容易。”（来源：村干部访谈记录）

（2）从“腐败条件”来看。

在公共管理领域，公共权力委托代理失灵的主要原因是信息不对称——委托人监督的机会主义、委托人与代理人的有限计算能力和监督成本高昂②。在本研究中体现为，村干部作为代理方与村民作为委托方之间的信息不对称的问题，为村干部腐败提供了机会。

（3）从“腐败机会”来看。

从村庄内部监督的角度出发，村民参与农村管理和决策的意愿低。主要原因如下：村务公开流于形式，村民难以参与村务监督；留守村民文化素质较低，难以实行村务监督；在人情社会中，“搭便车”心理导致村民不愿意挺身而出；受官本位、家长制观念，甚至宗族势力、黑恶势力的影响，可能会屈服于权威。

从外部监管的角度看，外部监管也较难顺利开展，主要影响因素如下：纪委监督机制不顺畅，纪委部门接受上级纪委和同级党委的双重领导，在同级党委的领导下，纪委工作缺少独立性，有些地方存在功过相抵的心理以及“保护伞”，容易干预纪委办案；另一方面，纪委也属于党委领导，要完成所分管的区域的任务分工，难免与村干部在工作上产生联系，难以实现铁面无私的监督。此外，村民对村干部腐败问题的匿名投诉举报一般交由基层纪检部门核查情况，但由于线索较少导致查实较困难，且又是匿名举报，一般不会对村民公开有关情况或给予答复③。

① 周穗云．广州A村干部腐败案研究［D］．广东：华南理工大学，2018.

② 张康之．公共行政：“经济人”假设的适应性问题［J］．中山大学学报（社会科学版），2004（02）：12－17＋122－123.

③ 周穗云．广州A村干部腐败案研究［D］．广东：华南理工大学，2018.

4. 村干部的具体腐败行为及制度空间

前文已具体分析了不同利益主体的利益博弈，以及村干部在其中担任的“三重角色”。村干部正是在该利益博弈的空间中，充当地方政府和村民的“连结针”角色，起到中介作用。同时，村干部也是追求个人利益最大化的理性人。在多重角色冲突下，村干部可以利用现有制度的空白之处，编织着自己与政府、村民的隐性利益之网以谋私利，从而产生腐败行为。

（1）“村干部—村民”合谋。

一是不履行“监督者”的责任。除“基层政府—村干部—村民”的两种“委托—代理”关系外，还存在“基层政府—村民”的“委托—代理”。其中，村干部还扮演着监督者的角色。在征地利益分配过程中，村干部处于信息优势一方，“信息不对称”使委托方难以有效控制监督方和代理方，具体主要体现在土地附着物的监督上。

根据《中华人民共和国土地管理法》，征地需要补偿地上附着物的价格，包括宅基地上的附着物和一般土地上的附着物。宅基地上，主建筑物赔偿金额较高、附属物较低；一般土地上，经济作物补偿较高、大田作物补偿较低。且村干部对村民的土地亩数、地上附着物数量有最终确认权。

于是，村干部可能默许村民在征地公告前后抢建房子、补种经济作物等行为，甚至可能提前将征地信息透露给村民，这成为迅速提高征地赔偿的有效手段。按照法律规定，公告发布后抢栽、抢种的农作物或抢建的建筑物不列入补偿范围。但是，从重复博弈的角度看，在基层政府、村干部、村民三者的“委托—监督—代理”关系中，监督者（村干部）和代理方（村民）间面临巨大的利益诱惑，具有利用“信息不对称”而合谋的可能性，且合谋行为即使被揭露，受到处罚的风险不大。

理论上来讲，委托方（基层政府）可以通过激励政策来瓦解该合谋，如政治激励、物质利益。但是，村干部并非由国家公职人员，因此作为政治激励的行政升迁机制对多数村干部不起作用；此外，政府所给予的工作补贴或其他物质激励，又难以和征地拆迁带来的巨大利益相比。因此，委托方（基层政府）的政治激励和物质激励都难以真正瓦解监督者（村干部）和代理方（农民）的合谋。

此外，就监督动机来说，委托人努力监督代理人行为的动力源于其拥有剩余索取权。而在基层政府与村干部之间的“委托—代理”关系中，拥有监督权的政府官员并不拥有“剩余索取权”，因此，可能会疏于监督，如一些地区对农村集体土地征地拆迁补偿款的专项审计往往只是停留在文件审计的层面，客观上促成村干部与村民的合谋。

二是熟人社会：乡土逻辑和文化。从根本上讲，乡镇就是一个“熟人”，至少也是一个“半熟人”社会①，乡村社会中的“面子”起着维系村庄社会结构和村民价值体系的作用②。这意味着面子、人情、关系、传统权威等因素仍在乡村发挥作用并影响公共政策的执行。因此，征地的实施过程中，不可避免带有熟人、半熟人社会的特征。

村干部即使不考虑个人的利益，也需要考虑自己在“抬头不见低头见”的村庄中的“面子”。能被民主投票选举出来的村干部，必定有一定的声望和地位，村民也对村干部抱有很高的期望值。一旦村干部不按照村民的意志和利益行事，村民就会产生一定的意见，难免有闲言碎语。

考虑到村庄在熟人、半熟人社会结构中长期的交往和联系，村干部一定程度上会照顾村民的利益，愿意与村民“合谋”，体现自己当干部确实能为村民谋福利，提高自己在村庄内的声望。甚至可以通过这些合谋的机会主义行为，逐渐积累“民意”，进而转化为自己的社会资本、政治资本。

三是村干部本身作为征地补偿受益人。从另一个角度看，村干部作为村庄成员，和征地拆迁补偿受益人的身份是统一的。村干部的利益一定程度上和其他村民的利益捆绑在一起，因此，在征地补偿标准最终确定前，他们存在较高的讨价还价期望以提高征地补偿的激励。

Q村村主任被问到征地有什么补偿时，他的回答如下：

“对于个人来说，就是金钱。是按照土地面积、地上附着物、户口的人数等决定的。对于整个村来说，就是基础设施，如政府会出钱帮我们铺路、修水管之类的。以前我们村门口的那条路都是烂泥，就是2013年征地的时候，政府承诺给我们铺一条沥青路，改善了我们村民的生活。”（来源：村干部访谈记录）

土地增值收益除对村集体和农户补偿外，还包括基础设施的补偿，以及拆迁、丈量、平整土地、修路、建筑、小区管理等工程的承包与务工。不管村干部能不能分到具体的钱，但基础设施等的改善，是所有村民均能受益的。因此，村干部本身就是征地补偿提高的受益者之一，自然有驱动力进行进一步讨价还价。

（2）“村干部—地方政府”合谋。

一是代表农户参与征地补偿的谈判。我国土地制度规定，农民只有土地使用权而没有土地所有权，所以国家征地面对的是有土地所有权的集体，而非农户本身。农民集体虽然在立法上被授予集体土地所有权主体的资格，但事实上无力行使其所拥有的权利，包括土地的经营和管理等权利。

---

① 许才明．新农村建设视角下的乡镇政府改革探究［J］．行政与法，2009（05）：45－47.

② 方菲，张鸿鹏．乡村社会中的“面子”探究［J］．晋阳学刊，2012（05）：33－37.

《中华人民共和国村民委员会组织法》第十三条在《中华人民共和国土地管理法》的基础之上，强调村委会对农村集体所有土地的管理职能，也就是说，由于村委会是集体土地的所有权行使者，一切改变土地用途、消灭土地原所有权的征地行为必须征得村委会的同意。这意味着，参与征地谈判的一般是集体，这里的集体往往是指几个固定的权力人物，如村干部。

村干部的行为会影响征地补偿标准和补偿款数额。一方面，村干部在征地谈判中有一定的自由裁量权，可以通过种种途径为村民争取更高的补偿标准[①]；另一方面，若村干部与政府合谋，则会在谈判中降低补偿标准，或者应允某些不利于村民的条款。

由于 Q 村的上一任村主任就是因为被曝出征地过程中贪污而被罢免的，我们对现任李村主任进行访谈时有提及这个问题，李村主任的回应如下：

“听说你们村的上一任村主任就是因为被曝出征地过程中贪污而被罢免的。他在任的时候征地有什么不透明之处吗？”

“对的，这个还上新闻了。上一任时候，很多事情都是他们几个村委决定的。例如，代表我们村去跟政府交涉、讨价还价，包括征地、拆迁、土地出租等。具体的暗箱操作流程我不清楚，但这个过程是不公开透明的，我们接收到信息也比较迟，而且比较信任村委，不是特别离谱的话都会让他们作决定。但是我们这任村委就严格很多了，村民都有防范的意识了，任何比较重要的决定，都是要村民签字决定的，需要超过 70% 的村民签字才算村集体同意。而且各种谈判也比较公开透明，要找政府的话，就几个人一起找，包括村委、村民代表，互相监督。”（来源：村主任访谈记录）

那为什么村庄会产生“弱内部监管”，从而纵容村干部的工作不完全公开透明呢？此处从监管能力、监管意愿两个角度分析。从监督能力角度来看，村庄内部对村干部的监督能力较弱。第一，一些地方的征地、拆迁工作过程不公开、不透明，土地征收、项目拆迁的信息也没有列入村务公开的内容，村民难以掌握代理人的所有信息；加之村民理财能力不强，对其行为不能完全了解[②]。第二，尽管《中华人民共和国村民委员会组织法》明确规定了村干部应当接受村民监督，但是由于村民人数众多，内部达成一致的成本很高，因而难以形成集体行动，对村干部实施有效监督。

从监督意愿来看，村民对村干部监督的主动性较弱。一方面，村民对村干部较为信任，且由于村民的文化水平不足、对政策不熟悉等，基本上将决定权委托给具有能力的村干部。另一方面，若只是关乎村集体的利益而非确切的个人利益，村民监督的

① 张期陈，胡志平．中国式乡村政治中的征地利益格局与征地制度改革分析［J］．人文杂志，2014（01）：33－40.

② 扈映，宋燕敏，陈伟鑫．农村征地拆迁中村干部的行为逻辑及制度基础——兼论村庄治理中管理与监督环节的缺陷与改进方向［J］．中共杭州市委党校学报，2016（01）：63－70.

积极性会大大削弱。

上述分析都表明村庄内部监督流于形式，并最终导致村干部可能与地方政府合谋（见图 12－7），共同侵害村民的利益。

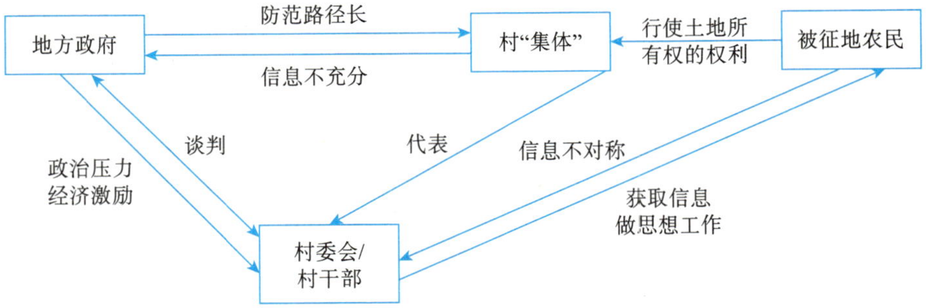

图 12－7　村干部与地方政府合谋——代表农户参与征地补偿的谈判

资料来源：作者自制。

二是选择对农民不利的评估机构。按照法律规定，需由政府和村民协商选择评估机构评估。评估机构在丈量房屋面积和附属物时，具有一定的自由裁量权，若仅由一方决定，会导致拆迁不公平，这就给村干部与政府的合谋提供基础。利用信息不对称，村干部可能擅自跟政府达成共识，或者运用虚假的信息误导、迷惑村民，从而选择对政府有利的评估机构。

在对 Q 村村民邓先生的访谈中，了解到最近两任村委会选择评估机构流程的区别：

“按照法律规定，选择征地评估机构前，需由政府和农民通过协商决定。您认为被征地的农民有充分的知情权、参与权吗？可以分别谈谈上一任村委和这一任村委。”

“先说上一任吧，在村委和政府的协调中，基本上是没有与村民见面的。就算是要召集开会也是找几个干部去参加，没有普通村民参加。关于很多细节，如市面上有什么机构、这个机构是怎么选择的、征收土地的价格是怎么计算的等等，他们没公布，我们也没有主动去了解。这一任村委比较愿意听取我们的意见，跟政府交涉的时候，也会主动邀请有时间的村民去一起参与，我觉得就比较开放透明。而且现在的决策，无论大小，都不是由他们几个村干部决定的，而是先在各大宣传栏公示 10 天，大家签名决定，超过 70% 就通过，否则不通过。而且听说现在信息都在网上透明公开了，我没有具体了解过，但我知道很多项目都是提前在网站公示，然后各个公司公平竞标的。”（来源：村干部访谈记录）

从结果来看，由于目前村级自治组织发展不完善，村庄管理很难规范，所以即使被发现，处罚一般都很轻，往往只是卸任或被罢免。因此，基于“成本—收益比较”，在成本较小而预期收益极高的情况下，村干部会选择争取自身利益最大化。

三是推进征地工作而获取地方政府的物质支持。村委会承担着解决纠纷和管理土地的绝大部分工作，为村庄内部提供公共服务，建设公用事业，却无固定经费来源，普遍存在入不敷出的局面①。这种情况下，村委会如果顺利推进征地工作，可获得额外收益。

村委会凭借管理集体土地的权力，获得征收补偿提留。《中华人民共和国土地管理法》规定，农民集体所有的土地依法属于村农民集体所有，由村委会经济组织或者村民委员会经营、管理。若土地被征收，村委会可以提取一定比例土地补偿款。此外，如果村委会协助平安征地、解决农民土地纠纷，可获得地方政府的物质支持，将增加村委会运转经费；村干部个人还可能获得地方政府额外的经济奖励和政治赏识。

除前文提到的“征地包干制”，以“行政包干”的方式将征地任务整体发包给村委会来完成外，地方政府还会通过施加政治压力、经济利益引诱等手段与村委会签订“征地冲突防范外包”协议。该协议是“委托—代理关系拓展和延伸”，是一种非正式制度安排。地方政府可借此将自身从征地冲突的发生场域抽离，哪怕侵害了村民的利益，但有村委会“挡在前面”，避免与被征地农民发生直接冲突和对抗。村委会也会尽力帮助地方政府做村民的思想工作，使地方政府能够以较低的补偿价格获得征地。地方政府在该非正式制度中受益，自然会给村干部一定的经济激励。

（3）自身谋取利益。

除与村民、政府合谋外，还可能存在内部、外部监督同时失效的可能性，村干部可能向其他主体隐瞒信息。集中权力与势力于一身的村干部，处于政府和村集体的“连结针”角色，肩负三重角色，不能排除其利用职务便利为自己谋利，截留或侵占本应归属国家或集体的利益。

一是截留、挪用土地征收补偿款。《中华人民共和国村民委员会组织法》第十三条规定：村民委员会依照法律规定，管理本村属于村农民集体所有的土地和其他财产。《中华人民共和国土地管理法实施条例》第二十六条明确规定：土地补偿费归农村集体经济组织所有；地上附着物及青苗补偿费归地上附着物及青苗的所有者所有。

由于“集体经济组织”是一个模糊概念，在当前农村土地集体所有的性质下，村民委员会便成了实际上享受土地补偿费的合法组织。归村集体所有的土地补偿费的分配、使用方向，国家政策没有明确规定，加上村级财务制度不健全，村干部对这笔款项如何支付有较大的自由裁量权。土地征收补偿除按照约定的比例分给失地农民外，还会截留一部分作为村的公共开支，这为个别村干部的截留、挪用等寻租行为提供了

① 谭术魁，赵毅，刘旭玲．防范征地冲突中地方政府与村委会的委托代理关系研究［J］．华中农业大学学报（社会科学版），2018（03）：130－136＋159－160.

可能。通过对Q村村主任的访谈也可以印证，征地补偿确实会有一部分截留下来，作为村庄的公费：

“征地补偿是统一打给村集体的，再由村集体按照之前约定好的分配比例分给对应的户。其中，会有3%或5%左右当作村的公费，用于办活动、基础设施等。”（来源：村主任访谈记录）

二是对钉子户补偿金额的使用不透明。在补偿在“钉子户”事件中，解决钉子户的过程也是谋利的过程之一。一般来说，村干部会利用村集体经济的财产去补偿低保户或钉子户，表面上是特殊问题特殊对待的方式。但是，为了避免引起村民的攀比，导致所有村民都要求获得钉子户的补偿标准，因此，村民对具体金额的使用细节难以获知。一方面，是村级组织与村民信息不对称的体现；另一方面，是上级政府默许的“灰色空间”。

三是利用信息参与“倒地”。通过与基层政府的联系，村干部可能会通过合法渠道提前获知征地信息，尽管不知道确切的征地位置和时间。例如，在征地报批材料组卷中，需要村委会出具该村征地补偿安置方案，一般会征求村干部的意见。因此，可以利用信息的时间差，进行“倒卖土地”行为，牟取土地差价——征地公告发布前，低价与承包大户合资从村民手中买来承包地，添加高附加值的地上物，如支上大棚、盖上厂房；征地公告发布后，在该土地被征收时赚取土地及地上附着物的差价。这种套取国家高额补偿款的“倒地”行为，不仅导致政府征地补偿成本的提高，也进一步激起无地、少地等利益受损村民的极大不满，极易引发进一步的社会矛盾和冲突（见图12－8）。

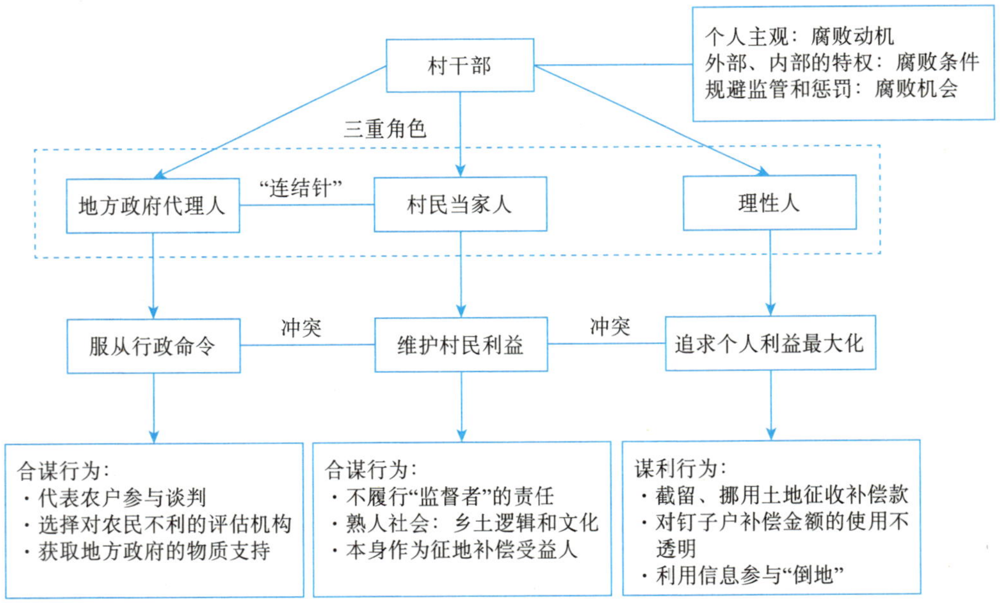

图12－8　村干部角色与行为总结

资料来源：作者自制。

五、研究总结与政策建议

（一）公开透明土地征收、补偿、分配程序

规范征地拆迁程序，强化法律保障机制。不公开不透明的机制，对村干部的影响是双向的，不仅为村干部创造了牟利空间，也会使政府、村干部、村民的协商机制变得复杂，增加村干部的协调压力。因此，将征地程序、补偿标准公开透明，并以法律法规的形式确定下来，不仅有利于压缩村干部的腐败空间，也有利于为村干部减负。

第一，完善土地征收的程序规范。征用土地中要严格执行“两公告一登记”制度。在土地征收前期，向失地农民发布征地公告，包括批准征地机关、批准文号、征用土地用途、范围、面积以及征地补偿标准、农业人员安置办法、办理征地补偿的期限等内容。此外，基层政府要注意提前实地收集被征地的信息，并将调查结果向社会公开确认，公告发布后抢栽、抢种的农作物或抢建的建筑物不列入补偿范围。

第二，制定土地补偿费分配规则。在征地补偿过程中，村集体对于土地补偿费的留存也是村干部与村民博弈的来源之一。过多的土地补偿费留存会损害失地农民的利益，过少的留存则会影响村集体的公益事业经费，因此，政府应当制定合理的留存比例，并将其法定化，减少因留存问题造成的村干部与村民关系紧张。

（二）完善内外部监督体系，提高腐败行为成本

在征地补偿过程中，存在多层的“委托—代理”关系：“市政府—市国土局—镇政府—镇国土科—村委会—村民”。要有效防止村干部与不同主体合谋，需要完善内部和外部的监管体系——内部指村民的监督；外部指基层政府的监督。因此，一是要建立全面、统一、透明、强制的农村公共事务信息公开制度，对于涉及村民利益的重大决策，要公布事务流程，充分听取村民意见，达到一定比例的赞同后才能实行。例如，本案例中，由于前任村干部腐败的前车之鉴，本届村干部实行村务公开，并且需要 70% 以上的村民赞同才能实施，能够有效缓解村干部与村民之间的矛盾，提升村民的满意度。二是政府监察部门要加大对村干部越轨行为的审查力度，强化外部监督；实行隔级查案制度，打破基层政府与村干部可能的利益勾连，并及时公布查案过程与结果。

（三）建立合理的激励机制

激励机制的设立包含对村民的激励机制和对村干部的激励机制。一是采取“未加盖奖励”制度，利用合理的经济激励遏制村民为了寻求更大的利益而在征地方案发布后“抢建”的行为，提高土地征收效率。二是拓展村干部的政治升迁空间，减少村干部的短期机会主义行为，发挥政治激励机制的有效作用。村干部作为政权的末梢，长期面临着“上面千根线，下面一根针”工作要求，责任重，任务多，待遇低，激励不足，因此要逐步扩大对村干部的定向选拔，选拔优秀村干部进入更高一级的工作队伍，以继续从事农村管理和服务工作；提高人大代表和政协委员中村干部的比例，激发村干部的政治荣誉感。

（四）畅通征地纠纷的调解投诉渠道

完善村民维权机制，拓宽维权表达渠道。当前村民缺乏维权意识，维权表达渠道狭窄，容易产生非法维权的群体行为，如暴力冲突等，威胁社会秩序和公共治安，因此要引导村民合理维权，畅通民意表达渠道。在村民中积极进行普法宣传，明确合法维权和非法维权的差别；利用微信、微博等新兴网络工具，搭建互联网村民维权平台，让村民能够快捷高效反映自身诉求；政府专门建立征地维权小组，尽可能对村民的质疑作出答复，回应村民的合理诉求，避免村民越级上访、采用极端手段进行维权的情况出现。

（五）充分利用信息化手段

政府与村民间的信息不对称有可能会导致村干部与村民的“共谋”现象。例如，政府对村庄环境与建筑的不熟悉可能导致难以识别违章建筑和抢建建筑，从而损害基层政府在征地过程中的利益。通过信息化手段，可以有效缩小征地各所涉主体间的信息差距。合理利用地理信息系统，先进勘测技术等，全面了解被征地的土地情况和地上附着物情况，获取村内大致信息，做到“心中有数”。

六、结语

本案例基于现有研究的村干部“三重角色论”，分别从村干部的政府代理人、村民当家人、理性人角色出发，并将其置于充斥着多主体复杂利益博弈的征地场域。研究发现，现行村干部制度设计中复杂的“委托—代理”关系可能产生监督约束机制、激励机制双重失效的问题——村干部利用关系网络和职位所控制的资源为私人谋利。

本研究运用“重叠群体模型”搭建研究框架，将“地方政府—村干部—村民”的架构嵌入“连结针”角色中，探究在征地不同情况下村干部“三重角色”的强弱驱动力，并通过对佛山市 S 区 Q 村的村长、村民的半结构性访谈，更深入了解当今农村征地的细节及政策，进而在本研究中勾勒村干部的诉求和基本策略，以期得出普适性的、成型的村干部行为逻辑框架，揭示其运行实践与制度安排的偏差。为顺利解决征地问题、稳定农村社会秩序作出参考范例。

案例《教学手册》

一、教学目的与用途

1. 本案例的适用课程

本案例主要适用于“公共部门战略管理”“公共政策”“公共组织行为学”等课程。

2. 本案例的教学对象

本案例的教学对象为公共管理硕士研究生。

3. 本案例的教学目标

本案例通过对征地过程发生的冲突、征地现状与问题进行分析，运用“重叠群体模型”构建分析框架，将村干部的“三重身份”嵌入到模型的“连结针”角色中，尝试归纳出村干部在征地场域中的行为逻辑，理解基层社会治理的内在逻辑。引导学生运用公共管理相关理论对案例进行分析，启发学生思考村干部在征地中如何更好发挥作用，加深学生对村干部执行征地政策的理解。

二、启发思考题

1. 目前征地过程中可能会出现什么问题？
2. 征地过程中的利益相关者通常都包含哪些？他们之间的关系如何？
3. 村干部在征地中扮演的角色及其作用？
4. 村干部在基层过程中是否会产生腐败问题，原因是什么？
5. 村干部在征地中的腐败行为具体表现是什么？

6. 如何更好发挥村干部在征地过程中的作用？

三、分析思路

首先分析征地相关背景、现状与问题，其次讨论征地过程中主要的利益相关者及其关系，深入挖掘村干部在征地过程中的作用与行动逻辑，分析村干部在征地过程中可能出现的腐败行为，最后提出促进村干部解决征地冲突的建议。

四、理论依据及分析

1. “重叠群体模型”的理解、分析与运用。
2. 运用“重叠群体模型”分析村干部在基层征地过程的角色与作用。
3. 运用“重叠群体模型”深入挖掘村干部在征地过程中产生腐败的原因。

五、关键点

1. 征地过程中各利益相关者发生冲突的原因。
2. 征地过程中各主体间的关系。
3. 村干部在征地过程中扮演的角色。

六、建议课堂计划

（一）引入案例（10 分钟）

教师通过多媒体方式向学生展示征地政策提出的背景、政策文件、组织执行体系以及执行情况内容。

（二）情景呈现（25 分钟）

设定现实情境，让学生分组进行角色模拟和讨论。

（三）分组讨论（20 分钟）

各组经过讨论，将村干部在征地场域中面临的问题及解决方法写在黑板上。

（四）分组辩论（30 分钟）

各组结合自己和其他组观点进行公开辩论。

（五）案例点评

针对学生分组辩论的情况予以点评，并对案例的关键点进行重点分析。

（六）案例总结

总结案例，启发学生对村干部在征地中发挥的作用进行更深入的思考。

案例十三

中国驻村帮扶工作机制的实践与困境[①]

① 本案例由中央财经大学政府管理学院行政管理专业硕士研究生曾琦杰和曹天奕共同编写。

案例正文

本案例分析了作为精准扶贫关键举措的驻村帮扶政策，回顾了驻村帮扶从酝酿、启动、深化、拓展到衔接的五个阶段发展历程，通过政策文本的制度分析，厘清了驻村帮扶工作机制的顶层设计，运用治理密度和执行张力的分析框架呈现了“嵌入—动员”的运作逻辑。最后，基于基层调研，剖析了驻村帮扶工作机制的现实困境。本案例希冀通过对驻村帮扶工作机制的呈现，为公共政策等课程的学习者提供理解相关理论知识的现实情境。

一、引言

新时代十年来，驻村帮扶作为中国精准扶贫的关键举措，为决胜脱贫攻坚立下汗马功劳。乡村振兴战略实施以来，中央持续加强驻村帮扶各项工作部署，不断巩固党在农村的执政基础，正推动乡村治理体系发生新一轮变革①。与之相伴随，“驻村”已经成为公共管理、社会学、政治学等学科交叉研究的热点。驻村帮扶之所以获得如此高的关注，与其工作机制背后承载的治理意义密切相关。

中国共产党素有密切联系群众的优良作风，在革命战争年代与社会主义建设时期逐渐形成了大规模组织干部下乡的传统（见表 13－1）。改革开放以后直至党的十八大前，虽然个别地区不同时期还存在各种下派农村的干部工作队②，但是再没有出现全国层面大规模组织干部下乡的情况。驻村帮扶始于中国扶贫开发工作进入精准扶贫阶段以后，自 2013 年开始在全国范围内对建档立卡贫困村全覆盖选派驻村第一书记和工作队，此后，又拓展到党组织软弱涣散村及其他类型村。

表 13－1　　改革开放以前中国共产党大规模组织干部下乡的事例

名称	延安农村调查团	赴东北干部团	土改工作队	“四清”工作队	知青
起止时间	1942. 1—1943. 3	1945. 9—1945. 12	1950—1953	1963. 9—1966. 5	1964—1979
主要目的	开展农村调研	充实当地力量	落实政策	整顿基层组织	解决就业

① 关于对 20 世纪以来中国乡村历次重大变革的系统分析，参见徐勇．国家化、农民性与乡村整合［M］．南京：江苏人民出版社，2019.

② 关于“驻村”的前身，参见欧阳静．乡镇驻村制与基层治理方式变迁［J］．中国农业大学学报（社会科学版），2012，29（01）：111－115.

续表

名称	延安农村调查团	赴东北干部团	土改工作队	“四清”工作队	知青
历史作用及评价	帮助边区政府制定正确政策	为辽沈战役的胜利奠定基础	顺利完成土地改革	改善干部作风但犯“左”倾错误	改变农村农民面貌

数据来源：中国共产党中共中央党史和文献研究院．中国共产党的一百年［M］．北京：中共党史出版社，2022。

以党的十八大为界，驻村帮扶依托精准扶贫政策使国家力量重新以前所未有的姿态下沉到中国的广袤乡村，实现了改革开放以来尤其是后税费时代中国乡村的再国家化[①]。在精准扶贫期间，全国累计选派 25.5 万个驻村工作队、300 多万名驻村干部，直接帮助 12.8 万个建档立卡贫困村实现脱贫摘帽[②]。驻村工作队和驻村干部年度在岗数量分别从 2013 年的 9.8 万个、31.9 万人增加到 2020 年的 25.3 万个、88.7 万人（见图 13－1）。驻村干部为打赢脱贫攻坚战立下汗马功劳。

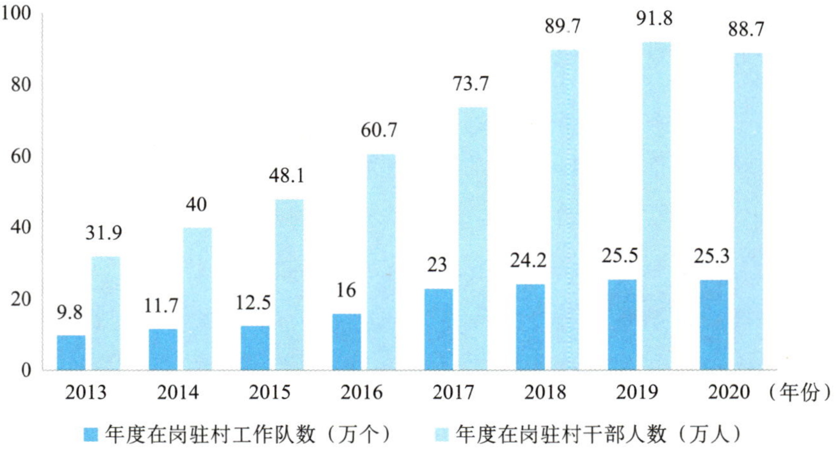

图 13－1　驻村工作队数和驻村干部人数统计

数据来源：国家乡村振兴局官网。

据统计，党的十八大以来，因脱贫攻坚而得到提拔重用的驻村干部达 28.3 万人，有 5.2 万人获省级以上表彰奖励[③]，其中 369 名获全国脱贫攻坚先进个人表彰（占 18.6%）[④]，另有 665 名驻村干部因公殉职（占 36.3%）[⑤]。

回顾过去，驻村帮扶工作并非一帆风顺。2015 年 4 月，中央组织部、中央农办、

① 郎友兴，宋天楚．进退之间：改革开放以来中国农村国家化的进程［J］．华中师范大学学报（人文社会科学版），2022，61（04）：15－24.

② 参见：《在脱贫攻坚总结表彰大会上的讲话》，https：//www. thepaper. cn/newsDetail_forward_11471876。

③ 参见：伟大壮举——中国脱贫攻坚成就展，https：//tpgj. cctv. com/4/2/index. shtml。

④ 参见：《为乡村振兴注入人才“活水”》，https：//pinglun. iqilu. com/yuan chuang/2021/0528/4866799. shtml。

⑤ 参见：王正谱：《在全国驻村帮扶工作推进会上的讲话》，https：//www. sohu. com/a/494290278_121106869。

原国务院扶贫办印发《关于做好选派机关优秀干部到村任第一书记工作的通知》，从全国层面对选派第一书记工作作出部署。截至2015年7月，全国范围内实现对贫困村选派驻村工作队全覆盖。随着2016年以后国家级贫困县陆续摘帽（见图13－2），一些地区的驻村帮扶工作暴露出选人不优、管理不严、作风不实、保障不力等问题，而且还受到形式主义、官僚主义的困扰。

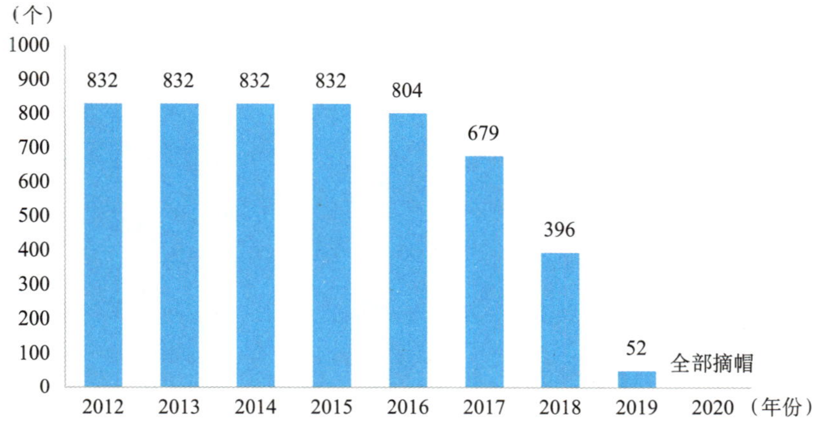

图13－2　脱贫攻坚战以来国家级贫困县数量

数据来源：《人类减贫的中国实践》白皮书。

2017年12月，中共中央办公厅、国务院办公厅印发《关于加强贫困村驻村工作队选派管理工作的指导意见》，着力纠正驻村帮扶工作中的偏差。脱贫攻坚8年间，各地累计召回2万多名驻村干部[①]。虽然驻村帮扶因精准扶贫而兴起，但并没有随着脱贫攻坚战的胜利而谢幕。打赢脱贫攻坚战的同时，全国也打响了疫情防控的人民战争，驻村干部为做好农村地区疫情防控发挥了重要作用。随着"三农"工作重心的历史性转移，为全面推进乡村振兴、巩固拓展脱贫攻坚成果，2021年5月，中共中央办公厅印发《关于向重点乡村持续选派驻村第一书记和工作队的意见》，强调健全常态化驻村工作机制。截至2023年5月，全国仍有20.96万名驻村第一书记、56.3万名驻村工作队员扎根乡村振兴一线[②]。

作为精准扶贫方略中解决"谁来扶"问题的关键举措，选派驻村第一书记和工作队的实践已经成为国家治理的创新经验。驻村帮扶工作机制是如何嵌入精准扶贫政策体系并推动乡村振兴战略落地？驻村干部是如何在中共党员这个共同身份基础上以跨

① 参见：伟大壮举——中国脱贫攻坚成就展，https：//tpgj. cctv. com/4/2/index. shtml。

② 参见：国家乡村振兴局官网，全国驻村帮扶工作推进会在河南兰考召开，https：//nrra. gov. cn/2023/05/27/ARTIzilbkP17V6RfPZalipGL230527. shtml。

部门、跨地区、跨行业、跨层级的方式融入当地基层治理体系？派出单位与派驻村所在地方政府、驻村干部与基层干部群众之间形成怎样的互动关系？对这些问题的回应决定了健全常态化驻村帮扶工作机制的优化路径。

本案例的主要目的正是为了揭示驻村帮扶工作机制的实践与困境，一方面，驻村帮扶工作机制经过十年实践已经积累了一定的制度惯性，从轰轰烈烈的脱贫攻坚转向乡村振兴，意味着治理逻辑需要从动员式向常态化回归。有的驻村干部表示，从前脱贫攻坚有底线、红线和及格线，每项工作对标对表就知道怎么干；现在乡村振兴不设上限，推动工作仿佛失去了抓手，而且基层负担问题严重还加剧了本领恐慌。另一方面，从驻村帮扶工作成效来看，不同地区、村庄差异大，派出单位的实力、驻村干部的资源都对工作成效产生了不可忽视的影响。有的村干部表示，驻村帮扶是央派求之不得、省派但求不得、市派求而不满、县派不求而得，这反映了基层干部群众的朴素认识。为了正确认识这些悖论现象，本案例将依次呈现：（1）政策变迁：驻村帮扶工作机制的发展历程；（2）顶层设计：驻村帮扶工作机制的制度分析；（3）嵌入动员：驻村帮扶工作机制的运作逻辑；（4）案例剖析：驻村帮扶工作机制的现实困境。通过以上内容的呈现，以期为理解公共政策执行和农村基层治理的相关理论提供案例解释。

二、政策变迁：驻村帮扶工作机制的发展历程

精准扶贫以来，中央层面相继出台了三份指导全国驻村工作的阶段性文件，根据脱贫攻坚形势任务和乡村振兴战略实施的需要不断深化驻村工作各项部署（见表 13－2）。驻村帮扶政策经历了酝酿、启动、深化、拓展、衔接五个阶段。

表 13－2　　精准扶贫以来中央层面关于驻村干部选派工作出台的政策文件

发文时间	发文主体	文件名称	下文简称
2015 年 4 月	中组部、中农办 国务院扶贫办	《关于做好选派机关优秀干部到村任第一书记工作的通知》	《通知》
2017 年 12 月	中共中央办公厅 国务院办公厅	《关于加强贫困村驻村工作队选派管理工作的指导意见》	《指导意见》
2021 年 5 月	中共中央办公厅	《关于向重点乡村持续选派驻村第一书记和工作队的意见》	《意见》

数据来源：中国政府网。

（一）酝酿阶段：2013 年以前的扶贫开发与驻村帮扶

2011 年 11 月，中共中央、国务院印发《中国农村扶贫开发纲要（2011—2020 年）》，在原先“重点县 + 贫困村”的基础上进一步将扶贫攻坚的主战场确定到 14 个连片特困地区。鼓励和选派三类人群到贫困村帮助工作。2013 年 11 月，习近平总书记在湖南十八洞村考察时首次提出“精准扶贫”。同月，党的十八届三中全会提出推进国家治理体系和治理能力现代化的重大命题。12 月，中共中央办公厅、国务院办公厅印发《关于创新机制扎实推进农村扶贫开发工作的意见》，明确提出建立精准扶贫工作机制，健全干部驻村帮扶机制，要求各省（自治区、直辖市）普遍建立驻村工作队（组）制度，确保每个贫困村都有驻村工作队（组），每个贫困户都有帮扶责任人。一支健全的驻村帮扶工作队伍开始酝酿。

（二）启动阶段：2014—2015 年的精准扶贫与驻村帮扶

2014 年 4—5 月，原国务院扶贫办印发《扶贫开发建档立卡工作方案》《建立精准扶贫工作机制实施方案》，将驻村工作队嵌入精准扶贫的工作机制和政策体系。全国共识别出 12.8 万个贫困村，8962 万贫困人口。2015 年 4 月，中央组织部、中央农办、原国务院扶贫办印发《关于做好选派机关优秀干部到村任第一书记工作的通知》，把选派干部驻村作为加强农村基层组织建设、解决村庄突出问题的重要举措。截至 7 月，全国范围内实现对贫困村选派驻村工作队全覆盖。

（三）深化阶段：2016—2017 年的脱贫攻坚与驻村帮扶

2015 年 11 月，中共中央、国务院印发《关于打赢脱贫攻坚战的决定》，对驻村干部的选配选派和考核培养明确四点要求。2016 年中央一号文件提出持续整顿软弱涣散村党组织，认真抓好选派“第一书记”工作。此后的中央一号文件均提及驻村帮扶工作。10 月，中共中央办公厅、国务院办公厅印发《脱贫攻坚责任制实施办法》，明确中央统筹、省负总责、市县抓落实的脱贫攻坚三级责任体系。同月，原国务院扶贫办印发《关于解决扶贫工作中形式主义等问题的通知》，要求整合力量、加强管理，完善驻村帮扶工作。2017 年中央一号文件提出扎实推进抓党建促脱贫攻坚工作，充分发挥村党组织第一书记的重要作用。6 月，习近平总书记在深度贫困地区脱贫攻坚座谈会上充分肯定了驻村干部这一支一线扶贫力量。11 月，中共中央办公厅、国务院办公厅印发《关于支持深度贫困地区脱贫攻坚的实施意见》，提出加强驻村帮扶工作，把深度贫困地区作为其重中之重。12 月，中共中央办公厅、国务院办公厅印发《关于加强贫困村驻村工作队选派管理工作的指导意见》，进一步规范了驻村干部选派管理。

（四）拓展阶段：2018—2020 年的乡村振兴与驻村帮扶

2018 年中央一号文件提出建立选派第一书记工作长效机制，全面向贫困村、软弱涣散村和集体经济薄弱村党组织派出第一书记。4 月，中央组织部、原国务院扶贫办印发《关于聚焦打好精准脱贫攻坚战加强干部教育培训的意见》，指导各地加强驻村干部教育培训。6 月，中共中央、国务院印发《关于打赢脱贫攻坚战三年行动的指导意见》，强调派强用好第一书记和驻村工作队。2019 年中央一号文件提出第一书记派驻向乡村振兴任务重的村拓展。2020 年中央一号文件强调向贫困村、软弱涣散村、集体经济薄弱村持续派驻第一书记。

（五）衔接阶段：2021 年至今坚持和完善驻村工作机制

2020 年 12 月，中共中央、国务院印发《关于实现巩固拓展脱贫攻坚成果同乡村振兴有效衔接的意见》，提出设立 5 年过渡期，继续选派驻村第一书记和工作队，健全常态化驻村工作机制。2021 年中央一号文件强调要坚持和完善向重点乡村选派驻村第一书记和工作队制度。2021 年 5 月，中共中央办公厅印发《关于向重点乡村持续选派驻村第一书记和工作队的意见》，提出要健全常态化驻村工作机制，为全面推进乡村振兴、巩固拓展脱贫攻坚成果提供坚强组织保证和干部人才支持。截至 8 月，全国 17.2 万支驻村工作队和 56.3 万名驻村干部，包括 18.6 万名驻村第一书记全部轮换完毕。2022 年中央一号文件继续强调发挥驻村第一书记和工作队抓党建促乡村振兴作用。2022 年 12 月，中共中央办公厅、国务院办公厅印发《乡村振兴责任制实施办法》，与脱贫攻坚相比责任体系下沉到乡，第一责任人具体到村，省市县乡村五级书记抓乡村振兴；在驻村工作上新增了“地方责任”一章关于加强村级层面沟通协调和“社会动员”一章落实中央定点帮扶单位帮扶责任的两处表述，反映出中央希望在全面推进乡村振兴的新征程上，各地区各部门能充分发挥驻村工作机制的制度合力，妥善处理好驻村第一书记和工作队与村“两委”的工作关系。2023 年中央一号文件强调更好发挥驻村干部的产业帮扶作用；派强用好驻村第一书记和工作队，强化派出单位联村帮扶。

三、顶层设计：驻村帮扶工作机制的制度分析

本章将以 2015 年《通知》、2017 年《指导意见》、2021 年《意见》为根据，从出台背景、指导思想、基本原则、选派范围、人选要求、职责任务、管理考核、组织领

导、培训宣传、激励保障十个方面进行文本对勘的制度分析。

（一）出台背景

《通知》出台的背景是中国的扶贫开发正向精准扶贫阶段过渡，在长期扶贫开发过程中，一些地方和部门单位虽然探索出选派优秀干部驻村的经验做法，但总体上比较零散、未成系统，难以形成制度合力。《通知》出台的依据是在2014年12月19日和22—23日相继召开的全国组织部长会议和中央农村工作会议。

《指导意见》出台的背景是中国的精准扶贫进入到脱贫攻坚的关键阶段，自驻村干部选派开始在全国范围内有系统地部署以来，特别是自《通知》出台以后的两年多来，各地驻村帮扶工作在选人、管理、作风、保障等方面出现了不优、不严、不实、不力等问题。《指导意见》出台的目的正是为了规范选派管理。

《意见》出台的背景是中国从脱贫攻坚阶段进入有效衔接阶段的5年过渡期。按照2021年中央一号文件要求坚持和完善向重点乡村选派驻村干部的制度。

（二）指导思想

《通知》虽然没有设置专门章节，但是提及党的十八大以来习近平总书记关于大抓基层和对党的十八届三中全会以来脱贫攻坚基本方略的重要指示精神。

《指导意见》的首要指导思想即是刚刚闭幕不久的党的十九大的会议精神。

《意见》也没有设置专门章节，但是强调了全面打赢脱贫攻坚战以后“三农”工作的战略重心和“三农”工作面临的形势、任务、要求都发生了历史性的转移和阶段性的转变。驻村第一书记和工作队作为把中央、地方与基层，国家、政党与社会互动联结起来的制度载体和行动桥梁，为全面推进乡村振兴在组织上提供了坚强保证和在人才上提供了干部队伍支持。

（三）基本原则

《通知》未明确，《指导意见》和《意见》均提出“四坚持”原则（见表13－3）。

表13－3　驻村干部选派管理的基本原则

2017年《指导意见》	2021年《意见》
坚持因村选派、分类施策。根据贫困村实际需求精准选派驻村工作队，做到务实管用。坚持因村因户因人施策，把精准扶贫精准脱贫成效作为衡量驻村工作队绩效的基本依据。	坚持有序衔接、平稳过渡，在严格落实脱贫地区“四个不摘”要求基础上，合理调整选派范围，优化驻村力量，拓展工作内容，逐步转向全面推进乡村振兴。

续表

2017 年《指导意见》	2021 年《意见》
坚持县级统筹、全面覆盖。县级党委和政府统筹整合各方面驻村工作力量，根据派出单位帮扶资源和驻村干部综合能力科学组建驻村工作队，实现建档立卡贫困村一村一队。驻村工作队队长原则上由驻村第一书记兼任。	坚持县级统筹、精准选派，按照先定村、再定人原则，由县级党委和政府摸清选派需求，统筹各级选派力量，因村派人、科学组队。
坚持严格管理、有效激励。加强驻村工作队日常管理，建立完善管理制度，从严从实要求，培养优良作风。健全保障激励机制，鼓励支持干事创业、奋发有为。	坚持派强用好、严管厚爱，派强用好严管厚爱严格人选标准，加强管理监督，注重关心激励，确保选得优、下得去、融得进、干得好。
坚持聚焦攻坚、真帮实扶。驻村工作队要坚持攻坚目标和“两不愁、三保障”脱贫标准，将资源力量集中用于帮助贫困村贫困户稳定脱贫，用心、用情、用力做好驻村帮扶工作。	坚持真抓实干、务求实效，推动第一书记和工作队员用心、用情、用力驻村干好工作，注意处理好加强外部帮扶与激发内生动力的关系，形成整体合力。

（四）选派范围

《通知》要求对“二类村”（党组织软弱涣散村、建档立卡贫困村）全覆盖选派，对“四类地区”（革命老区、边疆地区、民族地区、灾后恢复重建地区）加大力度选派，其他类型村由各地区各部门各单位根据需要自行安排。建档立卡贫困村的重点区域是 14 个集中连片特困地区和国家扶贫开发工作重点县。

《指导意见》要求对党群、经济、社会三类工作薄弱落后的村进行精准选派。

《意见》对“四类村”选派进行了明确规定，第一类党组织软弱涣散村的选派继续维持《通知》的要求；第二类脱贫村采取“一轻一重”的方式进行选派，即以国家乡村振兴重点帮扶县的脱贫村为重点，其他巩固拓展任务较轻的村，选派范围可以适当缩减；第三类乡村振兴任务重的村由各地自行选择一批，作为先进典型开展乡村振兴示范创建；第四类易地扶贫搬迁安置村（社区）也要继续选派；最后对其他类型村各地仍可根据需要自行安排。

（五）人选要求

《通知》对驻村第一书记人选作出明确规定，包括政治、能力、经历等方面的基本条件，人员要从各级机关的优秀干部、国有企事业单位的优秀人员中选派。人员选派要把好政治、品行、廉洁、能力这四关。

《指导意见》对驻村工作队队长和队员的人选作出进一步规定，要求结构上每队不少于3人，时间上每期不少于2年，层级上要从县级以上的优秀年轻干部中选择，且新选派的队长应为县处乡科级的在职或后备干部。

《意见》在人选的基础条件上继承和发展了《通知》规定，在人选的来源上比《通知》新增了中央单位定点帮扶的选派任务，在《通知》"把四关"的基础上，增加了严把作风关，要求考虑人员年龄、专业能力、工作经历方面的条件。

（六）职责任务

《通知》将驻村第一书记的职责分为四个方面，总共包含十二项任务，其中，建强基层组织职责有三项任务，针对的是村"两委"班子和村级组织；推动精准扶贫职责有四项任务，重点在落实精准扶贫政策；为民办事服务职责有三项任务，主要是密切联系群众；提升治理水平职责有两项任务，聚焦在发展村民自治。

《指导意见》进一步明确了驻村工作队助力全力决战、全面打赢脱贫攻坚的十个方面主要任务，包括宣传贯彻中央政策、指导开展贫困识别、参与实施八个方面精准扶贫工作、推动落实七个领域精准扶贫政策。

《意见》从过渡期有效衔接的需要出发，将驻村帮扶工作的主要职责回归到四个方面，结构上与《通知》一脉相承，每一职责各分三项具体任务，共十二条。其中，"建强基层组织"改为"建强村党组织"，"推动精准扶贫"改为"推进强村富民"，"为民办事服务"和"提升治理水平"的顺序调换。

（七）管理考核

《通知》规定驻村第一书记的派出单位会同县党委组织部负责进行考察评优，日常工作由二者与乡镇党委共同管理，但县乡党委部门负直接管理责任。驻村选派一般为1—3年，选派工作情况会作为各级书记述职评议考核的重要内容。

《指导意见》进一步要求在县级层面成立驻村工作领导小组，乡镇层面负责具体支持和指导，除了层层落实管理责任，还要健全日常制度，加强督查检查，表彰激励与严肃问责相结合，既要总结典型经验，又要纠正突出问题。

《意见》提出日常管理由县级党委组织部门和农办、农业农村（乡村振兴）部门和乡镇党委负责，派出单位每半年要听取1次驻村第一书记和工作队员汇报，驻村干部选派工作纳入各级党委（党组）负责同志的乡村振兴实绩考核。

（八）组织领导

《通知》要求各级党委（党组）要高度重视，其中，中央和国家机关部委等单位的选派工作，由各单位组织人事部门具体负责。省级党委组织部要统一部署，市、县级党委组织部具体实施，其他各部门和群团组织均要配合。

《指导意见》强调省级党委政府负总责，市级党委政府要加大指导支持力度，县级党委政府负责统筹配置力量、具体组织开展。

《意见》要求各级党委（党组）均要高度重视，组织部门、农办、农业农村部门和乡村振兴部门具体牵头协调，其他涉农部门要密切配合。

（九）培训宣传

《通知》提出要把驻村第一书记的选派工作同基层部门联村工作、机关干部队伍建设工作结合起来，注意宣传其中的经验做法和先进典型，在驻村干部培训方面没有作出具体要求。

《指导意见》提出可以通过轮训、观摩等交流方式加大培训力度，既要捕捉先进事迹，又要总结成功经验，树立起干事创业的鲜明舆论导向。

《意见》提出各地培训工作要分级开展，且明确规定县级以上驻村任期内在原则上要开展1次，既要总结好的经验做法，又要营造敢担当作为的良好氛围。

（十）激励保障

《通知》要求省市县各级党委组织部都要制定完善激励保障的有关政策措施，乡镇要力所能及地提供工作生活条件，包括提供相应保险、补助、津贴等，工作经费要从各地财政和扶贫资金统筹安排，求真务实确保能下、能待、能干好。

《指导意见》进一步提出把考核结果作为驻村干部评价选用的重要依据，该表彰的要予以表彰，该提拔的要优先提拔使用，干部驻村期间的原有人事关系和各项待遇不变。另外，针对因公牺牲的驻村干部，要做好特别优抚工作。

《意见》指出要强化保障支持，加强关心关爱，考核过程要深入听取各方面意见，考核结果作为各类人员评价选用的重要依据，以求真务实的作风推动驻村干部在全面推进乡村振兴的新征程上不断发光发热、成长成才。

以上十个方面体现出驻村帮扶工作机制在顶层设计上贯通了中国共产党的组织体系，通过党总揽全局、协调各方的体制优势实现了机制创新。经过十年的发展，驻村帮扶派驻村占基层群众性自治组织的比重已经从2013年的16%上升到2023年的35%（见表13－4）。驻村干部直接参与了全国三分之一的村级治理。可以说，驻村帮扶下的中国乡村治理正发生历史性、全方位的深刻变革。

表 13－4　　驻村帮扶派驻村占全部行政村的比重

年份	驻村第一书记（万人）	基层群众性自治组织（万个）	派驻村占比（%）
2013	11	67.9	16
2015	17	68.2	25
2021	18.6	64.3	29
2023	20.96	60.7	35

注：派驻村占比＝驻村第一书记数/基层群众性自治组织数。

数据来源：农业农村部官网。

四、嵌入动员：驻村帮扶工作机制的运作逻辑

在顶层设计的战略部署下，驻村帮扶工作机制逐渐形成了“嵌入—动员”的运作逻辑（见图 13－3），本章将引入“治理密度”和“执行张力”的概念组建分析框架，具体阐释这一运作逻辑的理论内涵。

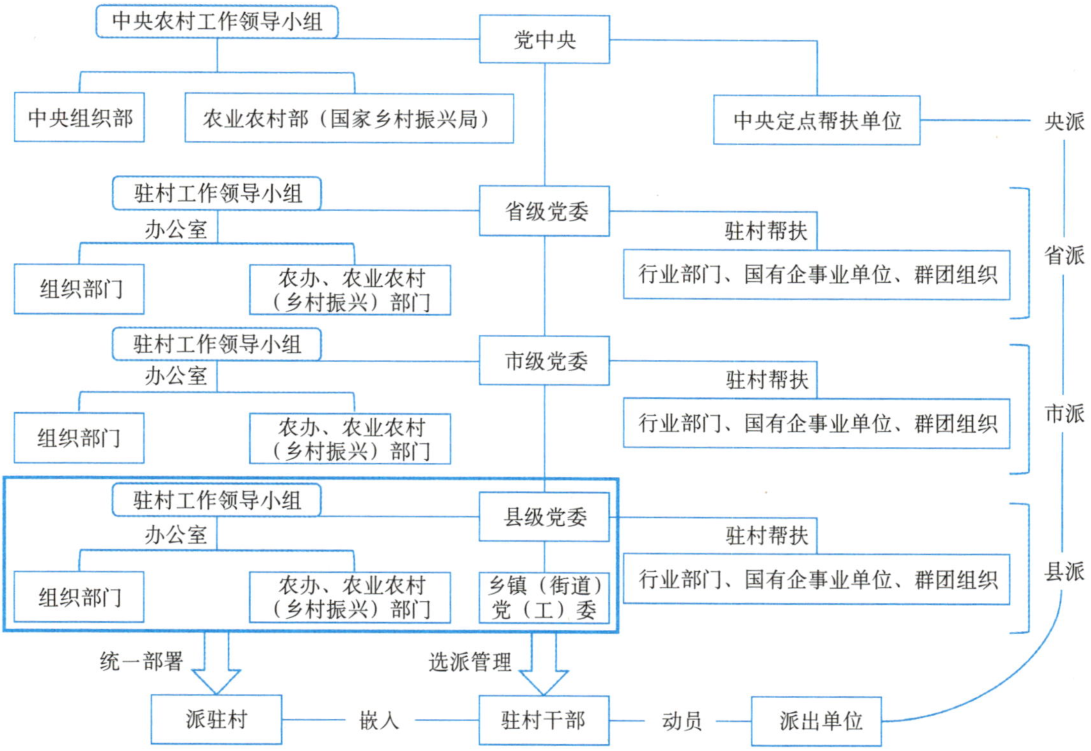

图 13－3　驻村帮扶工作机制的运作逻辑

数据来源：作者自制。

（一）理论基础

既有研究主要从主体和制度两个层面探讨了驻村帮扶工作机制的运作逻辑。

1. 驻村干部是驻村帮扶工作机制的核心主体

许多学者认为驻村帮扶工作机制整体呈现一种“双轨”治理，因为驻村干部相对于派驻村的治理格局属于一种差序嵌入[①]。不论第一书记[②]还是工作队[③]，在与村干部或村民[④]互动的过程中双方均秉持着不同的行动策略[⑤]。既合作、也冲突[⑥]的互动逻辑自然会影响村庄治理形态[⑦]。但这种互动也可能产生结构失衡的问题，如软弱涣散村的驻村干部容易发生对村干部的权力替代[⑧]。如果驻村干部不能克服嵌入农村基层治理后的结构困境[⑨]，就很可能会使驻村工作出现名实分离的问题[⑩]。驻村工作队是一个国家化的混合科层组织[⑪]。驻村干部利用其行动策略的动态调整和非对称依赖等特征[⑫]，可以统合村级治理结构，使乡村治理体系中的国家与社会更加紧密[⑬]。驻村干部嵌合资本、整合资源、弥合制度、调和诉求的能力[⑭]是驻村帮扶工作机制发挥治理效

---

① 李丹阳，钟楚原．差序嵌入、双轨并行与干群关系重塑——基于A省B镇驻村帮扶的田野实践［J］．农村经济，2022（06）：70－78.

② 刘建生，涂琦瑶，施晨．“双轨双层”治理：第一书记与村两委的基层贫困治理研究［J］．中国行政管理，2019（11）：138－144.

③ 李壮，李亚雄．论精准扶贫中驻村工作队的双重联结与双轨治理——鄂西L镇的个案研究［J］．社会主义研究，2020（02）：90－97.

④ 郑永君，李丹阳，阳清．帮扶实践中驻村干部与农民的关系互动及其逻辑［J］．华中农业大学学报（社会科学版），2022（05）：157－167.

⑤ 郭小聪，吴高辉．第一书记驻村扶贫的互动策略与影响因素——基于互动治理视角的考察［J］．公共行政评论，2018，11（04）：78－96＋180.

⑥ 丁波．驻村帮扶下村庄治理主体结构和行动逻辑——基于T县两村的实证研究［J］．西北农林科技大学学报（社会科学版），2019，19（04）：61－68.

⑦ 栗潇远．基层干部互动与减贫绩效——来自“吕梁—太行山区”集中连片特困地区的案例证据［J］．云南民族大学学报（哲学社会科学版），2022，39（04）：112－126.

⑧ 张欢．驻村帮扶中的权力替代及其对村庄治理的影响［J］．湖南农业大学学报（社会科学版），2018，19（05）：47－53.

⑨ 张国磊，李尧磊．第一书记嵌入农村基层治理的结构性困境与优化路径——基于桂南B镇的调研分析［J］．中国行政管理，2022（10）：74－81.

⑩ 张国磊，詹国辉．基层社会治理中的驻村“第一书记”：名实分离与治理路径［J］．西北农林科技大学学报（社会科学版），2019，19（05）：25－32.

⑪ 邓燕华，王颖异，刘伟．扶贫新机制：驻村帮扶工作队的组织、运作与功能［J］．社会学研究，2020，35（06）：44－66＋242－243.

⑫ 何玉梅．驻村扶贫第一书记行动策略研究［J］．西部发展研究，2019（01）：135－155.

⑬ 程同顺，许晓．驻村帮扶下的乡村治理变革——基于H省C镇X村的田野调查［J］．江苏行政学院学报，2020（01）：94－103.

⑭ 杨晓婷，陆镜名，刘奕辰，于滨铜．“资本下沉”赋能“资源释放”：第一书记带动贫困村脱贫的行动逻辑与高效机制［J］．中国农村观察，2020（06）：49－67.

能的关键。尤其是第一书记的人力资本[①]助其自身克服了政策执行的制度性障碍[②]、适应了政策变迁下的角色重构[③]。

2. 制度动员是驻村帮扶工作机制的突出特征

关于驻村帮扶工作机制属于常规治理还是运动式治理，学界有不同的看法。一派观点倾向于从超常规[④]或非常规[⑤]的视角来看待驻村帮扶工作机制，指出其非科层化的特征[⑥]，试图把驻村帮扶工作机制绑定为运动式治理的一个子类[⑦]。另一派观点认为驻村帮扶工作机制兼具两种治理逻辑的特征，制度化与非制度化并存[⑧]。科层化和逆科层化同时体现[⑨]，动员逻辑和科层逻辑互构[⑩]，在一定条件下可以转化。还有一类观点认为驻村帮扶是一种典型的跨层级治理模式[⑪]，在打赢脱贫攻坚战前后驻村帮扶工作机制完成从“超常规”到“常规化”的转变[⑫]。在制度分析的其他中观层面，驻村帮扶工作机制呈现出连续性运作的“接棒治理”[⑬]、社会结构再生产[⑭]、组团帮扶[⑮]、基

---

① 程虹，吴润清．中国扶贫实践中的第一书记制度研究［J］．宏观质量研究，2022，10（04）：1－18.

② 何阳．政党下乡、角色建构与乡村振兴——基于驻村第一书记制度的考察［J］．暨南学报（哲学社会科学版），2022，44（12）：37－48.

③ 胡桂彬．乡村振兴战略下驻村第一书记角色重构与作用发挥研究［J］．领导科学，2022（04）：146－149.

④ 钟海．超常轨化运行：驻村工作队的角色塑造与运作逻辑——基于陕南L村的田野调查［J］．求实，2020（03）：95－108＋112；钟海．超常规治理：驻村帮扶工作机制与运作逻辑——基于陕南L村的田野调查［J］．南京农业大学学报（社会科学版），2022，22（02）：64－74.

⑤ 杨西茂，王卓．凉山州驻村工作队的运行现状与问题研究——基于凉山州甘洛县G村的实地调查［J］．西部发展研究，2019（02）：47－65.

⑥ 袁立超，王三秀．非科层化运作：“干部驻村”制度的实践逻辑——基于闽东南C村的案例研究［J］．华中科技大学学报（社会科学版），2017，31（03）：131－137.

⑦ 魏程琳，赵晓峰．常规治理、运动式治理与中国扶贫实践［J］．中国农业大学学报（社会科学版），2018，35（05）：58－69.

⑧ 覃志敏，岑家峰．精准扶贫视域下干部驻村帮扶的减贫逻辑——以桂南S村的驻村帮扶实践为例［J］．贵州社会科学，2017（01）：163－168.

⑨ 许汉泽．行政治理扶贫：对精准扶贫实践逻辑的案例考察［M］．北京：社会科学文献出版社，2020：79－91.

⑩ 穆军全，赵延安．动员逻辑与科层逻辑的互构：干部驻村机制的变迁审思［J］．宁夏社会科学，2022（04）：61－69.

⑪ 张国磊．干部驻村、部门帮扶与跨层级治理——基于桂南Q市“联镇包村”制度运作分析［J］．南京农业大学学报（社会科学版），2020，20（02）：26－38；张国磊，胡卫卫．跨层级治理：情境、过程与结果——基于桂南Q市“联镇包村”制度运作分析［J］．学习与实践，2023，467（01）：94－101.

⑫ 王晓毅，阿妮尔．从“超常规”到“常规化”：驻村帮扶如何助推乡村治理现代化［J］．南京农业大学学报（社会科学版），2021，21（06）：62－70.

⑬ 张洪新．驻村帮扶“接棒治理”的逻辑与归宿——基于豫南L行政村的田野调查［J］．西北农林科技大学学报（社会科学版），2020，20（04）：43－55.

⑭ 刘继文，张书琬．结构再生产：第一书记驻村帮扶的实践逻辑——基于贵州Z村的田野调查［J］．农林经济管理学报，2022，21（04）：491－498.

⑮ 王晓宾，马华．全面推进乡村振兴背景下组团帮扶机制研究——以粤东J县驻镇帮扶工作队为例［J］．暨南学报（哲学社会科学版），2022，44（08）：110－121.

层责任共同体建构的特征[①]。最后，既有研究从微观层面还剖析了第一书记制度设计原理[②]，发掘了第一书记制度变迁的历史传统[③]，又从嵌入性制度供给的角度探讨了第一书记的行动逻辑[④]。此外，基层“双轨制”也导致驻村干部与村干部的捆绑式考核[⑤]。

（二）分析框架

综合上述文献可以看出，驻村帮扶工作机制的运作逻辑集中表现为主体层面的“嵌入”和制度层面的“动员”。为了更好地理解“嵌入—动员”的运作逻辑，在此需要引入“治理密度”和“执行张力”的概念。

1. 治理密度

古今中外的历史证明，与传统王朝国家相比，20 世纪以后的现代国家普遍加强了对乡村的控制，中国到 21 世纪依然面临这一基层政权建设的诸多问题[⑥]。乡村的国家化进程既延伸了一统体制的治理末梢，也改变了央地关系的治理范围和官民关系的治理边界[⑦]。一方面，基层事务随着现代国家对基层治理需求和民众表达诉求的扩张而增长（治理对象扩张）；另一方面，行政官僚随着现代国家对基层控制欲望和现代科层理性的扩张而膨胀（治理主体扩张）。这一沿着治理本身密度而发生的双重扩张过程就是“国家政权的内卷化”[⑧]。本研究将其概括为“治理密度”，用以衡量治理主体相对于治理对象的复杂程度。

治理密度[⑨]刻画的是国家治理的精细化水平，精准扶贫以来乡村治理的这一走向愈发明确[⑩]，助推了中国乡村的再国家化。治理密度大（小）表示某项基层事务需要

---

① 杨华．多工作任务、机制创新与基层责任共同体构建——以江西省永新县“副职驻村”制度为例［J］．江苏大学学报（社会科学版），2022，24（05）：62－72.

② 曲延春．这支队伍为何不能撤：第一书记制度的逻辑理路与优化对策［J］．行政论坛，2021，28（04）：83－88.

③ 林健．旧传统“制度化”：制度变迁视角下的“驻村第一书记”探究［J］．地方治理研究，2022（02）：67－77＋80.

④ 唐兴霖，李文军．嵌入性制度供给：第一书记帮扶农村基层党组织建设的行动逻辑［J］．行政论坛，2021，28（04）：99－105.

⑤ 桂华．当前驻村干部的功能定位及考核要点［J］．人民论坛，2023（01）：52－55.

⑥ 张静．基层政权：乡村制度诸问题［M］．北京：社会科学文献出版社，2018.

⑦ 周雪光．中国国家治理的制度逻辑［M］．北京：生活·读书·新知三联书店，2017.

⑧ 杜赞奇．文化、权力与国家：1900—1942 年的华北农村［M］．王福明，译．南京：江苏人民出版社，2020.

⑨ 学界对权力密度问题的探索启发了“治理密度”概念的提出，参见周少来．“权力过密化”：乡村治理结构性问题及其转型［J］．探索，2020（03）：118－126＋2.

⑩ 郭占锋，李轶星，张森．迈向精细化的乡村治理——以一个陇西移民村的治理实践为例［J］．西北农林科技大学学报（社会科学版），2021，21（01）：39－51.

调动更多（少）的治理主体来应对更少（多）的治理对象。在驻村帮扶工作机制所涉及的基层事务中，治理主体分为地方政府、村“两委”、驻村干部三类，治理对象根据政策类别也分为一般农民①、重点人群②、脱贫群众③三类。

驻村帮扶工作机制的治理主体在组织和人员上可分为村“两委”和村组干部（村治主体）、基层政府和乡镇干部（地方主体）、派出单位和驻村干部（驻村主体）。对于农民群众来说，这三类主体拥有不同的组织权威，也收获不同程度的政治信任。具体而言，村治主体最低，地方主体其次，驻村主体最高，由此就构成了驻村帮扶工作机制中的权威信任结构（见图 13－4）。驻村干部正是利用其在权威信任结构中的优势地位，才得以“嵌入”当地治理体系并发挥作用。

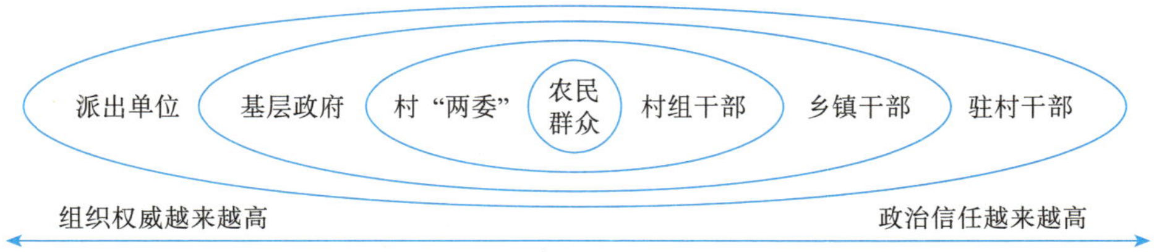

图 13－4　驻村帮扶工作机制中的权威信任结构

数据来源：作者自制。

2. 执行张力

不过，从技术治理的角度，基层事务可以随媒介和方式的更新而无限增长④，行政官僚所仰仗的国家政权却不能使科层制度不受纵向约束⑤而无限膨胀。于是基层自治（民治）作为行政扩张不及（官治）的补充⑥，成为当代中国面对现代国家治理的复杂需求将历史上的治国传统变通的结果⑦。一方面，现代国家更加寻求政策在基层的积极落地（执行意愿约束）；另一方面，中央、地方与基层的强弱关系及其互动策

① 本文所指的“农民”综合了两个统计口径，一是强调户籍为农村人口的农户，二是强调长期在农村居住的村民，这两者驻村干部在工作中都可能涉及，后文一律统称为“农民”。关于农民的科学划分标准及规模问题，参见朱光磊，裴新伟．中国农民规模问题的不同判断、认知误区与治理优化［J］．北京师范大学学报（社会科学版），2021（06）：127－138.

② 重点人群是指某些特定基层事务或行业部门政策的治理对象既非一般农民，也非脱贫群众，而有特定范围，将其与一般农民区分的思路借鉴了邓万春，黄璐璐．乡村振兴的动员机制与模式：整体党委动员与差别化动员［J］．北京工业大学学报（社会科学版），2021，21（03）：38－48.

③ 指脱贫摘帽前的建档立卡贫困户和脱贫摘帽后防返贫动态监测中的风险监测户。

④ 韩志明．治理技术及其运作逻辑——理解国家治理的技术维度［J］．社会科学，2020，482（10）：32－42.

⑤ 曹正汉．纵向约束体制论中国历史上一种思想模型［J］．社会，2021，41（04）：30－68.

⑥ 郭亮．从脱贫攻坚到乡村振兴：村级治理的主体性建设研究［J］．湖南社会科学，2022（01）：105－111.

⑦ 周庆智．在官治与民治之间：关于基层社会秩序变革的一个概括［J］．学术交流，2019（07）：57－63＋191＋2.

略又决定了政策最终能落地的程度（执行能力约束）。这一沿着执行本身张力而发生的内在紧张约束就是中国的“压力型体制”①。本研究将其概括为“执行张力”，用以衡量执行意愿相对于执行能力的实现程度。

执行张力刻画的是政策执行中的传导压力，脱贫攻坚以来中央对政策的督查考核愈发严格②，助推了村级治理的泛行政化。执行张力大（小）表示某个上级政策需要集中更高（低）的执行意愿来发挥更低（高）的执行能力。在乡村振兴政策体系中，执行意愿分为三个方面：考核要求、上级注意和工作相关度。执行能力也分为三个方面：资源配置、组织动员和事务复杂度。

执行张力的存在意味着治理对象在治理主体面前拥有的施政地位不同、收获的政策执行偏好也不同。地方主体更看重政策本身的考核要求和资源配置，村治主体更看重政策牵涉的上级注意和组织动员，而驻村主体更看重政策落实的工作相关度和事务复杂度。具体而言，一般农户最少，重点人群一般，脱贫群众最多，由此构成驻村帮扶工作机制中的政策执行关系（见表 13－5）。驻村干部正是利用其在政策执行关系中的超然地位，才得以“动员”当地治理体系并发挥作用。

表 13－5　驻村帮扶工作机制中的政策执行关系

	地方主体	村治主体	驻村主体
一般农户	考核要求、资源配置弱	上级注意、组织动员难	工作相关度、事务复杂度低
重点人群	考核要求、资源配置中	上级注意、组织动员中	工作相关度、事务复杂度中
脱贫群众	考核要求、资源配置强	上级注意、组织动员易	工作相关度、事务复杂度高

数据来源：作者自制。

五、案例剖析：驻村帮扶工作机制的现实困境

S 县地处豫西伏牛山区，曾是国家级贫困县、省级深度贫困县，2019 年顺利实现脱贫摘帽，2020 年 2 月正式退出国家级贫困县行列，现为省乡村振兴重点帮扶县，巩固拓展脱贫攻坚成果和全面推进乡村振兴的任务重，在反映驻村帮扶工作机制的一般状况上比较典型，是具有普遍参考价值的县域样本。

① 杨雪冬．压力型体制：一个概念的简明史［J］．社会科学，2012（11）：4－12.

② 崔晶．政策执行中的压力传导与主动调适——基于 H 县扶贫迎检的案例研究［J］．经济社会体制比较，2021，215（03）：129－138.

（一）S县驻村帮扶工作的基本情况

S县辖16个乡镇296个行政村41个社区，总人口65万。2022年，为加快将制度优势全面转化为治理效能，发挥驻村干部在过渡期的关键作用，S县巩固拓展脱贫攻坚成果领导小组专门成立驻村帮扶工作专班（见表13-6），决定在全县范围内的所有行政村（社区）全覆盖派驻第一书记、明确第一网格长①，实施县级领导包乡、县直单位包村（社区）、县直干部职工和农村党员联户的"1+1+N"网格化管理服务②，使驻村帮扶工作机制深度融入当地基层治理。

表13-6　S县驻村帮扶工作专班

组长	县委常委、组织部部长
副组长	县政府副县长
牵头单位	县委组织部
成员	县纪委、县委督察局、县乡村振兴局
职责	督导开展防止返贫常态化排查及对监测对象的帮扶工作，落实帮扶单位驻村帮扶制度，第一书记、驻村工作队五天四夜驻村工作制度，帮扶责任人对接帮扶工作，对脱贫户、监测对象落实帮扶政策

数据来源：中共S县县委党的建设工作领导小组文件：《关于做好巩固拓展脱贫攻坚成果工作成立四个工作专班的通知》，2021年10月14日。

具体而言，一是压实县乡村三级责任。县领导分包各乡镇，组建"四大战区"督导组③和16个帮扶工作督查巡察组，与乡镇党委、村（社区）党组织签订责任、问题、任务清单。二是压实行业部门责任。337名县直科级干部包村担任第一网格长，村党组织书记担任村级网格长，村民小组长担任由组级网格长，1.5万名县直干部职工和农村党员分包14.5万农户，做好"六联六帮"④。三是压实驻村帮扶责任。选派337名第一书记、280名工作队员驻村，按照"只增不减、加派力量"原则，对脱贫村、易地搬迁社区⑤、软弱涣散村和乡村振兴任务重的村选派140支驻村工作队。截

① 中共S县县委组织部．《关于做好第一书记和第一网格长派驻工作的通知》［D］．2022年7月5日。

② 中共S县县委党的建设工作领导小组．《关于开展党员联户"1+1+N"网格化管理服务工作的通知》［D］．2022年5月31日。

③ S县巩固拓展脱贫攻坚成果领导小组．《关于建立全县巩固脱贫攻坚成果与乡村振兴有效衔接战区工作体制的通知》［D］．2021年10月11日。

④ 联系家庭情况，帮思想、转观念。联系产业发展，帮技术、带致富。联系老幼健康，帮劳力、助生活。联系实际困难，帮解决、搞服务。联系矛盾纠纷，帮沟通、促化解。联系应急处置，帮救助、促安全。

⑤ 中共S县县委组织部．《关于对易地扶贫搬迁社区派驻第一书记的通知》［D］．2021年9月14日。

至9月，先期选派的320名第一书记中，科级以上25名，公务员和事业单位166名，大专以上学历197名①。

S县聚焦过渡期帮扶政策衔接，推出由13个专项行动组成的帮扶政策体系②，涵盖产业、就业、金融、教育、医疗、住房、交通、兜底保障等方面。驻村干部除了要帮助落实衔接帮扶政策，还要配合当地开展乡村建设、“五星”支部创建、“三变”改革等乡村治理创新和县域重点工作③。脱贫摘帽以来，S县的驻村帮扶工作有序开展，全县脱贫质量不断巩固，乡村振兴局面逐步打开。

（二）S县驻村帮扶工作的现存问题

1. 选派范围不合理

全县的驻村干部中，县派比例超过80%。在一年多时间里将全县所有行政村全覆盖选派第一书记，而且驻村干部只增不减，导致县直部门选派任务压力大，干部资源和帮扶资源有待进一步优化。“现在人力资源最宝贵，各条工作战线上都缺人，好一点的部门人手多，怎么也派得出来，差一点的部门人手紧张，就很为难了。”（访谈记录：S县乡村振兴局长，2022—09—25）

2. 人选把关不到位

县派驻村干部人员素质差异大，年龄、专业结构不均。少数弱势、边缘部门不派强而派弱，有的把刚刚参加社会工作、缺乏农村工作经验的干部下派到村，导致驻村干部大部分时间被当成乡镇包村干部或村干部使用，驻村帮扶主责主业难凸显，乡村振兴工作局面难打开。“县里的文件对驻村帮扶日常管理工作纪律规定得很清楚，但还是有驻村干部存在个别违纪情况，上个月我们就约谈处理了5名同志。”（访谈记录：S县县委组织部长，2022—09—25）

3. 职责定位找不准

一是过“急”，驻村干部急于跑项目、忙着拉资金，片面理解了乡村振兴的内涵和驻村帮扶的用意，造成选择性缺位；二是过“粗”，任务清单不够细化，不能结合实际抓住切身工作的主要矛盾和主要内容，被大量无关工作纠缠，造成弹簧式错位；三是过“度”，有的驻村干部派出单位级别高、帮扶资源较雄厚，在帮办村务上“包揽全局”，造成无意识越位。“我们村第一书记是省电信公司派来的，能力强、人脉

① 中共S县县委组织部.《S县驻村第一书记台账》[D].2022年9月。

② S县巩固拓展脱贫攻坚成果领导小组.《关于印发〈嵩县2022年巩固拓展脱贫攻坚成果同乡村振兴有效衔接专项行为方案〉的通知》[D].2022年3月8日。

③ S县巩固拓展脱贫攻坚成果领导小组.《S县巩固拓展脱贫攻坚成果工作汇报》[D].2022年9月23日。

广，好多（村民的）工作都是他用私人关系介绍的，村里的事只要他愿意主持我都听他的。”（访谈记录：S县某村支书，2022—09—26）

4. 保障激励没跟上

有的在驻村干部基本待遇保障上搞一刀切，没有考虑村与村之间的条件差异；有的在激励驻村干部的手段上过于单一、方式生硬、内容不足、范围有限，关心关爱的效果不佳，不利于激发工作动力。“有的（派出）单位领导对驻村（工作）很上心，每隔一段时间就到村里面看单位派出去的（驻村）干部，指导一下工作；有的单位领导就不闻不问。”（访谈记录：S县某驻村工作队员，2022—09—26）

5. 帮扶成效两极化

一是各村之间，由于帮扶资源分配不均，帮扶能力存在差别，工作效果呈现两极分化。二是农户之间，有些村的帮扶产业与村集体、村民之间的关系不大，产业实际流变为村庄能人的私人产业。“帮扶效果如何其实在选派的时候就已经决定大部分了，县派跟省派没法比，而且多数村庄都比较平庸，容易出成绩的村总是那么几个。”（访谈记录：S县某驻村第一书记，2022—09—26）

（三）驻村帮扶工作机制的实践困境

1. 重视程度有松懈

一些地方对新阶段派驻驻村干部认识不到位，有松劲苗头，认为没有必要按照脱贫攻坚战时期的强度选派驻村干部。有的地方在驻村干部选派上把关不严、了解不细，要么派下去的干部缺乏积极性，到村以后没有工作热情，要么干部家里有实际困难，到村以后工作不踏实、不安心。还有个别地方驻村干部选派不规范、轮换不及时，少数地方存在从乡镇选派驻村干部比例偏高等情况。

2. 日常管理不规范

最突出的问题是一些驻村干部不“住村”，“走读式”“挂名式”帮扶。有的驻村干部长期被借调、抽调，有的未完全脱产。有的驻村干部因为自己是原单位业务骨干，工作需要来回跑。有的地方在驻村干部的日常管理上搞形式主义，打考勤卡、拍在位照、记流水账占用了驻村干部的大量工作时间。有时候地方政府统计报表要得急、催得紧，给驻村干部造成很大的工作和心理压力。

3. 作用发挥不明显

有的驻村干部满足于“做好事”，频施小恩小惠，没找准驻村帮扶的工作定位，作用发挥上有“跑偏”“矮化”倾向。有的驻村干部进入角色慢，情况不清、政策不熟、能力不足，缺乏推进工作的思路办法，甚至感到无从下手。还有的驻村干部因为不熟悉村情等问题，存在本领恐慌。

4. 教育培训不及时

有的驻村干部表示，几年下来，对脱贫攻坚政策比较熟悉了，现在转段到巩固拓展脱贫攻坚成果、全面推进乡村振兴，虽然干劲很足，但是对干什么、怎么干有点迷茫，不知所措。还有一些驻村干部反映，过去的培训方式，主要是领导干部讲政策、专家教授讲理论，缺乏实操性，听起来枯燥，培训过后，不会干的问题并没有真正解决，感觉用处不大。

5. 保障激励不到位

各地在具体落实驻村干部的激励保障政策上差异较大，有的地方驻村干部的工作经费和项目经费没有兑现。有的派出单位对驻村干部的支持力度不够，驻村干部有想法也没办法。还有的地方在驻村干部的关心关爱上存在一定随意性，使驻村干部在村里辛苦工作好几年后，回原单位反而边缘化。

（四）驻村帮扶工作机制的经验启示

对于脱贫群众而言，驻村干部广泛宣传党的惠农政策，帮助脱贫户制定发展规划，因地制宜、因村因户施策，打通了政策落实的“最后一公里”。不仅帮助群众找到勤劳致富的门路，还帮助他们转变思想观念，摒弃“等靠要”思想。

对于村级组织而言，驻村干部通过帮助健全规范农村党组织生活、物色培养后备干部、发展党员、落实“三会一课”等措施，推动完善民主决策和村务公开等制度，推动构建党组织领导的自治、法治、德治相结合的乡村治理体系。

对于驻村干部而言，从机关走进乡村、扎根农村，服务农民群众，不仅推动了农村发展，而且了解到国情农情，增长了本领，提高了处理复杂问题的能力，自身得到锻炼成长，改进了作风，也帮助提升了当地和派出单位的干部素质。

对于社会公众而言，驻村帮扶的机制设计、驻村干部的辛勤付出充分体现了中国治理的政治优势和组织优势，推动当地移风易俗，提振了社会精神面貌。

对于党和国家而言，驻村干部代表了党和国家的形象，他们一心一意为群众过上好日子而作的努力，都会转化为群众对党和国家的政治认同，同时他们取得的工作成绩连同一大批经过考验和历练的干部都会成为党和国家的重要财富。

六、结语

党的二十大对全面推进乡村振兴、加快建设农业强国作出了新的重大部署，这对作为新时代党领导农村工作创新举措的驻村帮扶工作机制提出了更高要求。作为中国精准扶贫的关键举措，驻村帮扶以引人注目的姿态活跃在全国脱贫攻坚战场，形成了一套特征鲜明的运作逻辑。打赢脱贫攻坚战后，“三农”工作重心的历史性转移要求健全常态化驻村帮扶工作机制。虽然过去十年驻村帮扶取得了突出成效，但是实践中也暴露出一些体制机制转换的现实困境。基层政策执行是理论界与实践界长期关注的热点问题，驻村帮扶“嵌入—动员”的运作逻辑体现出政策落地的“最后一公里”充斥着治理主体与治理对象、执行意愿与执行能力的博弈。治理密度和执行张力概念的提出有利于挖掘中国基层政策执行的经验。驻村帮扶的成就集中体现了中国共产党作为中国特色社会主义事业领导核心的卓越优势，在未来如何运用好驻村帮扶工作机制潜在的治理效能、推进国家治理现代化是需要我们共同思考和完成的重大命题。

案例《教学手册》

一、教学目的与用途

1. 本案例的适用课程

本案例主要适用于“公共政策”“公共部门人力资源管理”等课程。

2. 本案例的教学对象

本案例的教学对象为公共管理硕士研究生。

3. 本案例的教学目标

本案例通过对驻村帮扶工作机制的政策背景、运作逻辑、实践困境的描述，引导学生运用政策执行理论与组织理论对案例进行分析，启发学生思考在动员型体制下如何提高基层政策执行的效果，加深学生对政策执行理论的理解。

二、启发思考题

1. 驻村帮扶政策是在什么背景下提出的？
2. 驻村帮扶作为精准扶贫的关键举措体现在哪些方面？
3. 驻村干部给基层政策执行带来哪些影响？
4. 驻村干部选派管理过程中存在哪些困境？
5. 驻村干部与村干部之间存在怎样的互动关系？

6. 驻村帮扶工作机制的属于常态治理还是运动式治理?

7. 如何健全常态化驻村帮扶工作机制?

三、分析思路

首先分析驻村帮扶提出的政策背景，然后了解驻村帮扶工作机制的顶层设计、运作逻辑等内容。在此基础上，分析驻村干部选派管理过程中存在哪些现实问题和困境，并运用公共政策执行等理论分析存在这些问题和困境的原因是什么。

四、理论依据及分析

1. 运用政策网络理论分析驻村帮扶在精准扶贫政策体系中面临的政治压力。

2. 运用政策执行的组织理论分析驻村干部选派管理的有利和不利之处。

3. 运用基层政策执行的变通理论分析驻村干部与村干部在基层政策执行中的互动策略，以及这些互动行为在什么情况下会出现偏差，如何纠正。

4. 运用组织行为理论分析解决驻村帮扶政策困境的途径和方法。

五、关键点

1. 基层政策执行的困境。

2. 基层政策执行困境的原因。

3. 解决基层政策执行困境的路径方法。

六、建议课堂计划

（一）引入案例（10 分钟）

教师通过多媒体方式向学生展示驻村帮扶政策提出的背景、政策文件、组织执行体系以及执行情况内容。

（二）情景呈现（10 分钟）

设定现实情境，让学生分组进行角色模拟和讨论。

（三）分组讨论（20 分钟）

各组经过讨论，将基层政策执行的困境及理论写在黑板上。

（四）分组辩论（30 分钟）

各组结合自己和其他组观点进行公开辩论。

（五）案例点评

针对学生分组辩论的情况予以点评，并对案例的关键点进行重点分析。

（六）案例总结

总结案例，启发学生对基层政策执行更深入的思考。

第五部分　社区治理

案例十四

关注养老“夹心层”：政企合作式“多宜性养老关爱体系”构建

——以北京市J街道为例[①]

① 本案例由中央财经大学政府管理学院柴锋副教授、中央财经大学政府管理学院公共管理专业硕士研究生高堃升，中央财经大学政府管理学院城市管理专业本科生尚俊好，中央财经大学政府管理学院公共管理专业硕士研究生王泽圣、王静秋、周宇轩，中央财经大学政府管理学院城市规划与管理专业硕士研究生杨悦共同编写。

案例正文

据民政部、国家卫健委等部门统计，我国目前有2.49亿老年人和4000万失能、半失能老年人，而养老护理从业人员仅有30万名，反差极大的三个数字揭示了养老行业目前的高度失衡态势。由于中国老年人受故土观念影响，加之对养老开销极为敏感，因而，仅80%老年人倾向于在家养老。然而，养老行业现状却反映了养老资源与需求的低耦合性以及政策效力匮乏等诸多困境。本案例选取J街道的养老现状为代表性案例，试图剖析养老“夹心层”所面临的养老困境。首先，厘清居家养老、社区养老、机构养老的概念关系，界定“夹心层”“多宜性”内涵。进而通过对J街道养老机构、老年群体、政府机构实地走访、问卷调查等方法挖掘养老真实情况，结合“服务链”理论深入分析养老模式的供需现状及其内在机理，并结合“控制权”理论提出并探讨了政企合作式“多宜性”养老关爱体系的社会治理格局，提出建设性政策建议，为养老运行模式的创新和政企合作供给服务提供了参考。

一、引言

北京作为祖国的政治文化中心，在经济快速发展的同时，也面临着严重的人口老龄化问题。过高的老龄化人口占比给北京市政府的养老工作提出了严峻的挑战。

随着市场经济的发展，养老的需求催生了市场，企业掌握的资本，促进了养老服务的发展，但主要建设的实际上是高端的商业化养老设施。这种设施建设一定程度上缓解了社会的养老压力，满足了一部分高收入群体的养老需求。然而，高端商业化养老设施往往收费高昂，以某企业的养老社区为例，入住该企业养老社区需要满足两个条件：一方面，入住的老人需要购买某企业的保险，再申请获得该养老社区的入住权；另一方面，入住的老人如果达到年龄要求，又在短期内有入住需求，在这种情况下，入住的老年人则需要缴纳相关费用后再提出申请，其中购买保险保费须累计保费超过200万元，还包含很多其他高昂的费用。而2021年朝阳区居民人均可支配收入为84770元，这意味着高端养老服务面向的人群只有极少数。同时，政府针对城乡特困老年人等基本养老对象群体，如低保或低收入家庭失能、失智、高龄老年人推出了基本养老服务，为社会构建养老“安全网”，成为社会救助体系的组成部分。

然而，数量庞大的收入“夹心层”的老年人群体目前难以享受到适合自己的养老服务。这个群体在养老服务需求上有一些特性：一方面，他们手中的收入虽然不足以支撑其享受高端养老服务，但是普遍对自己能承受的养老服务在质量、内容等方面有一定的要求；另一方面，受到社会观念、家庭条件或协助子女抚养孙辈行为的影响，绝大多数“夹心层”老年人入住养老机构的意愿很低。目前，养老机构的使用者中，失能老人占比较大，而能够生活自理或半自理的老人基本会选择居家养老的形式。养老驿站作为平衡机构养老专业性和居家养老服务要求的产物应运而生，在政府和社会资本合作下正在各区建立并快速发展。然而，养老驿站在目前的运行和建设上也存在一些问题。那么，如何完善和改革当前的养老机构设置和运营方式，建立对大部分居民更友好的多宜性养老体系引发了我们的思考。我们以此为出发点，展开调查研究，探索建立政企结合的多宜性养老体系的新途径。案例小组成员深入J街道的C养老院和J养老驿站，与老人和养老机构的工作人员进行访谈，了解建设多宜性养老关爱体系面临的困境；同时，案例小组成员还访谈了政府相关部门，找寻解决困境的途径；在实地调查和收集整理资料后，在此基础上整合形成此案例报告。

二、案例描述

（一）北京市人口老龄化现状与养老服务需求分析

1. 北京市老龄化概况

截至2021年年末，中国60岁以上的人口达约2.7亿人，约达到中国人口总数的19%，未来5年预计60岁及以上的人口将增长约5000万人，大约平均每年增长1000万人。其中，北京市常住60岁及以上的人口约为2188.6万人，占常住总人口的五分之一；65岁及以上老年人占常住总人口的14.2%，为重度老龄化城市（见图14－1）。北京市人口老龄化呈现出老年人口基数大、增长快、抚养系数持续上升的特点，及中心城区老龄化程度高、郊区相对较低的分布特征。

为缓解这一不均衡趋势，北京市养老服务标准化建设加速推进，2020年编制9项居家养老、机构养老地方标准，全市累计发布机构标准17项、居家养老标准12项。多层次基本养老服务体系基本成型。

然而，值得注意的是：在调研过程中我们发现养老照料中心、社区养老服务驿站因辐射半径小、管理人员数量不足，养老专业服务水平匮乏、老年人对养老产业接受程度低等原因，导致养老资源实际效用并不理想。

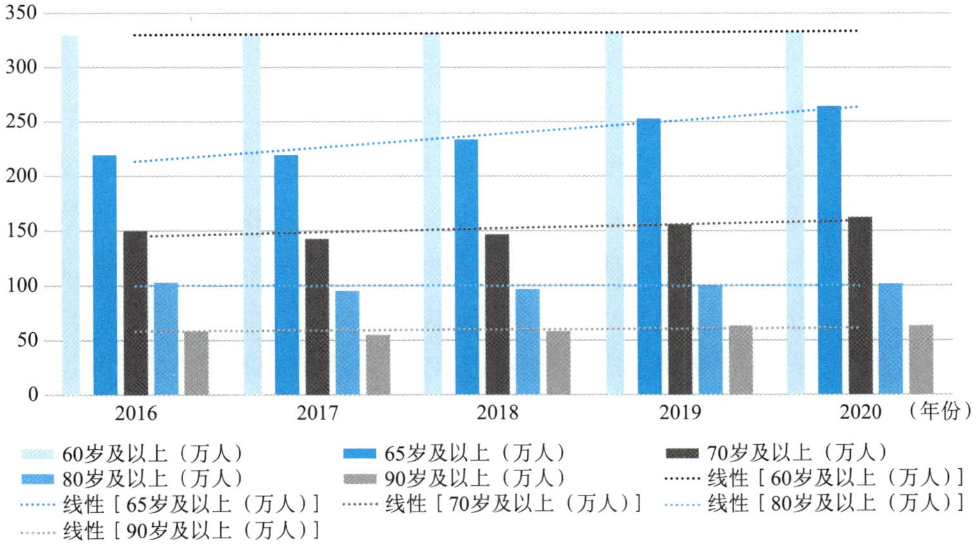

图 14－1　2016—2020 年北京市分年龄组户籍老年人口

2. 养老服务的梯度供给趋势："夹心层"困境与"多宜性"需求

目前社会上存在三种养老服务概念，即居家养老照护服务、社区养老照护服务、机构养老照护服务。三者的主要区别在于服务提供者不同，且服务专业性由低到高。

"夹心层"被定义为：游离在"有经济能力消费高端养老的群体"与"依靠政府兜底型养老保障的群体"之间的群体。"枣核型社会结构"直接导致了中间圆滚硕大的部分必然是广大中等阶层，即所谓的"夹心层"，由于数量庞大，他们必然成为养老事业的核心人群。同时，从平均意义上讲，我国养老产业的局面属于"未富先老"，没有足够养老储备的"夹心层"也对养老有着极大的需求（见图 14－2），因而，发展"多宜性"养老关爱体系势在必行。

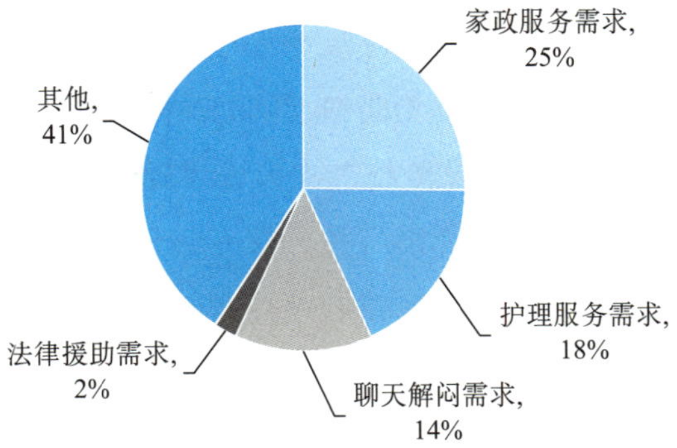

图 14－2　老年群体需求统计图

如何实现养老的"多宜性"，首先要清楚界定其概念内涵。"多宜性"的"多"体现在以下两方面：第一，夹心层的养老人群基数大；第二，养老的需求内容涵盖范围广。“宜”则体现在养老体系适配程度高，可以满足老年人的不同年龄段、不同自理能力、不同经济能力的需求。

“百善孝为先”，在儒家思想几千年对中华民族的影响下，我国老年人在当前观念里还是更希望居家养老，认为“养儿防老”只有在自家养老、有子女照顾才是正途，认为去养老院可能就意味着子女不孝顺，家庭也没有面子。然而在生活节奏越来越快的当下，尤其是在大城市中，这种观念已经不再适用。基于生活习惯不同、生活节奏不一致等原因，子女与老人分居已经成为一种普遍现象，而在老人独居在家生活自理上存在问题时，子女往往就会邀请家政服务人员来家照顾父母。但是这样也存在着许多问题，一方面，许多老年人认为请家政这种行为属于浪费钱，尤其是现在家政的收费越来越高的情况下，许多老年人对于找“家政阿姨”这种行为是抵制的；另一方面，目前的家政从业人员普遍受教育程度不高，缺乏照顾护理老人的专业知识，也很少有机构会对其家政服务人员提供系统的培训。

因而，新的“多宜性”养老体系需要政府的有效介入，以促使“夹心层”老有所依。目前，以北京为代表的一线城市均呈现“9064”和“9073”的养老服务体系，即90%的老人居家养老，7%或6%的老人在社区机构养老，3%或4%的老人在养老院等机构养老。以政府为引导的居家养老、社区养老方式将是未来我国老龄化深入阶段养老解决方案的重要组成部分，未来将成为“多宜性”养老的主战场，满足各种养老需求。

“多宜性”养老服务体系作为力争满足所有人养老需求的新途径，将更能够激发老人参与意愿，让老人找到与自己需求相匹配的途径。若遵循居家养老与机构养老阶段性互补模式，养老机构将能更多地接收年龄较大，或需要长期护理情况的失能老人，使养老服务更精准地满足每个人的养老需求，减少资源错配的情况。

在调研过程中，我们发现北京养老现状仍处于供需不平衡的状态（见表14－1）：公办养老院价格实惠，但其受众人群为特殊困难群体、政府兜底型人群，一床难求；公办民营价格虽然较为合理，但是受传统养老观念和老人对价格敏感等因素影响，入住率勉强接近50%；高端养老由于价格高昂，仅有经济实力较强的高收入群体可以接受。由此可以看出“夹心层”老人作为养老市场中被忽视的群体，在以下几方面可能面临养老危机：一是长期居住在城市，缺少农村的社会关系网络；二是“4－2－1”的家庭模式让独生子面临过重的养老负担；三是缺乏投资商业养老保险的意识，因而在遭遇突发事件时没有足够的流动资金可以应付；四是有一定的经济来源，因此没办法享受兜底性政策的补助。综上，我们决定以J街道为调研对象，由小见大，剖析养老现状中存在的问题。

表 14-1　养老机构层次特点

	兜底型养老机构	普惠型养老机构	高端型养老机构
收费水平	月费多在3500元左右	月费在5000至8000元	约100万元入门费或20万元年费，每月2万元左右
硬件情况	硬件软件配套设施不齐全，服务人员较少	硬件设施侧重老年人居住的舒适性	硬件软件高端
入住率	入住率接近100%，一床难求	统计显示入住率约为46%	入住率较低，约30%
其他特点	公办养老院居多，多收治特殊困难群体，兜底性保障	非营利机构，适合有一定收入基础的老人	高端养老客户
典型代表	北京寸草春晖、汇晨老年公寓	C养老院	泰康之家

（二）J街道养老需求调研

1. J街道基本情况

J街道所处北京东北部，处于四环、五环之间，是北京市养老试点的重点区域，在建设发展方面兼具城区和城郊的特征，因此成为了我们案例调研的选取对象。截至2019年末，J街道户籍总人口28948人，60岁以上老人约8627人（见图14-3）。该街道配有1家养老机构，床位800张；2家驿站，覆盖13个社区。需要特别指出的是，虽然J街道养老资源充沛，但是供求仍然不平衡，我们从不同维度对养老机构和养老驿站进行分析。

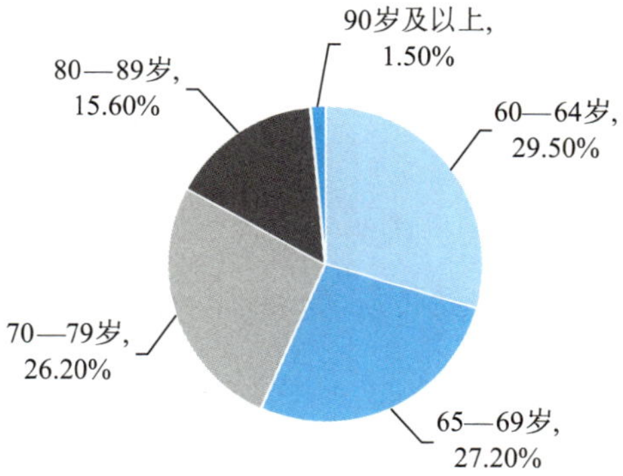

图 14-3　J街道60岁以上年龄构成

对于养老机构而言：800张床位仅入住140多位老人，尽管政府每月每人发放600元养老券，用于购买养老机构等养老服务，但按床位算入住率约为18%，按房间算入住率不足50%。入住老人能自理的不足1/3，且多为80岁以上高龄老人，60—80岁老人少。

对于两家养老驿站而言：其情况更不理想，驿站主要工作为四项养老基本服务，具体包括：每周入户探访一次的巡视探访服务；每月安排一次免费理发；养老顾问服务；呼叫服务。但在调研中我们了解到，驿站辐射的13个社区，仅有400余人签约此项服务，实际使用服务的老人仅有100余人。养老驿站的托老服务更是无人问津。当下驿站的主要功能是助餐，类似于社区食堂，夏日每日有20余人，冬日由于天气寒冷仅有三四位老人用餐。养老资源的浪费导致大量养老政策效用无法体现，养老的“夹心层”核心人群并没有享受到切实的养老服务（见表14－2）。

表14－2　J街道养老机构和驿站概况

	机构性质	床位	收住对象	特点
C养老机构	公助民办	800张（入住率为仅30%）	自理、半护、全护	收费5000—10000元/月，200亩占地，绿化率70%环境好。
D/J两家驿站	公助民办	约15张（用于托老服务，0使用率）	自理、保护托管	提供四项养老基本服务，使用率差。

2. J街道养老服务的需求与供给

我们以调查问卷的形式，对J街道“夹心层”养老的情况进行了调查，结果如下：

从户籍情况来看，拥有北京市户籍的有70人，占比63.64%；非北京户籍的有40人，占比36.36%（见图14－4）。大部分为本地人，但也有一部分老年人因子女工作原因跟随子女来到北京养老，或者因北京的养老条件好从户籍地来到北京养老。

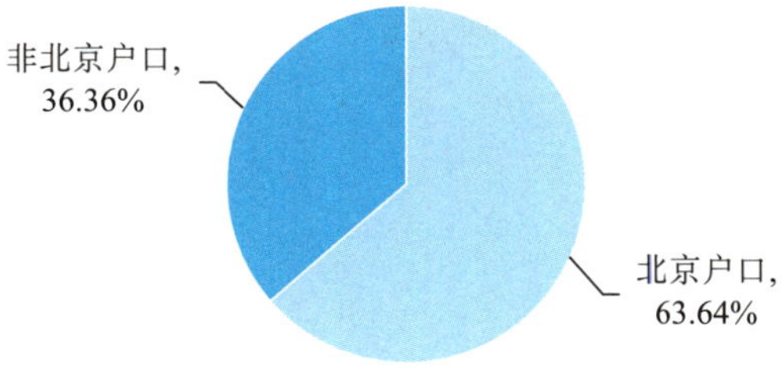

图14－4　样本户籍分布情况

在年龄特征方面，51—60周岁的老人为25个，占调查对象的22.72%；61—70周岁的老人为27个，占调查对象的24.55%；71—80周岁的老人为36个，占调查对象的32.73%；80周岁以上的老人23个，占调查对象的20.91%（见图14－5）。

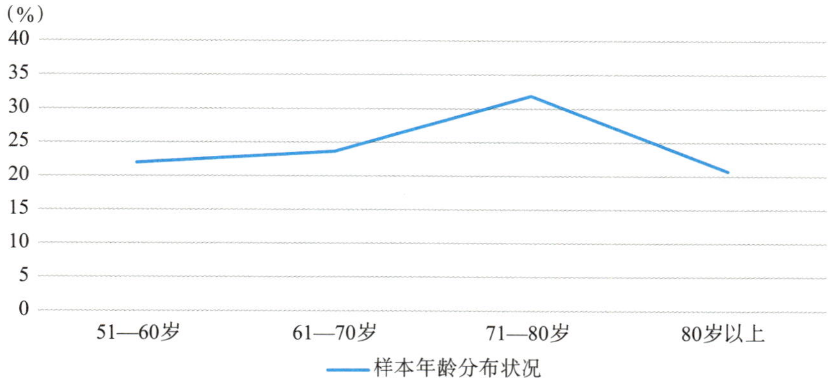

图 14－5　被调查“夹心层”群体年龄分布状况

根据实地调研、问卷调查以及相关的文献资料分析，北京市“夹心层”群体的养老服务保障主要以经济支持为主，主要原因除了经济保障标准相对较低之外，“夹心层”群体所需要的精神关怀和医疗等养老服务供给不足。调查数据显示，近一半的老年人是由配偶及子女照料；33.64%的老人是自我照顾；16.36%的老人入住养老机构，享受专业护工的照顾（见图 14－6）。

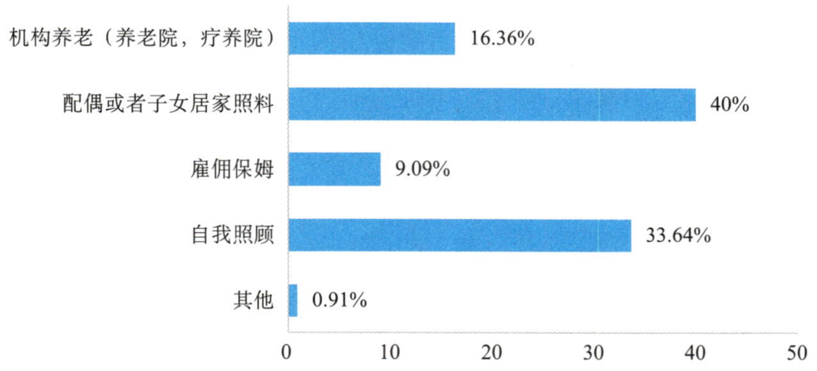

图 14－6　被调查“夹心层”群体养老方式供给现状

3.“夹心层”群体养老意愿

从中国传统的文化氛围来看，大多数的老人更喜欢熟悉的环境中生活，因此大部分老人会选择在家由子女进行赡养或者是有行动能力的老人会进行自我照料，而由于经济和精神方面的原因，他们很少选择养老机构进行养老。通过此次问卷调查，配偶或者子女照料以及自我照顾是大部分老年人更加倾向的养老方式（见图 14－7）。

（三）J 街道不同层次养老体系运行现状与成效

老年人群体如同社会上的众多群体一样，也是由多个不同背景的群体构成的，有

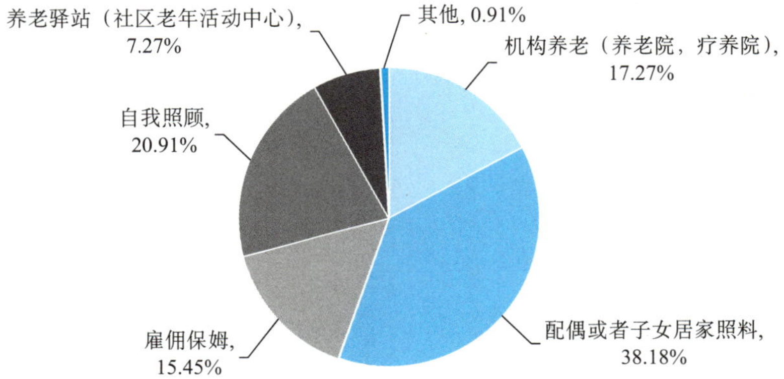

图 14－7　被调查“夹心层”群体养老意愿情况

养老资金充足，高收入高消费的高端养老群体，也有完全由政府托底的困难户、低保户、高龄失能等养老群体，也有如伤残军人等为国家作出过重大贡献的特殊老年群体，当然，更多的可能还是本案例重点的研究对象——“夹心层”养老群体。为了满足上述的不同的养老群体，现行的养老体系也产生了不同的养老机构，除了“福利院”“光荣院”“疗养院”这些为特定养老群体所设立的养老机构外，本案例重点研究“夹心层”养老群体最常使用的养老机构，即“养老院”和“养老驿站”，并进行了实地调研。

1. “子女能送你们来 C 养老院，就不能说他们不孝顺了！”

“我经常跟我们这边的老人说的一句话就是，你们的子女要能送你们来咱们养老院，就已经不能说他们不孝顺了！”这是接待我们的负责人 A 在接受我们采访时说的让我们印象深刻的一句话，这句话也在一定程度上反映了养老院在面对“夹心层”老人群体时，存在的局限性（见图 14－8）。

图 14－8　C 养老院大门

资料来源：实地调研拍摄。

（1）C养老院的区位概况。

C养老院位于北京市朝阳区J街道，交通便利，位于983路公交沿线，也可乘坐306路、851路公交抵达，紧挨着机场高速，未来地铁平谷线也将路过此处。

（2）C养老院的规模及其他概况。

C养老院占地面积约15万平方米，建筑面积26000平方米，总床位800余张。养老院内种植了大量的果树、蔬菜和绿植，绿化率达到了70%以上。C养老院距离J街道最大的社区——幸福家园社区只有1千米的路程。

C养老院的工作人员主要分为社工和护工，前者主要负责老年人的精神护理，后者主要是对老年人的生活护理。与养老院负责人A的采访中我们了解到，一般比例是100个老人有一个社工就可以，C养老院目前有140多位老人，却有3个社工。护工由于直接服务老年人的工作性质，一般按护理的条件，比例大概在1:3，有一些自理老人护理的需求弱一些，目前护工数量为35个。医疗方面，有1位中医、1位西医，还有1位护士长和4位护士，以及康复师和理疗师等。

（3）C养老院的管理和运营现状。

C养老院属于完全民办的养老机构，作为J街道规模最大的养老院，同时负责J街道两个养老驿站的实际运营。我们对养老院的负责人进行了访谈，关于养老院目前的入住率，负责人A表示：“虽然有800张床位，但是我们有的老人说要包间的两个床位，他可能不太喜欢跟别人住在一起。目前养老院有140多位老人，基本上年龄都在80多岁以上。能够自理的老人约占总数三分之一。入住率按床位算的话不到50%，但是按照房间算的话，肯定是超过50%。”

C养老院是医保定点单位，老人可以直接在养老院看病拿药，费用均可纳入医保，养老院院内全天24小时均有专业的医护人员值班；同时在C养老院的院区内，还有24小时不间断实时监控，最大程度地保障了老人们在园区内的居住安全。

C养老院是J街道最有代表性的普惠性养老院，这和动辄需要先交200万元才能入住的高端商务养老院是有着本质区别的。养老院内有着各类生活配套设施，包括乒乓球室、台球室、户外健身等运动设施；还有图书室、电脑室、棋牌室、多功能娱乐室等满足老人文化和精神需求的设施。通过访谈，我们了解到C养老院的收费主要根据老人选择的房间情况和老人的自理程度来确定。“一是看选择的房间是朝阳面还是朝阴面，二是是否想住单间，三是看他的自理程度，一般根据这三方面来决定收费。目前老人每月付费在5000到1万元之间，5000元里边是包含吃、维修、耗材等所有基本生活保障费用，每月初结算当月费用。”除此之外，老年人入住养老院还有试住期，一个月内试住可随时退住，充分尊重老人意愿（见图14－9）。

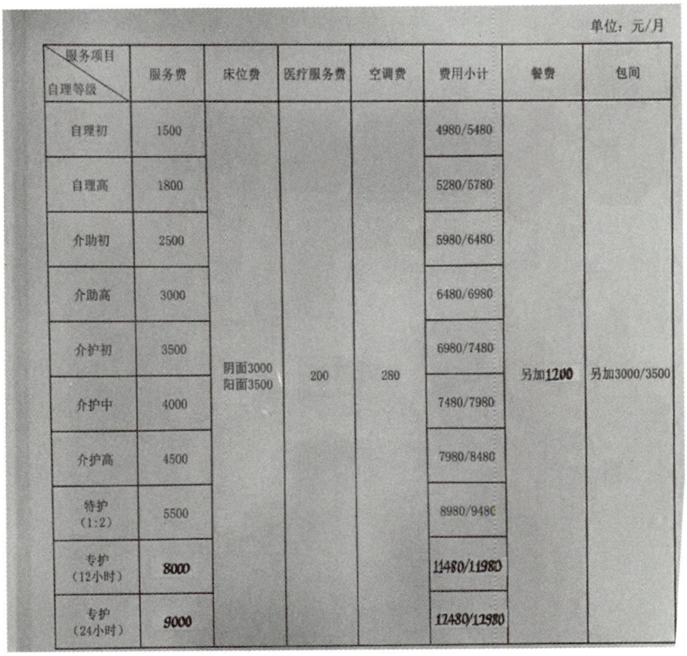

单位：元/月

服务项目 自理等级	服务费	床位费	医疗服务费	空调费	费用小计	餐费	包间
自理初	1500	阴面3000 阳面3500	200	280	4980/5480	另加1200	另加3000/3500
自理高	1800				5280/5780		
介助初	2500				5980/6480		
介助高	3000				6480/6980		
介护初	3500				6980/7480		
介护中	4000				7480/7980		
介护高	4500				7980/8480		
特护（1:2）	5500				8980/9480		
专护（12小时）	8000				11480/11980		
专护（24小时）	9000				12480/12980		

图 14－9　C 养老院服务价目表

资料来源：实地调研拍摄。

通过与负责人以及老人的交流，我们了解到 C 养老院的日常活动是比较丰富的。每天都有由社工组织的日常活动。每周会组织两次看电影，下午的时候会组织老人折纸，有时候会围在一起，聊会天、唱首歌之类的，还会有古琴课等兴趣课程。负责人 B 也提及了非自理老人参与活动的情况，非自理老人不太好组织，但是不太好组织也得让他们参与进来，老人在园区内可以自由活动，有 360°无死角监控保障安全，但是如果老人要出园区，需要家属签署同意外出协议。对于非自理老人，护理员每天上下午都会推出去遛弯，在天气好的情况下，就在楼前平台组织晒太阳（见图 14－10）。

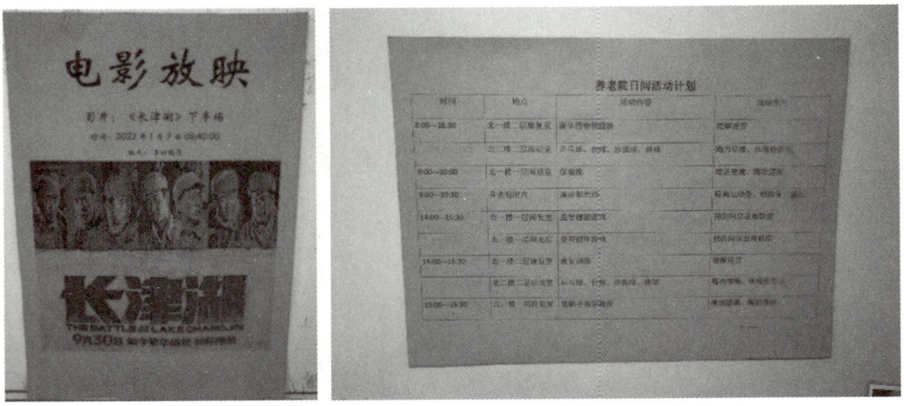

图 14－10　养老院日常活动表

资料来源：实地调研拍摄。

（4）与C养老院负责人和老人的访谈。

通过我们和养老院负责人的访谈，我们发现养老院负责人对于养老院的基本情况和运营情况还是很满意的，作为J街道最大的养老院，无论是养老院的园区设计，人员配备，日常活动的规划都十分不错的，同时，作为非营利性的普惠养老院，C养老院的收入能够满足养老院的正常开支和运营。养老院自身也有着比较完善的监督管理机制，负责人会定期行政查房，询问一下老人最近情况以及护工服务的质量或内容，对反映的问题会进行讨论。例如，之前由于给老人做大锅饭，照顾到一些牙口不好的老人，养老院食堂的菜品普遍会做的口感比较软烂，有的甚至已经没有口感可言，一些牙口还不错的老人在反映这个问题后，食堂新增了一些口感正常的“硬菜”，这在后续与老人访谈时也得到了证实。

但是，在与机构负责人访谈的过程中还是有两点引起了我们的注意。第一点是在谈及政府扶持情况时，我们发现政府对于C养老院的扶持很少，或者说是几乎没有扶持。政府主要扶持的对象是老年人，政府会针对老年人提供每月600元的补贴，这个补贴叫养老券，只能在养老机构这种类似机构来消费。虽然对于机构本身的补贴力度不大，但是政府的这种行为算是一种迂回策略，如果老年人不消费，这笔补贴就会作废，这就起到了刺激老年人来养老机构消费的作用。第二点是，C养老院作为J街道最大的养老院，在朝阳区也是规模不错的普惠性养老院，然而该养老院的入住率也就只有50%左右。通过访谈我们得知，虽然C养老院是J街道最大的养老院，可是入住的基本上没有J街道本地人，大部分是北京市区的老人，甚至还有一部分外地老人。负责人告诉我们，他们养老院来入住的老人大部分是独生子女家庭，或者老人在家不能完全自理的老人，其实这种情况很常见，在市区里子女由于工作节奏快，无法照顾老人的日常生活，老人在市区内又不具备抱团取暖的条件。而对于北京城区内的工薪家庭，不管是依靠老人的养老金，还是子女全额出钱，每月花5000元左右送老人来养老院是完全负担得起的，城区内的观念也比较新，但是J街道本身属于北京郊区，大部分是农民或者工人，子女的工作强度不大，一方面子女有余力照顾老人，另一方面老人在农村的也可以相互照顾，他们可能没能力也不愿意每月花5000元以上用于养老（见图14-11）。

我们同样与养老院里的几位老人进行了交谈，几位老人对养老院的服务都基本满意，对于养老院负责人所说的一些问题也表示认同，考虑到有的老人视力已经不是太好了，我们对老人们进行了口头的调查打分，整理如表14-3所示：

图 14－11　与养老院负责人访谈照片

资料来源：实地调研拍摄。

表 14－3　养老院老人打分表

打分人	评分项目（单项满分 5 分，总分 40 分）								总分
	环境	食堂	护工	社工	负责人	房间	收费	日常活动	
X 爷爷	4	3	4	4	5	4	4	5	33
W 爷爷	5	3	4	4	5	5	4	5	35
Y 奶奶	5	4	5	5	4	5	4	3	35
F 奶奶	4	3	5	5	5	4	4	4	34
G 爷爷	4	3	4	5	5	3	4	5	33

资料来源：实地调研整理。

可以看出老人们普遍对于养老院还是比较满意的，除了大家普遍对于食堂有些不满，不过老人们也表示理解，认为大锅饭本身就不好做，尤其是给老人，众口难调。通过访谈我们还发现，养老院里的老人更看重的主要是和其他老人的氛围和日常活动，对于价格并没有特别在意，都认为价格在可接受的范围内（见图 14－12）。

图 14－12　与养老院老人访谈照片

资料来源：实地调研拍摄。

（5）小结。

在离开 C 养老院后，我们来到了距离其 1 千米的幸福家园社区，对于社区的住户进行了随机采访，通过采访我们发现，所有的受访者都知道 C 养老院，而且知道 C 养老院办得不错，但是与此同时他们也表示，基本上没有当地老人住在那里。当问及他们自己的想法时，近一半的受访者认为收费太高没有必要去，另一半则认为不愿意住在养老院。

C 养老院无疑是一家符合“夹心层”养老群体定义的优秀养老院，无论是养老院的负责人还是入住的老人都对养老院比较满意，但是它也只能满足部分“夹心层”老人群体的需求，甚至很难对其周围的社区起到解决养老问题的作用，这实际上也是这一类普惠性养老院的通病，在政府补助几乎没有的情况下，为了维持经营，“夹心层”中仍有一部分人群对于价格望而却步，这类养老院可能只能解决“夹心层”老人中观念开明，个人或子女收入水平中等偏上群体的养老问题。

2.“鸡肋”的养老服务驿站

北京市现有星级社区养老服务驿站 814 家，基本上都是由养老机构或养老行业的相关企业来进行管理。J 街道共有两个养老驿站，辐射 J 街道 13 个社区。由于 J 街道养老驿站的运营是由 C 养老院进行的，所以我们对驿站的负责人 B 同时进行了访谈。养老院以运营商的身份参与运营，为 J 街道的两个养老驿站提供工作人员和相应的服务（见图 14 - 13）。

图 14 - 13　J 养老服务驿站

资料来源：实地调研拍摄。

（1）J 养老服务驿站的基本情况。

J 养老驿站位于 J 街道 J 社区的门口，地理位置对于 J 社区的老人来说十分便利，事实上，我们在实地调研的时候看到，J养老服务驿站门口的小广场处确实聚集了十余名老人，但与C养老院不同，J养老服务驿站的运营情况只能用惨淡来形容。即便是一月份，小广场上的老年人宁愿露天聊天下棋，也不愿意走进一步之遥的养老驿站室内（见图14-14）。

图14-14　J养老服务驿站门口老人

资料来源：实地调研拍摄。

在之前与负责人B的访谈中她也表示，当前养老驿站的运营情况并不是很理想。一是工作人员相对短缺，二是区域老年人观念影响了对养老驿站服务的需求，“我们这儿现在真正需要服务的那些老人，他家里子女一般都得有4—5个了，都在家里，可能对额外的服务需求量并不大。而且他们还有一种思想，就是说在家养老、养儿防老，观念还停留在这儿。其实驿站的工作量很小，需求的人并不多。而且尤其是在我们城郊，城郊这块一般的50多岁没有工作，都是在家待着，有时间照顾老人，导致驿站运营得不好。”但是看着门口的这些老人，我们还是带着问题走进了驿站。

由于疫情的原因我们并没有上到驿站的二楼去看，驿站的门脸很小，一进去只有两名工作人员，在表明我们的来意后，对方告诉我们因为疫情我们只能在一楼看看，一楼空间不大，大概十几平方米的样子，门口摆满了各种售卖的食品特产，像小市场一样铺开，和我们想象中的有食堂，有老年活动中心的驿站完全不同。由于去不了二楼，我们只能和驿站的工作人员聊一聊，从他们那里得知，驿站的运营情况非常不好，我们去的时候驿站内没有一位老人，工作人员介绍说其实一天下来也不见得会有一个老人来，多的时候也就三四个，而且都是固定的几位老人。

（2）老人们对于J养老服务驿站的不信任。

养老驿站门口的小广场上十几位老人宁愿在寒风中聊天、下棋也不愿进驿站的情况引起了我们的好奇，于是我们便对其中的几位老人进行了访谈。一开始，老人们的态度是比较不友善而且很警惕的，但是在我们表明了自己的身份和来意之后，老人们的态度逐渐缓和下来。我们提出了疑惑，这么冷的天气为什么不到养老驿站活动。提到养老驿站，一位老人情绪激动地说：“我去那地方干嘛，小伙子？我去那买那些特产吗？那是正经给老年人盖的地方吗？里面能吃饭，我敢在那吃饭吗？里面能活动，有在外面活动自由吗？这个东西有什么用呢？”说完，他就起身离开了。可见，在至少在 J 社区，养老服务驿站这种形式是不受当地老年人认可的，驿站经营不善，投入少，管理人员少，无论是理念还是驿站的经营情况都不被当地的老年人接受，对于驿站的宣传和管理也不到位。

（3）J 养老服务驿站的恶性循环。

J 养老服务驿站的实地调研令我们唏嘘不已，社区养老服务驿站本身就是“夹心层”养老的重要的一环，它应该承接很大一部分认为养老院收费过高，或者离家太远，又在完全居家生活上存在困难，如无法自己买菜做饭，收拾屋子；或者是希望在社区养老服务驿站和其他老年人交流、下棋，或者进行其他日常活动的“夹心层”养老群体。但是事实上，现在养老服务驿站的困境还很多，完全由企业主导就有盈利的需求，但是收费高本身就不符合养老服务驿站的定位，同样也会失去老年人的信任。但是从企业的角度，如果驿站项目不盈利，就不会投入大量人力物力，驿站本身不能有过多盈利项目，就利用空间摆摊卖货，没人来就减少资金投入和人员投入，这样的做法只会让老人对驿站更加不信任。

（4）J 养老服务驿站面临的困境。

J 养老服务驿站所面临的困境，或者说现在绝大多数养老驿站最大的问题就是政企分离。一方面政府有要求，每个地区必须有养老驿站；另一方面，政府不介入管理，所给的补贴对于驿站的运营来说微乎其微，交给企业运营避不开收益，没有收益企业也无法维持驿站的运转，无法投入人力和财力。与此同时，对养老驿站的宣传也是不到位的，老人的观念不接受养老驿站，同时也不信任养老驿站。

C 养老院的负责人在接受我们采访时也承认，驿站目前的经营很不乐观，做的不算很好，需求量也很小，但他们都认为驿站才是未来养老发展的方向。我们访谈的过程中也谈到了对于未来养老形式的展望，作为长期从事养老事业的从业人员，两位负责人都有一些感慨和见解，除了政企分离的问题外，他们认为观念也是目前影响驿站的一个阻碍。“现在北上广三大城市的养老政策、养老问题可能养老机构会居多一些，当你走出这几个城市的时候，还是以子女养老为主，老人就想在家躺着，也不去养老机构，觉得去了怕人笑话。其实等到我们这一代老的时候，我们首先主动会找到社区解决养老问题，要是社区解决不了我的养老问题，我会再找养老机构，可现在的老人不是这样的，他们找子女解决所有问题。”

（5）对于养老服务驿站的展望。

对于养老方式的发展方向，C养老院的负责人B认为，从经济条件和居民观念来看，未来的发展方向还是会以居家养老为主。“居家养老的费用还是比养老机构要少，以后的养老的还是推向居家，毕竟压力要轻一些。”

说起养老机构的建设，负责人B更看好养老驿站的发展。“现在不提倡再开养老机构了，几年前部分区域可能还有多建几家的规划，现在市场已经把这扇门慢慢关上了，主要原因在于重点转向居家养老，要想办法扶持驿站。”

但是现在驿站所面临的问题，仅仅靠企业是不可能解决的，养老服务驿站和盈利本身就存在矛盾，同时缺乏政府的牵头和监管，人们很难对养老驿站重新信任起来，服务水平也很难跟得上，向周围社区的老人提供基本养老服务是驿站的一个职能，如理发、洗澡等，但在具体的落实环节上还有许多可以改善的地方，例如，可以由政府牵头，为老人设计一条基本养老服务热线，同时对派出的护工进行实时监管，明确护工多久能到家，若服务不满意可通过热线进行投诉，只要驿站能够提供优质的服务，快速应答，加上适当宣传，人们接纳养老驿站是早晚的事。同时，对于优质的服务人员，驿站也应给予奖励，这样才能有提供良好服务的动力。

我们所调研的J地区的养老驿站，是北京市814家星级驿站中星级最低的1星驿站，而1星养老驿站一共有374家，占总星级驿站的46%，也就是说接近半数的星级驿站都属于1星驿站，如果大部分的1星驿站的运营情况都和J地区的养老驿站类似，那么目前养老驿站的运营情况不容乐观，存在着很多需要解决的问题。而这些问题都十分需要政府的介入，需要关注到“夹心层”养老群体的养老诉求和未来方向。运营良好、能够提供优质服务的养老驿站一定是未来“夹心层”老年人群体的养老方向，未来随着人们观念转变和对驿站的宣传，让养老驿站的概念在人们心中印象不断加深，相信早晚会迎来属于养老服务驿站的春天，但在那之前，养老驿站在政企合作方面还有很长的路要走。

（四）多宜性养老体系建设中的政府期待与干预

1. 北京市民政局调研：监督管理，积极引导

针对多宜性养老体系建设中政府发挥的作用，我们按照地方统筹管理和基层具体管理的层级，对北京市民政局的工作人员和J街道民政科的工作人员分别进行了调研。我们首先访谈了北京市民政局的工作人员Y先生。由于疫情防控的原因，我们的调研以网络会议的形式进行。

Y先生从总体的角度对北京市的养老机构情况进行了介绍。养老服务机构按建设

运营情况目前分为三类：公建公营、公建民营和民建民营。第一种公建公营机构为政府主办，具有事业单位的性质，主要面对一些革命老同志，还有一些失独的烈士父母，社会老人比较少，机构数量比较少，全市一共二三十家左右；第二种公建民营，政府出地，运营方交给企业，主要面对一些基本养老对象，如五保户等；第三种民建民营属于纯民营企业建设的机构，面对全社会老人，根据它的服务质量有不同的价格，可自行选择。目前北京市共有养老院 580 家左右，其中 80% 属于民建民营的养老院；养老驿站 1200 家左右。也就是说整体的养老服务机构在 1800 家左右。目前使用养老机构的老人数量不到 5 万人，而北京市 2021 年末常住老年人口 441.6 万人，按比例来看其实很少，且入住养老机构的老人中失能比例较高，对于能自理的老人来说，基本还是居家养老为主。“目前公营的养老院可以说只面对极少一部分老人开放，平时民政部门还是主要针对困难群体如基本养老对象比较重视。正常能够自理的老人就不会过多地关注，毕竟资源有限。有些条件好的老人可能会选择高端养老来满足自己的需求，但是这种的也很少。”

对于市级政府机关参与养老机构建设的形式，我们调研得出市级的民政部门和其他有关部门对养老机构起到全方位监督管理的作用。《养老服务机构登记与备案管理办法》是目前最新出台的关于养老服务机构的管理文件，在该管理办法中指出，市各级民政部门和市场监督管理部门需要依据其各自不同的职责分工，负责相关养老服务机构的登记。民政部门则主要负责本市养老服务机构的相关备案工作。市一级的民政局需要对养老服务机构备案工作进行指导、监管；区一级的民政局需要对辖区内养老服务机构备案做到 100% 监督管理。

Y 先生对于星级机构的评定标准很有研究，并且对评定的大概流程进行了讲解：“机构和驿站都有星级评定，每年提交资料之后，各区和市里的养老行业协会按照国家标准和北京市的地方标准的指标进行打分考核，进而对养老机构进行等级划分与评定。评定的主要内容就是服务质量和运营情况，例如，卧床的老人不能有褥疮，重度失能的老人指甲要干净，房间里的通风是否良好这些最细化的内容，还有一些关于服务能力，例如，因噎食喝水呛水怎么处理，运营情况，例如，食品安全、消防等。打分后进行星级评定，养老驿站是一星至三星，养老院是一星到五星。补贴的实施的办法和等级有关，星级越高，拿的补贴就越高。一星的养老驿站占比是最高的，按今年的新规定每月至少有 1.4 万元的补贴。”但我们发现，目前驿站的主要重点是为基本养老服务对象提供好基本养老服务，并且人均补贴很少，占比最大的“夹心层”群体没有获得更多关注。

对于目前部分养老驿站发展的困境，Y 先生也提出了自己的看法：“养老驿站发展困难的地区有一个特点，如延庆作为一个深山区，它的驿站就开办的很费劲，原因在于首先老人都属于经济条件不太好的老人，不太认可驿站服务的价格；还有距离也离得比较远，分布不密集。相比而言，做得更好的驿站在城里边，因为它位于成熟社区，人口密集；另外，住在城里边的老人一般来说退休工资也不低，能够为了方便省事接受十几块钱一顿的饭，可是对于一些深山区的老人，他觉得很贵并且距离也远，不舍得花十几块钱去订一份餐，认为自己一个馒头一口汤就能解决了。这样就导致这些驿站受众较少，运营的时间成本还有经济成本相对增加。"

通过和 Y 先生的访谈，我们总结出，目前的养老机构呈现"哑铃"的特质，即企业重点关注高端养老，政府重点关注基本保障，对于广大的"夹心层"群体没有更多关注，宜"两端"不宜"中间"；同时，尽管政策对养老驿站有一定扶持，但是补贴不足以支撑其良性运营，"夹心层"的养老需求得不到妥善解决。

2. J 街道民政科调研：参与建设，身体力行

接下来我们来到了 J 街道民政科，与 X 科长进行了访谈。提到 C 养老院，X 科长表示："C 养老院是我们这里走出去的企业家回报家乡，出资建设的养老院。你们调研的时候肯定也能看出来，这在北京市范围内都属于条件好的养老院。" C 养老院作为 J 街道规模最大的养老院，经常受到民政科的关怀："建设的时候我们 J 街道也提供了很多帮助。现在我们每个月都去看一下机构的运营情况，在过节的时候不定期地检查一下，慰问一下，如重阳节、春节之类的节日就会去慰问一下老人，组织一些活动。" X 科长经常深入养老机构进行调研，对养老院老年人的需求深有感触："养老院机构的老人需要关怀。因为他们本身离开了他们熟悉的居家环境，到一个相对陌生的养老机构，哪怕它设施再好再高端，老人也会存在这种情感上的需求，如孤独、包括思念子女等。所以养老院还是要重视精神方面的关怀。(见图 14-15)"

图 14-15　J 街道民政科访谈

资料来源：实地调研拍摄。

但是，对于C养老院对J街道养老工作的支持，X科长的态度不是很乐观。“其实我们街道没几个本地人能住得起C养老院，大部分人的退休金支撑不了里面的开销。C养老院面向的都是城中心的老人或者是外地的老人，都是能一年能有10万、8万的收入才有资格入住。虽然C养老院定位是普惠性养老，但是它的价格也不是我们街道的老人能享受的。我们街道绝大多数老人还是依靠居家养老。”

谈起如何满足居家养老老人的养老需求，X科长也谈到了养老驿站。目前J街道一共有两个驿站，辐射13个社区，都是委托C养老院来运营管理，建设的初衷就是在满足基本养老对象需求的同时，为J街道的所有老人提供服务，建设多宜性的养老体系。但是X科长也承认，目前两个养老驿站的运营情况不容乐观。说到养老驿站在J街道运营状况不理想的原因，X科长提出了自己的看法，他认为主要包括几个原因。一是居民的观念问题和经济问题：“本地的老人首先退休金有限，我们街道的老年人很多都是农民转的城镇户口，他们的收入和消费观念和城中心的老人不太一样。我们街道很多老年人的子女有三四个，都在本地附近工作，所以养老观念还是停留在依靠子女养老的阶段。”二是J街道养老驿站的实际建设有待改善：“目前两个驿站都是C养老院来运营，但是补贴又比较少，没有钱来雇佣额外的员工来运营养老驿站。两个驿站辐射13个社区，范围过广，但是目前真正的需求又不大，这就导致驿站收入和补贴很少，养老院缺乏运营积极性，但又要完成政策两个驿站的运营要求，这就形成了恶性循环。城市中心的养老驿站比我们做得好，餐饮、服务包括设施建设都很到位。他们可能提供服务的水平、内容会丰富一点，因为服务的人群多、服务率高、认同度高，聘请的人员也多，提供的服务就更到位，也有盈利模式，这是一个良性的循环。要想真正满足各个收入阶层老人的需求，我们的目标就是建设这种驿站。”三是补贴覆盖不均抑制了需求：“现在只有非自理的老人通过申请可以获得补贴，自理的老人去驿站享受养老服务要自费。这就抑制了大多数老人去驿站消费的积极性。”

尽管如此，X科长还是很看好养老驿站，并提出了自己的设想：“首先这个趋势和设想是好的，能够解决绝大多数老年人的养老需求，要想真正构建多宜性的养老体系，就需要大力推广这个便民设施。只不过现在可能确实还是一个观念问题，很多老人还接受不了，个人的观念转变需要一个过程，养老驿站可能更适合10—20年之后的老人。将来可能就是托老所的形式，或者是社区食堂、活动中心的形式。总之，作为基层养老工作者，目前养老驿站的建设可能还不够完善，但我相信将来养老驿站能惠及街道的每一位老人。”

（五）案例小结

养老“夹心层”是本案例关注的主体人群，这是一个既不属于基本养老服务对象（经济困难或重度失能、失智，需要靠政府完全兜底）的养老人群；也不属于动辄能够拿出200万元以上用于高端商业养老机构的高收入群体。事实上，养老“夹心层”更能代表绝大多数的人民群众在面对养老问题时所处的尴尬的位置，本案例重点关注这一庞大而又十分容易被人忽略的群体。通过对养老机构、养老服务机构和市各级民政部门的探访研究，在还原目前养老“夹心层”养老现况的同时，也对养老“夹心层”未来的养老方向进行展望。根据我们对北京市J街道的实地调研，普惠性养老院只能满足一部分“夹心层”老年人，这部分老年人有负担每月5000元以上的养老费用的能力，也有离开家庭，前往机构养老的意愿。然而养老服务驿站却理应在多宜性养老关爱体系中扮演更重要的角色，它以远低于养老院的价格，为有需求有意愿的老人提供了相应的服务和活动场所，养老服务驿站应该成为居家养老的“最优解”。然而，目前北京市的养老服务驿站普遍以民建民营为主，民建民营更多的还是以利益驱动，如果无法盈利自然无法持续经营下去，但是养老行业不同于其他行业，要想在保证服务质量、食品安全等问题的同时还保持盈利，无疑是很困难的，这中间需要政府的介入。如何通过政企合作构建一个适合“夹心层”中不同群体的养老关爱体系是我们本案例探讨的主要内容。

三、案例分析

（一）案例分析方案

1. 研究背景与意义

随着人口老龄化程度不断提高以及生活水平的改善，我国老年人的养老需求面临着越来越大的挑战。老年人口的日益庞大、养老问题的逐渐突出促使国内外学者开始涉足该议题的研究。国内外养老问题的研究主要分为三个阶段：第一阶段为20世纪80年代前，由于我国刚开始建立社会福利制度，国家财力微薄，社会物质匮乏，国内养老主要靠家庭养老以及国家提供的低水平福利制度，因此该阶段国内研究成果较为缺乏，学者以及相关机构工作人员主要工作在于结合西方养老研究经验在实践中摸索成长。第二阶段为20世纪80年代至2000年左右，一方面，一些学者在研究家庭规模和人口流动问题时，发现我国家庭养老力量的欠缺；另一方面，改革开放使得人们的思想观念发生转变，因此该阶段学者和政府官员们主张依靠国家和社会的力量共同提高养老能力，如建立养老院、老年公寓等养老设施。最后一阶段为2000年至今，这一阶段学者们将目标转向社区养老、商业养老、养老保险以及社会化市场化的养老服务等领域，并因此衍生出各种养老模式，然而，由于目前对于养老模式的观点众多，即使是同一内涵的学术概念，因其分属不同的理论体系，能够形成统一化、系统化的养老理论体系却不多见，因此对于养老模式的研究仍然需要经历更深层次的推敲。

对于养老方式的称呼存在各种名词，如“养老模式”“养老体系”等，而对于养老方式的各种分类，目前各个学派的研究中，对划分的依据以及分类名词的定义各不相同，因此在进行案例分析之前需要对本文所涉及的养老问题及其下属的类别定义作出简要的辨析。首先对于养老的内容，大多数研究者已经达成了共识，即为老年群体提供经济物质资源以及生活和精神方面的照料。对于老年群体的界定，国内外的研究也各不相同，由于老年人的年龄涉及是否纳入国家相关政策考虑的依据，因此本文将“老年群体”界定为60岁以上的人口，即老龄化人口。对于养老研究中常见的两个概念“家庭养老”与“社会养老”，学术界也存在众多争议，大多数学者认为这两个概念应该依据“养老的经济来源”作为划分标准；而穆光宗则认为在界定养老概念时不应只顾及物质方面的评估，老年人的养老感受也应该作为一种划分依据，因此，他提出“养老支持力”这一划分标准①。

目前，由于我国幅员辽阔，各地域区位优势、城乡差异较大等原因，难以像上文所述形成全国统一的养老模式，因此，综合以往对国内养老模式的研究，本文以养老服务的提供来源为划分依据，将国内学者所提倡的养老模式总结为三种：以家庭养老为主的养老模式、以社会养老为主的养老模式、以自我养老为主的养老模式。

就目前对于养老模式的研究来看，仍然存在许多亟须进一步研究的问题。首先，中国养老问题的显著特征为不均衡性，这种不均衡性一方面体现在老年人口的分布上，即农村与城市间老年人口分布的不均、发达地区与不发达地区老年人口分布不均；另一方面体现在对养老问题关注与研究程度的不均，即目前的研究大多关注以机构养老为主的高端养老客户群体以及以政府兜底、养老保障为主的低端养老客户群体，而占据养老需求中极大比例的“夹心层”却很难被顾及。其次，正如上文所说，目前各方学说对于该议题，如“家庭养老”“社会养老”“自我养老”等关键性概念的理解相差悬殊，缺乏明晰的界定，因此难以对养老模式进行更深入地研究。最后，许多学

① 穆光宗，姚远．探索中国特色的综合解决老龄问题的未来之路——“全国家庭养老与社会化养老服务研讨会”纪要［J］．人口与经济，1999（02）：58－64.

者对于养老模式的研究仍然存在碎片化、片面化的特征，这种片面化不仅体现在其研究视角没有得到系统性的整合，例如，大多学者仅从老年人视角或某一机构本身来研究该议题。除此以外，对于养老模式中价值导向的重视程度也有所欠缺，从资源和服务的供给方面来看，对于物质、经济层面的研究较多，对于生活照料及精神呵护的关注度较少；同时，养老意识和价值观的转变方面很少存在专门的研究，而养老价值观的转变则恰恰是转变期望阈值构成结构，提高老年人感知养老服务质量的重要手段之一①。

另外，在养老产业政企合作的研究方面也存在数量和质量的欠缺。甘炜认为在政企合作的过程中，政府仅仅起到鼓励支持社会力量参与的作用，企业才是整个养老产业的经营和管理者②。而张新生则认为政府应该健全包括收入补偿机制在内的整套制度，在划清政府职能边界、加强产业监管的同时，从制度设计以及专业监管的角度有效统筹产业发展③。该方面研究的共同点都是为了明确社会资本的引入可减少行政成本，提高养老问题的治理效能，然而并非所有的情形中政府的引导力度与企业的参与程度都是一成不变的，不同的养老模式依据不同人群的需求特点应配置不同比例的政企力量，从而适宜不同层次人群的需求。

综上所述，上述各个学者提出的养老模式都有其独特的适用范围，因此一旦对该养老模式所适用的地理边界加以界定，面对上述一系列有待进一步研究的问题，它便很难顾全区域内所有老年群体，并依据不同的需求层次将养老模式中所提供的物资与服务进行分配。因此，本文提出一种多宜性养老关爱体系，全方位、多层次地将不同行动主体所提供的养老服务与老年人的身体、经济和家庭状况进行匹配，充分发挥治理区域中政府、机构、家庭和各方社会力量的支持作用。对于这种多宜性养老关爱体系的概念辨析和运行机制将在后续的案例分析过程中穿插体现。

2. 研究对象及典型性分析

根据上文对往年研究文献的梳理可以发现，我国对于养老模式的研究存在研究区域以及研究对象群体的不均衡性，因此，为了充分体现多宜性养老关爱体系全方位、多层次的服务特征，必须兼顾其对于不同区位的影响力以及其服务对象的全面性。本文选取北京市朝阳区J街道的养老模式作为研究对象，正是因为其在养老需求和养老服务提供方面具有层次化、多样性的特征，街道办事处及其辖区内的养老机构与养老

① 包国宪，刘红芹．政府购买居家养老服务的绩效评价研究［J］．广东社会科学，2012（02）：15－22.

② 廖楚晖，甘炜，陈娟．中国一线城市社区居家养老服务质量评价［J］．中南财经政法大学学报，2014（02）：46－50.

③ 张新生，王剑锋，张静．我国养老产业转型和优化发展的思考［J］．湖南科技大学学报（社会科学版），2015，18（03）：111－115.

驿站在国内多宜性养老关爱体系中具有相当程度的代表性：首先，J 街道在地理区位上具有城乡村结合的特点，因此其居民构成方面具备足够的层次纵深，从而使得其多样化的养老需求能够充分体现上文养老模式中的矛盾。其次，J 街道在朝阳民政局的大力支持下，由民办企业建立起 C 养老院这一非营利性养老机构，以及 J 社区养老驿站和 D 养老驿站，充分结合了政府、社会以及家庭自身的养老力量，以此为调研对象可以有效观测出多宜性养老关爱体系在养老资源按照不同层次需求的精准配备传输上是如何体现的。最后，先前学者们对于养老模式的研究往往因其适用范围以及单一模式的固定性而局限于某一养老机构或某几个社区，但多宜性的养老关爱体系应当具备更广的辐射范围以及更多级的服务层次，并且其养老资源的配置权重也应当随着受众群体层次的不同而进行相应的调整，因此本文从街道这一更高层的视角进行观测，并且后续的案例分析环节也能够印证以该边界为研究范围的合理性与有效性。

本文主要通过以下几种途径对 J 街道养老模式运行情况进行实地调研，力求还原各方养老模式参与主体的真实参与情况以及受众群体的养老体验情况：一是通过政府网站以及媒体报道收集 J 街道养老服务的相关信息，包括基础设施配备、基本营业情况、街道办事处治理能力以及当地社会经济数据等；二是通过对 C 养老院机构负责人、J 社区养老驿站、J 街道政府民政部门职能人员进行半结构化采访，了解整个养老模式的运营和治理过程；三是对参与该机构养老的老年群众以及驿站附近的老年群体进行采访，从养老服务受众的角度了解公众真实意愿以及服务的提供情况；四是通过对 J 街道老龄人口进行问卷调查，了解养老群体不同层次的比例以及其养老需求。

3. 理论基础与分析工具

本案例将使用“服务链”理论对 J 街道多层次养老服务的经验、困境与成因进行分析，并使用“控制权”理论对“多宜性”养老服务的可能模式进行探索与设想。

（1）“服务链”理论。

“服务链”这一概念最早由 Edward G. 等学者在学术会议上提出，他们认为，政府、企业与社会组织等行动者存在一个隐性的链条，通过这一链条的联结，政府、企业与社会各方力量可以进行有机结合，从而促进服务质量和治理能力的提升。之后这一概念随着学者们的深入研究，逐渐演变成为“服务链”理论，与形成之初不同的是，理论化的“服务链”概念具体明确了参与产品服务生产与提供的各方行动者在各个阶段的地位和功能，为了更多地满足老年人的需求，与产品服务供给相关的地方政府、企业和其他社会力量组成网络，不同的行动者根据其在网络中所处的位置可以发挥出不同的作用，从而共同为服务受众提供所需要的服务。

为了使一条“服务链”能够稳定、高效地运行下去，就必须对网络中各个行动者之间的关系进行妥善处理。行动者在“服务链”理论中大体可以分为三类：产品设计者、服务提供者与消费者①。产品设计者的作用主要在于充分调查了解服务接受者的需求，并设计出可供选择、可行性较高的服务方案，根据方案规划相应的服务标准和要求。服务提供者则需要根据这些要求，在符合标准的情况下将产品或服务提供给消费者。而消费者的服务感知质量程度决定了其对产品的满意度，这种反馈也是“服务链”形成闭环的必要条件之一。产品设计者与服务提供者之间互相依存，根据消费者的需求，共同为消费者提供适配的服务。

服务链中的服务可分为三个阶段：前期服务、中期服务与后期服务。前期服务包括信息咨询、消费指导与政策规划等；中期服务是指消费者购买与使用产品过程中所需的服务，以及后续对产品的维护，包括保险、技术、维修与事务服务等；后期服务包括产品的更新换代、转卖等。本案例所要研究的多宜性养老关爱体系涉及地方政府、社会机构以及老人家庭等行动者，对于服务的提供方面也存在前中后期所需要努力的不同方向，因此使用该理论可以充分观察养老模式的内在运行逻辑并分析其困境产生的原因。

（2）“控制权”理论。

“控制权”理论是美国斯坦福大学社会学系教授周雪光根据前人提出的“委托—代理”理论、不完全契约理论等，结合中国国家治理的制度现状提出的一条新的研究思路。根据“控制权”理论，议题网络中的各方行动者主要分为委托方、管理方和代理方，并且“控制权”理论与“委托—代理”理论最大的不同之处在于，其结合不完全契约理论，根据剩余控制权的不同分配形式对网络内部行动者的权威关系和治理模式进行分类②，也就是说，委托者、管理者与代理者根据具体问题不同的领域特征，其权威关系以及对议题的参与程度也大相径庭。而本案例中提出的多宜性养老关爱体系正需要依据养老群体的不同需求层次，呈现出地方政府、养老机构以及养老家庭这些行动者组合的不同配比形式，通过“控制权”理论，我们可以对如今养老问题的社会治理格局进行更深入的探索。

（二）J街道多层次养老服务的现状与成效分析

1. J街道多层次养老服务现状分析

（1）养老群体需求层次划分。

由于本案例中提倡的多宜性养老关爱体系目的在于全方位、多层次地满足既定边

---

① 王莉莉．基于“服务链”理论的居家养老服务需求、供给与利用研究［J］．人口学刊，2013，35（02）：49－59.

② 周雪光．中国国家治理的制度逻辑［J］．北京：生活·读书·新知三联书店，2017.

界范围内老年人的养老需求，并将所涉及的地方政府、企业以及社会组织的养老力量涵盖于治理网络中，因此首先应对该区域范围养老群体的需求等级和参与提供养老服务的行动者主体进行细致明确的层次划分（见表 14－4）。

表 14－4　养老层次划分

<table>
<tr><th>高端养老群体
（月支出 >10000 元）</th><th>中高端养老群体
（5000 元 <月支出 <10000 元）</th><th>中端养老群体
（2500 元 <月支出 <5000 元）</th><th>低端养老群体
（2500 元及以下）</th></tr>
<tr><td colspan="3">城市养老</td><td>—</td></tr>
<tr><td>—</td><td colspan="3">农村养老</td></tr>
<tr><td colspan="2">外来养老</td><td colspan="2">—</td></tr>
</table>

如表 14－4 所示，本案例根据媒体报道、访谈资料以及问卷结果，将 J 街道养老群体的不同需求和养老服务提供者进行了层次划分。对于养老群体的需求层次，本案例提供了两种划分维度：第一，按养老群体月养老支出来看，J 街道的养老群体分为四种，即高端养老群体（月养老支出 > 10000 元）、中高端养老群体（5000 元 < 月养老支出≤10000 元）、中端养老群体（2500 元 < 月养老支出 ≤5000 元）和低端养老群体（2500 元及以下）。其中，J 街道的养老模式中对于高端、中高端养老群体的需求采取的是以机构养老为主、政府引导为辅的服务供给方式；对于中端养老群体采用以家庭养老为主，机构养老为辅的方式；对于低端养老群体则主要由 J 街道政府及下属社区基层工作人员来提供最基本的社会养老保障。第二，按养老群体的来源地分为乡村养老群体、城市养老群体和外来养老群体，其中，乡村养老群体比例较大，这部分群体由于思想观念难以转变以及对新兴的机构养老方式不了解、不信任等原因，大多更愿意采取居家养老的方式，而家庭以外的养老力量只能通过社区驿站以及社区志愿者等渗透进来。城市养老群体大多为工人阶级，由于这一群体的工作性质，其主要依赖的家庭养老方式难以满足老人的精神需求，因此机构与社会组织等家庭以外的养老服务以精神呵护为主。J 街道作为一个城乡结合的领域，其外来养老人口主要受到其内部养老机构的虹吸，例如，J 街道 C 养老院，其中入住者极大部分为乡镇外经宣传而来的老年人。

（2）养老服务现状。

目前 J 街道养老服务现状存在经济、生活照料以及社会支持三方面的困境。第一，经济保障方面。首先，体现在政府支持力度小，水平低。从实地调研以及相关政策文件可知，J 街道将老龄化人口划分为高龄老年群体（80 周岁以上）、失能老年群体、困难老年群体三类。并给老人发放助残券，60—90 周岁的老年人 100 元/月，90 周岁老年人 200/月。从现行的有关政策来看，目前各类政府保障对象的保障标准能满足基本生活，但无法保障其长期的照顾，夹心层群体无法得到有效的保障。

其次，大部分家庭无力承担养老服务支出。根据老年人的自理程度、房间朝向、房间类型、护理程度等情况的不同，J 街道 C 养老院的收费标准基本为 5000—10000 元/月，相较于在城市里有退休金的老年人而言，农村老年人没有经济收入，根本无力承担。尤其针对部分夹心层群体来说，没有子女或者是子女没有赡养能力，几乎很难从家庭里得到养老支持。

最后，社会组织志愿支持不完善。现阶段中国大部分的养老社会组织都是依托政府所发展起来的，以完成政策目标为导向，具有一定的行政意图①，不能确立以夹心层群体福利需求为导向的供给模式。在调研过程中发现有一些公益组织以 J 街道 C 养老院为志愿基地，开展一些养老志愿活动，但由于疫情原因，养老机构采取封闭管理的状态，志愿活动少之又少。缺少志愿氛围，同时也缺少志愿渠道，社会组织志愿支持不完善。

第二，社会支持困境方面。一方面，缺乏情感支持。老年人由于年龄、身体状况、接受新鲜事物的能力等多种方面的原因，与社会上其他人的联系较少，只能依靠子女以及配偶的关爱来得到满足。但目前年轻人工作压力较大，时间精力有限，能否给老人提供精神慰藉还存在疑问。J 街道 C 养老院以及 J 街道民政科都会举办相应的活动丰富老年人的精神生活，但是目前来看，无论是社会组织、养老机构还是政府所能提供的情感支持是存在局限性的，其服务的范围小、形式单一，并不能满足夹心层养老群体的情感需求。

另一方面，存在公共养老资源错配的情况。首先是存在资源浪费的情况，如一些养老机构有非常优质的人员资源但是并没有医疗资助；其次是存在养老饥饿状态，夹心层群体的养老需求高，但是自身无力满足，同时社会也没有相应的匹配。养老福利资源的错配使得本该为夹心层群体提供养老保障的社会福利设施无法承担养老的功能。

2. J 街道多层次养老服务成效分析

C 养老院的服务成效总体上符合其建立预期，且满意程度较高。从对管理者的访谈来看，其对养老院的服务成效较为满意，养老院能够吸引较多老年人口，且它作为非营利机构能够实现收支平衡从而实现可持续发展；对养老院内老人的访谈结果也体

---

① 倪东生，张艳芳．养老服务供求失衡背景下中国政府购买养老服务政策研究［J］．中央财经大学学报，2015（11）：3－13.

现该机构服务质量较好。但从我们对J社区居民的随机抽样访谈结果来看，居民大多数根本不知晓该机构，甚至许多老年人相当排斥该种养老方式，一方面说明机构养老的成效因人而异，另一方面，养老院的宣传还有待改进。社区养老驿站服务的成效则与其预期定位相去甚远，根据J街道民政工作人员的陈述，J街道所拥有的两所养老驿站本应实现J街道地理范围内全覆盖，但其提供的餐饮、娱乐和生活照料等服务因种类较少且人手和资源相对有限，周边居民的使用体验较差；而较远社区的居民则因地理距离的限制而不愿使用该驿站所提供的服务，导致养老驿站的利用率较低，既无法提供居民需要的服务，又造成了资源的浪费。根据问卷调查与实地走访的结果来看，反而是居家养老在养老群体中的服务感知质量较高，其子女和亲属提供的照料更加细致化与定制化。大部分老年人觉得，即使家庭养老能够提供的照料受到亲属时间精力的限制，由于其在精神上能够给予的慰藉在其他模式中难以企及，这种模式的成效依然是最高的。

（三）J街道多层次养老服务的经验要点、困境与成因分析

根据“服务链”理论，J街道养老服务可分为三个阶段。在产品设计阶段，地方政府聘请第三方机构对老人的养老需求进行调研，制定相关政策，推出合适的服务，给予服务提供者相应指导，同时进行宣传；在服务供给阶段，各式养老机构将其服务精准配送给合适老年人；在服务利用阶段，即为老年人有效认知并选择适合服务的阶段，同时享有服务提供者规定的售后服务以及通过对相关组织者的反馈实现养老模式的闭环管理。在J街道这一养老“服务链”中可以收获一些经验，但其中仍然存在一些困境。

首先，在产品设计阶段，J街道对于养老设施的建立遵循申请审核制，并且政府能够定期聘请专业的第三方机构对其内部工作人员进行相关服务的培训。从结果上看，接受服务的老年人对机构员工及地方政府较为满意，这反映了政企合作以及规范化的服务体系对养老这一议题的必要性；然而单一的政府主导模式使得服务对象、服务内容和服务方式的适配程度有待提高，通过实地调研我们发现，类似于C养老院这类服务较为完备、评价相对较高的机构实际入住率以及在乡镇的知晓程度却相对不高。以养老院一位爷爷的养老机构探寻之旅为例，他优先调研的较有名气的养老机构在养老条件以及服务满意度上都远远未能使他下定决心入住，反而是当他已经心灰意冷时才在C养老院找到归宿，这说明由于不同行动主体的选择性受益，政府对养老机构的帮扶以及宣传方面存在差异，甚至会因收益水平而选择帮扶更大型的企业。在政策方面，其补助发放也侧重于生活困难、失能与低收入老人这些弱势群体，导致我国

养老形成了“哑铃式”局面，大量居家养老的工薪阶层无法得到适配的养老资源，从而无法充分满足其养老需求，没有充分利用市场对社会资源的调控作用。

其次，在服务的供给阶段，基层社区在驿站的宣传方面开展了大量工作，作为对该社区养老现状最为了解的地方政府，他们能够将养老机构提供的服务精准推送给该社区的养老群体，可以看出，不管在哪一种模式下，需求与供给的对接工作永远是重中之重。将供需进行对接之后，养老服务的单一性便充分暴露出来，这也是日后需要改善的重点。一方面，服务对象存在单一性，正如上文所说，目前养老服务重点关注两类群体，即生活特别困难的低收入或失能的弱势老年群体，和经济条件优越的优势老年群体。对于普通工薪家庭的养老问题，基本没有纳入服务对象的考虑，虽然J街道针对普通工薪阶层的居家养老配备有全范围辐射的社区与养老驿站，但经过调研，发现其服务提供能力十分有限，由于该乡镇养老机构与驿站的人力和资源采取统一化管理，在服务安排倾向上，机构服务则优先于驿站，导致驿站的服务供给较为缺乏；并且附近的养老群体对该类服务的服务感知质量程度也相对较低，其养老功能远不及当初建立时的美好设想，这也体现出上文中计划导向性的缺陷。另一方面体现于服务内容的单一性，例如，J街道养老驿站所提供的服务较为基础，一旦涉及如厕、助浴等生活细节方面的需求，驿站就很难满足，必须通过请护工或保姆等方式实现，其成本并非普通家庭可以负担。并且通过对C养老院的走访我们发现，虽然整个机构表面看起来和谐安逸，但在日常的生活中，因顾及安全性与老人隐私等原因采取单人单间或一户一间房的住宿方式，老人经常经历类似“人际孤岛”的局面，从而使得其精神需求难以得到满足。

最后，在服务的利用阶段，J街道会定期召开居民养老的科普讲座，将各个社区的居民代表召集起来，聘请该领域专家针对养老服务的选择及利用进行知识的传授，让街道居民了解并能根据自身情况选择合适的养老方案；同时，定期的服务质量考核也使养老群体与养老机构的反馈能够引入服务链，形成闭环管理。从这可以看出，如何提高老年人的服务利用效率、完成养老服务链的闭环管理也是J街道的经验之谈。当然，不同层次的养老群体对于服务的接受能力也千差万别。从养老群体的服务感知质量程度方面来说，由于国内养老群体大部分生于20世纪50年代之前，受传统思想观念影响较深，因此大多数老人对家庭养老以外的养老模式具有抵触情绪，不愿意进行相关服务的消费购买，因此目前大部分养老群体对于如今多样化的养老方式感知质量程度较低，难以拉动相关产业的需求和消费能力；另外，目前以家庭养老为主的养老现状加重了本来时间精力就不充裕的子女们的负担，因此国家才会出台相关政策弥补老年人口生产力与消费力的缺口；并且根据实地调研发现，在以子女提供服务为主的家庭养老模式中，老年人的服务质量感知程度较高，也就是说其在家庭成员的照料中可以获得更多精神上的慰藉，这也是许多老人选择家庭养老的原因之一。随着养老群体的不断更新换代以及政府和机构的宣传，老年人的思想观念也会随时代而更新，所以在多宜性养老关爱体系中，如何充分认知并有效利用多样化的养老服务也是目前有待解决的问题之一。

（四）“多宜性”养老服务的可能模式设想

控制权分为目标设定权、检查验收权、激励分配权三种，组织内部各种控制权的分配形式依据具体情形和不同领域的议题特征而异，其不同的分配方式导致各种模式都有各自的特色。在养老问题的治理这一领域，上至市政府和乡镇府，下至基层社区、养老机构和各种社会组织，其权力的下放同样呈现层层传递、变通落实的特征，因此在考虑对于不同需求层次养老群体的服务供给时，需要将控制权逐级下放的特点纳入考虑范围，从而构建出更具实际意义的多宜性养老关爱体系。而与原理论不同之处在于，原本的“控制权”理论主要观测政府官僚机构的纵向权威传导，而本案例所涉及的养老问题不仅涉及政府部门的作用，更关注其管辖范围下养老机构及其他社会力量。

根据先前对养老需求的划分，我们同样可以对多宜性养老关爱体系中的治理模式进行划分，从而对不同群体的需求进行精准匹配，如表14－5所示。

表14－5　　不同养老治理模式的控制权分配

		养老问题治理模式			
		高度关联型	自关联型	委托代理型	松散关联型
控制权类别	目标设定权	市民政部门	养老机构	市民政部门	市民政部门
	检查验收权	市民政部门	养老机构	街道/乡镇政府	养老机构
	激励分配权	市民政部门	养老机构	养老机构	养老机构
服务受众群体		低端养老群体	高端/外来养老群体	中端养老群体	中高端养老群体

1. 高度关联型

在这一模式中，委托方为市民政部，同时掌握目标设定权、检查验收权和激励分配权，以具体养老服务的供给为例，市政府依据国家政策要求，结合本市养老问题的基本情况，对本市养老群体的需求提供包括衣食住行以及补贴方面的帮助，虽然在具体的实施过程中，大部分工作由地方政府和基层社区工作人员代劳，但整体上，对于议题的发展动向，其主导权仍然属于市民政部门。并且由于检查验收权和激励分配权归同一主体所有，其具有高度统一的特征。由于政府部门有限的治理力量和信息来源，这一模式通常针对上文中所提的低端养老群体。不过养老体系的发展重心不宜在这一模式体现太多，因为政府的计划导向以及国家财政的能力都会受到一定程度的限制。

2. 自关联型

如果说上一种治理模式体现了政府部门掌握控制权的极端现象，那么自关联型治理模式的控制权则极大部分集中于养老机构和各方社会组织。在这一治理模式中，养老机构通常具备足够的盈利能力以及完备的基础设施，因此能够自主对其养老服务的提供情况行使检查验收权。对于激励分配机制的行使，以本案例中的J街道为例，由于该乡镇养老院与社区驿站均采用统一化的管理方式，人力、物力可以在乡镇内养老机构之间传递共享，因此其管理者有权力对下属的驿站和机构进行奖励、物资分配，相当于“控制权”理论中的联邦制模型。在受众群体的适配上，这一模式因其优越的养老条件和个性化的定制服务，通常会受到外来养老群体的欢迎，并且这一模式也是乡镇内部家庭条件较为优渥的高端养老群体的首选。根据问卷调查的结果，这一模式供给和需求也相对较少，由于养老属于非营利性质的公共事务，若将养老资源过多地集中于少部分机构与人群，将会激化本就不均衡的社会养老问题，甚至引发养老机构盈利项目的增多。

3. 委托代理型

在这一模式中，委托方通常为市民政部门，通过与基层政府以及社会机构的协商讨论，市政府对养老服务的目标以及考核体系进行设定，例如，机构床位的数量或服务群体人数，甚至有时候，服务的满意度、响应度和解决率也会纳入考核指标。管理方为乡镇政府和村政府，其根据上级部门的指示，将具体服务要求传达给养老机构——即这一模式的代理方。该模式的检查验收权同样由市政府掌控，在具体落实上一方面体现为治理效率的把握，即聘请第三方专业机构定期对养老群体的健康状况进行评估；另一方面为对机构运营的检查考核，例如，每年对养老机构的财务审计和例行检查。在这一模式中，政府部门具备较高的控制权掌握能力，其原因是该模式针对的养老群体多为中端养老群体，该群体本身比上不足比下有余的消费能力使得政府必须在养老模式的监管与运营中具备足够的嵌入程度。

4. 松散关联型

与上一种模式相同，松散关联型治理模式的目标设定权由市民政部门掌控，激励分配权由身为管理方的养老机构掌控，与之不同的是，该模式的检查验收权中，政府的参与程度较低，通常由机构代行，并定期向政府汇报。由于市民政部门不再过多参与养老服务的检查验收，因此虽然形式上机构需要定期汇报，但由于机构对于养老服务的提供情况具备信息方面的优势，因此该权力本质上仍然被机构掌控。在这种治理模式中，由于养老机构拥有检查验收权实际上的解释权力，因此更方便其对机构内部的服务进行更加个性化、定制化的补充，所以该模式的受众群体大多为具备较高消费能力的中高端养老群体。目前驿站与家庭养老的结合便属于这一模式，根据对市民政工作人员的采访发现，政府对于驿站的管理相比于养老院等机构来说更多地呈现松散性特征，对于地方政府仅存的社区驿站“增点位”考核也因地方养老情况的不同而相当宽松，这便使得这些驿站可以因供给条件和老年人需求的不同而自我激励，提供适宜的服务，而养老服务的检查验收则在驿站的营业状况中体现。

（五）新时期多宜性养老关爱体系的政策建议

自党的十八大以来，养老政策网络呈现“封闭—半开放—开放”发展路径，养老政策和部门联合发文均逐年增加。2021年国家出台80余项养老相关政策（见表14－6），聚焦老年人“急难愁盼”问题，养老服务对象由托底老年人转向全体老年人，增加普惠型养老服务供给，发展基本养老服务，推动养老服务由兜底保障向普惠型发展。《中华人民共和国国民经济和社会发展第十四个五年规划和2035年远景目标纲要》《中共中央、国务院关于加强新时代老龄工作的意见》等文件的印发使得养老服务政策体系更加精细化。

表14－6　　2021年国家出台养老政策（部分）

文号	发文日期	标题	发文机构
民办发〔2020〕39号	2021/1/8	《民政部办公厅财政部办公厅关于展开居家和社区养老服务改革试点工作总结推广改革试点典型经验的通知》	养老服务司
国发〔2020〕23号	2021/1/26	《关于开展示范性全国老年友好型社区创建工作的通知》	老龄健康司
人社部函〔2021〕37号	2021/5/21	《人力资源社会保障部关于组织开展2021年全国行业职业技能竞赛的通知》	民政部、人力资源社会保障部
全国老龄办发〔2020〕3号	2021/6/10	《国务院办公厅印发关于切实解决老年人运用智能技术困难实施方案的通知》	国务院办公厅
民办函〔2021〕37号	2021/10/18	《关于开展2021年居家和社区基本养老服务提升行动项目申报工作的通知》	民政部、财政部

续表

文号	发文日期	标题	发文机构
工信部联电子函〔2021〕154号	2021/10/20	《智慧健康养老产业发展行动计划（2021—2025年）》	工业和信息化部、民政部、国家卫生健康委
民发〔2021〕94号	2021/12/3	《民政部国家开发银行关于“十四五”期间利用开发性金融支持养老服务体系建设的通知》	养老服务司

1. 构建梯度化多宜性养老产品供应体系

（1）强化居家养老的功能。

在社会发展的任何一个阶段，家庭都是极其重要的一个群体。从当前阶段开始强调居家养老的地位及其重要性，有利于强化大众的家庭观念，从而进一步调动全社会的力量来重视老年人的养老问题，化解我国老龄化高峰期状况下养老服务的不足对社会可能造成的不良影响。

具体而言，主要有以下几方面的措施：一是实施家庭资助计划。养老所面临的最大的问题是经济问题。老年人养老所需的经济来源，一方面来源于政府的补贴或者是退休金，另一方面来源于子女的经济支持。因此对于“夹心层”养老群体来说，在对老人本身进行经济补贴之外，还应对赡养老人的子女提供相应的优惠政策。二是促进社会养老观念的转变。目前“夹心层”群体养老问题归根结底是老年人的养老观念问题，因此，在未来老龄化加重的背景下要促进社会养老观念的转变，使养老驿站的居家养老成为主流。

（2）创新养老驿站模式。

社区养老驿站是近几年新兴起的一种新型养老模式，旨在解决养老服务“最后一公里”的供给难题。养老驿站作为政府向社会力量购买居家服务的一种方式，一方面是在人口老龄化背景下为解决老年人养老供不应求的现状所开的一剂良药，能够从多方位来满足不同层次老年人的养老需求；另一方面，也是政府职能转变、服务供给模式创新、治理能力有效提高的明智之举[①]。通过调研，J街道目前有D养老服务驿站和J养老驿站，两驿站与J街道C养老院合作（见图14－16），通过政府购买服务的方式为老年人提供专业的居家养老服务。

① 马小霞，胡金东．政府向社会力量购买居家养老服务的探索——以西安市L区为例［J］．湖北理工学院学报（人文社会科学版），2021，38（06）：34－40.

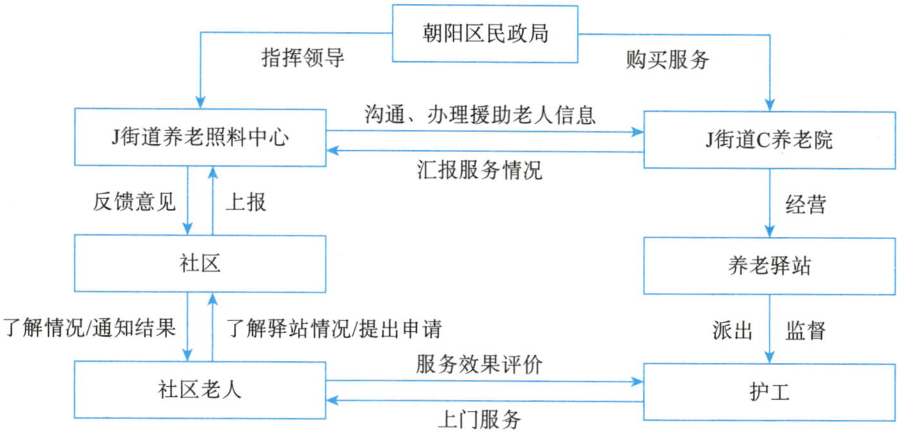

图 14-16　J 街道养老驿站运作模式

但目前养老驿站还存在竞争性购买不足、监督不到位、资金不足等问题，因此要创新养老驿站模式，优化向社会力量购买居家养老服务的路径。首先，加强社会组织参与养老服务供给的准入，增强养老服务行业的吸引力，增强服务购买的竞争性；其次，借助现代信息技术，构建多层次监督管理体系；最后，加强政府、社会力量等多种途径对于养老服务资金的供给，保障政府购买居家养老服务的供给效能[①]。

（3）优化养老机构服务路径。

养老机构作为养老服务体系的重要支柱以及政府对社会提供福利的重要场所，优化其服务路径，对于夹心层群体的刚性养老需求具有举足轻重的意义，关系到百姓福祉。优化养老机构服务路径，首先要加快养老服务供给侧结构性改革，加强投融资等相关支持政策，提升政府投入的精准化水平，营造良好养老产业需要的发展环境；其次，加强服务人员的队伍建设，将养老护理培训作为职业培训的主要内容，定期对养老机构的服务人员进行培训，使其不仅掌握护理的基本技能，还能掌握养老服务方面的法律法规、政策。J 街道 C 养老院招聘护工的条件是其须取得相应的资格证、具有工作经验，民政局每年也会组织一次培训。同时，为了增强养老服务行业的吸引力，还应建立养老服务褒扬制度，提升其社会地位。最后，引入大数据技术，创新养老服务模式，将信息技术与传统的工作模式相结合，提高养老服务的质量和效率[②]。

（4）转变养老服务思路——由大水漫灌转向精准滴灌。

现阶段的养老思路以保障老年人物质生活为主，对老年人需求划分较为宽泛、不

---

① 韩秉志．养老驿站服务为先［N］．经济日报，2022-01-22（003）．

② 艾力飞热·阿不都古力．浅析优化养老机构服务质量路径探讨——以乌鲁木齐市为例［J］．质量与市场，2022（02）：94-96．

够细致，同时忽略了夹心层群体，不能满足各个阶段的养老需求服务。因此，应将养老思路进行有效的转变，由以前大水漫灌型转向精准滴灌型。在未来夹心层养老服务方面，我们要因城施策、因区施策、因层施策、因人施策，根据不同老人的不同养老需求制定精准化的养老服务。首先，从量上要能够吸引多层次、多方位、多数量的资源投入，来保证能够应对日益增加的老年人数量；其次，从质上要能够有效的资源实现最优化的配置；最后，从效上要能够在最优化配置的基础上，实现最大化的效益。

(5) 要确立以夹心层群体福利需求为导向的供给模式。

切实解决夹心层群体所面临的养老服务困境，就要从夹心层群体的真实需求出发。各个主体要相互补充、相辅相成[①]。首先，政府要以提供补救性的福利措施为主，对夹心层群体实施养老服务补助，帮助无能力但有意愿入住养老机构的夹心层群体入住，为养老机构、社区养老等提供经济上的支持，从政策方面来解决夹心层群体没钱养老的难题。其次，市场以提供个性化的养老服务为主，针对夹心层群体在医疗、精神关怀、照护等方面不同的需求提供具有差异化和个性化的养老服务。最后，家庭要以提供精神支持为主。家是温暖的港湾，老年人的幸福感大多数都是来自家人的陪伴，因此，家庭在提供必要的经济支持的同时要更加关注对于老人的情感关怀。

2. 数字经济赋能“智慧养老”

为进一步推动智慧健康养老产业发展，工业和信息化部、民政部、国家卫生健康委等三部门近日联合印发《智慧健康养老产业发展行动计划（2021—2025 年）》，提出到 2025 年，智慧健康养老产业科技支撑能力显著增强，老年“数字鸿沟”逐步缩小，人民群众在健康及养老方面的获得感、幸福感、安全感稳步提升，创新驱动，科技赋能。加强跨学科、跨领域合作，推动新一代信息技术在健康及养老领域的集成创新和融合应用，提升健康养老产品及服务的智慧化水平。

智慧健康养老通过运用多元化的信息技术，如互联网、GPS 定位技术、智能呼叫等，满足机构养老、居家养老等不同形式的养老服务需求，创建“系统 + 服务 + 老人 + 终端”的智慧养老服务模式[②]。同时，智慧健康养老不仅能够在医疗照顾、健康管理、日常护理等方面满足老人的需求，还能够在精神慰藉、人文关怀等方面给予充分的呵护，创新养老服务方式，提高养老服务质量，营造全新的健康养老生活方式，为政府

① 袁小波. 社会养老服务体系该如何布局［J］. 人民论坛，2016（30）：78－79.

② 向连. 发展智慧养老产业　提升养老服务水平［N］. 东莞日报，2022－02－28（A07）.

分忧，为社会减轻负担。为提升智慧养老产业发展水平，以数字经济赋能智慧养老，应做到以下五条（见图14－17）。以先进的技术、全新的理念和模式，提升养老服务的精准性和有效性，使智慧养老成为应对人口老龄化的有效选择①。

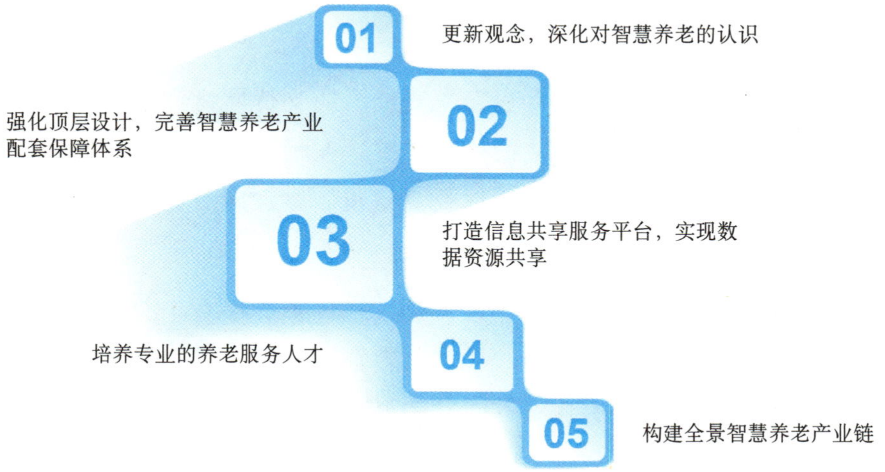

图14－17　推动智慧养老产业高质量发展的建议

3. 增强养老服务的“多元化”要素支撑

地方政府作为社会养老问题治理载体的公共服务机构，其养老服务供给质量的有效提升对于养老治理体系的完善和养老服务提供能力的提升具有重大意义。一是，在帮扶力度方面，对于民办养老机构要不断加大帮扶力度，在相关机构用地的价格方面加大优惠力度，并且对养老机构提供更高质量的人才培养服务，在有效提高服务水平的同时，充分发挥公办养老院兜底线、保基本的作用。二是，要从制度的顶层设计方面进行优化，完善相关法律保障。“十四五”规划明确提出要做好应对人口老龄化的顶层设计。想要推进现代养老服务的快速发展，坚实的法律保障是重中之重。在多元主体共治的养老体系中，政府应当加快转变责任与职能，不仅要加强对市场的监管与引导，还要建立具体的服务考核标准，确保养老市场的稳定发展。

我国目前的养老机构由于老人养老观念的落后以及相关制度与设施配备不完善等原因，尚未展现其专业优势，但养老服务的公私合作关系是一种管理方式，也是一种社会治理的基本策略，实现养老服务的公私合作其最终目的是满足不同层次群体的需求，因此机构的专业支撑是养老服务的重要支柱。在这一过程中，政府必须依据不同的治理模式扮演适宜的角色，并与其他社会治理力量相结合。此外，非营利性的养老

① 秦洪卫，董菁．推动我国智慧养老产业高质量发展［J］．中国信息界，2022（01）：71－74.

机构同样也是社会公共价值的守护者，其拥有的社会使命以及养老力量不容忽视，它们提供了一个实现养老服务供给可持续发展的“第三空间”，这有利于养老设施功能的发挥及其价值的实现，在公私合作关系中，政府时而扮演参与者的角色，时而扮演促进者的角色，从而使得社会、家庭、机构的力量结合成多元性的养老体系，共同促进养老服务水平的提高。

在目前以及未来的很长一段时间里，家庭成员的支持始终将是各种养老模式中不可改变的传统力量，这既是中华民族的优良传统，在精神需求的满足上又是其他行动者无法比拟的。当前家庭养老负担过重以及“空巢”现象时有出现，国家针对家庭成员的养老照料采取了一定的激励措施，然而目前仅仅停留在舆论宣传和社会道德层面，难以形成统一的正式性规范。因此，政府可以将家庭养老与其他养老方式相互借鉴，通过购买居家养老服务来缓解这一困境。另外，对于孝道的道德模范也应当继续弘扬，一方面激发人们的爱老之心，另一方面对不履行、履行不到位者应加大法律法规的约束和行政处罚。

（六）结束语

随着我国老龄化人口的更新换代，养老观念和养老需求的转变必然会对养老模式的适配能力提出新的要求。对于养老群体不同层次的需求，尤其是数量庞大的“夹心层”，只有在传统家庭养老的基础上，不断完善养老服务策略、转变政府职能，并充分调动社会力量的参与，厘清各方养老力量的职责边界，形成政府、机构、家庭、社会多元主体共同参与的治理格局，才能促成政企合作式多宜性养老关爱体系的实现。

案例《教学手册》

一、教学目的与用途

1. 本案例主要适用于中央财经大学公共管理硕士（MPA）必修课《公共部门人力资源管理》的课堂教学讨论。

2. 本案例的教学目的：一是让学员了解养老服务的现状与挑战，特别是养老资源的供需失衡问题；二是深入理解居家养老、社区养老、机构养老的概念及其相互关系，分析养老“夹心层”所面临的困境及其成因，并探讨政企合作式“多宜性”养老关爱体系的社会治理格局。

二、讨论问题

1. 养老“夹心层”具体指的是哪些人群？他们面临哪些困境？
2. 居家养老、社区养老、机构养老是什么？各有何优缺点？
3. 老年人倾向于在家养老的主要原因是什么？

三、分析思路

本案例聚焦人口老龄化背景下养老服务所面临的困境。首先，界定居家养老、社区养老、机构养老的基本概念，并解析“夹心层”群体的内涵及其面临困境。其次，分析北京市 J 街道养老现状，识别“夹心层”老年群体对于养老服务供需不匹配问题的具体内容。最后，运用“服务链”与“控制权”理论探讨政企合作式“多宜性”养老关爱体系的构建形式。

四、理论依据与分析

本案例的理论分析工具主要包括“服务链理论”和“控制权”理论。本案例所研究的多宜性养老关爱体系涉及地方政府、社会机构以及老人家庭等行动者，对于服务的提供方面也存在前中后期所需要努力的不同方向，因此使用“服务链”理论可以充分观察养老模式的内在运行逻辑并分析其困境产生的原因。同时，基于案例中提出的多宜性养老关爱体系需要依据养老群体的不同需求层次，呈现出地方政府、养老机构以及养老家庭这些行动者组合的不同配比形式，通过“控制权”理论，可以对如今养老问题的社会治理格局进行更深入的探索。

五、关键要点

1. 基于北京市 J 街道的案例所反映出的养老群体需求主要有哪些特征？
2. 多层次养老服务目前面临的主要挑战是什么？
3. 在构建“多宜性”养老关爱体系的过程中，政企合作具体起到了哪些关键作用？

六、课堂教学计划

1. 课前把案例材料发给学员，要求学员用30分钟左右的时间认真阅读，并思考相关问题。

2. 课堂教学计划分为三个步骤：

第一步：全班集中，案例导入

在学员上课前通读阅读案例的基础上，利用5—8分钟时间，请2—3位学员在案例讨论前用几句话高度概括案例的主要内容，目的是帮助学员迅速集中注意力，进入讨论状态。

第二步：分组研讨，案例展开

根据对案例的阅读和理解，按照支持、反对、部分支持部分反对三种意见对学员进行分组。三组学员汇集后，选出1名成员作为小组负责人及发言代表，利用15分钟左右的时间组织分组研讨，汇总组内成员的观点。研讨时，可以参考以下几个问题来总结各组的讨论意见。

（1）本案例中“夹心层”养老群体所面临的困境是什么？

（2）在本案例中，北京市J街道养老服务的主要问题是什么？原因有哪些？

（3）针对这些问题，可以从哪些层面进行优化？

（4）从政府角度来看，应当如何构建政企合作式“多宜性”养老关爱体系？

第三步：公开辩论，案例分析

在三组集体研讨结束之后，进入第三步，以公开辩论的方式进行案例分析。每组的发言人首先上台向全班报告本组的主要研讨观点，每组时间控制在8分钟。如果发言人未用完规定的时间，其所在组的其他成员还可以对发言人的观点进行补充。各组发言结束后，学员可以自由发言，就其所支持的一方进行观点交锋和辩论，时间为20分钟。最后，由教师进行10分钟左右的小结和点评。总结案例研讨的主要特点、主要观点以及有待进一步关注和研究的问题，提示分析问题的不同角度和方法。

案例十五

建立共享、共商、共管的“多规合一”业务协同体系

——厦门市“多规合一”的实践探索[①]

① 本案例由中央财经大学政府管理学院主任王伟副教授编写。

案例正文

为了有效解决“多规并行”下土地资源利用矛盾、配置低效、部门打架等问题，“多规合一”改革是新时期社会经济发展与土地资源高效利用的必然趋势。本文以厦门市“多规合一”业务协同体系探索实现为例，阐释“多规合一”的“五个一”建设内容：一个战略、一张蓝图、一个平台、一张表单、一套机制，总结其工作成效，并评析“多规合一”共享、共商、共管效用。

一、引言：问题、框架与方法

城市空间是承载了城市社会、经济、政治、文化等要素的运行载体，各类城市活动所形成的功能区构成了城市空间结构的基本框架。社会生产关系以及附着在这个空间上的各种资源、社会主体相互交错，构成了一个以城市空间为基点的庞大空间利益关系体系。这种空间利益关系如何应对和平衡是我们当前在进行城市空间规划时面临的重要课题。不同的空间利益代表着不同利益主体的各异空间需求，这在当下城市空间治理中体现为诸多问题，诸如城市生态环境遭到破坏、居住空间嘈杂混乱、小区业主与开发商在公共空间开发方面存在矛盾，以及城市基础设施存在欠缺等。随着我国城镇化进程的加快、城市人口的急速增长、城市规模的迅速膨胀，空间资源作为社会经济发展的载体，土地的需求程度自然逐渐增大，这就使得原本存在的供需矛盾越发激烈。然而，各类规划并行、相互冲突、互不衔接的状态无疑为土地资源的有效配置增加了阻碍，为城市治理添加了难题。因此，为解决“多规并行”带来的空间资源利用矛盾、低效配置等问题，“多规合一”成为新时期城市空间治理的有效手段，是新时期规划改革的必然趋势与破题之径。

面对城市病、土地配置效率低下、规划矛盾冲突等问题，“多规合一”不仅是简单地将各类规划合并，而是重点解决规划的矛盾，消除空间利用的冲突，打破部门之间的壁垒，真正实现城市空间治理“共享、共商、共管”，其建设目标如图 15－1 所示。从厦门的实践经验来看，“多规合一”的整体框架应该包括五个“一”：一个战略、一张蓝图、一个平台、一张表单及一套机制。一个战略是为了让整个规划体系有一个共同的目标而建立的顶层设计，具有指导性、长期性，也是让各类规划消除矛盾达成共识的关键；一张蓝图是“多规合一”的重要成果和规划实施的重要依据，在整合各类规划与现状的基础上，形成动态更新的全域空间规划一张图，是厘清家底、明确开发与保护边界的结果，同时也是作为规划实施与项目审批的重要依据；一个平台是实现“共享、共商、共管”的重要路径，各个部门能够开诚布公地共享一套数据资料与规划成果；一张表单指的是项目审批一张表单，打破原多头审批的模式，一张表单列清项目的合规性审查内容，是提升营商环境与企业群众获得感的重要表现；一套机制是“多规合一”的运行规则与法律保障，有利于持续地推动深化“多规合一”。因此，这五个“一”涵盖了“多规合一”的目标、内容、方法、实施、保障，既包括了政府部门实现城市空间“共享、共商、共管”的过程，也体现了“多规合一”释放的审批改革红利。

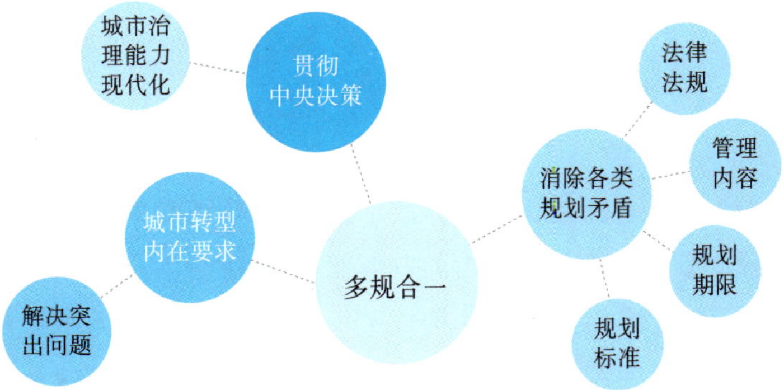

图 15－1　“多规合一”的建设目标

厦门市是我国最早探索实践“多规合一”的城市之一，其经验曾在全国推广，具有一定典型性和借鉴意义。本文将以厦门市“多规合一”业务协同体系的实践为例，分析其如何建立一个顶层设计、一张蓝图、一个平台、一张表单及一个套机制，从而实现“多规合一”，并进一步剖析其优化空间资源配置、推进“放管服”审批改革及提升群众获得感的效用。

二、厦门市“多规合一”业务协同体系的实践探索

（一）什么是“多规合一”？

“多规合一”是我国“两规合一”与“三规合一”工作的延伸，是为解决我国因规划间矛盾导致土地资源配置效率、政府空间治理能力低下而大力推动的一项重要工作①，是我国国土空间规划领域的一项重要改革。“多规合一”概念于2014年被正式提出，

① 孟鹏，冯广京，吴大放，等．“多规冲突”根源与“多规融合”原则——基于“土地利用冲突与‘多规融合’研讨会”的思考［J］．中国土地科学，2015，000（008）：3－9，72.

当前，经过五年多的理论研究与实践经验，国内有关学者与地方政府对“多规合一”的内涵界定有着不同的理解，主要形成以下观点：

（1）“多规合一”要实现规划编制部门统一，并由该部门统一制定“多规合一”立法以及统一编制“多规合一”规划①。

（2）“多规合一”要在统一规划坐标、规划期限、规划标准等的基础上，通过“多规合一”数据平台，将现行各项规划进行有效融合，实现区域“一张蓝图”管理。

（3）“多规合一”即编制一个规划以统筹协调现行各项规划。

（4）“多规合一”要以现行各项规划中的某项规划为主，逐步衔接各项规划。

（二）厦门市“多规合一”工作内容

2014 年，国家发展和改革委、住房和城乡建设部、国土资源部、环境保护部联合印发《关于开展市县“多规合一”试点工作的通知》，选取包括厦门在内的全国 28 个市县作为试点，要求其“探索“多规合一”的具体思路，研究提出可复制、可推广的试点方案，形成一个市县、一本规划、一张蓝图；探索完善市县空间规划体系，建立相关规划衔接协调机制，即建立健全规划协调工作机制，统一发展认识，合力破解关键问题，高效推进规划实施。

为响应中央的战略部署，推进城市职能转型，2014 年起厦门市委、市政府大力开展“多规合一”试点工作，统筹规划，将“多规合一”作为提高城市治理体系和治理能力现代化的重要抓手，力求利用信息化手段，构建统一的空间规划体系、实现城乡统筹发展，提升审批效能、推动政府职能转型（见图 15－2）。2018 年 6 月，韩正副总理在厦门召开建设项目审批制度改革试点工作座谈会，对厦门市的“多规合一”改革经验予以了充分肯定，认为厦门的做法是成功的，形成了一整套完整的体系和制度，要推广和复制“厦门经验”。

图 15－2　“多规合一”工作内容

① 苏涵，陈皓．“多规合一”的本质及其编制要点探析［J］．规划师，2015，000（002）：57－62.

1. 制定“一个战略”，形成凝聚共识的顶层设计

以理念创新引领多规合一，制定对城市经济、社会、环境等各方面发展具有全局性、长期性、决定性指导的城市发展战略。

厦门以“尊重自然、顺应自然、天人合一”科学的理念，运用田园城市理论等科学的方法，经多部门协调、专家把脉、全民参与，最终以市人大表决的形式形成了《美丽厦门战略规划》，其间先后召开5次市委专题会、21次专题会议研究、刊印了近70万册的入户手册、收集意见建议32000余条，是通过科学的、民主的、法治化的决策过程取得了全市共识的、具有法律效力的纲领性规划。

规划提出两个一百年愿景、五个城市定位、三大发展战略、十大行动计划及共同缔造路径，遵循“五位一体”总体要求，融合政治、经济、社会、文化、生态等方面内容，凝聚厦门各界共识，切实成为引领厦门城市发展的规划，作为城市发展的顶层设计，为处理各类空间规划矛盾冲突奠定基础。

2. 绘制“一张蓝图”，统筹城乡空间的规划秩序

厦门按照“一张蓝图绘到底”的要求，构建“多规合一”一张图，按照“图图叠合、指标统合、政策结合”的原则，统筹“发改目标、用地指标、规划坐标”，对全市规划、国土、发改、环保、水利、林业等几个主要部门空间性规划进行了梳理，衔接基础数据、用地分类标准和用地边界，统一各类图纸坐标系，消除差异图斑，解决部门规划“打架”问题，统筹协调各部门规划矛盾。划定了控制线体系、明确了保护与开发的边界，处理了数十万块的差异图斑块，在1699平方千米的市域范围内划定了各部门共同遵循的640平方千米的城市开发边界与980平方千米的生态控制线。

在此基础上，进一步梳理了以往编制过的市、区共100余项部门规划，整合并形成了全市39类专项规划，统筹市政、交通、文化、体育、教育、养老等设施用地，深化梳理各控制线内部用地空间，面向规划审批管理，明晰部门事权，形成以生态为本底、以承载力为支撑，以“生态控制线”“城市开发边界”“海域系统”“全域城市承载力”四大领域为基准，以各部门专项规划为落实的全域空间“一张蓝图”，统筹全市涉及空间的规划。

今后仍将不断完善“一张蓝图”，深入推进规划“上天入地”，不断补充完善城市设计、地下空间和市政管线等内容，从二维到三维，构建起“三维空间一张蓝图”。

3. 搭建“一个平台”，实现信息共享的业务协同

以“一张蓝图”为基础，厦门依托市政务网络和服务总线，在全国率先构建起了一个涵盖所有项目审批部门的多规合一平台。实现市、区各部门信息系统的互联互通，各部门业务的协同办理；实现城市信息共享、空间决策共商、空间服务共管（见图15－3）。

图 15－3　厦门市“多规合一”业务协同平台

信息共享平台汇集各部门 4 大类 647 个图层的空间现状、规划、管理和社会经济数据，实现接入平台的 448 个部门信息共享、空间共维。平台支持多部门在线上交互意见、反馈信息、协同作业，有效支持规划实施和项目策划生成，解决了以往建设项目生成存在多头管理、多环节、低效率的问题。在平台上策划了医疗、商业等十大招商板块，为招商部门提供信息支持、决策咨询，并主动向社会公众和投资主体推介招商信息，将“以商选地”变为“以地选商”，实现智慧招商。此外，平台提供规划公开公示、在线互动、意见交流和政策问答等规划服务，建立政府和公众“双向”沟通的渠道，实现“共享共治、互联众规”。

4. 实施“一张表单”，推进建设项目审批的改革转型

实施“一表式”审批，推进审批制度改革。依托“多规合一”平台实现从项目生成策划到竣工验收全流程再造。

在进入审批阶段之前的项目生成阶段，建立以发改、规划、国土等多部门协同的工作机制，优化规划实施的运行环境，统筹需求、空间、能力等要素，创新规划编制体系、内容及方法，提前明确项目的投资、预选址、用地指标等建设条件，推进策划生成的项目可决策、可落地、可实施，充分落实城市空间发展意图，为项目的后续审批提速创造条件。在审批阶段，按照审批事项划分为立项用地规划许可、工程建设许可、施工许可、竣工验收等四个阶段，每个阶段实行“统一收件、同时受理、并联审批、同步出件”的运行模式，按照这种模式，建设单位可以实现“一份办事指南，一张申请表单，一套申报材料”，完成多项审批。通过调整审批办理阶段、合并部分审批环节、简化部分审批手续、实行跨部门联合评审等措施，再造审批流程，大幅提高审批效能。

2017年进一步在自贸试验区探索告知承诺制等制度创新，并在全市复制推广；2018年成为住建部建设项目审批制度改革试点城市，厦门市按照改革精神进一步对审批环节与审批事项进行“减、放、并、转、调”，创新快速审批、完善监督管理等机制（见图15－4）。

建设项目需办理的审批事项指导表

基本情况项目	项目名称	测试 1024	
	国家统一代码		
	建设单位	厦门味丹食品有限公司,,	
	联系人		联系电话
审批事项指导清单			
序号	审批单位	审批事项名称	备注
1	市经信局	节能审查	
2	市经信局	企业投资项目备案	
3	市水利局	生产建设项目水土保持方案登记表备案	
4	市水利局	取水许可申请	
5	市水利局	生产建设项目水土保持方案报告表	
6	市文广新局	涉及文物保护单位及未定级不可移动文物及其保护范围及控制地带的建设项目需经相应级别的文物部门审批（非必须审批）	

备注：本表内容为各审批部门依据策划生成阶段业主单位提供的项目材料提出，若在申报过程中相关材料或指标发生更改，需办理的审批事项以实际情况为准。

图15－4　厦门市建设项目审批事项“一张表单”

5. 创新“一套机制”，提供保障改革的法律保障

通过制定2部特区法规，52件政府规章和政府文件，169件部门配套规则、方案，完善多规合一法治体系。

（1）特区立法。出台全国首部多规合一立法——《厦门经济特区多规合一管理若干规定》，构建多规合一制度体系，包括明确多规合一的管理体制，界定空间战略规划的定位，提出建设项目生成机制与审批流程再造，明确审批的监督与责任，为改革提供制度保障；出台《厦门经济特区生态文明建设条例》，将多规合一划定的生态控制线纳入特区立法，规范和强化规划的严肃性和权威性。

（2）政府规章和政府文件。分别建立部门业务联动制度、优化建设项目审批制度、监控考核制度和平台动态更新维护制度等。包括《建设项目生成管理办法》《建设项目审批流程改革的实施意见》《建设项目联合竣工验收工作方案（试行）》《规划实施过程事中事后监管办法》《多规合一业务协同平台运行规则》等文件，保障多规

合一改革后的新流程进行每一个步骤都有章可循。

（3）部门配套规则、方案。各相关部门从简政放权、强化事中事后监管、加强中介监督管理等方面公布了改革配套文件，从制度层面确保“一张蓝图干到底”（见图15－5）。

图15－5　厦门市“多规合一”一套机制

（三）厦门市“多规合一”工作成效

1. 重构空间规划体系，优化空间资源配置

厦门在城市层面通过多规合一工作，向上承接各部门的上位规划，向下统筹各专项规划，解决规划冲突，形成“一个市县、一本规划、一口进出”的法定空间规划体系。一是形成了深化改革的顶层设计。多规合一通过多领域、多层次的空间治理体系顶层设计的改革，统一愿景、统一思想、达成共识，构建城市空间规划体系，推动城市治理体系和治理能力的创新。二是奠定了城乡统筹发展的重要基础。通过多规合一工作，厦门摸清了城乡资源、环境、空间条件等，创新性地提出生态控制线，划出640平方千米的城市开发边界，明确了城市绿道、农田、水系、湿地、山体、林地边界坐标，让群众看得见、摸得着，便于监督，使生态保护区域牢牢固定在实地“一张图”上。这一规划体系明确了发展底线，解决了生态文明建设落地问题，避免城市“摊大饼”式扩张，奠定了集约节约发展的基础。

2. 完善规划实施，项目落地显著提速

厦门明确了全域统一的一张蓝图，进而搭建了“战略规划—五年规划—三年行动规划—年度实施计划”的规划实施体系、创新项目生成，推动一张蓝图实施、项目加快落地。五年规划落实总体规划和专项规划，衔接发展规划；提出近五年空间规划实施目标、指标及重大发展片区。三年行动规划分解五年的目标指标与任务，突出规划引领，落实专项规划、五年行动计划、详细规划等，明确三年实施目标、重点任务、重点片区。年度实施计划在三年行动规划的基础上，统筹协调各个部门落实了年度建设项目的空间安排与实施时序，项目生成进一步统筹需求、空间、能力等要素，提前明确项目的投资、预选址、用地指标等建设条件，形成年度实施项目库，促使项目可决策、可落地、可实施，指导年度供地、收储计划、要素保障等系列年度计划。策划成熟的项目在平台上形成项目库，成为项目储备、查询及后续审批的依据，实现与审批环节的无缝衔接，为项目的后续审批提速创造条件。通过规划实施机制与项目生成机制的建立，强化了规划引领城市发展的统筹能力，强化了政府的空间统筹能力，通过有序的空间规划引领社会的有序发展，促进城市管理方式从“项目主导建设”转为“规划引领发展”的发展方式转变。2016—2022 年，平台每年新增储备项目分别为 791 个、1304 个、2066 个、1960 个、5799 个、7542 个和 11205 个，年度策划成熟项目分别为 638 个、845 个、997 个、2715 个、3922 个、5090 个、6699 个，基本呈逐年增长趋势；完成部门意见征集数从 2016 年的 1186 个增加至 2022 年的 12813 个，整体有效提高项目部门业务协同效率，推动项目快速落地。

3. 优化审批流程，群众获得感提升

厦门紧紧扭住转变政府职能这个“牛鼻子”，进一步厘清政府和市场的关系，提高审批效率、加快开工建设速度，提高群众对改革的获得感。

（1）优化审批流程，审批时间大幅缩短。立项到竣工验收并联阶段总审批时限仅 40 个工作日。各阶段审批服务事项并联办理，打破了部门间互为前置、相互制约现象，实现审批流程更加科学、合理。在改造前，建设单位从申请项目建议书到取得用地规划许可，需涉及 7 个部门、9 个审批环节、提供 25 项资料，累计需要 53 个工作日，改造后，建设单位只需要对应 1 个部门、1 份申请表、提供 6 项资料，仅需 10 个工作日。

（2）转变审批理念，受理部门“一站式”。从“1 对 N”、被动审批、你报我批、各自为政到“1 对 1”、主动推送、政府跑腿、联动协同的审批理念的转变，申请人只需将受理材料提交到市政务中心窗口，由窗口负责将材料提交到多规合一业务协同平台，各部门在平台上接收申请材料，实时联动审批，审批后由窗口将审批结果送达至申请人。

（3）简化报审模式，审批材料大大减少。梳理并消减了各审批部门重复和不必要的申报材料，项目从立项到竣工验收所需的申请材料由 373 项减少至 76 项，基本实现“一份办事指南、一张申请表单、一套申报材料”完成审批。建设项目审批由多环节多层次转变为扁平化高效率，充分体现了高效、实干、利民，有力推动管理型政府向服务型政府转变，真正实现以人为本。

三、案例评析

（一）信息共享：在破除信息壁垒的基础上辅助规划决策

“山、水、林、田、湖、草”等自然资源及人类社会经济资源丰富繁杂，种类繁多。规划应具有系统性、完整性视角，任何一类规划，若脱离土地、人、经济活动等要素中的任何一项，都会在一定程度上丧失科学性与前瞻性。然而，信息壁垒一直存在，建设的边界与保护的边界模糊不清，使得规划编制、用途管制、实施监督等工作在源头上就存在问题。“多规合一”的一项核心工作则是建立“多规合一”业务协同平台，旨在借助信息化手段，将国民经济和社会发展规划、土地利用总体规划、城市总体规划等规划现状与成果数据整合建库，实现“多规”矢量化、数字化和跨部门共享共用，解决困扰原多规主管部门“查规划难、跨部门查规划效率低”等问题。

信息共享主要包括两个部分：一是数据资源共享，二是规划成果共享。现状与规划之间存在闭合的传导关系，通过对众多的现状数据资源进一步分析评价，找到空间使用与人为活动的发展规律，从而辅助规划，使之具有前瞻性、科学性；反之，规划也指导着城市建设，防止城市摊大饼式无序增长。一手用好动态更新现状数据资源，一手画好城市发展的蓝图，“多规合一”在辅助规划决策方面发挥着重要作用。

信息共享的主体是政府部门。各行业主管部门通过“多规合一”业务协同平台数据接口实现数据自动对接，使得数据信息服务能够服务于其职能工作，“多规合一”业务协同平台也进一步延伸出了大量政务服务的应用场景。但由于部分数据较为敏感，无法对所有公众公开，使得公众还不是“多规合一”平台的用户之一。有学者提出嵌入公众参与的“多规合一”信息平台总体架构设计，今后，可在保障信息安全的前提下，进一步扩大“多规合一”平台的共享对象与应用场景。

（二）业务共商：构建规划实施体系推进“放管服”改革

原建设项目工程规划审批时限长、流程杂、手续多，建设单位在办理用林、用海、用地证、工规证等审批需要来回奔波于林业、海洋、规划、国土等多个部门，不利于营商环境建设。2018 年自然资源部成立以来，将原规划、国土、发改、林业、海洋等部分职能进行合并，统一行使自然资源调查与用途管制的职能，在政治层面上，进一步推动了“多规合一”的业务协同。

“多规合一”重构了规划实施审批体系，实现业务共商。通过厘清工程建设项目全生命周期流程：立项用地阶段、工程规划许可阶段、施工许可阶段、竣工验收阶段、不动产登记阶段，将后续审批可能遇到的问题提前至策划生成阶段解决，各个部门通过空间协调，例如，形成“一张表单”告知企业，并提前办理部分审批手续，将土地“干干净净”地出让，促进建设项目审批提速。

此外，还创新性地建立了相关部门协同审批机制。例如，建立气象探测环境保护规划管理联合协作审核机制。将气象探测环境保护核查关口前移至国土空间规划编制、年度空间实施规划编制和前期项目策划生成阶段，提高了审批工作效率。对项目业主而言，可以提前获知气象探测环境保护对于建设项目的限制要求；对气象主管部门而言，确保了气象探测环境得到有效保护，保证了气象监测预警数据的准确性，同时避免因气象台站搬迁而花费大量公共财力；对审批管理部门而言，进一步提高了审批工作效率，为群众提供了更为便利的服务（见图 15 –6）。

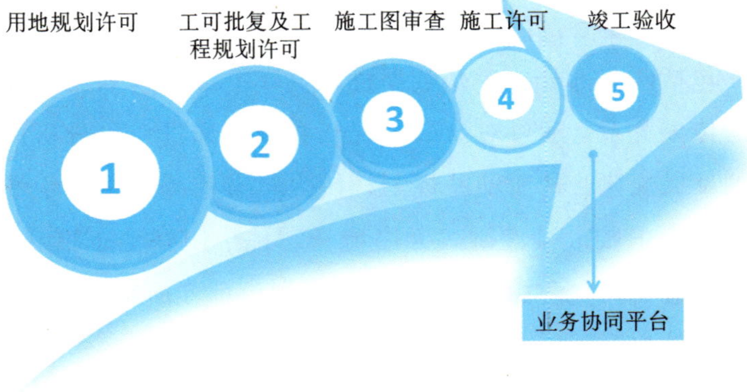

图 15 –6　建设项目审批流程再造后的“五个阶段”

（三）空间共管：多管齐下不断增强国土空间治理能力

“通过开展陆海环境综合整治和生态修复保护，以土地储备为抓手推进公共设施建设和片区综合开发，提升了生态价值，促进了土地资源升值溢价”——自然资源部在《生态产品价值实现典型案例》中这样点评厦门五缘湾片区的发展。近年来，通过实行“多规合一”，不断增强国土空间管制能力，优化了城市空间格局，更形成了新时代生态环境保护与经济发展的协调之道。

通过“多规合一”实现智慧招商。以往的招商与规划衔接较少，规划不支持招商，招商不符合规划，项目选址落地难、布局不合理。“多规合一”实施后，资源规划部门能够为招商部门提供医疗、商业、酒店等十大类型的招商信息，将“以商选地”转变为“以地等商”，实现“智慧招商”。

助推城市信息模型库建设，将“平面蓝图”转变为“立体蓝图”。通过充分衔接“多规合一”业务协同平台，接入二维三维、地上地下、室内室外等空间数据，承载GIS、BIM模型、实景现状模型、市政交通等信息，建设城市现状及规划三维模型，为城市建筑艺术评审提供三维直观展示，也为逐步实现工程建设项目电子化审查审批奠定基础。

案例《教学手册》

一、教学目的与用途

1. 本案例的适用课程

本案例主要适用于公共管理相关课程。

2. 本案例的教学对象

本案例的教学对象为公共管理硕士（MPA）、行政管理、城市管理专业研究生和高年级本科生。

3. 本案例的教学目标

本案例是一篇介绍多规合一改革，创新城市治理的典型教学案例，其教学目的在于使学生在国家治理体系和治理能力现代化背景下，对于多规合一改革这项关系生态文明建设大局的基础性工作形成更贴切的认识和思考，拓展提升公共管理领域学生对国土空间治理工作认知，并能结合整体性治理、协同治理等相关公共管理理论展开有效分析应用。

二、讨论问题

1. 谈谈规划作为一种治理工具，所具有的作用和影响。
2. 我国多规合一改革是在什么背景下提出的？
3. 我国现行规划的主要类型有哪些？多规并行带来哪些治理问题？
4. 多规合一改革的“合”与“一”体现在哪些方面？
5. 厦门开展“多规合一”工作的基本逻辑是怎样的？有哪些创新价值与借鉴

意义？

6. 通过厦门案例，请谈谈技术创新与制度改革的关系？

7. 查阅国内其他典型城市的多规合一改革工作，多规合一改革还可以在哪些方面进一步完善？并如何改进完善？

三、分析思路

本案例面向国土空间治理现代化这个重要领域，规划引领是国土空间治理的工作基础，是城市治理现代化的重要组成，创新空间规划工作方式方法具有重要理论意义与实践价值。对该案例的分析，可以考虑从传统规划存在哪些问题和困境、多规合一改革思路、具体开展流程、厦门创新实践、启示借鉴等方面入手。学员通过案例材料的阅读理解，对该事件会有自己的判断和分析思路，教师在讨论过程中，不必强加此分析思路，但是可以进行适当的逻辑引导。

四、关键要点

1. 国家治理体系和治理能力现代化进程中，空间规划的作用与地位。
2. 传统城乡规划、土地利用规划、主体功能区划等多规并行引发的治理困境。
3. 多规合一改革的基本逻辑。
4. 多规合一改革的具体实践路径、形式与效果。
5. 未来进一步深化多规合一改革的创新方向与思路。

五、建议课堂计划

（一）课前把案例材料发给学员，要求学员用30分钟左右的时间认真阅读，并思考相关问题。

（二）课堂教学计划分为四个步骤：

1. 全班集中，案例导入（10分钟）

教师通过多媒体方式向学生展示多规合一改革提出的背景、政策文件、组织执行体系以及执行情况内容。

2. 分组研讨，案例展开（20分钟）

对学员进行分组，各组经过讨论，将汇总组内成员的观点写在黑板上。

3. 公开辩论，案例分析（30 分钟）

每组的发言人首先上台向全班报告本组的主要研讨观点，如果发言人未用完规定的时间，其所在组的其他成员还可以对发言人的观点进行补充。各组发言结束后，学员可以自由发言，就其所支持的一方进行观点交锋和辩论。

4. 案例点评，总结拓展

由授课教师针对学生分组辩论的情况予以点评，总结案例研讨的主要特点、主要观点以及有待进一步关注和研究的问题，提示分析问题的不同角度和方法。最后，启发学生对开展多规合一改革，提升政府治理效能更深入的思考。

第六部分　政府绩效管理

案例十六

政府购买服务类项目成本预算绩效分析研究

——以“A 市城市餐厨垃圾处置项目”为例[①]

① 本案例由北京中创京安咨询有限公司高级经济师钟秋、中央财经大学政府管理学院曹堂哲教授（通讯作者）、上海煜砼工程项目管理有限公司中级经济师张喆共同编写。本案例报告是国家社科基金一般项目“我国政府部门预算参与和管理绩效作用机理的模型建构与实证检验研究”（批准号：20BZZ060）；中央财经大学政府管理学院科研创新团队项目“典型国家重大政策评估制度比较和前沿方法研究”课题的研究报告成果之一。

案例正文

随着各地各部门政府购买服务改革的持续深化，对政府购买服务类项目开展成本预算绩效分析成为提升公共服务绩效、优化财政资金投入的重要管理方式之一。近年来全国各地对城市餐厨垃圾无害化、资源化处理的财政资金投入不断加大，对此开展成本绩效分析，对于降低公共服务成本、提高预算管理水平和公共服务质量具有重要理论和实践意义。本报告基于成本预算绩效分析“九步法”，引入“工作分解结构”（WBS）、ABC 成本法等方法，以“A 市城市餐厨垃圾处置”为实例，提炼政府购买服务类项目成本绩效分析的特点，总结分析方法，为建立系统的成本预算绩效分析理论和方法体系提供支撑。

一、引言

政府购买服务作为创新公共服务提供方式、引导有效需求的重要途径，近年来支出规模不断加大，据不完全统计，2022 年全国政府购买服务支出规模已达 5000 亿元。2018 年，《中共中央　国务院关于全面实施预算绩效管理的意见》中提出，“积极开展涉及一般公共预算等财政资金的政府投资基金、主权财富基金、政府和社会资本合作（PPP）、政府采购、政府购买服务、政府债务项目绩效管理。”2020 年，《政府购买服务管理办法》（财政部令第 102 号）明确了政府购买服务应当遵循“预算约束、以事定费、公开择优、诚实信用、讲求绩效”的原则。“讲求绩效”作为政府购买服务的重要原则和管理要求，随着各地各部门政府购买服务改革的持续深化，其绩效管理的要求也不断提高。2023 年，财政部《关于做好 2023 年政府购买服务改革重点工作的通知》要求“高度重视政府购买服务绩效管理工作，筑牢绩效管理理念，注重结果导向。加强政府购买服务绩效管理制度建设，规范绩效管理流程和措施，务实开展绩效评价”。

近年来政府购买服务绩效评价工作取得可喜成就。2018 年财政部印发了《关于推进政府购买服务第三方绩效评价工作的指导意见》选择天津、山西、吉林、上海、江苏、浙江、河南、四川、贵州、深圳 10 个省市于 2018—2019 年开展政府购买服务第三方绩效评价试点，取得了可喜的成效，为健全政府购买服务绩效指标和方法奠定了基础，但在政府购买服绩效评价和管理的实践中，也存在一些突出问题亟须解决，主要是成本效益的理念尚未牢固树立；绩效目标申报中存在成本指标“虚化”、质量指标与公共服务标准联系“弱化”、效益指标“软化”等问题；绩效评价中存在决策、过程、产出和效益各项指标分别评价，重达标考核和合规审查，轻投入产出分析和成本效益分析的倾向[①]；经济性评价缺少有效的实现方法和工具等。树立“物有所值”的绩效管理理念，引入成本效益分析等方法，对政府购买服务项目开展成本绩效分析，健全以成本、效益和质量为核心的绩效指标体系，实行全成本预算绩效管理，将是政府购买服务绩效评价和管理改革的重要方向。

本案例以A市城市管理部门采取政府购买服务方式委托B企业开展“城市餐厨垃圾处置项目”为例，以既定购买服务方式下获取的成本预算绩效数据为基础，分项测定餐厨垃圾处置成本，进而设置标准定额。同时，根据餐厨垃圾处置后形成的初级产品的不同去向，探索性地开展不同服务标准下的分类成本测算，为政府购买服务成本预算绩效分析多方案比选提供新思路。

二、政府购买服务分类

政府购买服务是指各级国家机关将属于自身职责范围且适合通过市场化方式提供的服务事项，按照政府采购方式和程序，交由符合条件的服务供应商承担，并根据服务数量和质量等因素向其支付费用的行为。

政府购买服务作为推动服务型政府改革、创新公共服务提供方式、提高公共服务质量及效率的重要手段，将部分公共服务由政府“直接举办、直接提供”，转变为政府“购买服务、监督质量”。通过政府购买服务减少政府行政人员的数量，降低行政成本，提高政府提供公共服务的效率。同时，通过财政付费的方式将部分政府职能转移到企业或其他机构，提高社会资源的利用效率，促进经济发展。

政府购买服务内容分为两大类，一类是政府向社会公众提供的公共服务，另一类是政府履职所需辅助性服务。我国政府购买服务的具体范围和内容实行指导性目录管理，政府购买服务指导性目录在中央和省两级实行分级管理。在中央层面，按照《关于印发中央本级政府购买服务指导性目录的通知》（财综〔2020〕57号）要求，可以实行政府购买服务的事项范围，涵盖了包括公共安全、教育、就业、社会保障等基本公共服务二级目录18项、三级目录89项及法律、课题研究等政府履职辅助性服务二级目录12项、三级目录32项。

在地方层面，以北京市为例，《北京市财政局政府购买服务指导性目录》（2022

① 曹堂哲，彭珮文．全成本预算绩效管理的若干问题：缘起、理念和框架［J］．财政监督，2022，（02）：41－48.

年）列入的政府购买服务事项，由教育、医疗卫生、社会保障等公共服务和政府履职辅助性服务领域，扩大到社会治理、行业管理等服务领域，涵盖了包括公共安全、教育、就业、社会保障等基本公共服务二级目录 18 项、三级目录 145 项以及法律、课题研究等政府履职辅助性服务二级目录 12 项、三级目录 35 项，具体如表 16－1 所示。

表 16－1　　北京市政府购买服务分类一览表

一级目录	二级目录	三级目录
公共服务	公共安全服务	公共安全隐患排查治理服务、公共安全情况监测服务等 8 项
	教育公共服务	课程研究与开发服务、教育活动组织实施服务等 14 项
	就业公共服务	就业指导服务、职业技能培训服务等 6 项
	社会保障服务	儿童福利服务、养老服务等 11 项
	卫生健康公共服务	传染病防控服务、地方病防控服务等 12 项
	生态保护和环境治理服务	生态资源调查与监测服务、野生动物疫源疫病监测服务等 14 项
	科技公共服务	科技研发与推广服务、科技成果转化与推广服务等 5 项
	文化公共服务	文化艺术创作表演及交流服务、群众文化活动服务等 5 项
	体育公共服务	体育组织服务、体育场馆服务等 3 项
	社会治理服务	基层治理服务、社会组织建设与管理服务等 9 项
	城乡维护服务	公共设施管理服务、城乡运行维护保障服务等 2 项
	农业、林业和水利公共服务	农业绿色发展和可持续发展、农业资源与环境保护服务等 16 项
	交通运输公共服务	交通运输保障服务、交通运输社会监督服务等 8 项
	灾害防治及应急管理服务	防灾救灾技术指导服务、灾后防疫服务等 10 项
	公共信息与宣传服务	公共信息服务、公共公益宣传服务等 4 项
	行业管理服务	行业规划服务、行业调查与处置服务等 9 项
	技术性公共服务	技术评审鉴定评估服务、检验检疫检测及认证服务等 5 项
	其他公共服务	对外合作与交流服务、农村金融发展服务等 4 项
政府履职辅助性服务	法律服务	法律顾问服务、法律咨询服务等 4 项
	课题研究和社会调查服务	课题研究服务、社会调查服务等 2 项
	会计审计服务	会计服务、审计服务等 2 项
	会议服务	会议服务 1 项
	监督检查辅助服务	监督检查辅助服务 1 项
	工程服务	工程造价咨询服务、工程监理服务等 5 项
	评审、评估和评价服务	评审服务、评估和评价服务等 3 项
	咨询服务	咨询服务 1 项
	机关工作人员培训服务	机关工作人员技术业务培训服务等 2 项
	信息化服务	机关信息系统开发与维护服务、数据处理服务等 4 项
	后勤服务	维修保养服务、物业管理服务等 7 项
	其他辅助性服务	翻译服务、档案管理服务等 3 项

从三级目录数量看，公共服务占比达80%。相较于政府履职辅助性服务，公共服务具有资金规模大、覆盖领域广、项目数量多、社会影响面大等特点。

三、政府购买服务类项目成本预算绩效分析的框架

（一）政府购买服务类项目成本预算绩效分析的“九步法”

借鉴“工作分解结构”（WBS）[①]、成本会计核算、财政预算绩效目标管理等要求，采用“成本—活动”二维框架体系建立“城市餐厨垃圾处理服务”成本预算绩效分析“九步法”模型。具体如图16－1所示。

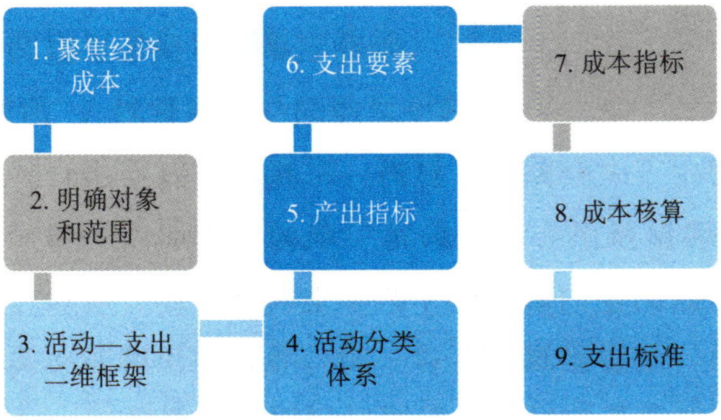

图16－1　成本预算绩效分析“九步法”

一是聚焦经济成本。成本具有多种分类方式，包括经济成本、社会成本和生态环境成本等内容。成本预算绩效分析应聚焦取得某项服务或产品所需付出的经济价值，即耗费的人力、资产等资源的货币计量。

二是明确对象和范围。成本核算对象可以是提供服务或产品的具体业务活动或项目，也可以是某个组织机构或团队。在明确成本对象、聚焦经济成本的基础上，对成本对象全部业务模块进行梳理，明确购买的服务或产品具体由哪些业务模块提供，这些模块涉及哪些直接成本和间接成本，确定成本核算边界，避免因扩大或缩小范围而影响成本预算绩效分析结果的准确性。

三是搭建“活动—支出”二维框架。为建立成本对象各活动与成本之间的对应关系，搭建以成本为横坐标、活动为纵坐标的“成本—活动”二维框架体系，作为成本预算绩效后续分析基础框架。

---

① 项目成本预算绩效分析的“九步法”根据曹堂哲《成本预算绩效管理理论与实践》（2021年）讲义。

四是建立活动分类体系。围绕成本对象分解其活动环节，进一步构建活动分类体系。对成本对象各业务模块进行流程梳理，采取“工作分解结构”（WBS）以预期交付的服务或产品为导向，对业务流程的各活动要素进行分组。“工作分解结构”（WBS）的基本活动要素可为产品、服务、资料或其组合，为细化成本核算提供了必要框架。

五是设置产出指标。在财政部共性财政支出评价指标体系的基础上，结合成本预算绩效管理特征，细化设置产出成本指标、质量指标和效益指标。按照政府购买服务合同约定标准，逐项梳理该服务具体产出指标和效益指标，指标设置应尽可能通过科学合理的方式予以货币化等量化反映，便于建立起与成本指标的对应关系以开展成本效益分析。

六是建立支出分类体系。对应每一类活动，按照《政府收支分类科目》中的经济科目，分类确定各支出的方式和类型，将经济成本进一步细化拆解，建立成本支出分类体系。

七是设定成本指标。成本指标是指将归集到产品和服务的成本按照一定标准划分的反映成本构成的具体项目。通常成本指标体系的一级、二级为通用指标，包括人力支出、商品和服务支出等内容，与《政府收支分类科目》衔接，便于预算编制。二级及以下为个性指标，要结合项目内容、性质、构成等进行个性化设定。

八是开展成本核算。具体包括成本确认、成本归集、成本分配、成本核算等环节，包括：对发生的各种成本和费用进行确认，确定应计入项目成本的费用及费用数额；采取一定方式进行成本数据的搜集与汇总；将归集的成本分配给成本对象等。可综合选择一种或多种成本核算方法，如分步法、分批法、品种法、ABC 成本法等，依据成本数据表、原始凭证、台账等各类资料，对成本对象各项支出进行费用归集。费用归集时对于不应计入活动要素的成本应予以剔除，对需要分摊的费用应按照一定标准在各活动要素间进行分配。

九是形成支出标准。在成本核算基础上，计算出该项服务或产品的总成本和各活动要素的单位成本，形成成本定额和支出标准。

（二）政府购买服务类项目成本预算绩效分析的特点和难点

一是缺乏可参照的服务标准价格，真实成本数据获取不易。由于政府购买服务通常具有区域唯一性，地区市场上缺少可供参考的服务价格，政府购买服务通常以同类型服务的历史合同价格为依据，作为以后年度招标控制价。又因政府公共服务公益性与市场承接主体趋利性的矛盾，制约了政府购买服务类项目真实成本获取，具体表现为承接主体未对服务项目资金单独核算、财务支出明细账不能直接反映服务成本发生情况或进行单独核算却存在成本数据不真实、不合理等情况，完整真实的成本数据信息获取难度大。

二是缺乏明确的服务质量约束，绩效实现情况标准各异。由于购买主体和服务对象不一致导致的信息不对称，购买主体提出的服务需求并不一定完全契合服务对象的真实需求。多数政府购买服务合同缺乏明确质量约束，服务质量及管理依赖于承接主体内部质量管理要求，而市场承接主体的趋利性难以保证政府公共服务的公益性有效达成。即使承接主体制定了相应的质量监督及考核标准，建立了记录服务种类、数量等事项的台账登记簿，但在政府购买服务绩效评价实践中不难发现，普遍存在数据真实性存疑、质量管理流于形式、考核标准随意调整等情况。此外，由于服务质量标准及社会公众满意度数据缺失，服务产出质量及效益难以评价。

本文以“城市餐厨垃圾处置”为案例，采取成本预算绩效分析“九步法”，围绕政府购买服务类项目成本预算绩效分析的特点与难点，设计相应的“成本—活动”二维框架，对餐厨垃圾处置这一市政公共服务进行成本绩效分析，并尝试梳理不同服务质量标准下的价格标准。

四、“城市餐厨垃圾处置”案例分析

（一）案例背景

《中华人民共和国国民经济和社会发展第十四个五年规划和2035年远景目标纲要》中提出要“建设分类投放、分类收集、分类运输、分类处理的生活垃圾处理系统”，随着城市垃圾分类逐步推进，各地城市餐厨垃圾处理规模持续扩大。我国各地区城市管理部门多采取政府购买服务方式委托具备资质的餐厨垃圾收运及处置企业提供城市餐厨垃圾处置服务。城市餐厨垃圾处理属于市政公共事业范畴，餐厨垃圾处理服务于全体社会成员，与人民群众生活环境有着直接关系。随着全国各地对城市餐厨垃圾无害化、资源化处理的财政资金投入不断加大，以城市餐厨垃圾处置费为案例开展成本预算绩效分析具有迫切的现实需求。

A市城市管理部门（以下简称“A部门”）为进一步落实本市垃圾分类及处置要求，提高辖区内餐厨垃圾无害化处理水平和资源化处理率，采取政府购买服务方式委托B企业为辖区内餐厨垃圾处置提供服务，合同约定服务标准为“收集运输除居民日常生活以外的食品加工、饮食服务、单位供餐等活动中产生的食物残余和食品加工废料等餐厨垃圾，并对餐厨垃圾进行高温消毒干燥、耗氧发酵形成有机质初级产品”，上述服务不含对有机质初级产品深加工。A 部门以上述服务标准制定处置费定额，按月据实支付 B 企业餐厨垃圾处置费。

由于餐厨垃圾处置形成的初级产品可采取不同形式的深加工服务，而不同服务标准对餐厨垃圾处置的环境效益及经济效益差异较大。通过探索性地开展餐厨垃圾有机质初级产品“不加工”和“有机质再利用”两种服务标准下的分类成本绩效分析，为政府购买服务成本预算绩效分析多方案比选提供方法及思路。

（二）以“成本—活动”二维框架体系为基础的成本预算绩效分析“九步法”

1. 步骤 1：聚焦经济成本

开展成本预算绩效分析的前提是聚焦经济成本。参照《中央部门项目支出核心绩效目标和指标设置及取值指引（试行）》（财预〔2021〕101 号）中成本分类，B 企业开展餐厨垃圾处置的成本包括 3 个方面：

一是经济成本，即 A 部门购买的餐厨垃圾处置服务各环节直接耗费的资源，包括围绕特定成本核算对象所发生的人力资源耗费，房屋及建筑物、设备、材料等有形资产耗费，知识产权等无形资产耗费等。二是社会成本，即 B 企业餐厨垃圾处置场地选址可能对周围企业或居民造成搬迁等方面造成负面影响。三是生态环境成本，即 B 企业开展餐厨垃圾处置过程中可能造成噪声、废水、废气等方面的负面影响。本案例聚焦“经济成本”，以餐厨垃圾处置直接耗费的资源情况作为成本分析范围。

2. 步骤 2：明确成本对象

B 企业经营服务范围涉及餐厨垃圾处置、回收加工废油、有机质深加工等多项业务模块。明确成本对象应厘清 A 部门购买 B 企业的服务范围，避免将 B 企业不属于 A 部门购买服务的其他业务模块成本纳入核算。从 A 部门购买 B 企业的服务范畴看，成本对象仅限于对餐厨垃圾处置业务，不含对餐厨垃圾处置产生的有机质初级产品的深加工业务。

聚焦“餐厨垃圾处置”业务的经济成本进行细化分解，主要分为设备折旧损耗摊销等固定成本和作业操作等运营成本两大类。其中：设备折旧损耗摊销等固定成本包括垃圾处置等主体设备和污水处理等辅助设施的年折旧费。作业操作等运营成本包括垃圾处置过程中发生的直接人工、直接材料、燃料动力费、场地租赁、设备维护等各项生产费用支出。具体如图 16 – 2 所示。

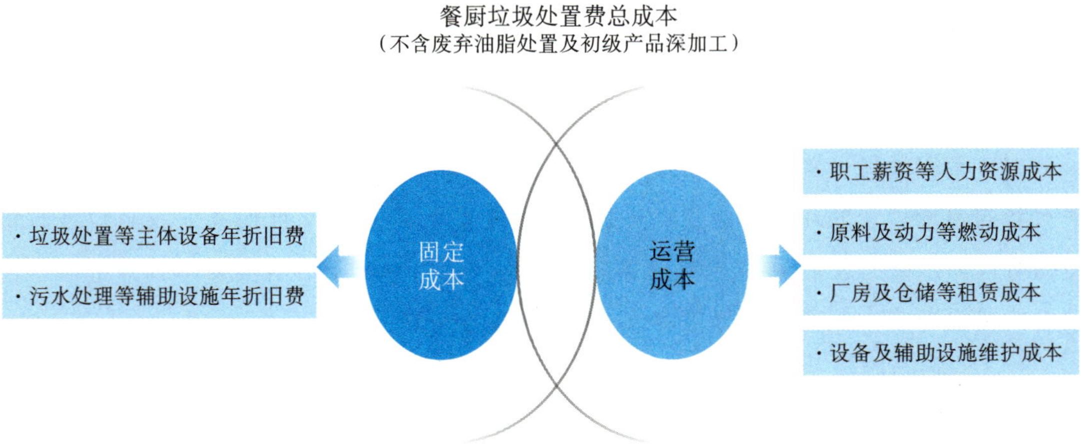

图 16－2　以“餐厨垃圾处置”为成本对象的总成本构成

3. 步骤 3：搭建“成本—活动”二维框架

以成本为横坐标、活动为纵坐标，搭建“成本—活动”二维框架体系，作为成本预算绩效后续分析基础框架。其中：

“成本”坐标与《政府收支分类科目》中经济分类科目衔接，分为“1. 人力支出”“2. 商品和服务支出”“3. 资本性支出”等，便于项目预算编制及管理。

“活动”坐标按 B 企业“餐厨垃圾处置”业务具体流程进行拆解，分为“A. 设施运维”“B. 垃圾清运”“C. 垃圾处置”等具体环节，便于 ABC 成本法（作业成本法）开展成本核算。具体如图 16－3 所示。

图 16－3　餐厨垃圾处置业务“成本—活动”二维框架

4. 步骤 4：细化业务环节“活动要素”

采取“工作分解结构”（WBS）对“餐厨垃圾处置”业务各环节具体的活动要素进行分组，逐层向下细化分解“活动”坐标。例如，餐厨垃圾处置“垃圾处理”业务环节可进一步细化为“预处理”“生物发酵”“残余物处理”等活动要素。如图 16－4

所示：

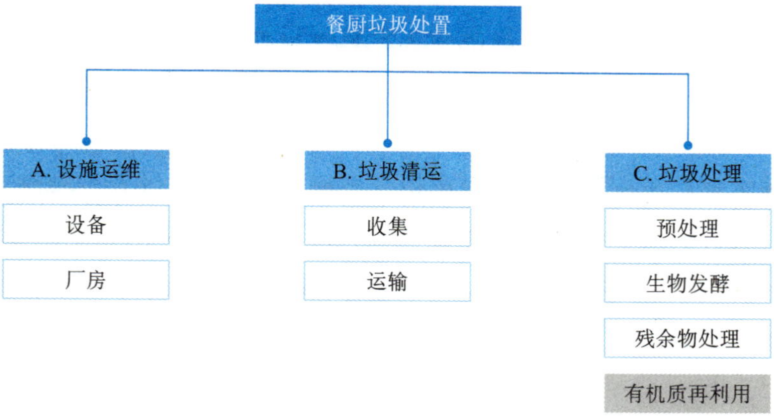

图 16－4　餐厨垃圾处置业务“工作分解结构”(WBS)

活动要素是开展成本预算绩效分析的最小业务单元，同一活动要素的不同服务标准决定了整个服务的成本及绩效情况。本文在 A 部门委托 B 企业“餐厨垃圾处置”业务基础上，将服务标准从初级产品“不加工”提高到“有机肥深加工”，以此增加了“有机质再利用”这一活动要素（见图 16－4 阴影模块），以便后文探索性地针对餐厨垃圾处置初级产品不同服务方式及标准进行分类成本测算，从成本绩效角度开展政府购买服务多方案比选。

5. 步骤 5：设置产出及效益指标

根据合同约定服务标准逐项梳理产出和效益指标。产出及效益指标体系中一级、二级指标为通用指标，具体分为产出数量、质量、进度等二级通用产出指标和经济、社会、生态、服务对象满意度等二级通用效益指标。三级指标为个性指标，本案涉及的个性指标包括 B 企业为 A 部门提供餐厨垃圾处置业务的签约服务单位数量、日均垃圾处置量、垃圾收运标准、台账管理等产出指标和环境影响、有责投诉等效益指标。具体如表 16－2 所示。

表 16－2　餐厨垃圾处置产出及效益指标

一级指标	二级指标	三级指标	指标值
产出指标	数量指标	签约服务单位	××××个
		日均餐厨垃圾处置量	××吨/天
		无害化处置运转天数	365 天
	质量指标	餐厨垃圾收运标准	密闭运输、无滴漏
	进度指标	收运处置台账管理	按季度及时上报

续表

一级指标	二级指标	三级指标	指标值
效益指标	生态效益	环境影响	符合环保标准
	经济效益	资源化利用	×××元/吨有机肥
	服务对象满意度	有责投诉	<×次/年

对比餐厨垃圾处置后初级产品“不加工”和“有机质再利用”两种服务标准，采取“有机质再利用”这种更高的服务标准会增加“有机质处置设备折旧”等成本支出，但也对应提高垃圾处置环境效益、提高资源化利用水平根据业务实际的成本资料情况，酌情选用“×××元/吨有机肥”“有机肥收入××万元/年”“资源化利用率”等指标作为相应指标（见图16－5阴影模块）。

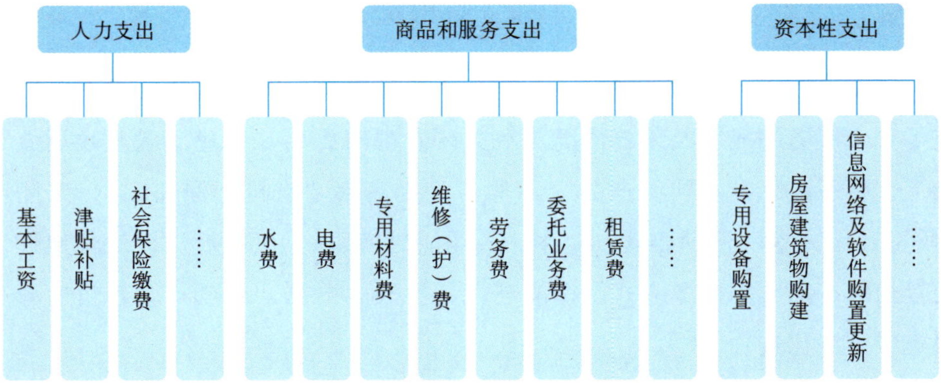

图16－5　餐厨垃圾处置成本“支出要素”分解图

6. 步骤6：梳理经济成本“支出要素”

将“餐厨垃圾处置”业务涉及的人力资源成本、燃动成本、租赁成本、设施设备运维成本、设施设备折旧费等经济成本，对应《政府收支分类科目》中经济科目中“1. 人力支出”“2. 商品和服务支出”“3. 资本性支出”等类别，逐项归类、细化，将经济成本按照《政府收支分类科目》进行拆解，梳理各项“成本”支出要素。例如，“1. 人力支出”可进一步细化为“基本工资”“津贴补贴”“社会保险缴费”等支出要素。支出要素是开展成本核定的最小单元，是开展成本预算绩效分析和设定成本指标的基础。具体如图16－5所示。

7. 步骤7：“成本—活动”二维框架下设置成本指标

将餐厨垃圾处置业务中各环节“活动要素”与“支出要素”在“成本—活动”二维框架下进行逐项对应，同一个活动要素可涉及一项或多项支出要素。例如，“C.1预处理”活动要素中既包括该工种人力支出“1.1基本工资”“1.2津贴补贴”等支出要素，又包括该环节耗费的商品和服务支出“2.1 水费”“2.2 电费”等支出要素。在“成本—活动”二维框架中，对涉及餐厨垃圾处置业务“活动要素”对应的各项成本“支出要素”打√（阴影√为对餐厨垃圾初级产品进一步“有机肥深加工”产生的“支出要素”），具体如图 16－6 所示。

		1.人力支出			2.商品和服务支出						3.资本性支出	
		1.1基本工资	1.2津贴补贴	1.3社会保险缴费	2.1水费	2.2电费	2.3专用材料费	2.4维修（护）费	2.5租赁费	2.6委托业务费	3.1专用设备购置	3.2房屋建筑物购建
A.设施运维	A.1主体设备及辅助设施	√	√	√				√				
	A.2厂房及仓储								√			
B.垃圾清运	B.1收集									√		
	B.2运输									√		
C.垃圾处理	C.1预处理	√	√	√	√	√	√				√	
	C.2生物发酵	√	√	√	√	√	√				√	
	C.3残余物处理	√	√	√	√	√	√				√	
	C.4有机质再利用	√	√	√	√	√	√				√	

“成本”坐标

“活动”坐标

图 16－6　“活动要素”与“支出要素”嵌入“成本—活动”二维框架

根据特定计量单位，如年均、人均等维度，将上述“支出要素”按照一定标准归集到反映 B 企业餐厨垃圾处置业务成本构成的具体指标中，定义标准化的成本指标。成本指标体系中一级、二级指标为通用指标，三级指标为个性指标。本案涉及的个性成本指标包括 B 企业为 A 部门提供餐厨垃圾处置业务的全部人员薪酬、设备设施日常保养维修成本、厂房租金、垃圾收集及运输成本等指标。

以 B 企业人力支出为例，按照餐厨垃圾处置业务各环节实际投入人员情况看，可进一步细分为生产管理人员、分拣人员、装卸清洗人员、餐厨垃圾回收人员、污水处理人员、锅炉操作人员、保洁卫生人员等各工种。按不同工种对应设置相应的个性成本指标“××工种人员薪酬”。具体如表 16－3 所示。

8. 步骤 8：开展成本核算

成本核算包括 4 个步骤：一是划分不同生产环节的人工成本界限、不同生产部门的燃料动力费分摊界限等。二是严格按照成本开支范围处理费用的列支。三是做好成本核算的原始凭证计量工作、合理制定工时及材料的消耗定额等。四是根据成本核算

表 16－3　　餐厨垃圾处置成本指标体系

一级指标	二级指标	三级指标	指标值
成本指标	人力支出	××工种人员薪酬	××元/人·年
	商品和服务支出	设备设施日常保养维修	××元/吨·天
		厂房租金	××元/年
		垃圾收集及运输成本	××元/吨
		处置耗能成本	水××元/吨、电××元/千瓦时
	资本性支出	污水处置设备年折旧	×××元/年
		有机质处置设备年折旧	×××元/年

对象特点，选取适当的成本核算方法进行费用归集。

按照服务合同约定，B 企业日处置餐厨垃圾规模 100 吨/天，年运行天数不低于 340 天。依据 B 企业年度审计报告、日常人员考勤记录及工资发放凭证、耗材领用登记表等资料，采取 ABC 成本法对 B 企业各活动要素涉及的成本费用进行分摊、归集。具体如表 16－4 所示，其中：

表 16－4　　餐厨垃圾处置成本核算表

		人力支出（含基本工资、津补贴、社保）			设备折旧（万元/年）	水电能耗				专用材料费		厂房租金及仓储费（万元）	购买收运服务	
						水费		电费						
		职工数（人）	月工资（万元）	年工资额（万元/年）		用水量（吨/天）	金额（万元/年）	用电量（千瓦时/天）	金额（万元/年）	吸附材料（吨/天）	金额（万元）		日耗用（吨/天）	金额（万元）
小计		59	—	882.00	20.10	22	4.11	1705	34.78	6	102.00	125.00	100	333.20
A. 设施运维	A.1 主体设备及辅助设施	6	1.80	129.60	0.00	0	0.00	0	0.00	0	0.00	0.00	0	0.00
	A.2 厂房及仓储	1	0.80	9.60	0.00	0	0.00	0	0.00	0	0.00	125.00	0	0.00
B. 垃圾清运	B.1 收集	0	0.00	0.00	0.00	0	0.00	0	0.00	0	0.00	0.00	100	333.20
	B.2 运输	0	0.00	0.00	0.00	0	0.00	0	0.00	0	0.00	0.00		
C. 垃圾处理	C.1 预处理	15	1.00	180.00	3.50	5	0.94	280	5.71	4	68.00	0.00	0	0.00
	C.2 生物发酵	12	1.20	172.80	4.20	8	1.50	430	8.77	2	34.00	0.00	0	0.00
	C.3 残余物处理	15	1.20	216.00	3.80	3	0.56	375	7.65	0	0.00	0.00	0	0.00
	C.4 有机质再利用	10	1.45	174.00	8.60	6	1.12	620	12.65	0	0.00	0.00	0	0.00

（1）人力支出。根据各业务环节实际定员人数和人均平均年薪核算，年薪包含基本工资、节假日加班费、津贴补贴、社会保险等。

（2）设备折旧。按使用期限15年等额方式计提折旧，残值率为5%。

（3）水电能耗。根据各业务环节实际耗能对水电用量进行分摊，按水费5.5元/吨、工业用电0.65元/千瓦时、实际运行天数340天核算。

（4）专用材料。按日处置餐厨垃圾100吨/天、实际需耗费的辅料、填充物原料6吨/天、500元/吨核算、实际运行天数340天核算。

（5）厂房租金及仓储费。按厂房合同及发票，根据实际支付的租金和租赁费用核算。

（6）收运成本。按收运服务合同及发票，结合日运输平均量、收运单价98元/吨和实际支付的收运服务费用核算。

9. 步骤9：形成支出标准

对比初级产品“不加工”，若A部门委托B企业对餐厨垃圾处置初级产品进行“有机质再利用”深加工服务，则会相应增加B企业有机质再利用环节的设备折旧（8.6万元/年）、人工（174万元/年）、能耗（水费1.12万元/年、电费12.65万元/年）等成本支出，合计增加成本196.37万元/年。同时，根据初级产品处置后形成的有机肥产量及每吨售价，预计B企业可产生有机肥销售收入约为200万元/年。依据上述成本核算内容，针对初级产品“不加工”和“有机质再利用”两种服务标准，分别制定A部门购买餐厨垃圾处置服务的财政补贴定额标准。具体如表16-5所示，其中：

表16-5　餐厨垃圾处置服务费定额标准测算表（2种服务标准）

	服务标准一：初级产品不加工	服务标准二：有机质再利用
1. 成本总额（万元/年）	1304.83	1501.20
2. 日处置单位成本（元/吨）	383.77	441.53
3. 每吨企业合理税前利润5%（万元/年）	65.24	75.06
4. 有机质生产肥料预估收入（万元/年）	0.00	200.00
5. B企业最低年营业补贴收入（万元/年）	1370.07	1376.26
6. 日处置目标财政每吨最低补贴（元/吨）	402.94	404.78

（1）服务标准一：初级产品不加工。按服务合同约定处置规模和运行天数，B企业日处置成本为383.77元/吨，综合考虑B企业开展此项业务获得的合理税前利润，A部门需按最低402.94元/吨的餐厨垃圾处置费价格向B企业进行相关服务购买。

（2）服务标准二：有机质再利用。按服务合同约定处置规模和运行天数，B 企业日处置成本为 441.53 元/吨，综合考虑 B 企业开展此项业务获得的合理税前利润和深加工后有机肥预计销售收入，A 部门需按最低 404.78 元/吨的餐厨垃圾处置费价格向 B 企业进行相关服务购买。

如表 16－5 所示，从 A 部门采取两种服务标准购买 B 企业餐厨垃圾处置服务费来看，最低定额标准仅相差约 2 元/吨。从成本效益分析的角度来看，在对有机肥销售市场风险及收益进行充分评估和测算的前提下，A 部门选择进一步购买餐厨垃圾处置初级产品深加工服务具有一定的经济合理性。

五、结语

借鉴“工作分解结构”（WBS）、ABC 成本法等方式，按照财政预算绩效目标管理要求，以“A 市城市餐厨垃圾处置”为实例，运用成本预算绩效分析“九步法”对两种服务标准下的城市餐厨垃圾处置费进行成本核算，并形成成本定额和支出标准，为丰富政府购买服务类项目成本预算绩效分析和不同服务方案比选提供方法和实践参考。

案例《教学手册》

一、教学目的与用途

1. 本案例的适用课程

本案例主要适用于政府绩效绩效评价、预算绩效管理等课程。

2. 本案例的教学对象

本案例的教学对象为公共管理硕士研究生。

3. 本案例的教学目标

本案例通过对政府购买服务类项目的分类、成本预算绩效分析的难点及思路进行描述，以“A 市城市餐厨垃圾处置”为实例，引导学生运用成本预算绩效分析“九步法”对两种服务标准下的城市餐厨垃圾处置费进行成本核算，加深学生对成本预算绩效分析的理解。

二、启发思考题

1. 政府购买服务绩效评价的短板弱项是什么？
2. 如何理解成本绩效分析的“九步法”？
3. 政府购买服务项目成本绩效分析的特点和难点是什么？
4. “A 市城市餐厨垃圾处置”成本绩效分析是否具有推广价值？

三、分析思路

首先分析成本绩效分析提出的背景，然后了解运用成本效益分析对加强政府购买服务类项目绩效管理的积极意义。在此基础上，结合“A 市城市餐厨垃圾处置”案例，理解如何运用成本绩效分析“九步法”对此类项目进行成本绩效分析。

四、关键点

1. 政府购买服务的分类。
2. 政府购买服务类项目成本绩效分析的难点。
3. 成本绩效分析“九步法”。

五、建议课堂计划

（一）引入案例（30 分钟）

教师通过多媒体方式向学生展示政府购买服务的分类、绩效管理难点、成本绩效分析“九步法”及“A 市城市餐厨垃圾处置”成本绩效分析案例。

（二）分组研讨（15 分钟）

分 3 组进行研讨，各组选出 1 名成员作为小组负责人及发言代表，利用 15 分钟组织组内人员进行案例阅读及研讨，汇总组内成员的观点。重点围绕政府购买服务绩效管理难点、对成本绩效分析“九步法”的理解、对“A 市城市餐厨垃圾处置”成本绩效分析案例的理解等方面进行研讨。

（三）分组发言（30 分钟）

各组结合本组研讨内容及理解进行发言，并可结合其他组观点进行交流探讨。

（四）案例点评

针对学生分组发言的情况予以点评，并对案例的关键点进行重点分析。

（五）案例总结

总结案例，启发学生对政府购买服务成本绩效分析更深入的思考。

第七部分　公共部门人力资源管理

案例十七

“考证热”下的“冷思考”

——“放管服”背景下的职业资格政策改革分析[1]

① 本案例由中央财经大学政府管理学院罗海元副教授，中央财经大学政府管理学院硕士研究生吴佩林、张玲共同编写。

案例正文

“三百六十行，行行要考证”，一度“泛滥”的职业资格成为民生痛点问题，让就业创业被繁多的“证书”所累，束缚住各类人才拼搏干事的手脚。为经济发展清除障碍，为创业创新营造环境，对职业资格“瘦身减肥”，提高其“含金量”成为必然。自党的十八届三中全会以来，我国职业资格领域改革已进行近9年，在规范职业资格认可认定、降低就业创业门槛及激发市场主体活力和创造力等方面取得显著成绩。尤其是2017年版和2021年版《国家职业资格目录》的公布，以国家职业资格目录为总抓手，国家职业资格开始正式实行清单化管理，持续减少职业资格许可认定事项，对职业资格实行清单式管理，严格控制新设职业资格，进一步规范职业资格考试认定工作，充分激发市场主体创新活力，为劳动者成长成才营造更加广阔的天地。尽管如此，在职业资格改革政策具体落实过程中依然存在着职业资格目录动态调整不及时、制度修订相对滞后、违规开展职业资格认定、职业资格考试内容与实际需求存在差距等问题。为应对这一系列问题，了解职业资格改革政策落实情况，本案例选取教师职业资格政策为代表，了解其教师职业资格相关政策在改革前后发生的变化及仍存在的问题。依据国家“放管服”政策的总体要求，针对性地提出了建立健全政府、市场和社会的协同治理机制，健全法律法规体系，完善监管机制和建立信息监管平台，优化职业资格配套服务体系等措施。

一、引言

“四六级考完了，计算机二级考完了，是考ACCA还是CFA呢？要不考个教师职业资格证，找不到好工作就回老家当个老师得了。”北京某大学商学院学生Z如是想。与Z类似的想法并不鲜见，面对越来越严重的就业压力，各种证书能考就考，能卷就卷，卷不过回老家考编制代表了部分高校学生的就业观念。三年疫情使得就业人群越来越看重工作的稳定性，也使得“考证热”的现象越来越突出。2021年人社部推出了最新版《国家职业资格目录》，对职业资格证书进行了大力整顿，在一定程度上完成了职业资格证书的减量增质。教师从业资格证作为典型的准入型证书，由于其在从事教师职业时的门槛作用受到高校学生群体及职场人群的热捧。在“放管服”背景下，在职业资格政策改革之前教师职业资格政策存在哪些问题？改革之后获得了哪些改善？哪些问题仍然存在？带着这些问题，我们对教师职业资格政策的相关群体进行了深度访谈。

（一）起：教资改革引风波，现行制度问题多

2021 年 12 月 1 日，各个社交平台用户的目光都聚焦在《中华人民共和国教师法》（征求意见稿）上，网友们对于其中的教师资格提升学历要求这项改革展开了激烈的讨论。网友 A 表示，“我非常赞成，提高学历标准是件好事。老师学历高，他的教学能力也高。”但一些网友有不同的意见，网友 B 说“学历不是最重要的，最重要的是教师是否热爱课堂，喜欢这个职业。提高学历不一定是好事，反而有可能让一些真正想从事教师行业的人因为学历被拒绝，我觉得这个改革没必要。”有关“教师”“教师资格”的话题讨论热度持续上升，为何这个话题如此引人关注呢？这是因为教师的社会地位较高和“铁饭碗”的性质等优势，教师行业愈发热门。教师资格考试则是通往教师行业的敲门砖，因此教师资格考试报考人数每年大幅增长，在“考证热”的背景下，完善教师资格制度迫在眉睫。

2010—2020 年，教师资格制度经历了一个发展和改革过程，改革的起因是教师资格制度不能满足教育体系的发展。在启动教师资格制度改革时，我国原有的教师资格制度需要解决的主要问题是什么呢？教育厅刘主任表示，“我国教师资格制度改革是从 2010 年启动的，当时存在的突出问题：一是教师资格学历标准偏低。二是教师资格认定缺乏实践考察。三是教师资格缺乏有效期限。”

1. 教师资格学历低：标准需提升

“随着教育体系的发展，教师资格制度出现了很多不适应的方面，学历标准是其中之一。面对教育的新形势、新任务和新要求，之前的学历的标准是偏低的，如图 17 – 1 所示，改革要逐步提高学历标准，提高教师的素质。”参与了我国教育转型变革和推动了教师资格制度改革的刘主任说明了改革前学历偏低的问题。

教师队伍的素质对教学的影响不言而喻。家长对下一代有着“望子成龙”“望女成凤”的希冀，对子女教育的要求逐步提高，对教师的学历要求也高了起来。在福州闽侯南屿镇某小学，发生了因不满老师学历，家长要求学校辞退的事件。“她只有中专学历，不适合当小学教师。”家长对代课教师的不满源自老师的中专学历，认为中专学历低，教学能力不强。家长认为学历层次与教学水平呈正比关系，抛开家长行为的对错，我们可以看出家长对于教师学历的重视。

在实施改革之前，我国一些偏远的农村地区，教师的学历远远低于城市学校的水平。刘主任对建设教师队伍发表了自己的看法：“教师的问题至关重要，地区差异问题和教学设备间的差距可以通过经费的投入、硬件的建设来解决，但教师队伍的建设不是一朝一夕可以解决的，需要长时间的培育。”随着教育体系的发展和完善，国家

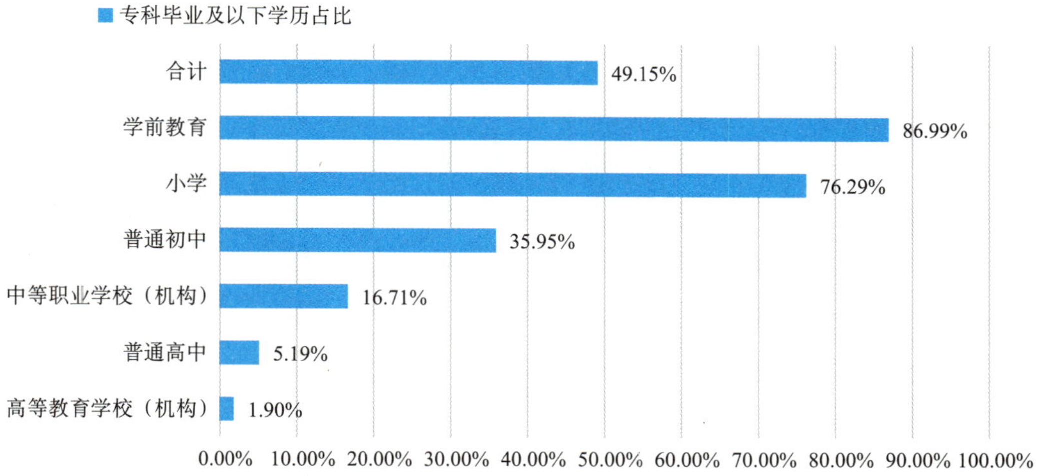

图 17－1 2010 年各级各类教育专任教师专科毕业以下学历情况

数据来源：教育部。

对教师队伍的教学能力要求越来越高，教师资格制度的改革也就乘势而行。

2. 教师资格纸上谈：实践考察少

“教育教学能力检定由各省组织，并实行‘双轨制’，对非师范类毕业生教育教学能力测试的标准各异、方法简单、把关不严，笔试也仅考教育学和心理学，内容空洞；对师范类毕业生免试认定教师资格，不进行教育教学能力测试。然而，师范院校自身也在发生变化，综合化成为师范院校大趋势，一些学校师范与非师范界限不清。培养教学能力是教师能力的核心，但在改革之前，教师资格对于教育教学能力把关不严，没有实践考察。”教育厅刘主任对教师资格制度中缺乏实践考察这个问题进行了说明。

“我通过面试是通过报班的方式，除了老师讲的面试要点外，完全没有学习其他有关提升教学能力的内容。按时上课，下课后按照老师讲的模板进行试讲练习，练熟了就能通过面试，过面试很简单的。”非师范生的考生 C 讲述了自己如何通过教师资格的面试环节。“学校里上课会涉及教师基本功的课程，练习一些试讲。在面试前，和同学组队练习了一下。”师范生考生 D 在访谈中这样回答。访谈中询问是否去学校参与过实习，D 表示没有到学校实习过。

教学能力是需要长期培养的，考查和判断教学能力也是需要在实践中进行的。对于报考教师资格的非师范生，面试的试讲是考查教学能力的唯一环节。在师范院校中，教育实践能力的培养也达不到标准。师范院校的学生，大多也是在实习前获得教师资格。在这种缺乏教学实践环节获得的教师资格证书，其证书有效性将大打折扣。获得教师资格的考生在从事教师这一行业时，缺少直接的教育实践经验，最终会影响教学效果。

3. 教师资格终身制：约束评估缺

“现在的情况是，取得教师资格后，便终身有效，而且考完就结束了，没有再考察的环节。这样不利于激励教师的终身学习与发展，也不利于形成教师退出机制。”刘主任提出教师资格缺乏有效期限的弊端。

“我目前还没有毕业，就业也挺迷茫的，先考个教资啦，万一以后去当老师呢，反正这个证书考完一直都可以用。”考生 E 在访谈中讲述了自己考教师资格的原因，教师资格终身有效也是影响她考教师资格的原因之一。在教师资格终身有效的制度下，很多人不是想从事教师这个职业，而是跟风去考证。

教师资格没有失效与更新的机制，教师获得教师资格后，教师资格制度便对教师失去了约束力。教师应该不断提升自我能力，增长专业知识，精进教学能力，这些考察因为教师资格的终身制而缺失。一些教师资格制度比较完善的国家，例如，美国把教师资格的更新与教师继续教育挂钩，教师修到规定的学分才能更新教师资格证书。如果到期没有更新教师资格，已经取得的教师资格失效。美国的教师资格更新制度是一种切实有效的方法，可以促进教师的自我更新，我国可以借鉴这种优秀的改革措施。

（二）承：放管服背景助力，教资改革落地

2013 年以来，在党中央、国务院“放管服”改革重大决策部署要求下，人力资源社会保障部牵头组织实施减少职业资格许可和认定事项，取消不必要的职业资格认可和认定事项。在“简政放权、放管结合、优化服务”理念指导下，职业资格领域内的教师资格也积极改革，推出措施并落地实施，在现实社会中取得良好效果。

1. 给予师范院校权力，保障主体地位

与之前政府作为单一评价主体不同，教师资格体系在进行简政放权的改革过程中，最大限度地保障师范院校教育在我国教师教育体系中的主体地位。教育厅刘主任表示：“就教师资格的认定而言，目前具有不同的政策，其一是国家统一考试；其二是根据师范类专业认证结果；其三是教育类研究生、公费师范生以及部分专业的师范类专业可以免试，实现直接认定。”

“其中，师范类专业认证是在教师资格制度改革的过程中，为了实现教师资格考试制度的权威性与师范院校资格认证的自主权之间的平衡而开始实施的。”刘主任介绍道，“例如，只要通过第三级认证的专业，教师资格证的笔试和面试都可以在学校考试，也就是说毕业就可以拿到教师资格证。一所师范学校是否通过了师范类专业认证已经成为了考生报考师范类学校的重要考虑因素，以此增强师范类院校之间的良性竞争。”

师范类院校工作者L对此发表了自己的看法：“对师范学校的教师来说，开展师范类专业认证短期来看可能加大了我们的工作量，也承受了更多压力，试卷出得需要更加严谨科学，但是，对整个师范生培养是好事情，有了规范的框架给高校，目标在那里，至于高校怎么去实现，那是高校的自由，但是目标要达到，能够做三级认证的都是好的专业。”

2. 提高报考学历门槛，强调事中事后监管

“放管结合”需要回答“给谁管”“管什么”“怎么管”的问题。“给谁管”需明确主体，主要还是各级教育行政部门。“管什么”呈现管的内容，教师资格体系在进行放管结合的改革过程中，对教师准入的学历标准进行了更加严格的规定，提升了报考学历的门槛。从2010年教师资格制度改革至今，各级各类专业教师的学历也呈上升态势，如图17-2所示。

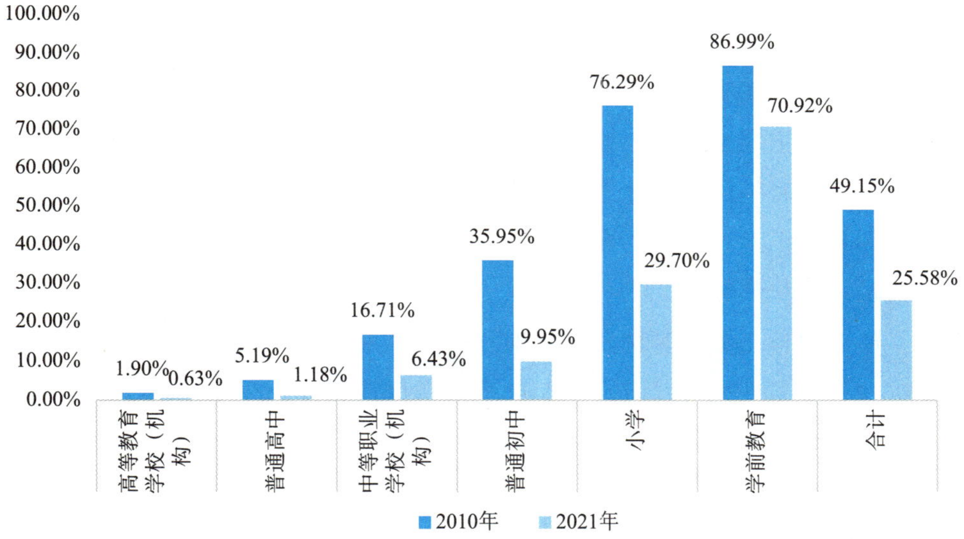

图17-2　2010年和2021年各级各类教育专任教师专科毕业以下学历占比对比

数据来源：教育部。

“还好我在2021年就成功通过了教资考试，感觉这以后吧，报考要求也越来越高了，报考是越来越难了呢，很开心自己早早拿下了这个所谓的‘爸妈开心证’，而且我有两本证，因为这个笔试单科成绩有效期是两年嘛，最开始我考了初中英语，那段时间我经常泡图书馆，自己积极备考，没有报任何机构，笔试、面试都一把就过了，科目一的综合素质与科目二的教育教学知识与能力成绩仍然在有效期内，于是我又去考了初中数学，最终也顺利通过，我是有点幸运的！”小组成员在对2022年大学本科毕业的非师范生Z访谈时，能明显看到她脸上的自豪与骄傲。

随后，她开始严肃起来，表示“虽然自己很庆幸早早通过了考试并拿到了证，但还是非常赞同国家提高教资的报考学历门槛，毕竟，现在大学生是越来越多了，可以说遍地都是大学生。而教师资格考试报考学历标准的提升，是建设思想品德高、业务素质强的教师队伍的有效手段。学生毕竟是国家的未来嘛，他们的能力培养需要高素质的人来引导，把学生交给更专业的人、更高学历的人，学生的能力才能得到更好的培养，才能拥有更加光明美好的未来，家长才会更放心，整个国民素质也才会得到相应提升嘛。”

在“怎么管”方面，主要加强事中事后监管，M 表示：“在申请者获得教师资格后，进行持续监管。如果教师存在弄虚作假、骗取教师资格的行为，将撤销其教师资格，五年内不得重新申请认定。此外，在编在岗教师严格实施教师资格定期注册制度，逾期不注册或注册不合格的教师将退出教师队伍。”

H 老师今年 40 岁，现为 H 省 L 市（县）的一名初级中学语文教师，师范大学毕业后，她从事教育工作已经是第 16 个年头了。H 老师表示：“上一次注册是在 2018 年，下一次就是在今年了，我最近也把这件事放在了心上，这个注册合格也是有明确标准的，你们应该也能够在网上查到。例如，你要遵循国家的法律法规和职业道德规范，要达到省级教育部门的师德考核评价标准，这是最基本的嘛。另外，每年的年度考核也要达到合格以上，在每个有效期内，你还要至少完成 360 个培训学时或者省级教育部门规定的等量学分。”

随后，H 老师补充道“教师资格定期注册制度还是有很多优点的，有其存在的必要性，从它的合格条件就可以看出来，对于教师保持良好的师德，还是具有特别重要的意义，它还能够激励老师们不断学习和进取，提升个人教学水平。我们学校的老师都挺上进，有一种‘比、学、赶、超’的精神，大家都不想掉队。还有个很重要的就是——因为不合格的教师将退出，在编制紧缺现实背景下这个岗位与编制就能给新的老师（腾出来），留下优秀的人才。”

据 H 老师了解，教师资格定期注册通过率还是很高的，毕竟大多数老师们工作都兢兢业业，用心培育祖国的每一朵花朵，注册不合格或多或少都会有一点丢脸，大家都是爱面子的嘛。随后 H 老师提到：“以前我是在乡下的初中当老师，还当了几年班主任，我一直表现比较好，也特别热爱我所从事的职业，带出来的学生也特别争气，所在年级中考上市重点高中的我们班是最多的，我也比较上进，后来考到了市里继续当初中老师，这个定期注册制度于我而言也是一种鞭策。”

定期注册制度这一改革，是建设高素质专业化教师队伍的一个重要手段，为教师队伍注入了活力。因为教师一直被称作最稳定的岗位之一，长期以来实施的教师“铁饭碗”制度，导致即使有教学不合格者，学校也无可奈何，不能将其辞退。而定期注册制度的实施，能有效扩大优质教师资源的增量，盘活现有教师资源的存量，使教师真正做到能进能出，让不合格教师退出，有了更加客观的标准和依据，变得更具操作性。

3. 提升服务水平，凸显人性化特征

教师资格体系在进行优化服务的改革过程中，行政机关一直在尝试完善教师资格申请的审查方式。例如，采用告知承诺制度，大大简化了申请流程。

“虽然我读的不是师范类院校和相关专业，但是还是想去中学当老师，在当今的就业形势下，教师是很不错的职业，而且现在考试很方便，一年有两次机会，流程也并不麻烦。”在北京上学的大三学生 L 去年下半年参加了教师职业资格笔试，并表示班上好多同学都报名参考。此外，去年参加教师资格认定的 Y 表示：“目前推行告知承诺制，行政机关允许我们用个人承诺书代替无犯罪记录证明，体检合格证明也可用身心健康的承诺代替，可以说大大减轻了我们的材料负担，政府真是在为人民办实事啊！”

“我女儿工作单位性质特殊，这段时间都无法离岗，但这次是她最后一次的认定机会，错过了她就拿不到证书了。”L 先生曾替女儿办理教师资格认定业务，按照规定，教师资格认定现场审核需申请人本人到场，而且，工作人员审核资料时还发现，L 先生女儿提供的体检报告还缺少公章。但了解到其女儿的特殊情况和诉求后，最终开辟了绿色通道，视频连线其女儿，完成线上审核，并留存其工作单位开具的情况说明、个人委托书等材料，顺利完成了教师资格认定业务。可见，在大数据背景下，教师职业资格认定更显人性化，让群众少跑腿真正落到了实处。

（三）转：教资改革遇瓶颈，认证问题难化解

1. 认定流程待优化：环节繁冗、标准模糊

“实话实说吧，一开始是看到周围的人都在考，我想着多拿张证也没什么坏处，以后找不到工作了当老师也是个出路，说不定出去玩还有优惠！”小组成员在对访谈者 C 的访谈中得知，C 是第二次参加教师资格考试了，上次考还是大学时期，当时抱着“裸考”心态，显然“没考过”。C 研究生毕业后，在社区工作了一年，现在在一所高校当实验员，一边干着活，一边备考教资。对于她来说，她并不是一个有计划的人，但看着周围的人都稳定下来了，最近的一次教资考试她也变得正经起来：“老师就代表稳定啊，还有 3 个月的寒暑假，这是很多公司都没有的。”C 报考的是英语老师的岗位，从拿到最新的教材，她就开始认真准备考试，除了上班之外就是学习，减少

了很多娱乐活动。“如果十月考试再过不了，我可能不会再报考教资了。”她表示，“毕竟是门考试，需要花费的精力也不少，平时上班也挺耗精神，回家再复习，一天就过完了，现在的工作也算稳定，不想再折腾了。拿证的过程也挺烦琐的：笔试、面试、普通话水平测试，最后还要申请教师资格认定，耗时太长了。”对于C来说，研究生学历使她能够考取任一阶段的教师资格，但是在职业选择方面，“教师”更多地扮演着“备胎”的角色。“我报的是中学英语，报考时有三类可以选择，小学、初中和高中，然后每个阶段可以选择对应的科目”，小组成员从C处了解到，她报考选择时考虑的因素比较简单，只需要考虑科目跟学段。目前的教师资格类别与适用范围存在着不足：学校的课程体系逐渐完善，教师资格考试在划定时未考虑横向差异，只考虑了不同学段纵向的专业性差异。

“现在的教师职业资格认定，也没有太大的难度。”据C了解到的信息，考试通过后的认定也比较简单，准备好相关资料就行，像思想品德情况的鉴定一般都能过的。对于C说的情况，现行的教师资格认定制度虽然经过修订完善，但确实仍然存在标准模糊、规范性不强、认定环节繁冗等问题。

2. 认证管理待规范：修法不及时、评估待更新

刘主任认为，“考证热”并不就是“教师热”，很多考生并不是真正热爱教师行业，只是抱着“多拿一张证，多一条出路”的心态，而教师行业恰恰需要的是热爱。

根据教育部显示的数据：2022年全国教师资格考试报名人数为1144.2万人次，2012年为17.2万人次，2022年相较于2012年，报考人数增长66倍，非师范生占70%以上，其中不乏博士生。如图17-3所示，2021年“双减”政策出台后，教资报考人数猛增，“双减”政策带来的一系列反应恰恰推进了教资“考证热”。

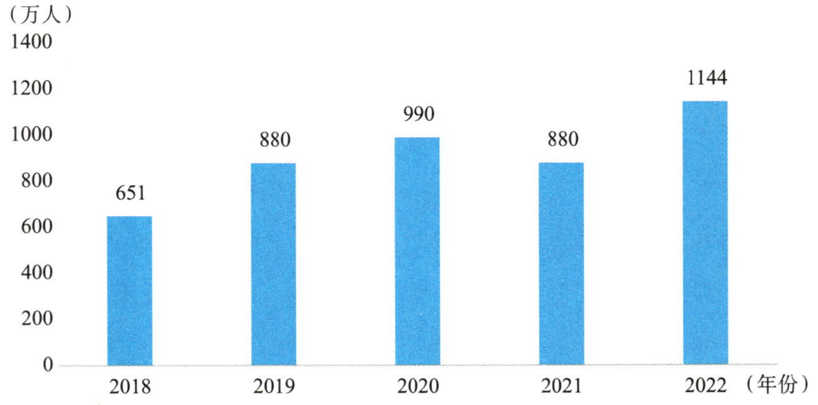

图17-3　近5年教师资格考试报名人数

数据来源：黑板洞察研究院。

图 17－4 为近 5 年各级各类学校专任教师情况，2022 年新增教师人数 51.19 万人，报考人数的增加远超教师上岗增加人数，2022 年教资报考人数增加 264 万人，而近 5 年专任教师人数增加人数分别为 45.96 万人、59.18 万人、61.15 万人、51.19 万人，从这些数据可看出“考证热”持续升温，“教师热”持续稳定。

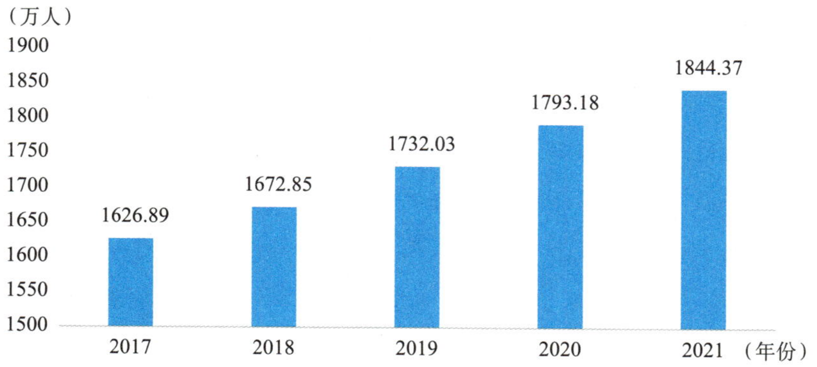

图 17－4　近 5 年各级各类学校专任教师情况

数据来源：教育部。

《中华人民共和国教师法》《教师资格条例》和《实施办法》等法律法规的先后颁布，在一定程度上为教师管理提供了法律依据，但是“考证热”下产生的“山寨证书”问题迟迟未解决。现行教师资格制度中，我国中小学教师资格认证机构是教育行政部门，认证机构单一的问题也影响着教师资格证的可信度。

“在有些欠发达地区，有的教师岗位招聘无人问津，而热门地区，甚至出现博士生争夺初中老师岗位的现象，这是值得反思的。”“考证热”要走到“教师热”，还需要很多的努力。刘主任认为教师资格考试机制存在着问题：教师资格的实施流程主要是“培训—考试—注册”，从拿到证到熟练教学、优秀教学还是一个需要老师不断去努力的过程。对学校而言，要正确看待教师资格证，教师资格证只是起点不是终点。在目前的教师队伍中，教师中非师范、非专业比例不断增加，教师的品德素质、专业素养通过单一的考试是无法全面评价的，考试资格证只是门槛，教师的职业岗前培养、入职教育、在职培训、晋级升职、轮岗交流等一系列培养工作还需要各个学校以及相关教育部门配合去完善，在这个过程中，涉及证、人、单位三方面的管理。

教育部出台了新的政策，统一了教师资格考试制度，统一了各省份之间的标准，对各阶段的职业资格考试要求的学历标准提高了，进一步提高了教师职业准入门槛，考试范围比以前也广了一些，职业资格考试相对来说更加严格规范了，但是教师资格证一次取得，终身有效，缺乏后续的评估和更新机制。

（四）合：多方改革共助力，教资制度新发展

1. 试点先行，设置教师准入门槛

2021 年 11 月 29 日，教育部发布了新《中华人民共和国教师法》拟修订的文件，对教师资格证的报考要求进行了升级。例如：“中小学教师资格需具备高等学校师范专业本科，或其他相关专业本科毕业及其以上学历，并获得相应学位。”相较于之前“取得初级中学教师资格，应当具备高等师范专科学校或者其他大学专科毕业及其以上学历”，大大提升了教师入职的学历门槛。

目前，重庆、浙江、安徽、湖北、海南、宁夏、陕西、上海、河北、河南、山西这几个地区已要求本科学历以上才可报考初中教师资格证（见图 17－5）。

四、学历条件

（一）申请参加幼儿园教师资格考试，师范类毕业生应具备具有办学资质院校开设的中等学历层次幼儿教育类专业毕业（须是招生管理部门、省教育行政部门“双向备案”生源）及其以上学历，非师范类毕业生应具备专科毕业及其以上学历。

（二）申请参加小学教师资格考试，应具备大学专科毕业及其以上学历。

（三）申请参加初级中学、高级中学和中等职业学校教师资格考试，应具备大学本科毕业及其以上学历。

（四）申请参加中等职业学校实习指导教师资格考试，应具备大学专科毕业及其以上学历。

（五）符合以下条件的在校生，可凭在读学历申请相应类别考试：

1. 普通高等学校在校三年级以上（含三年级）学生；

2. 普通高等学校2年制（含3+2）专科、5年一贯制专科在校毕业年级学生；

3. 全日制在校研究生。

（六）非普通高等学校在读人员（如自学考试、成人高考、国家开放大学、网络教育、境外教育等），须毕业后报考。

图 17－5　河北省 2023 年上半年度教资笔试公告

数据来源：小组成员通过网络检索取得。

“教师学历门槛、专业素质要求等标准需求在不同地区并不完全相同，例如：在江苏、北京等发达地区，存在大量考生积极报考教师职业资格考试，但是我们选拔的人又非常少，这就造成了大量的国家资源浪费，然而在广西等地区教师人才是非常欠缺的，特别是基础教育，如果当地教师资格标准过高，会大大减少该地区考生的报考积极性（见表 17－1）。我们的职业资格标准在不同地区就存在着不配套、不衔接问

题，我们的职业资格制度要怎么样来为欠发达地区的人才发展服务，也是一个亟须解决的问题。”对此，有关专家Z教授表示，“我国各个地区在实施《中华人民共和国教师法》等相关政策法规时，需要结合本地区实际情况对上位法予以细化和补充，与地方教育发展的实际情况相联系，对教师的专业水平进行更加具体化、特色化的要求。”

表17-1　2021年部分地区普通高中教育专任教师学历情况　单位：人

	博士研究生	硕士研究生	本科毕业	专科毕业	高中阶段毕业
北京	793	7403	13581	22	0
河北	63	13435	110352	1222	10
上海	260	5804	13326	1	0
江苏	86	23573	89336	132	6
浙江	86	11736	64370	123	4
江西	4	7499	61614	2959	39
广西	9	4798	70327	1446	18

数据来源：教育部。

2. 逐步推进，扩大免试认定范围

2022年1月14日，教育部印发了《关于推进师范生免试认定中小学教师资格改革的通知》，推进师范生免试认定教资改革。从2022年起，各省符合国家免试认定改革实施范围的高等学校2022届及以后年份师范专业毕业生，通过本校教育教学能力考核合格的，可凭教育教学考核结果免国家中小学教师资格考试认定相应教师资格。在此之前，实施免试认定的是教育类研究生和公费师范生，此次改革，扩大了免试认定改革范围。

“首先我根据学校的通知参加了校考，我们学校校考分为过程性考核和教师职业能力测试两部分，学校春秋季各举行一次校考，一年两次，考试通过以后根据学校流程完成信息录入，等待学校颁发能力证书，就可以进行教师职业资格认定等后续流程了，这个考试跟国考的效力是同等的，都是最后认定教师资格证的其中一个条件。”访谈者F是2022届英语专业师范专业毕业生，她回忆了自己进行免试认定的过程，并陈述了自己的看法，“这就是近几年师范类专业火爆的原因之一。总体来说是好事吧，提升了专业壁垒，让专业的人干专业的事，长期看来对教育有利。一方面不会因为重复学习相同的基础知识而造成精力浪费，在学校完成专业课程，还要继续报名补习机构，花钱去考教师资格证，同时在另一方面呢，也是为了增加教师人数，缓解教师短缺的一个现状吧。”

“我国多年来在教师教育等多方面进行的改革，为师范生免试认定改革奠定了牢固的基础，我国师范类专业院校教育培养人才的能力与水平显著提高。本次师范生免试认定并不是不考核，更不意味着教师门槛与标准有所降低，而是将教师队伍质量关口前移到培养院校，将中小学教师资格的‘国考’转变为培养院校的‘校考’。师范生免试认定教师资格会吸引更多优秀的学生选择师范专业，也能促使师范院校更加确立其教师培养的主体地位。一个区域或院校的师范类专业改革效果越是好，它的能力评估的权威性和师范类人才的培养品质就越是能够获得更多的认可，从而反过来也就可以推动、督促和激励各地不断深化改革，增加资源投入，把师范类专业真正地做好。”面对有人认为“该项改革会降低教师准入门槛，是新冠疫情非常时期促进就业的权宜之计”的质疑，教育厅刘主任如此解释道。

（五）案例小结

面对越来越多良莠不齐的职业资格证书，为了充分发挥职业资格制度的能力评价和高素质人才“筛选器”的作用，使职业资格制度从管理人才走向服务人才，我国进行了职业资格政策改革。本案例选取了教师从业资格证作为典型案例，通过访谈方式与参考人员及从业人员进行了交流，对于教师从业资格证的认证体系、存在的问题、改革的措施和成效有了全方位的认识。小组认识到，职业政策改革提高了教师职业的准入门槛，提升了教师资格考试的公平性、权威性和安全性，突出了对于教育教学实践能力的考查，引导教师教育院校推进培养模式改革，在一定程度上提高了教师队伍的整体质量和水平。但是与此同时，职业资格各方的协同性有待提升，法治体系和法治环境不够完善，监管相对滞后，监管效力有所欠缺，其配套服务体系也有待完善。小组认为，职业政策改革确实获得了一定的成效，但是在“放管服”的政策要求下仍然有持续改进的方向和空间。

二、案例分析报告

当“内卷”一词在当代流行起来，各式各样的职业资格证书成为在校大学生及职场人必“卷”的一项内容。教师资格证、证券从业资格证、ACCA、CFA、CATTI、建造师、高级汉语教师，各种证书层出不穷，为了应对日益增长的就业压力及职场焦虑，越来越多的人群选择通过考证来提升自身的竞争力，考证热潮由此兴起。

“简政放权”“放管结合”“优化服务”，为进一步构建现代化政府治理体系，激发市场活力与社会创造力，国家对职业资格证书大力开展了清理整顿，人社部于2021年推出了最新版《国家职业资格目录》，建立了公开、科学、规范的职业资格目录清单，将列入清单的职业资格分为了准入类及水平评价类两大类。教师职业资格证书作为准入类职业资格的典型代表，同时又在大学生群体中受到高度的重视，本案例就放管服背景下的教师资格证书制度开展了深入研究。本小组首先对教师职业资格政策进行了整理，包括国家及地方政府的政策及制度，并采用了访谈的方式开展调研，针对典型案例进行了研究。

本案例对职业资格政策、教师职业资格政策的现状及改革进行了分析，以有限政府理论、政府管制理论、整体性治理理论、服务型政府理论为理论依据，就职业资格政策改革存在的问题进行了反思，从协同治理、法律法规、加强监管、优化服务四个方面提出了相应的优化措施。研究设计如下：

（一）研究方法

本案例主要采用了案例研究法、文献研究法、访谈调查法。通过对国家及地方政府的政策及制度进行归纳，对现代化政府治理相关理论进行总结，本文结合典型案例及问卷、访谈情况，就职业资格改革后仍存在的困境进行了分析，并提出了解决方案。

1. 案例研究法

学者应国瑞（Robert Yin，1994）将案例研究法定义为“对当代某一处于现实环境中的现象进行考察的一种经验性的研究方法”。本文在访谈的基础上，选取了多位教师从业者作为教师资格考试的典型案例进行研究，了解其对教师资格考试的过程评价、过程中存在的问题、职业资格获取之后的持续教育及改进建议。小组由此了解教师职业从业者对于此项资格考试的意见建议，并给出解决方案。

2. 文献研究法

文献研究法是指通过收集、识别、整理某一研究主题的相关文献，并对文献内容进行系统、客观地分析来获取信息，形成对事实科学认识的一种研究方法。本研究在整理、归纳、分析国家及地方政府职业资格政策及资格考试管理流程的同时，对国外职业资格认定也进行了分析，形成了总体的改进思路。同时，对有限政府理论、政府管制理论、整体性治理理论、服务型政府理论的相关文献进行了分析，由此形成了解决放管服背景下我国职业资格改革后存在的问题的具体思路。

3. 访谈调查法

为了进一步获得职业资格考试的具体信息及参与者的实际感受，小组对于参与教师资格考试的相关群体进行了深度访谈。本小组选取了6名参与教师资格考试的大学生进行了访谈，其中包括师范类院校3名、非师范类院校3名，还选取了教授2名。访谈内容以开放性问题为主，包括报考动机、教师资格考试的备考、参考及考后评价、对于教师从业的政策认知、职业选择倾向等多个方面。同时，我们还采访了部分教师职业资格改革的参与人员，以期从全员、全方位了解相关群体对于教师资格考试全过程的意见建议。

（二）技术路线

本文基于我国放管服改革的背景将职业资格政策改革作为研究的起点，对我国职业资格政策改革的问题及改革措施和成效进行了简要分析，并由此引出典型的准入型资格证书——教师职业资格证作为具体研究对象，通过对现行的教师行业职业资格认证体系进行分析，对报考人群及教师从业者进行深度访谈，获取相关人群对教师职业资格评价的一手信息。在此基础上，小组依据放管服的整体要求，根据有限政府理论、政府管制理论、整体性治理理论、服务型政府理论对职业资格政策改革进行了反思，提出其在整体协同、体制机制、有效监管及配套服务方面的不足，针对性地提出了解决方案（见图 17－6）。

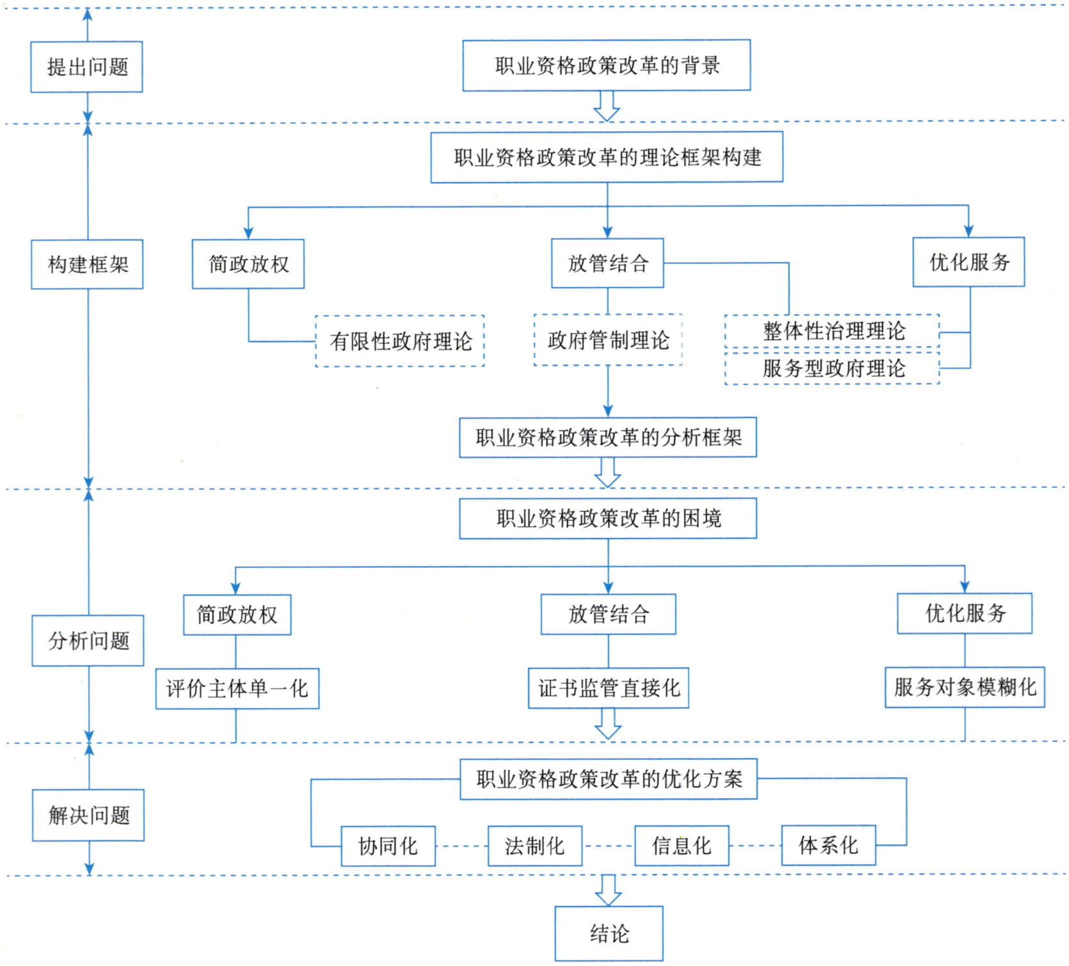

图 17－6　研究技术路线

资料来源：作者自制。

三、理论基础

（一）有限政府理论

洛克从政府权力来源的角度对建立有限政府原因进行了阐述，洛克认为政府权力是人们为了克服自然状态的缺陷相互签订契约，由此产生的权力让与，其权力应当受限且受到监督。哈耶克则从政府的构成主体——有限理性的人的角度指出，由于人自身的有限理性使得政府能力有限，因而应当转变和限制政府职能，建立有限政府。以布坎南为代表的经济学家从经济的角度提出，政治活动中人们存在竞争且同样追求自身利益的最大化，因而应当缩小政府干预市场范围，这与哈耶克的理论不谋而合，即政府自身的有限理性是建立有限政府、遵循法治原则的重要原因。基于有限政府理论，结合小组在案例中所了解到的职业资格制度相关法律滞后及行业中存在的违法行为，小组提出要以法治为核心，健全法律法规体系。

（二）政府管制理论

政府管制理论的出现主要源于市场失灵、自然垄断、信息不对称、外部性及公共利益等理论，认为是政府通过调节、监管和干预等形式进行的一类特殊行政活动。在当前政府管制的内涵基本等同于国家干预，关于国家干预的理论层出不穷，重商主义、自由主义、国家干预主义、新经济自由主义各个阶段都有所涉及，其对于国家干预的广度和深度认知不一，但普遍认同国家干预有一定的必要性。小组认为，政府管制有其存在的必要性和合理性，但是必须要有明确的法律依据，并且实现管制的专门化，避免直接管理，以保证其公正性和正当性。小组提出，要完善监管机制，建立信息监管平台，由专门的机构及人员进行管制。

（三）整体性治理理论

整体性治理理论源于对新公共管理实践的反思，新公共管理强调的分散化、竞争性、激励机制对于政府的效率及功能产生了不利影响。整体性治理理论作为解决新公共管理实践产生问题的解决方式，强调以信息化为手段，以公众需求为导向，以合作管理模式为公众提供整体性服务。小组提出，以整体性治理理论为依据，建立健全政府、市场与社会协同治理机制，政府向社会放权，让市场、社会更多地参与职业资格考核与监管当中。

（四）服务型政府理论

服务型政府的最初理念为政府的公共性，认为政府权力来自人民，即点明了服务型政府的目的——保障公民权利，使人民得到更大满足。服务型政府强调为人民服务、公民本位、社会本位，对政府治理的服务范围、服务手段、服务主体、服务重心、服务评估及服务文化都有所调整。基于服务型政府理论，小组认为，为保证公平，政府应当依据相关法律法规，优化职业资格配套服务体系，将管制纳入总体服务当中，实现“小政府，大服务”的管理格局。

四、职业资格政策的问题及改革

（一）职业资格政策的问题

1. 放不开：评价主体单一化

职业资格评价工作人员由单一组织指派，主要是政府机构或行业协会指定单一的工作人员进行；职业资格评价采用统一的认证考试体系和评价方法；职业资格认证的标准是单一的，要求申请人必须具备专业知识、基本技能；职业资格认证的证书是单一的，由统一的政府机构签发，申请人通过职业资格认证后才能获得证书；职业资格认证的成果是单一化的，申请人只有通过考试获得职业资格证书才得到认可。职业资格评价主体单一化缺乏评价激励机制，无法体现申请人的个体差异，统一的认证体系难以适应不同申请人的能力水平，导致有些人无法获得认证。职业资格评价主体单一化不能充分发挥跨学科的融合和范畴的延伸，评价缺乏准确性、全面性。对于来自不同领域的专业人士，评价的内容和标准都是统一的，缺乏多元包容性，不能真正反映出每个人的专业水平。

2. 集中管：证书监管直接化

职业资格证书监管社会力量参与不够。世界上对职业资格制度的推行和管理方式各有不同，主要有两种：竞争性分权管理和非竞争性集中管理①。西方大多数国家主要采用由自由竞争的非政府性机构来管理的方式，代表性国家有英国、美国、澳大利亚等；东方部分国家采用由非自由竞争即政府及政府授权的机构来管理的方式，代表

① 陈宇．我国职业资格证书制度的回顾与前瞻［J］．教育与职业，2004（01）：17－19.

性国家有日本、韩国等①。在我国，职业资格证书制度主要通过政府的力量来推行，以法律法规、行政法规的形式由政府以及政府授权的机构来实行。集中管理下的职业资格证书制度缺乏市场、组织、公众等社会化力量的参与，管理体制不健全。

3. 服不好：服务对象模糊化

职业资格政策对国家人才培养和选拔“重”服务，对市场主体创造活力、国家经济发展“轻”服务。部分行业准入证、上岗证无法律法规依据，或与国家安全、公共安全、公民人身财产安全关系不密切。泛滥的职业资格设置抬高了就业创业门槛，加重人才负担，不利于激活市场主体进行就业创新，阻碍经济发展。

（二）改革实施

职业资格政策改革是“放管服”改革的产物。“放权”的举措是“简政”，“放权”也是破解评价主体单一化的方法。那么，改革要回答好“放什么”“放给谁”“怎么放”这三个问题。《关于分类推进人才评价机制改革的指导意见》提出，对人才评价管理服务制度进行完善，合理界定和下放人才评价权限。防止人才评价行政化、“官本位”倾向，充分发挥学术委员会等作用。职业资格改革强调加强宏观管理、减少微观管理，简政放权，培育各类社会组织和专业机构人才评价以承接政府在人才评价中承担的职能。在“放什么”方面，最大限度下放评价权限，相比于单一标准的国家职业资格技能认定，职业资格技能等级认定兼顾国家与行业双重标准。“放给谁”呈现评价主体多元化，最显著的变化是社会力量参与其中。

“怎么放”对改革提出更高的要求，政策需要具有针对性。改革要求对人才评价标准进行分类健全，科学设置标准、综合评价人才、突出品德评价。人才评价标准设置指标，不同领域、不同人才实行差别化评价，发挥政府、市场、专业组织、用人单位等多元评价主体作用；对评价方式进行改进和创新，国家职业资格改革建立职业技能等级制度，由原来的职业资格评价转为以职业资格评价、职业技能等级认定、专项职业能力考核等多元化评价方式认定推选人才。

“放管结合”需要回答“给谁管”“管什么”“怎么管”。“给谁管”主体明确，《关于改革完善技能人才评价制度的意见》要求，规范证书管理，职业技能等级证书主要由用人单位和社会培训评价组织颁发，由人力资源社会保障部制定编码规则，规范证书（或电子证书）样式，政府或其授权单位不再认证颁发。水平评价职业资格退出国家职业资格目录，开展职业技能等级鉴定，考试组织主体变成有资质的社会机构。

① 莫广刚，王乐．国外主要国家职业资格证书制度特点与借鉴［J］．世界农业，2007（04）：57－60．

“管什么”体现了放管结合。职业资格政策经历了不断的改革，2013 年以来，人力资源和社会保障部先后分 7 批取消 434 项职业资格，2017 年公布实施《国家职业资格目录》，国家职业资格目录纳入 140 项，2021 年公布最新版《国家职业资格目录》，国家职业资格目录纳入 72 项，如表 17 – 2 所示，2021 年版本的目录比 2017 年版本的目录减少 68 项，水平评价类技能人员职业资格大幅退出目录。政策要求严进宽出，严格管理职业资格目录，严禁随意增加目录清单。

自 2012 年来我国职业资格考试的项目规模保持较低水平（见图 17 – 7），尤其是在 2017 年之后未出现增长趋势。职业资格目录的清理和优化，使职业资格考试制度进一步深化“放管服”改革。

表 17 – 2　　国家职业资格目录数据

	类别	2017 年	2021 年
专业技术人员资格	准入类	36	33
	水平类	23	26
技能人员职业资格	准入类	5	10
	水平类	76	3
职业资格总数		140	72

数据来源：小组成员通过教育部公布数据自制。

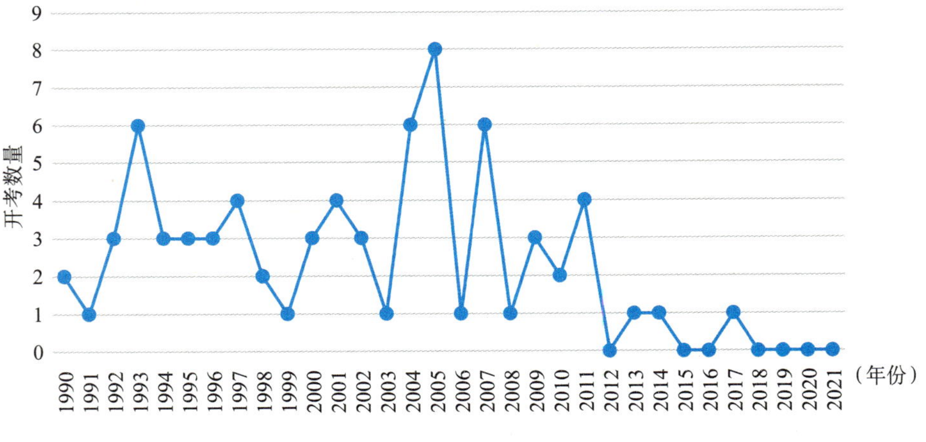

图 17 – 7　1990—2021 年职业资格考试各年度开考数量

数据来源：小组成员通过人社部数据自制。

在“怎么管”方面，政府转变职能，严格规定管理职业资格目录，打通就业创业阻碍。政府在监管方面，管标又管本，二者兼治，进一步清理违规考试、鉴定、培训、发证等活动，建立黑名单，开展“山寨证书”专项治理工作。未经批准不得在目录之外自行设置国家职业资格，严禁在目录之外开展职业资格许可和认定工作，对违规设置实施的职业资格事项、违规开展资格资质许可和认定等行为严加治理。

“优化服务”，“服”的目的就是为了建设公共服务型政府①。职业资格改革的服务属性主要体现在：准入类职业资格的设置服务于公共利益、国家安全、公共安全、人身健康、生命财产安全；水平类职业资格的设置服务于行业管理和人才队伍建设。

（三）改革效果

1. 放好权：认定主体市场化、社会化

职业资格政策改革后，人才评价权限下放，评价主体多元，呈现市场化、社会化特征。资格认定由原来单一的政府及政府授权的机构拓宽群体，市场、专业组织、用人单位均参与到技能认定。职业资格与技能人才评价由“资格审批”转变到国家职业资格技能等级认定与行业协会评定。政府由管制型转为服务型，以服务指导为主，职业技能等级认定制度认定主体之间职责边界清晰，国家职业技能标准的制定者与颁布者为人社部门，职业技能等级认定实施者以及行业企业评价规范的开发者为用人单位和社会培训评价组织，认定主体呈现新的特征，社会力量参与，市场充分发挥作用。

2. 管到位：监管方式后置化、信息化

新版国家职业资格目录明确了政府服务与监管的职能，审批前置，监管后置，审管分离。监管从注重政府外部管制到由用人单位和行业培训评价组织通过评估的形式实行内部监督，自行开展评估活动，鼓励社会群体广泛参与监督。监管过程做到全员参与，包括公众参与、机构自律、社会监督、政府监管。“两退一进”“一网通办”，依托互联网、大数据等强化服务监管，建设全国专业技术人员资格考试报名服务平台和全国职业技能鉴定服务监管平台，现场与非现场监督结合，充分利用信息手段。

3. 服好务：服务对象人本化、精准化

国家推出职业资格目录清单后，各项服务措施逐步优化。2019 年《关于在院校实施“学历证书 + 若干职业技能等级证书”制度试点方案》提出，通过改革培养与评价模式培养复合型技术技能人才。职业资格政策更加重视人才建设，实行社会化等级认定，重视用人主体和社会评价培训组织作用，减少制约技能人才成长的因素。职业资格目录清单更加明确各项职业资格标准，技能人才评价体系“七连清”，考试项目也随之取消（见表 17 – 3），提高了职业资格管理的专业化、规范化、社会化和国际化水平，职业资格划分更精细、明确，针对的就业群体更精准。

---

① 吴江．“放管服”改革助推服务型政府建设［J］．人民论坛，2019（07）：56 – 57.

表 17－3　　1990—2021 年职业资格考试项目取消表

序号	被取消项目	序号	被取消项目
1	船舶	12	质量
2	国际商务	13	棉花质量检验师
3	中级医师（试点）	14	刑事科学技术和技术侦察（公安）
4	职称外语	15	技术侦察（安全）
5	房地产评估师	16	投资建设项目管理师
6	执业中药师	17	管理咨询师
7	珠宝玉石质量检验师	18	一级地震安全评价工程师
8	企业法律顾问	19	招标师
9	假肢制作师、矫形器制作师	20	物业管理师
10	价格鉴定师	21	广告
11	矿业权评估师	22	计算机应用能力

数据来源：小组成员通过人社部数据自制。

五、放管服背景下中小学教师职业资格制度的现状

（一）我国现行的教师资格制度

本案例基于考虑不同类别的教师职业资格的专业素质和职业性质的相似性，选取中小学教师职业资格制度进行分析问题和提出优化措施。根据中小学教师职业资格制度的主要内容，将从报考条件、考试内容、资格认定、资格管理四个方面进行论述①。

1. 中小学教师资格报考条件

根据我国现行的教师资格考试制度，申请认定中小学教师资格的申请人均要满足以下报考条件：

（1）具有中华人民共和国国籍；

（2）遵守宪法和法律，热爱教育事业，具有良好的思想品德；

（3）符合申请认定教师资格的体检标准；

（4）符合《中华人民共和国教师法》规定的学历要求。

2. 中小学教师资格考试内容

由国家教育部考试中心明确规定了考试内容，分为职业素养与道德、教育知识及应用、教育知识及能力。考核采取综合化的形式，即“笔试＋面试”结合。小学、初

① 刘寰宇．教师资格定期注册制度的实践研究［J］．法制与社会，2016（21）：55－56.

级中学以及高级中学教师资格在笔试科目内容和考试难度不同。申请者笔试成绩合格后，可在有效期两年内参加面试。中小学教师职业资格面试由结构化面试和情景教学两部分组成，结构化面试主要考查申请者管理学生能力和职业道德，情景教学主要考查申请者的教育教学能力①。

3. 中小学教师资格认定

认定是获得教师职业资格的最后流程，也是核心环节，申请者通过笔试和面试后，准备相应的材料申请资格认定，认定通过后才能获得职业资格。资格认定的流程分为三个环节：网上申报、线上确认和资格认定。申请人需要在规定时间内申请报名，将相关证明材料上交至资格认定机构，认定机构给出认定结论。认定机构由省教育厅、市级和县级教育局担任。

4. 中小学教师资格管理

资格管理明确规定了资格类别及各类别的范围。第一，教师资格类别根据学段划分为三类：小学、初级中学和高级中学教师资格。第二，获得教师资格的方式是申请人到认定机构申请认定。认定机构对申请人递交的材料进行审核，确认材料信息真实且满足要求，申请人通过认定，即可获得教师资格，此资格在全国范围内适用。第三，资格失去分为资格丧失和资格撤销两类。对有故意犯罪和违反职业道德等行为的教师资格获得者会撤销其教师资格。第四，教师职业资格注册。改革后的中小学教师资格制度要求获得者进行定期注册②。定期注册是教师入职后对从教资格进行定期核查。首次注册即在规定时间内，教师拥有从教科目资格、在岗在编、考核合格和度过试用期后的第一次注册。在完成首次注册后，教师资格获得者每五年再注册一次。定期注册的管理方式是分级注册，分别由县级、市级、省级教育部门负责初审、复核和终审。

（二）教师职业资格存在的问题

1. 教师资格条件标准有待完善

（1）教师职业资格学历偏低。

现行的教师职业资格学历标准偏低，我国《中华人民共和国教师法》明确规定了取得中小学教师资格的学历要求。小学教师资格要求申请人具有中等师范学校毕业及以上学历；初级中学教师资格要求申请人具有高等师范专科学校或其他大学专科毕业及以上学历；高级中学教师资格要求申请人应具有高等师范院校本科或其他大学本科

①② 代岭．我国中小学教师资格制度存在问题及完善策略研究［D］．吉林：东北师范大学，2017.

及以上学历。对照发达国家的中小学教师资格学历门槛趋于本科化，可以看出我国在学历要求方面偏低。

（2）缺乏教育实习实践考察。

教师资格中考查教学能力的环节是面试，通过设置20分钟的结构化面试和情景教学来考查申请者教学水平的高低。而教学能力是需要长期培养和考查的，教师资格制度缺乏实践考查。一些国家开始要求中小学教师必须有一年教育学培训。例如，加拿大和英国。而我国教师资格制度对实习实践考察没有具体的要求，这样会导致获得职业资格的教师教学能力良莠不齐。

2. 教师资格认证流程有待优化

（1）教师资格认定机构单一。

现行教师资格制度规定我国中小学教师资格认证机构是教育行政部门，《实施办法》也规定，依法受理教师资格认定申请的县以上地方政府教育行政部门为教师资格认定机构，对于其他机构能否成为认定机构未作规定。这种情况下，申请者能否获得教师职业资格主要取决于单一的评判标准，这可能会影响教师队伍的多元化建设，同时也可能影响教师资格的可信度。

（2）教师资格认定环节繁冗。

申请者在达到认定的条件后，需要通过认定环节取得教师资格。在认定环节，申请者将要求的证明材料，包括笔试成绩合格证明、身份证明、学历证明、思想道德鉴定表、体检报告等，在规定时间内提交至认定机构进行认定。在实际的认定过程中，申请者需要花费大量时间准备资格认定的材料，上交材料时还要花费时间排队，材料审查过程也十分复杂。在材料通过审查后，申请人还需到认定机构领取教师资格证书。现行的认定制度下，申请者和教育部门在认定环节中都耗费人力、物力和财力。

3. 教师资格认证管理有待规范

（1）教师资格制度法律法规修订不及时。

我国对教师资格制度进行不断地改革，先后颁发了《中华人民共和国教师法》《教师资格条例》和《实施办法》等法律法规。现有的法规在一定程度上提供了法律依据，但管理制度中的细则没有完全建立，还需要修改。例如，对于获得教师资格的教师没有后续的监管法规；对于“山寨证书”和盗用他人证书等违法行为，还需要进一步制定法律法规禁止违法行为。

（2）教师资格证书缺乏评估与更新机制。

在我国，教师资格的实施流程主要是“培训—考试—注册”，缺少了监督和再培训的流程。这意味着教师资格证的取得即是终身可用，没有后续的评估和更新机制。

但教育是不断发展的，教师队伍也应该不断提升自己，践行终身学习的教育理念。教师资格制度缺少的后续流程不利于教育的质量的提升，也阻碍了教师队伍的发展。

（三）“放管服”背景下改革的具体内容

1. “放”：给师范院校放权

2015 年，全国统一实施教师资格考试。为兼顾教师资格考试制度的权威性和师范院校的资格认定自主权，师范类专业认证是切实可行的方法。2017 年教育部印发《普通高等学校师范类专业认证实施办法（暂行）》，开始放权给师范院校，启动师范类专业认证工作。通过师范专业认证制度的改革，奠定了师范院校“主体作用”的地位。

2021 年 1 月，在师范类专业认定的基础上，公费师范生以及教育类研究生可以免试认定教师资格，无须参加教师资格统一考试，但需通过学校组织的考试①。这在一定程度上对推进教育教学改革形成倒逼机制，促使院校积极整合教师教育资源，适时调整课程设置和变更教学计划，形成以考促改的良好局面。

2. “管”：加强事中事后监管

（1）定期注册制度。

2012 年 8 月，国务院印发了《国务院关于加强教师队伍建设的意见》，意见中明确指出实施教师资格定期注册制度②。次年 8 月，教育部出台《中小学教师资格定期注册暂行办法》，办法指出注册周期为五年，逾期不注册或注册不合格的教师将退出教师队伍③。学者申素平和延然认为教师资格定期注册制度是“放管服”改革背景下，教育行政部门对教师资格认定后实施监管的体现，实质上是行政机关开展的行政检查行为④。

（2）撤销职业资格。

在“放管服”改革中，教育行政部门监管的重心向事中事后转移。在申请者获得教师资格后，进行持续监管。如果教师存在弄虚作假、骗取教师资格等行为，将撤销其教师资格，五年内不得重新申请认定。加强事后监管，将提高教师遵守相关法律法

---

① 赵枝琳，廖丽丽．我国教师资格制度的演变与创新发展［J］．高等继续教育学报，2022，35（01）：34－38＋51.

②《国务院关于加强教师队伍建设的意见》［EB/OL］．2012－08－20. http：//www. gov. cn/gongbao/content/2012/content_ 2226134. htm.

③ 教育部关于印发《中小学教师资格考试暂行办法》《中小学教师资格定期注册暂行办法》的通知［EB/OL］. 2013－08－15. http：//www. gov. cn/gongbao/content/2013/content_ 2547145. htm.

④ 申素平，延然．“放管服”背景下教师资格认定制度改革研究［J］．河北师范大学学报（教育科学版），2023，25（01）：24－31.

规和职业准则的积极性。

3. “服”：提高服务能力

“优化服务”是改革的重要环节，目的是为教师资格申请者提供更好的服务。改革中，推进申请材料的电子化和申请流程的透明化。同时，还可利用互联网技术，完善网页的信息公示功能，使申请者详细了解认定流程和认定中需要准备的材料。通过网页在线咨询的方式，帮助申请者答疑解惑。目前教师资格认定采取网上申报和现场确认相结合的方式，和传统的线下方式相比，简化了认定流程。

（四）“放管服”背景下改革的成效

1. 提高教师职业准入门槛

教师职业资格改革使学历标准提升，促进了教师队伍整体质量和水平的提升。自改革以来，制定教师专业标准、实施国家教师资格统一考试制度、提高教师法定学历标准，建立教师资格定期注册制度等举措有效提升了教师队伍整体质量和水平。自1993—2020年，我国专任教师数量从1097.89万人攀升至1792.97万人，小学教师的学历合格率由84.7%提升至99.98%，初中教师的学历合格率由59.9%提升至99.89%，高中教师的学历合格率由51.5%提升至98.79%[①]，教师队伍呈现出量质齐升的特征。而《修订草案》的出台则进一步对教师准入门槛提出了更高要求。

2. 提升教师资格考试的公正性、权威性和安全性

教师资格考试不单单是教师资格准入考试，更是承担着为国家、社会、学校选拔优秀人才从教的重大使命。国家教师资格统一考试制度的实施，意味着由教育部统一制定考试大纲，由教育部建立统一考试标准，能够有效促进考试的公正性、权威性与安全性。此外，笔试和面试的相应组织实施工作均由专业化的教育考试机构负责，有效规范了考务管理，增强了权威性和社会公信力。

3. 突出对教育教学实践能力的考查

教育教学直接面对不同家庭背景和个体身心差异的学生，本身就是一种实践性较强的活动。在改革前，各省份独立开展教师职业资格考试时，考查的内容主要涉及教育学与心理学知识，对相关实践能力考查有限；而实行国家教师资格统一考试后，考试目标明确指出要“掌握教学设计、教学实施和教学评价的基本原理和方法，并能在实践中正确运用”，足以可见对实践能力的重视。此外，考查内容不仅涉及教育学、

---

① 怀进鹏．国务院关于教师队伍建设和教师法实施情况的报告——2021年10月21日在第十三届全国人民代表大会常务委员会第三十一次会议上［EB/OL］．（2021－10－21）［2022－01－29］．http：//www.npc.gov.cn/npc/c30834/202110/d565bbbf94534b1482a12c47a4d78f3d.shtml.

心理学知识，还注重教育知识与能力、报考学科知识与教学能力的考查，考试范围更广泛。而考试题型涉及材料分析、教学设计等，注重教学情景性融入，能够有效培养考生运用所学知识去分析与解决实际问题的能力。

4. 引导教师教育院校推进培养模式改革

师范生免试认定教师资格经历了从全部免试认定，到全部取消免试认定，再到部分免试认定的过程，体现出我国严格把控师范生质量。虽然现阶段公费师范生以及教育类研究生可以无须参加教师资格统一考试，但需通过学校组织的考试。

六、职业资格政策改革的反思与优化措施

（一）职业资格政策改革存在的问题

1. 职业资格各方整体协同性亟待提升

（1）简政放权改革的整合统筹作用尚未充分发挥，政府系统与社会、市场各个系统之间的互动协同不够。在政府部门权力下放的过程中，未能及时全面地开展相关业务培训与政策指导。一是从行业组织主体层面来看，由于许多行业协会都是在行政部门的主导下建立起来的，大多是"一业一会"的模式，存在行业组织机构建设不完善，行业标准尚未健全，市场化程度不高，职业评价标准、程序有待规范等问题，使得行业协会对会员的评价、约束、服务等功能受到限制。职业技能评价等相应事项下放给行业组织之后，可能出现"接不住、管不好"的问题①。二是从企业主体层面来看，水平评价类技能人员职业资格退出国家职业资格目录，向技能等级评价转变，从政府主导评价转向了企业的自主评估。部分企业尚不能很好地适应这一变化，自主评价工作缺乏经验，内部评价管理制度不健全，同时实施自主评价所用的人力物力有限，如考核人员的人数达不到评价要求、试题库资源有限等。这些影响了公司的常规评价，使企业和技术人员的评价需要难以获得满足②。

（2）第三方社会培训评价组织认证的职业资格证书缺乏社会认可度。我国职业资格证书制度一直采用非竞争性的管理体系，由国家资格认证制度、人事与劳动部门认

① 怀进鹏．国务院关于教师队伍建设和教师法实施情况的报告——2021年10月21日在第十三届全国人民代表大会常务委员会第三十一次会议上［EB/OL］．（2021-10-21）［2022-01-29］．http：//www.npc.gov.cn/npc/c30834/202110/d565bbbf94534b1482a12c47a4d78f3d.shtml.

② 刘文华，刘贞科．人力资源社会保障部门推进"放管服"改革的思考［J］．中国劳动，2016，No.393（21）：28-33．DOI：10.19390/j.cnki.chinalabor.2016.21.005.

证制度等多方相结合。一是在行业协会自主认定方面，由于培训认证体系的多方管理，考虑到行业协会与培训机构之间的利益关系，近几年也曾出现乱培训、乱认证的情况，且行业协会的证书只能代表接受过培训，并不能体现技能水平的高低，导致其证书在企业市场中的认可度较低①。二是在企业技能人才自主评价方面，部分用人单位仍处于政府主导评价与发放证书的认知状态，对自行评价的技能等级证书存在疑虑，认为该类证书含金量较低。尽管由公司自主评价出具的认证证书更具适用性和工作准确性，但当前不同单位之间的认证互通性不强，员工调动后需要进行再评估，造成了评价资源浪费②。

2. 职业资格体系顶层设计有待优化

（1）职业资格制度体系和职业教育体系缺乏统筹协调。一是职业资格、学历学位、继续教育与培训机构三者之间缺乏统一的衡量标准体系，导致学生的能力素质培养无法完全适应市场的真实需求③。二是职业技能证书与职业教育专业设置无法有效匹配，职业资格证书的考试或评审要求有对应的专业，但具体的专业在哪些职业资格证书中体现其专业技能依然存在争议④。三是职业资格制度与职业技能等级制度衔接机制亟待建立，目前，通过实行“1 + X 证书”制度，实现了职业教育学历证书和职业技能等级证书的比较认定，但尚未实现针对职业资格认证结果的深入分析，书证融通的统一标准规范还未制定⑤。

（2）同一专业不同职业资格与职称的相互衔接不畅。中办、国办印发的《关于深化职称制度改革的意见》提出要促进职称制度与职业资格制度有效衔接。从实际工作看，虽然很多省份明确了职业资格与职称的对应关系，但职业资格与职称两种制度仍有不少冲突的地方。一是部分职称对应的职业资格较多，且专业各不相同，给用人单位在职称聘任方面造成一定的困扰。例如，工程师职称就对应 30 多个不同专业的职业资格，如果专业技术人员拿“计算机技术与软件专业技术资格”证书要求单位聘任建筑工程师岗位显然是不合适的。二是有些行业对单位有“资质”性要求。例如，建筑设计施工企业取得资质需要有一定数量且具有职业资格的人员，而招投标时很多发标

---

① 彭振宇．技能型社会建设背景下我国职业资格证书制度改革前瞻——基于国际比较的视角［J］．中国职业技术教育，2021，No. 793（33）：11 – 16.

② 刘文华，刘贞科．人力资源社会保障部门推进“放管服”改革的思考［J］．中国劳动，2016，No. 393（21）：28 – 33. DOI：10. 19390/j. cnki. chinalabor. 2016. 21. 005.

③ 王雪娇．美国职业资格证书制度体系的特征及启示［J］．机械职业教育，2021，No. 428（09）：5 – 9. DOI：10. 16309/j. cnki. issn. 1007 – 1776. 2021. 09. 002.

④ 李浩泉，陈岸涛．我国职业资格制度框架的困境、借鉴与展望［J］．职教论坛，2019（08）：144 – 149.

⑤ 吴凌云，陈颖．职业资格证书纳入职业教育“双师型”教师认定的实践与思考［J］．高教论坛，2019（09）：89 – 91.

单位又要求有一定数量且具有职称的人员，导致这些单位的专业技术人员既要考职业资格，又要考职称的现象。

3. 职业资格管理机制不够健全

（1）职业资格配套法治建设基础薄弱。一是缺少一个能承上启下、起统领作用的专门的职业资格管理法，进一步明确国家职业资格制度的法律地位、类别划分、适用范围、设置条件、认证程序、证书管理以及管理体制、管理监督机制、违法责任和处罚措施等[①]。二是职业资格配套制度尚未完善，例如，市场准入制度、职业分类制度、职业资格鉴定制度、职业资格认证制度、职业技能培训制度、劳动分配制度等，尚未得到协同修订[②]。三是职业资格依法执法环节不严格，存在有法不依、违法难究的现象，例如，职业资格考试报名时存在造假和难以核实的问题；考试舞弊的具体惩戒措施存在不便执行的问题；企业职业资格注册管理中存在的挂靠注册、频繁变更注册等人证分离现象较难解决。

（2）职业资格监督管理措施难以全面落地。一是职业资格难以实施有效跟踪监管。目前存在着分散的线下培训和没有联网的在线培训，这不仅是对信用制度的一种检验，同时也是对监管机制的一种挑战。二是职业资格考试信息数据共享不到位，网上各类职业资格认证相关平台搭建零散，很难对评估流程的质量进行有效监督。三是与数量巨大的参与职业资格认证的队伍相比，很难做到对于认证后续事项进行逐一核查，甚至是在某种程度上的抽样审查，都受到了人财物力的制约[③]。

4. 职业资格配套服务体系建设尚未完善

（1）职业资格机构专业度有待提升。一是社会培训评价组织发展尚存局限。作为从事专业技术能力评估的机构，须具备相关的资质，并经国家认可或正式授权。获得批准或认可的培训评价机构要在社会公正和公共利益之间实现平衡。在培养和认证机构和第三方社会培训评价机构的过程中，国内还没有多少可借鉴的实践经验[④]。二是中介服务未实现全面市场化。受行政体制改革的影响，一些中介服务与政府机构的业务分开并不完全。行政机关处理行政事务时，依然存在向申请人指定企业、事业单位、社会组织等单位提供服务的行为。例如，当某一职业技术职称评定要求完成某一阶段

---

① 吴凌云，陈颖．职业资格证书纳入职业教育"双师型"教师认定的实践与思考［J］．高教论坛，2019（09）：89－91.

② 黄竹青．山东省企业技能人才自主评价现状及思考［J］．山东人力资源和社会保障，2021（09）：44－45.

③ 李影，陈兴廷．职业资格制度在甘肃：现状、问题分析及体系构建［J］．机械职业教育，2021（05）：16－20. DOI：10.16309/j.cnki.issn.1007－1776.2021.05.004.

④ 于洋，王锦辉，张晨．提高信息化管理水平，推动注册建筑师职业资格制度高质量发展［J］．中国建设信息化，2022，No.160（09）：80－82.

后，一些地区人力资源管理机构仅承认所属公培中心或人才中心开展的持续教育，其培训内容不够明确，很难提升技术人才的质量[①]。

（2）职业资格国际互认存在障碍。一是目前职业资格的国际互认大多限于国内对境外职业资格的单向认可，大部分我国的职业资格在境外却得不到认可。二是省级以下层面与国外业务联系和工作交流较少，对于境外职业资格的了解不多，对其是否权威、正规心里没底，在制定境外职业资格认可目录时存在很大难度。总的来说，我们国家可以得到国际承认的职业资格证书的数量还很少，例如，在安全工程师和电气工程师等工程教育相关职业还很难互相承认[②]。

（二）对策建议

1. 协同放权：建立健全政府、市场和社会的协同治理机制

（1）建立以行业协会为纽带、企业为主体、政府统筹引导、多方共同参与的多元协同职业技能评价机制。深入贯彻落实“放管服”的改革要求，实现政府、市场、社会功能的有效整合，逐步开展从单一的政府管理模式向赋权行业协会或企业为主体、各方协同治理的积极尝试。

（2）积极培育第三方社会培训评价组织。一是要从法律上界定第三方培训评价机构的正当性，厘清其权力和责任，让其真正成为职业资格主流评价体系，从而消除公众对其正当性和权威性的怀疑。二是贯彻实施“放管服”改革的要求，把第三方培训评价机构转变为一个有独立法人资格、能够自主开展业务的机构。第三方社会培训评价组织是建立和完善职业资格证书体系的主体，对证书质量和声誉负有总揽责任。三是引入市场化运行机制，使不同的第三方社会培训评价组织在同一个行业内竞争，并根据培训认证的质量来确定各自的市场份额[③]。

2. 放管并行：完善职业资格体系顶层设计

（1）优化国家资历框架体系。一是在现行的职业资格体制下，加快国家的专业技术职称和教育学位制度的改革，建立以职业资历和教育资历为支撑的国家资历框架。二是在“1＋X 证书”制度试点经验的基础上，加速统筹规划职业资格与职称、学历

---

① 怀进鹏．国务院关于教师队伍建设和教师法实施情况的报告——2021 年 10 月 21 日在第十三届全国人民代表大会常务委员会第三十一次会议上［EB/OL］．（2021－10－21）［2022－01－29］．http：//www.npc.gov.cn/npc/c30834/202110/d565bbbf94534b1482a12c47a4d78f3d.shtml.

② 王雪娇．美国职业资格证书制度体系的特征及启示［J］．机械职业教育，2021，No.428（09）：5－9.DOI：10.16309/j.cnki.issn.1007－1776.2021.09.002.

③ 倪小敏，倪晓红，范璐璐．职业资格认证市场的英国模式：重塑、特征与启示［J］．浙江社会科学，2022（11）：146－154＋160.

学位的双向互认，实现资历资格间的有效衔接。

（2）建立健全国家职业资格标准。关注与现实需要相脱节的职业资格标准体系，加快开展修订工作，制定覆盖面更为广泛的国家职业资格标准，以规范全国的培训评价和职业资格认证工作，拓宽职业资格证书在就业市场中的运用，从而使职业资格证书走向高标准、高含金量的规范化道路。

3. 规范管理：建立健全职业资格管理机制

（1）健全职业资格法律体系和政策落实制度体系。一是加快推进职业资格相关配套制度的立法工作，以法律手段保障制度有序运行，如职业分类制度、职业资格鉴定制度、职业资格认证制度、职业技能培训制度等①。二是加快开展《国家职业资格管理法》的起草制定工作，对我国职业资格的法律地位、职业资格设置权限、职业资格标准程序、管理体制和职责等进行规定。三是同步针对我国现行的职业资格体系规定与现实情况脱节、难以实际落地等问题，进行修订完善②。

（2）严格主体责任，建立健全惩戒机制和监管机制。一是严格监管职业资格证书设置环节，建立国家职业资格认证管理机构，严格规范审核职业资格证书标准设置的科学性、合理性以及标准制订单位的资质。二是严格监管职业资格培训评价市场，杜绝“山寨证书”“假证”等现象的发生。三是严格监管职业资格评价认证环节，建立针对第三方社会培训评价组织的惩戒机制，严禁徇私舞弊。四是严格职业资格证书事后监管，防止挂靠注册、频繁变更注册等人证分离现象的发生③。

（3）持续开展职业资格制度落实考核评估与职业资格证书质量监管工作。一是要构建起一套对职业资格制度实施的监控和评价的标准体系，以及一个第三方的评价机制，对职业资格相关政策的落实情况和取得成效进行科学评估，以问题为导向，重点针对评估发现的政策不衔接、不配套问题加以完善。二是专门设立职业资格证书质量监督机构，对国家职业资格证书质量监督评估的标准体系的建设与落实、评价与监管进行具体的运营工作，并对参与职业资格评定者的投诉、举报等事宜进行受理，保证职业资格制度在实施的过程中合法、公正、公开④。

---

① 彭振宇．技能型社会建设背景下我国职业资格证书制度改革前瞻——基于国际比较的视角［J］．中国职业技术教育，2021，No. 793（33）：11－16.

② 李影，陈兴廷．职业资格制度在甘肃：现状、问题分析及体系构建［J］．机械职业教育，2021（05）：16－20.

③ 彭振宇．技能型社会建设背景下我国职业资格证书制度改革前瞻——基于国际比较的视角［J］．中国职业技术教育，2021，No. 793（33）：11－16.

④ 李影，陈兴廷．职业资格制度在甘肃：现状、问题分析及体系构建［J］．机械职业教育，2021（05）：16－20. DOI：10. 16309/j. cnki. issn. 1007－1776. 2021. 05. 004.

4. 高效服务：优化职业资格配套服务体系

（1）建立协调统一的网络信息系统。一是通过整合碎片化的各行业职业资格数据平台，实现多种职业资格认证数据共享、自动比对，同步开展对平台注册人员的分析监管，建立网上预警机制，对涉嫌“挂证”的行为弹窗提醒，实现“互联网 + 监管”①。二是优化职业资格认证办理流程，不断简化注册、申报、考试、认证、事后监管等程序，统筹考虑参与职业资格评定者、行业协会、用人单位等多方需求，设计“互联网 + 政务”电子政务事项办理平台。

（2）加大职业资格政策宣贯与业务指导力度。一是针对行业协会与用人单位，开展最新政策解读培训活动，讲解职业资格培训评价实施流程，根据各单位实际情况，做好政策宣传与解读工作，提升政策的适配度、适用度，优化服务效能。二是定期开展职业资格评价业务培训，帮助行业协会与企业培训建设专业化职业资格认证队伍，发挥政府简政放权统筹效用。

（3）加大开放力度，推动职业资格国际互认。建立健全国际职业资格认定办法，完善相关职业资格目录范围，通过多、双边互认破解我国各职业“走出去”遇到的瓶颈，努力实现国际人才职业资格与国内技能人才等级评价以及专业技术职称评价有效衔接，不断探索完善与国际接轨的人才评价体系。

七、结束语

基于“放管服”的背景，国家大力整顿职业资格证书，加强宏观管理，减少微观管理，推行简政放权，引入社会力量，职业政策改革后，在认定主体、监管方式及服务对象层面都取得了一定成果。就本案例重点研讨的教师从业资格证而言，在职业资格政策改革之后，其准入门槛得以提升、资格考试的公正性、权威性及安全性有所增强，教师队伍的教育教学实践、整体素质和水平以及培养模式等方面均获得了提升。职业资格政策改革既不可能一蹴而就，也不可能一劳永逸。改革之后各方的整体协同性、顶层设计、管理机制及服务体系仍然存在不足，我们也期待在国家构建现代化政府治理体系的过程中，能够出台更为完善的职业资格政策改革方案，进一步发挥职业资格体系提高劳动者素质、促进劳动力市场的建设以及深化国有企业改革、促进经济发展等方面的重要作用。

---

① 于洋，王锦辉，张晨．提高信息化管理水平，推动注册建筑师职业资格制度高质量发展［J］．中国建设信息化，2022，No.160（09）：80－82.

案例《教学手册》

一、教学目的与用途

1. 本案例主要适用于公共管理相关课程。

2. 本案例是一篇介绍公共政策改革的典型教学案例，其教学目的在于以教师职业政策改革为案例，使学生在“放管服”背景下，对推动职业政策改革的问题情境、公共政策的制定及执行成效、公共政策的调整具有更贴切的认识和思考，提升公共管理领域学生对于公共政策的分析能力。

二、讨论问题

1. 教师职业资格制度改革前存在什么问题？
2. 职业资格政策改革的背景是什么？
3. 我国现行的教师职业资格制度是怎样的？
4. 教师职业资格改革措施有哪些？分别取得什么成效？
5. 改革前的职业资格政策存在哪些问题？
6. 职业资格改革采取了什么措施？分别取得什么成效？

三、分析思路

本案例涉及职业资格政策改革这个重要的课题。首先对职业资格政策进行了整理，包括国家及地方政府的政策及制度，然后采用了访谈的方式开展调研，对针对典型案例进行了研究，总结出针对职业资格政策改革中存在的问题，最后提出了优化措施。对本案例的分析，可以先从“放管服”的改革背景和政策分析，调研改革现状，分析职业资格改革的过程中存在的问题和挑战，运用理论和政策分析问题和成因，最后提出优化路径。

四、关键要点

1. 职业资格改革领域“放管服”的具体体现。
2. 职业资格改革取得了怎样的政策效果。
3. 职业资格改革政策具体落实过程中的问题困惑与对策建议。

五、课堂教学计划

（一）案例引入（10 分钟）

课前把案例材料发给学员，要求学员用 30 分钟左右的时间认真阅读，并思考相关问题。在学员上课前通读阅读案例的基础上，利用 8—10 分钟时间，请 3—4 位学员在案例讨论前用几句话高度概括案例的主要内容，目的是帮助学员迅速集中注意力，进入讨论状态。

（二）分组讨论（30 分钟）

为便于学员理解和掌握案例内容，本套案例可以采用分组讨论的方式展开。每一个小组可以采用不同的分析角度，例如，可以从“职业资格政策改革的背景”“职业资格证书制度的现状”“职业资格证书制度存在的问题”等多个角度展开案例分析。

（三）分组辩论（40 分钟）

集体研讨结束之后，每个小组推选一位代表，以公开辩论的方式代表所在小组进行案例陈述与分析，并根据分析结果提出相关结论和建议，各组发言结束后，学员可以自由发言，就其所支持的一方进行观点交锋和辩论。

（四）教师总结（10 分钟）

针对学生分组辩论的情况，教师进行点评，并对案例的关键要点进行重点分析，并总结主要观点与有待进一步关注和研究的问题，提示分析问题的不同角度和方法。

案例十八

洹泉涌流，安阳如何以人才促发展①

① 本案例由中央财经大学政府管理学院硕士研究生苏良岳编写。

案例正文

安阳，一座承载着三千年历史的文化古城，正站在新旧动能转换的关键时刻。在全球化和知识经济的浪潮中，安阳市深刻认识到人才是推动城市创新发展的关键。为了实现经济结构的转型升级，安阳市开始实施“洹泉涌流”人才集聚计划，旨在通过一系列创新举措，吸引和培养优秀人才，为城市的持续发展注入新活力。然而，安阳市在人才引进和留存方面面临着一系列挑战。地理位置的局限、经济发展水平的相对落后，以及人才结构不合理等问题，都使得安阳市在人才争夺战中处于不利地位。如何在激烈的人才竞争中突围，成为摆在安阳市面前的紧迫课题。

本案例将深入探讨安阳市如何通过政策创新、服务优化和资源整合，构建起一个有效的人才引进和留存机制。我们将分析安阳市在人才管理上的实践和挑战，并讨论如何通过激励理论来提升人才政策的吸引力。同时，我们将审视安阳市在人才引进过程中可能存在的问题，并提出相应的改进建议。通过这一案例，我们将了解如何以人才促发展，以及在实际操作中如何平衡政策设计和实施效果。

一、引言

“没想到，我们前几天才提交了申请，市人社局就迅速召开会议讨论研究，并及时向市委、市政府汇报，补充了人才优惠政策，在较短时间内解决了企业的难题，政府部门对我们企业引才支持的力度真是大！”2020 年 8 月 19 日，安钢集团公司组织人事部员工室汪主任感慨不已，思绪也不禁回到了从前……

二、安阳市人才现状

汪主任是安阳本地人，他亲眼见证着这座城市数十年的变迁。安阳市位于河南省北部，是中国八大古都之一，是甲骨文的故乡、周易的发源地、红旗渠精神的发祥地、国家历史文化名城和豫晋冀三省交界地区区域性中心城市，具有丰富的历史文化遗产和重要的政治、经济和文化地位。

历史上，商朝、曹魏、后赵、冉魏、前燕、东魏、北齐等朝代曾在安阳建都，因此安阳也被称为“七朝古都”。盘庚迁殷、武丁中兴、奴隶傅说拜相、女将军妇好、文王拘而演《周易》、西门豹投巫治邺地、蔺相如降生古相村、信陵君窃符救赵、项羽破釜沉舟、曹操邺城发迹等历史事件和人物也都与安阳有关。这些朝代都在安阳留下了丰富的历史文化遗产，如殷墟、曹操高陵、岳飞庙等重要的文化遗址和景点。安阳还是中国历史上重要的经济和文化中心。在古代，安阳是中原地区的交通枢纽和商业中心，曾是“商代三都”之一，也是中国最早的商业和手工业重镇之一。在现代，安阳是河南省的重要城市之一，是中原经济区的重要成员，也是中国的文化名城之一。在中国共产党的领导下，安阳曾是太行革命根据地的一部分，也是晋冀鲁豫解放区的首府。在抗日战争和解放战争期间，安阳是中国革命的重要后方基地之一，为中国的解放事业作出了重要贡献。

近年来，随着产业结构的调整和升级，安阳市对人才的需求越来越迫切。然而，由于地理位置、经济发展水平等原因，安阳市在吸引和留住人才方面面临着较大的挑战。目前，安阳市的人才队伍存在以下问题：

（1）人才流失严重：由于经济水平和发展机会的限制，许多优秀的人才流向了沿海城市或其他发达地区。

（2）人才结构不合理：安阳市的人才结构与产业结构不匹配，高技能人才短缺，创新能力不足。

（3）人才素质不高：与发达地区相比，安阳市的人才素质还有待提高，需要加强培养和培训。

安阳地处中原腹地，同发达城市、先进地区相比，经济实力、城市规模都有明显差距，随着全球化和知识经济的深化，人才已成为推动社会经济发展的核心要素。近年来，中国各个城市都在抢占人才高地，希望通过人才的引进和培养，推动城市的创新发展。河南省安阳市也积极参与到这场人才争夺战中，通过实施“洹泉涌流”计划，吸引和培养优秀人才，为安阳的发展注入新的活力。

三、河南为什么要大力引进人才？

原因很简单——此时的河南，到了历史上最缺人才的时候。最近，一位河南省主要决策者一针见血地指出，河南有一亿人口，但最缺人才。

河南缺的是各行各业顶尖人才、领军人才、技术人才。与其他省份相比，河南缺人才问题突出：全国 1600 多名院士，在豫工作的只有 26 人；中国科学院在河南没有独立的研究所；很长一段时间，河南没有 985 高校，211 高校只有一家；每万人中拥有的专业技术人才约 502 人，低于全国平均水平。

（一）困惑：河南不缺人，但最缺人才

河南省经济总量稳居全国第 5 位，但人才比例与该省经济和人口总量并不相适应。周口师范学院副教授邢海玲长期关注本省的人才问题，她发现河南人才资源分布不均衡。2015 年，河南普通高等学校共 129 所，其中郑州市 55 所，占全省 43%。新乡、洛阳、焦作共有 23 所，三门峡、濮阳各有 1 所，有的地市近年才打破了零本科院校的局面。

教育资源不均衡，导致区域之间人才数量差异较大，呈现出另一种缺人才状态：郑州、周口两市人口分别为 972 万、880 万，但专业技术人才数分别为 73 万、24 万。河南的科技人才，主要集中在郑州、洛阳、新乡、平顶山、南阳等地，其他地区则偏少。

缺人才问题亦是教育问题。邢海玲说，2015 年，河南普通高校数量为 129 所，211 院校仅有 1 所，占比 0.83%，排在全国最后一位，985 高校则没有。进入“双一流”高校的，只有郑州大学和河南大学。邢海玲研究发现，2015 年，这些高校中专职教师有 95134 人，其中博士 12154 人，占 12.8%，硕士 36564 人，占 38.4%，本科及以下学历教师占 48.8%。博士所占比例不高，高校的科研能力、综合教学能力都有很大的提升空间。

（二）矛盾：一边人才外流，另一边是人才缺口

前几年，河南人才流失一度严重。有一组数据：郑州大学计算机相关专业优秀本科生留在河南的不到 10%，研究生更少；河南大学每年 1 万名毕业生，留在开封的不足 300 人。邢海玲发现，2016 年，来自河南的跨省流动人口，占全国流动人口的 8.86%，其中以青壮年为主。在流动人口中，20—49 岁年龄段占 70.65%。新生代已经成为流动人口的重要组成部分。

一边是人才流失，另一边是人才缺口。《2019 年第二季度河南全省公共人才服务机构才市分析报告》指出，随着河南省产业结构不断升级发展，尤其在数字经济、智能经济、现代农业、5G 等领域增速较快，目前新兴岗位缺人状况显著。

去年，河南省与制造业相关的机械类专业人才缺口近 3 万人，缺口比例达到 29.70%，成为人才缺口最大的专业。看似不缺“人”的河南企业，却遇到了“招工难”。

（三）改变：从“找人”到“留人”

河南一所在地级市的普通高校，也面临着人才流失问题。十年间，该校某二级学

院更换了五六任院长。对此，学校领导颇为焦虑，离开的都是成熟人才，如果要引进刚毕业的博士，则需要漫长的成长过程。不少单位面临人才流动的问题：人才培养的速度，总是赶不上人才流动的速度。

有专家直言，人才流动本来是好事，可是一些单位的困难在于，一方面人才流失，另一方面人才却难以有效补充。对此，有的单位还走过弯路，追求“高大上”的专家，尽管招到了人才，后续管理跟不上，最终人才又流失了，演变成人才烂尾工程。痛定思痛，如今河南在招揽人才过程中更加理性，打造好软环境就要打破传统政策的壁垒。

与经济发达的外省相比，河南的人才政策单纯“拼钱”并不占优势。因此，河南打出“感情留人”的人才牌，不仅停留在口号上，而且拿出更好的平台，吸引河南籍的人才回归。

此时，河南有关部门也出台了更加务实的人才政策，引进人才不盲目“抢”，也不勉强“凑”，突出优势求贤才、围绕产业需求找人才。

（四）行动：从“刚性引才”到“柔性培智”

事实上，河南拥有良好的人才基础，人才资源居全国第5位。截至2018年底，河南省人才资源总量1042万人，其中专业技术人才480万人，排在广东（549万人）、江苏（534万人）、浙江（517万人）、山东（485万人）之后。

河南有关部门已经意识到，除了引才之外，长远来看，更要用好本土人才，盘活巨大的人才存量。河南省委组织部副部长、河南省人力资源和社会保障厅厅长刘世伟介绍，河南正在尝试打破制度的约束。以高校为例，河南正在探索下放职称评审权限，在全省134所高校、25所党校、行政学院和3所科学院全面开展职称自主评审，落实单位用人自主权。

河南已经着手对本土人才进行“升级”。目前，针对企业的紧缺人才，培训高层次、急需紧缺专业技术人才累计达77万人次，组织专业技术人才继续教育累计达960万人次。

待遇，是留人绕不开的问题。河南省实施的《关于提高技术工人待遇的实施意见》，对提高高技能领军人才待遇水平、提高技术工人收入水平、构建技术工人技能提升培训体系、建立专业技术人才与技能人才互通制度等进行了细化。

“我们正在打破以往束缚人才的条条框框，用好外来和本土人才。”刘世伟介绍，在高校和科研院所之外，建立特聘研究员制度，将试点范围扩大到郑州航空港经济综合实验区、郑洛新国家自主创新示范区、中国（河南）自由贸易试验区区域内新型研发机构。

（五）新增长点：从“前端政策”延伸到“后续服务”

“对人才要进行动态跟踪管理。”在河南大学工作的韩士杰认为，后续的人才政策需要多部门参与并提供优质的服务。

今年刚入职河南大学商学院的90后教师王天雨说，曾让她最担心的是，来到河南工作无法与学科前沿保持同步。她建议，希望省内为引进人才提供继续学习的平台，帮助他们提升职业能力，与同业多交流合作。

有识之士指出，河南的人才政策配套应进行分层，不仅要给高层次人才优惠政策，也要给处于起步阶段的青年人才多配套政策支持，助推青年人的未来发展。这是留住人才的一招，也是人才涵养的一种方式。

郑州大学物理工程学院的教师王烨发现，不少河南籍学子没有选择回到河南工作，原因在于家乡的人才支持力度还不够。尽管河南省也推出了一些人才计划，如中原学者，但这些项目数量较少，难以满足年轻人才的需求。不能忽视对青年人才的支持，应该向他们倾斜。王烨进一步建议，留住河南籍人才、吸引外省人才需要给他们更多的支持。换言之，人才的政策支持应该多层次、全方位，建立人才梯队。

有人说，河南省情所限，对于人才财力上投入也受限制。事实上，配套政策可以多元化，但一定要服务到人才的心坎里，保证政策有效性。对此，刚来郑州的博士后丁毅建议，青年人才初到河南难免存在生活不便，河南省可以探索人才信用档案机制，推动当地金融机构在房贷、车贷、消费贷上提供利率优惠，解除他们生活上的后顾之忧。

正如一位河南本地专家所言，要打破以往对服务人才的认知限制，服务人才并不只是钱的事，应该从硬性投入转为软性服务，从前端服务到后续配套，从高层次向多层次延伸，目的是建立适合人才发展“小气候”，打造河南人才政策新的比较优势，也是下一步人才工作新的增长点。

四、引才之路

招商引资、招才引智是贯穿经济工作的“生命线”，是城市发展的“活力源”。处于转型升级关键期的安阳，比历史上任何时期都更加需要人才，比任何时候都更能够成就人才。聚天下英才而用之，不是靠简单地拼财力、拼资源，靠的是党对人才工作的全面领导，靠的是精准定位产业需求，靠的是创新落实人才政策。“创新是第一动力，人才是第一资源”。安阳市深入贯彻习近平总书记关于人才工作系列重要论述，本着“聚天下英才而用之”理念，不断深化拓展“洹泉涌流”人才集聚计划，坚持以产业聚人才、用人才促产业，坚持事业引人、环境留人，精心构筑“3+20”人才政策体系，推出“人才一卡通”“一岗一房”等系列留才用才务实举措，用真金白银、精诚服务、一流环境延揽急需紧缺人才、青年储备人才、其他特殊人才，为创新引领高质量发展提供了有力人才支撑，走出了一条破解人才供需矛盾，解决引才难、留才难突出问题的新路子。安阳市的引才之路，确认在以下三个大方向。

（一）构建人才工作大格局，健全工作运行体系

构建人才工作大格局，健全工作运行体系，是做好新时代人才工作的政治保证。安阳市组建高规格市委人才工作领导机构，由市委书记任组长、市长任常务副组长，3名市领导任副组长，27个职能部门主要负责同志任小组成员。对重点工作、重大政策由领导小组审议决策，将人才工作纳入年度党建工作责任制述职评议和市管班子、市管干部年度综合考核，强化“一把手”抓“第一资源”，凝聚工作合力，确保“洹泉涌流”人才集聚计划和人才政策贯彻落实。

人才工作不只是组织部门的职责。强化“一把手”抓“第一资源”，构建党委统一领导，组织部门牵头抓总，各有关部门各司其职、密切配合、社会力量广泛参与的人才工作大格局，才能完善人才工作体系，凝聚党管人才合力。

（二）发挥市场导向，推进人才与产业深度融合

发挥市场导向，推进人才与产业深度融合，是有效发挥人才作用的重要路径。安阳市紧紧围绕主导产业做文章，把引进急需紧缺人才、青年储备人才、其他特殊人才作为招才引智工作的重点对象，抓住了破解人才供需矛盾的“牛鼻子”，坚持政府搭台、用人单位唱戏，通过组织开展线上线下一系列招才引智活动，当好人才供需“牵线红娘”，畅通了引才渠道，挖掘了用人需求，激活了安阳市人才供需的一池春水，为安阳市重点项目、重点产业、重点企业高质量发展精准提供人才供给。

招才引智工作是一项系统工程，更好发挥功能园区、专业协会、领军企业、市场机构、产业联盟作用，用市场化手段充分对接人才创新创业需求，才能为各类人才创新发展提供更好的环境支持。要跳出“硬性引才”的怪圈，立足需求、有的放矢，为市场配置人才留出空间，为人才发挥作用提供平台，才能将人才链、产业链、创新链、创业链相嵌互融，加快形成人才发展的良性循环。

（三）打造引才工作品牌，创新人才服务模式

打造引才工作品牌，创新人才服务模式，是提升引才聚才实效的有效办法。安阳市把广聚天下英才来安兴安、安居乐业作为工作切入点，推出惠才服务“一次不用跑”“人才服务一卡通”“企业家一支笔”“一岗一房”“千员帮千企”和关爱企业家“八大员”等创新举措，为人才提供“店小二”式贴心服务，由市领导带头亲自为用人单位“直播带岗”、引进人才，受到了省内外的广泛关注，叫响了“洹泉涌流”人才集聚计划品牌。

让广大人才扎根地方建设，关键是要让他们能够“安居乐业”。创新人才服务模式，充分保障广大人才的工作生活，让他们政治上受重视、社会上受尊重、经济上得实惠，解除后顾之忧，才能获得广大人才的“好口碑”，树立招才引智的靓丽品牌。

此外，安阳市深入贯彻落实党的二十大精神和习近平总书记关于做好新时代人才工作的重要论述和重要指示批示精神，认真落实创新驱动、科教兴省、人才强省战略，不断深化人才发展体制机制改革，持续升级“洹泉涌流”人才集聚计划，加强各类人才队伍建设，构建起了聚才“强磁场”、引才“黄金台”、留才“生态圈”，全力打造人才发展新高地。

聚焦需求，政策先行“聚才”。安阳市锚定建设现代化区域中心强市目标，围绕千亿级主导产业及其他重点项目、重点产业、重点企业高质量发展，着力破解人才供需矛盾和引才难、留才难等突出问题，相继出台《关于实施“洹泉涌流”人才集聚计划为加快新时代区域性中心强市建设提供人才支撑的意见》《关于打造“洹泉涌流”人才集聚计划升级版的意见》《关于在全市推行“一岗一房”人才政策的实施意见》等3个主要文件，以及《企业家“一支笔”制度》《“人才服务一卡通”实施细则》《急需紧缺人才其他特殊人才认定实施细则》等20个配套文件，在鼓励就业、支持创业、安居乐业等方面为人才提供全方位服务保障。

2023年8月，安阳市又升级出台“洹泉涌流”高层次人才引进“1+23”政策体系，形成了更加开放的高层次人才引进、培养、使用、支持、激励等全方位、全链条、全要素、全周期人才发展政策体系。创新推进人力资源服务业高质量发展“金十条”。盘活人才编制提效，在全市事业编制总量内，为安阳市科创中心核定600名人才专项编制，实行“政企双聘、政聘企用”，为重点企业引进急需人才。

创新举措，用好平台“引才”。安阳市通过建立动态更新的“全市人才岗位供给库”，为各类人才量身打造岗位。线下开展“优秀学子家乡行”“校企对接”“安阳人才月”“扬帆计划”“就业见习”等系列特色活动，2023年在人流密集、青年聚集、

夜经济发达的商圈广场、文化古巷、文旅小镇等举办 11 场“人才夜市”，为“招才引智”注入“烟火气”；线上常态化举办直播带岗活动，全国首家书记、市长网上直播带岗，关注量超 200 万人次，搭建了人才供需“云端桥梁”。

2021—2023 年仅市本级就举办各类线上线下招聘活动 613 场，收到简历 33.68 万人次。截至 2023 年，安阳市累计开发优质岗位 9.8 万个，引进各类人才 3.5 万名。其中，引进急需紧缺人才、其他特殊人才、青年储备人才 8382 人。

引才之路，安阳市作了哪些努力？具体来看：

1. 政策先行，力构聚才“强磁场”

2023 年 5 月 27 日，安阳市使用人才专项编制为开发区（示范区）引进人才笔试举行，来自全国各地的 412 名普通高等教育硕士研究生及以上学历报考者参加考试。这是安阳市又一引才的创新举措，探索“编制在市里、工作在县（市、区）”引才新模式，使用市直人才专项编制统一为开发区（示范区）引进人才，在全省尚属首次。这也是“洹泉涌流”人才政策特色品牌叫得越来越响的秘诀，源于不断创新、不断完善、不断升级，不断契合市场、不断贴近人才：

（1）构筑政策体系提质。安阳市全面聚焦主导产业和重点项目、重点企业发展，精心构筑“洹泉涌流”“3+N”人才政策体系，在鼓励就业、支持创业、安居乐业等方面为人才发展提供全周期、全要素、全链条、全方位政策支持，形成更加灵活、更具区域竞争优势的政策体系，持续增强聚才引力。2021—2023 年，吸引近 3 万名各类人才来安留安创新创业。

借助人才政策优势，光远新材延揽 203 名科研人才，京能滑州热电引进急需人才 63 名，在关键技术及应用领域取得多项行业领先科技成果；翔宇医疗研发人员超过员工总数的 20%，所获专利 1300 余项，成为康复医疗产业龙头企业；三强医疗器械引进的急需紧缺人才出色完成 12 个新项目设计与研发，取得 18 项专利，并使年销售额从 6000 万元提高到 1.3 亿元。

（2）支持科技创新提能。安阳市围绕加大对科技型企业、平台、机构、项目等认定和实施的奖励力度等，出台支持科技创新“金十条”，为经济高质量发展插上“科创之翼”。财政科技投入 5 年增长 10 倍，2022 年备案研发经费投入预算达到 47.26 亿元，同比增长 13.69%。2022 年，全市规上工业企业研发活动覆盖率由年初的 25.4% 提升至 72.8%；高新技术企业新增 95 家，总量突破 300 家，增速位列全省第二，创新创造活跃度位居全省前列。

（3）盘活人才编制提效。优化引进人才使用编制办法，充分发挥机构编制资源聚集人才的基础性作用，在全市事业编制总量内，为市科创中心核定 600 名人才专项编制，实行“政企双聘、政聘企用”，为重点企业引进急需人才。启动开发区引才行动，使用24名人才专项编制为全市9个开发区（示范区）引进紧缺人才，汇聚更多智慧和力量推动安阳市重点产业高质量发展。使用28名人才专项编制，引进急需紧缺的文博类高层次人才，助力打造“中华字都”。创新事业单位人才引进绿色通道，拓展人才引进范围，简化人才引进方式和程序，向用人单位充分下放自主权，实现企业和事业单位人才引进政策双轮驱动。

（4）推动市场运营提速。安阳市创新推出促进人才服务集聚发展、支持引进知名人才服务品牌、建立招才引智奖励机制、鼓励创办经营性人才服务机构等10项政策，鼓励企业创新人才培养开发、引进使用和激励保障制度，推动市场发挥在人才引育中的决定性作用。依托重点产业、重大项目、重点行业领域人才需求和人力资源优势，安阳市正在加快推进安阳人力资源服务产业园建设，打造专业化引才育才平台，不断提升人才服务核心竞争力。

2. 一岗一房，筑牢引才“黄金台”

此心安处是吾乡。人才引进来，有合适的岗位、温馨的居所，才能筑牢引才“黄金台”。安阳市在全省率先实施“一岗一房”引才新举措，让各类人才实现有岗也有房、乐业又安居。

一方面，安阳市精准开发“好岗位”，为企业汇聚英才。安阳市通过建立动态更新的“全市人才岗位供给库”，以岗位类型、专业要求、薪资待遇等为标准，精细分类开发，形成全市上下联动、同频共振的岗位开发工作合力，为各类人才量身打造岗位；全力打造“集成性”线下线上引才服务平台，线下开展“优秀学子家乡行”“校企对接”“安阳人才月”等系列特色活动，线上搭建“云端桥梁”，举办直播带岗活动，全国首家书记、市长网上直播带岗。截至2023年，安阳市累计开发岗位8.1万个，引进各类人才2.9万余名。其中，引进急需紧缺人才、其他特殊人才、青年储备人才6633人。

另一方面，安阳市精细开发“好房子”，让人才安居乐业。目前，全市已建成人才公寓5776套，实现各县（市、区）全覆盖，累计为2000余名人才解决长期住房问题。“十四五”期间，每年将新增5000套人才公寓，2025年底达到2.2万套，解决不同层次人才住房问题，形成长效可循环住房保障模式。

安阳市坚持政府主导、社会参与、资源共享，围绕产业园区因地制宜、合理布局，通过政府筹建、企业自建、园区配建、市场运作以及纳入保障性租赁住房统一管理等多种形式，推进人才公寓建设，形成可持续发展的人才住房保障体系。全市人才公寓均按照室内装修、外观风格、物品配置、物业管理“四统一”标准打造，拎包入住，免费使用3年。同时，做优配套配建，公寓内配置图书室、健身房、洗衣房、餐厅、会议室、咖啡吧等共享空间，公寓周边配套餐饮店、超市、卫生服务站、公交站等，力求位置优越、交通便捷、生活便利。

依托线上服务平台，安阳市实现住房申请“一站式”办结，当天申请即可入住。根据学历、职称、发展贡献度等，实行“一人一档”清单式服务。设置高品质物业、“人才管家”等，为入住人才提供精细服务。此外，对引进人才首次在市内购房的，一次性给予最高12万元的购房补贴。

3. 倾情服务，优化留才“生态圈”

“安阳的人才服务，让我有了一种家的感觉。”这是许多引进人才的心声。优质高效的“店小二”式贴心服务，不断涵养留才生态，吸引大批人才留安创业发展。安阳的人才服务有多贴心，体现在3个“一”上：

首先是“一窗办”。高标准设置“洹泉涌流”人才服务窗口，在市、县两级设置综合引才服务平台10家，对人才服务事项实行一窗接件、专员办理、集中反馈、统一建档。同时，建强1200人的人才服务专员队伍，充分发挥其在企业、高校、政府部门、人才四方联动中的桥梁纽带作用，用心、用情、用力精准服务人才。

其次是“一卡通”。创新推出“人才服务一卡通”，推动网、微、端、窗线上线下业务联动、数据联通、部门联办，实现人才认定、购房补贴、家属安置、子女入学等30余项服务“一次不用跑”，公共出行、文化旅游、医疗保健等服务事项“一卡通行”，各类待遇“免申即享”。三年来，4.1万人次通过“人才服务一卡通”享受各类优惠待遇2900余万元。

最后是“一支笔”。实行“企业家一支笔”制度，根据企业家的申请，打破人才学历、职称、技能等级限制，向企业下放用人自主权，使人才充分享受到各类优惠政策。

此外，安阳市构建定期探访、电话回访、慰问走访的联系人才机制，及时全面了解引进人才及团队的发展及需求，精准施策、精准赋能；对高校毕业生等重点就业人群，开设求职登记、面试洽谈、政策咨询、就业指导、加大创业担保贷款扶持力度等特色专项服务，提升就业率和留安率；常态化开展青年人才联谊活动，帮助解决婚恋交友问题；积极帮助各类人才协调解决子女入学、配偶就业、医疗保健等生活实际困难，解决后顾之忧，让各类人才更加安心留安发展。

2023年安阳市还推出《既来之择安之》《我们，来啦》人才形象片，充分向全社会释放安阳“聚天下英才”的强烈信号和真挚诚意；开展“洹泉涌流”十佳最美人才评选，与全社会一起发现最美人才、遇见最美安阳，进一步营造浓厚的爱才敬才氛围。

4. 聚焦产业，厚植人才“新沃土”

面对日益激烈的人才竞争、“抢人大战”，吸引力、竞争力相对较弱的内陆小城，该如何破局？安阳市走了“两手棋”：强化外联，打造飞地，辐射资源；强化内引，汇聚高端，撬动发展。

安阳的“飞地”在哪儿？安阳市成立安阳产学研科技创新服务中心，积极探索“创新在京津、智造在安阳”产学研转化模式，高标准建设“安阳创新大脑”，整合创新资源数据库21个，为企业提供科技资源共享和“一站式”精准服务。

安阳市组建安阳市科创院，打造基础研究和应用研究平台、技术创新公共技术服务平台、吸纳国内外科技创新资源平台、对外科技合作与科技成果转移转化及展示平台。依托市科创院建设启迪（安阳）科创中心和安阳（北京）离岸创新中心，形成互相连通的双中心运营模式，汇聚以北京为中心、清华大学为重点，辐射环渤海地区的创新资源，将人才与项目精准对接，首批征集技术需求150项，调动更多技术、人才、创新资源促进安阳高质量发展。仅半年时间，已组织企业开展技术需求对接会40余场，促成13家企业与清华大学等科研院所成功签约，在动力电池、催化材料、生物质能等领域开展合作，推动技术交易、成果转移转化、人才引进、项目孵化及落地。

安阳市抢抓发展机遇，主动融入河南省和京津冀科创发展。安阳市积极与张锁江、刘嘉麒、邓中翰、张改平等院士团队以及重点高校、科研院所合作，组建大数据研究院、新材料（精品钢）研究院、邓中翰院士工作中心、首家市厅共建类重点实验室“河南省亚临界高效萃取重点实验室”等，构建以重点研发平台为核心的科技创新平台群；与北京中科老专家技术中心合作成立安阳国际院士专家产业创新中心，特聘9位高层次人才为安阳市产业创新专家，发挥科研机构与科学家的作用，推动科技成果向安阳转移转化，已交接首批20个科技项目，同时促进安阳与北欧最大产学研平台——芬兰Demola建立联系，为产业转型升级提供人才和科技支持。

安阳汇聚了哪些高端项目？近年，安阳持续深化高层次人才引进，以此推动重点产业、重大项目建设。国家级专家柯克博士团队在安阳市创立的河南克能新能源科技有限公司，项目总投资100亿元，年产值达400亿元，形成“引进一个人才、带来一个团队、兴办一个企业、带动一个产业”的巨大效益。刘嘉麒院士团队与安阳嘉和机械有限公司签约玄武岩纤维产业项目并投产，预计可实现年销售收入3亿元。安阳市深入实施博士后招引培育“双提”行动，全市博士后科研工作站达到9家，博士后创新实践基地达到16家；选派111名博士科技特派员深入98家企业，提供产业发展咨询、科技项目攻关等服务，帮助企业建立研发平台、解决技术难题和发展瓶颈。

2022年，安阳市新增省级以上研发平台35家，现有国家级重点实验室1个、国家级孵化器和众创空间4家。同时，安阳市科技研发硕果累累，中国科学院棉花研究所的“亚洲棉的生物学贡献及其在我国的传播途径”项目获河南省自然科学奖一等奖，市农业科学院的“广适、优质、高产谷子新品种豫谷18选育及应用”项目获河南省科学技术进步奖一等奖，全丰航空植保的“无人飞行器多源感知与自主控制关键技术及应用”项目获河南省科学技术进步奖二等奖。

五、留才之道

（一）洹泉涌流显成效，才如泉涌促发展

“洹泉涌流”人才集聚计划一经推出，就被各界誉为安阳市含金量最高、惠及面最广、针对性最强的人才政策。其实施两年来，政策连续扩面升级，服务不断改进优化，越来越多的“千里马”在安阳这片沃土上竞相奔腾，成为高质量发展的重要动力。主要成效可以概括为“四个一”。

汇聚一批优秀人才入安兴业。多渠道开发人才岗位3.6万个，建立博士后科研流动站、专家服务基地等省级以上高层次人才集聚平台155家，为各类企业引进大专及以上人才12000余人，其中重点企业引进急需紧缺人才2125人、其他特殊人才17人；青年储备人才35人。

落地一批优质项目随才进安。用好人才（团队）引进、人才项目合作新模式，两年来推动实现河南翔宇医疗设备股份有限公司传统康复产品智能化改造、河南光远新材料股份有限公司光远新材六期5G用超薄电子布、滑县人民医院内镜中心消化内镜下治疗、河南利源燃气有限公司焦炉煤气制乙醇等17个项目在安阳签约落地，产生了良好经济社会效益。

营造一流人才环境助才创业。通过线上线下平台“一站式”受理人才认定、生活补助、住房补贴、配偶就业、子女入学等申请14769人次，平均办理时限3天。32个服务事项在网上直接办理，专家人才“一次不用跑”就可享受全流程服务。累计发放人才卡2179张，发放生活补助、购房补贴11812人次893.26万元，为10名初始创业青年储备人才发放一次性初始创业补贴5.5万元。在市域范围为人才提供周转房和人才公寓，为1100名人才提供免费入住三年的安居保障。

助力一批企业高质量发展。“洹泉涌流”汇聚的高端人才，极大激活了企业发展内生动力，成为转型升级重要动力。安阳全丰生物科技有限公司两年引育高端人才12名，有力帮助企业推动农业智能化、标准化、普及化，为全丰打造现代农业“中国

芯”提供了智力支撑。河南凯伦化工有限公司柔性引进河南省科学院高新技术研究中心副主任、河南省知名化工专家张国宝，郑州轻工业大学材料与化学工程学院副院长、中原学者杜森等人牵头的 9 个专家团队，在改进产品工艺和技术指标等重大关键问题上发挥了重要作用，既解决了公司人才短缺难题，又促进了企业抢占技术高地。

（二）万泉奔流有实招，泉涌成渠见真功

围绕政策落地见效，安阳始终坚持结果导向、问题导向、目标导向、需求导向，抓住具体人具体事，着力找准结点、畅通堵点、破解难点，努力把安阳打造成优秀人才向往之地、集聚之地、圆梦之地。

在创业支持方面对初始创业青年储备人才给予最高 2 万元一次性初始创业补贴，对急需紧缺人才和其他特殊人才给予最高 2000 元/月生活补助，切实让广大人才到安阳工作顺心、生活舒心、服务贴心，创造“拴心留人”良好环境。

开展优秀学子家乡行活动，组织优秀高校毕业生现场观摩重点企业项目，每周一、周三、周五举办高校毕业生对接洽谈会，为青年才俊与用人单位搭建供需对接通道。依托网络平台举办“直播带岗”活动 12 场，以实景推介、实时洽谈等方式，帮助企业发布招聘信息，关注量超过 204 万人次，搭建了人才供需“云端桥梁”。以中国·河南招才引智创新发展大会为平台延揽八方英才，连续 4 年组团参加省大会，提供求职岗位 10397 个，累计达成人才签约意向 3730 人。举办“洹泉涌流·聚才兴安”安阳专场系列活动，全国首家市委书记市长“直播带岗”，1907 家企业提供各类职位 62177 个，达成签约意向 2317 人，通过多渠道开发岗位，让人才来了就有岗。

2020 年以来，安阳市对引进人才（含配偶）在该市购买新建商品住房的，一次性给予最高 12 万元购房补贴；对引进人才提供住房公积金最高贷款额度提高 10 万元的政策待遇，最高贷款 60 万元；在安阳宾馆、中原宾馆打造 2 处市级人才公寓；出台《安阳市引进人才周转房实施细则》等文件，通过新建、购买、改造、长期租赁等方式筹建人才周转房 1359 套，让人才来了就有房。周转房筹建坚持公共交通便利导向，综合考虑人才上班、子女入学、看病就医、生活购物、休闲娱乐等因素，选择配套条件成熟、人才较为集中的各类工业、产业园区集中建设周转房，统一配套公共服务设施。如滑县选择位于产业集聚区中心位置的锦和书苑公租房作为人才周转房，周边配套有小学、初中、高中、医院、商业街和文化广场等，位置优越、交通便利、环境优美，为引进人才提供了安心、暖心的良好居住环境。

设立 1 个市级和 9 个县级人才引进综合性服务平台，对人才服务事项实行一窗接件、专员办理、集中反馈、统一建档。设立服务企业家“八大员”，在全市重点企业、

高等院校等人才服务单位设立1200名人才服务专员，充分发挥其在企业、高校、政府部门、人才四方联动中的桥梁纽带作用，宣传推介优惠政策。上线洹泉涌流人才服务网、洹泉涌流人才码，推动网、微、窗线上线下业务联动、数据联通、部门联办，实现了企业备案认定入库、人才认定、生活补助申请等32项服务“一次不用跑”。实行“人才服务一卡通”，将家属安置、子女入学、职称评审、户籍政策、公共出行、“一元民生”救助、文化旅游、医疗保健等服务事项“一卡通办”。在2021年2月22日全省优化营商环境工作推进大会上，省委主要领导点名表扬安阳“人才服务一卡通”创新便民举措。

推进党委联系服务专家常态化，“一对一”回应人才子女入学、家属就业、医疗待遇等方面问题。实行行业领军企业“一支笔”制度，对企业贡献卓越、有特殊才能的人才，不受其学历、职称、技能等限制，由企业家直接认定，享受所有优惠待遇。开展“千员帮千企”、企业上市挂牌“百舸竞帆”等系列行动，组织评选安阳市年度“十大功勋企业家”“外贸十强企业家”“十佳成长型企业家”，讲好人才故事、展示人才风采。选树高层次人才代表宁祥春、刘金荣等一批叫得响、立得住、群众公认的优秀人才典型，营造“比学赶超”的浓厚氛围，激励专家人才扎根安阳、干事创业、施展才华。

安阳市坚持政府主导、社会参与、资源共享，围绕产业园区因地制宜、合理布局，通过政府筹建、企业自建、园区配建、市场运作以及纳入保障性租赁住房统一管理等多种形式，推进人才公寓建设；全市已建成人才公寓6798套，均按照室内装修、外观风格、物品配置、物业管理“四统一”标准打造，拎包入住，免费使用3年。实现住房申请“一站式”办结，当天申请即可入住，目前累计为2400余名人才解决长期住房问题。对引进人才首次在市内购房的，一次性给予最高12万元购房补贴，对新引进和调入安阳市工作的高层次人才，一次性给予最高100万元安家费。

安阳市高标准设置“洹泉涌流”人才服务窗口，并在市、县两级设置10家综合引才服务平台，对人才服务事项实行一窗接件、专员办理、集中反馈、统一建档；建强1200名人才服务专员队伍，用心、用情、用力精准服务人才。同时，构建功能完善、资源集约的线上“一站式”人才服务平台“洹泉涌流”人才服务网，破解人才服务“碎片化”问题，形成人才服务事项跨部门、跨层级、跨领域的集成办理、场景式服务，实现了企业备案认定入库、人才认定、生活补助申请等32项服务纳入“人才服务一卡通”。截至2023年，已有5.4万人次通过“一卡通”享受各类优惠待遇3200余万元。

六、尾声

安阳市“洹泉涌流”人才集聚计划的实施，为安阳市重点企业引进人才提供了很大帮助。为更好地服务企业，引进人才、留住人才，市人社局经常到企业走访调研，及时了解政策实施过程中的问题，认真倾听企业的建议和呼声。

在走访过程中了解到，一部分企业引进的外地大学生人才，如果按照正常的人才集聚计划，需要缴满 3 个月社保后才能申请人才周转房，这给企业引进的人才在住房方面造成了很大的不便。

为了避免符合条件的引进人才在 3 个月的待认定期间在外租房，使引进人才能够迅速安心工作，市人社局专门召开会议进行了讨论，并及时向市委、市政府汇报，在较短时间内对“洹泉涌流”人才集聚计划的优惠政策进行了补充。

“为解决这一问题，我们在人才服务卡信息平台里增加了预备人才库。凡录入预备人才库里的人才，可享受除现金外的各种优惠政策，如申请人才周转房、申请交通出行便利、子女入学等。这样就使引进的人才能够提前享受到人才周转房，可避免外地人才来安阳市企业就业后还得租 3 个月房子然后再搬到人才周转房的奔波，更有利于企业吸引到人才、留得住人才。”市人社局“洹泉涌流”综合服务窗口负责人逯海涛说。

“‘洹泉涌流’人才集聚计划为帮助安阳市重点企业引进人才推出了多项优惠措施。这一次政策补充，是我们‘洹泉涌流’人才集聚计划实施以来的第二次补充。在以后执行的过程中，如果企业或者个人向我们提出更方便、更有利于吸引人才的政策和建议，我们将认真听取、及时汇报、及时采纳，通过服务前移，不断完善‘洹泉涌流’人才集聚政策，使政策更有吸引力、更具有人文关怀，从而更好地帮助企业引来人才、留住人才，助力全市经济社会发展。”市人社局“洹泉涌流”工作专班负责人范志强这样说。

“你是怎么决定到安阳来工作的？对我们的人才政策还有什么意见和建议？”在近日启动的第四届中国·河南招才引智创新发展大会“洹泉涌流聚才兴安”安阳专场活动上，安阳市委书记袁家健与引进人才代表孙东伟进行连线互动。

市委书记、市长同时通过“云端”为广大青年才俊“直播带岗”。当天，安阳市“洹泉涌流聚才兴安”专场招聘暨 2021 年高校毕业生秋季招聘会启动仪式及现场招聘会在安阳市劳动保障服务中心同步举行，达成 2227 个签约意向，直播观看量突破 2000 万人。各县（市、区）也同步举行了人才招聘活动，安阳全市共有 1907 家企业参加，提供各类职位62177个。

市委书记的热情揽才，以及安阳“洹泉涌流”人才集聚计划、“一岗一房”政策等，吸引了不少人才关注安阳、签约安阳。据了解，安阳市75家用人单位在郑州国际会展中心现场提供人才需求岗位3589个，涉及智能制造、自动化控制、医学、教育、计算机等100多个专业。两天时间，达成签约意向630人，其中博士29人、硕士337人。据统计，截至2021年11月1日，安阳本年已引进各类人才6469人（事业单位2799人、企业3670人），其中，安阳专场和省招才引智大会两项活动达成意向2947人，人才签约1058人。

案例《教学手册》

一、教学目的与用途

本案例主要适用于公共部门人力资源管理、绩效管理、公共政策评估等教学课程。

二、讨论问题

1. 从人性观角度出发，试分析安阳市的人才管理方式？

2. 谈谈你对安阳市人才引进整体工作思路的认识，试用激励理论分析安阳市是如何吸引人才、留住人才的？

3. 在安阳市一系列的人才引进举措中，你认为还存在不足的地方，应该如何改进？

4. 有人认为，在当前公务员考试录用的背景下，人才引进的方式容易滋生腐败，是干部录用制度的倒退。对此，你怎么看？

第八部分　教育发展

案例十九

从“一个也不能少”到“让每个学生都出彩”

——基于东北师范大学经济困难学生资助工作的案例研究[①]

① 本案例由中央财经大学科研处学术交流与合作科科长张鑫媛编写。

案例正文

高等学校资助工作对于保障经济困难家庭子女接受公平和有质量的教育、阻断贫困代际传递有着重要意义。自2007年国家高校资助政策实施以来，资助学生数量和金额逐年增长。随着时代的发展，学生的需求不再局限于物质层面，对心理和精神的个性化需求不断提升，这使得高校资助工作要求从“保障型”向“发展型”转变。东北师范大学学生资助工作在全国处于领先地位，本文将详细阐述该校的优秀做法和丰富经验，并对大数据时代高校资助工作的未来发展方向进行探讨，旨在通过科学精准地认定家庭经济困难学生并实施靶向帮扶，在改善学生经济状况、助力其顺利完成学业的同时，促进学生健康成长和全面发展，实现高校立德树人的根本目标。

一、引言

东北师范大学历史文化学院本科生张同学一直渴望拥有一套《史记》，但一套书籍几百元，对于家庭贫困的她来说这相当于是一个月的生活费，昂贵的价格使她一直舍不得购买。她尝试在学校“微心愿”助学平台上填写了心愿：希望拥有一套《史记》，并期待在生日当天实现这个愿望。在她生日那天，学校学生资助管理中心的老师真的将一套崭新的《史记》送到了她手里。张同学只是众多“微心愿”助学项目受助者中的一份子。“微心愿”助学项目是东北师范大学打造的按需助学新模式。“微心愿”可以是一本书、一件衣服、一张车票、一件电子产品、一次实习体验或是一个帮助别人圆梦的机会……[①]

“微心愿”只是东北师范大学打造的助学项目之一，为促进家庭经济困难学生全面发展，东北师大围绕其成长成才的各个方面启动实施“九个一工程”素质提升项目[②]、“UGEM结对助学计划”[③]等多个助学工程，这些项目不仅帮助学子摆脱了经济困扰，使他们能够接受公平优质的教育，还为学生提供了成长平台，托起了经济困难

① 参见：王培莲：东北师大：十年学生资助　全方位帮扶和引导，http：//news. cyol. com/yuanchuang/2017 - 10/23/content_ 16613669. htm。

② “九个一工程”，即：记录一次勤工助学经历、参加一个志愿服务组织、撰写一份职业生涯规划书、参加一系列职业技能培训、参与一系列素质拓展训练、观看一系列高水平艺术展演、承担一项科研实践项目、参加一次红色体验活动、参加一次国际化大都市调研考察。

③ UGEM结对助学计划：整合大学、政府、企业和媒体多方优势资源，秉承“个性资助、产学合作、导师育人”的理念，资助高校学生尤其是家庭经济困难学生。

学子的梦想。

二、案例背景

（一）逐年增长的资助金额

教育公平是社会公平的重要基础，学生资助是一项重要的保民生、暖民心工程，与教育公平和教育现代化密切相关。党和政府重视家庭经济困难学生资助工作，“不让一个孩子因家庭经济困难而失学”是政府的庄严承诺。2007 年《国务院关于建立健全普通本科高校高等职业学校和中等职业学校家庭经济困难学生资助政策体系的意见》（国发〔2007〕13 号）公布，国家资助政策应运而生。2013 年财政部、国家发展改革委、教育部出台《关于完善研究生教育投入机制的意见》（财教〔2013〕19 号），明确指出高校从 2014 年秋季学期起向所有纳入国家计划的新入学研究生收取学费，同时完善研究生奖助政策体系，帮助其在全面实行研究生教育收费制度的情况下顺利完成学业。十余年来，学生资助政策体系不断完善，2021 年在普通高等教育阶段，已经形成了包括国家奖学金、国家助学金、国家助学贷款、服兵役国家教育资助、基层就业学费补偿国家助学贷款代偿、勤工助学和“绿色通道”等多元混合的资助体系。

资助政策实施后，据全国学生资助管理中心发布的《中国学生资助发展报告》显示，全国普通高校资助家庭经济困难学生的人数不断增加，资助金额也逐年攀升，全国累计资助普通高等教育学生从 2007 年的 2703.94 万人次，资助金额 271.12 亿元增长到 2021 年的 3925.77 万人次，资助金额 1450.40 亿元（见图 19－1）。高等教育实现了“三不愁”，即：入学前不用愁、入学时不用愁、入学后不用愁。

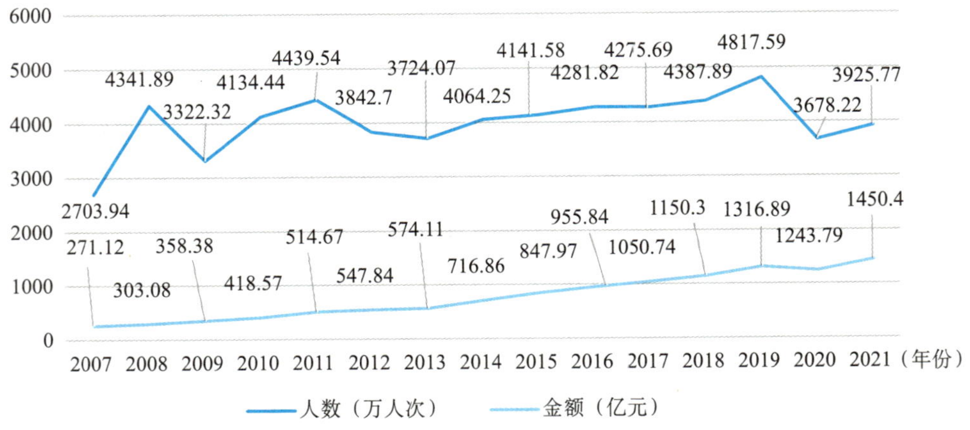

图 19－1　2007—2021 年全国普通高校资助情况统计

国家对高校资助的财政支持力度逐年增大，学生资助体系保障家庭经济困难学生能够不因经济问题影响学业，使其拥有教育机会和教育过程的公平，实现“一个都不能少”的学生成长成才之梦，为国家培养栋梁之材，推动社会经济大力发展。

（二）高校资助工作存在的问题

1. 经济困难学生识别：“假困”和“真困”的区分

高校家庭经济困难学生认定是资助工作的首要环节，是保证国家各项资助政策落到实处的前提条件，直接影响资助工作开展的效率和效果。当前高校资助工作中存在经济困难认定标准不够客观等问题，虽然采用的是定性和定量相结合的认定方式，但一方面，学生提供的个人信息与其实际情况可能存在一定差别，存在证明材料失真、夸大困难事实等情形；另一方面，资助工作者在执行过程中存在较多地以主观印象作为评判标准、缺乏客观准确的数据作为参考、衡量标准不统一等问题。同时，在认定程序方面，大多为学生自主申报—民主评议—资助工作组评议的流程，在实际执行中多为程序化、表面化的认定方式，缺少对材料的前期调查、中期跟踪、后期监督的监管过程，对家庭经济困难学生信息缺乏有效的动态管理，在遇到突发性事件时，难以快速精准识别。

2. 从物质供给到思想满足的变迁：“保障型”向“发展型”资助转变

经济需求始终是困难学生的基础需要。我国高等教育资助体系发展至今，对家庭经济困难学生的物质资助已基本满足学生的需求，但对其精神文化生活和心理健康方面的关注较少，存在物质与精神需求不匹配的问题。资助工作需要转变思路和目标，既要保障学生物质生活，又要给学生提供心理关怀和精神支持，丰富学生课业外生活，提升综合素质。“保障型”资助是通过经济补贴满足学生基本学习生活需求，实现其上学梦，“发展型”资助则要充分发挥学生资助工作的育人功能，将经济资助与资助育人紧密结合，打造高校经济困难学生资助体系，在解决学生经济困境的同时，将时代要求、国家需要与学生个性化的成长成才需求相结合，通过多元化的资助内容和多样化的资助形式，更好地助力家庭经济困难学生成长为德智体美劳全面发展的社会主义建设者和接班人。

三、东北师范大学学生资助工作管理实践

东北师范大学学生资助工作在全国处于领先地位，该校学生资助管理中心是独立的正处级建制，中心现有工作人员 10 人，下设贷款办公室、资助办公室、综合办公室

三个科室，秉承着“敬事守信、节用爱人”的服务理念，搭建多类型资助平台，为家庭经济困难学生提供多项服务。东北师范大学每年提取学费的10%用于学生资助，是全国唯一一家为家庭经济困难学生开通400免费咨询电话的高校。学校十分重视学生资助工作系统软件的使用和开发，大幅提升学生资助各项工作效率。学校每年对家庭经济困难学生采用抽样和全覆盖相结合的方式进行实地走访，受到学生家长和社会的普遍好评。

（一）精准识别困难学生，靶向发力助发展

对家庭经济困难学生的科学识别与精准认定，是做好资助工作的前提和基础，只有认定精准，才能精准施策。因此，东北师范大学自主研发构建“信息采集—量化测评—民主评议—实地走访”的“四段一体”家庭经济困难学生认定体系，引领了全国高校精准认定的发展方向。

学校依据高等教育成本分担相关理论，建立了家庭经济困难学生上学成本测算机制。学校综合考虑学生家庭经济状况、学杂费用标准、基本学习生活成本和长远发展需求等因素，研究构建了家庭经济困难学生资助需求测评模型，形成针对不同困难程度、不同年级专业学生而设立的多个资助等级，确保更准确地满足家庭经济困难学生差异化的资助需求。2017年，学校在原有二维“量化测评模型”基础上，采用人工智能技术，进一步研发出三维“智能动态认定模型”，实现了家庭经济困难程度由传统的人工排序向智能化认定的转变。该模型能同时承载10万人的申请与认定，不仅可在3秒钟内划分困难等级，还能根据学生日常消费情况动态调整其资助类别，认定准确率高达99%。为实现资助款的精准分配，学校启动上学成本测算，根据现有的11个学费标准，划分了14个资助等级，尽可能满足且不超出每个学生需求，引领全国困难生认定工作向精准化又迈出了重大一步。

（二）“双线资助”资助模式，促进学生全面成长

“授人以鱼不如授人以渔”，在基本实现不让一个学生因为家庭经济困难而失学的总体目标后，如何有效解决极少数家庭经济困难学生存在的“等靠要”思想，确保国家资助经费真正花在刀刃上、进到学生心里、转化为现实的育人成效，让每个学生都出彩，是摆在新时代高校资助育人工作者面前的突出问题和现实难题。

东北师范大学在全国高校中率先提出物质支持与素质支持并举的“双线资助”模式。“物质支持”旨在为家庭经济困难学生提供物质帮助，从财力上予以支持，确保家庭经济困难学生顺利完成学业，这是高校学生资助工作的根本所在；“素质支持”

旨在加强对家庭经济困难学生的能力培养和价值引领，将思想教育贯穿于奖、贷、助、补、勤、减、免等各个环节，有效引导家庭经济困难学生立鸿鹄志、做奋斗者，这是高校学生资助的终极目标。党的十八大以来，东北师范大学紧紧围绕立德树人根本任务，在“双线资助”模式基础上，不断探索创新，推动构建以立德树人为根本旨归，以国家和学生需求为导向，以精准资助为“根”，以素质资助为“干”，以人文资助为“枝”，以信仰资助为“果”的资助体系，有效解决了资助育人工作中长期存在的“两张皮”现象，有力促进家庭经济困难学生全面成长成才。

1.“扶困”与“扶智”相融合

如果说物质帮扶是“输血”，那么精神滋养就是“造血”。东北师范大学坚持“扶困”与“扶智”有机融合，积极推动学生资助工作从“输血”向“造血”、从“授鱼”向“授渔”转变。“扶智”就是要通过丰富的育人项目和活动，全面提升家庭经济困难学生的综合能力。

学校举办本科生勤工助学双选会。学校办公室、党委宣传部、党委教师工作部、党委学生工作部、教务处等10余个部处的勤工助学指导教师及100余名学生参加双选会。双选会为用工部门与学生搭建双向选择平台，设置技能型、服务型、管理型等多种类型勤工助学岗位，以“双向选择，竞争上岗”的形式，通过模拟求职招聘场景，将就业招聘前置化，在引导家庭经济困难学生全面认识勤工助学的重要价值、有针对性地提高面试技巧、进行有效自我审视、提早调整成长规划等方面具有特殊意义。

学校探索搭建“就业齐飞”平台，开展“援飞助翔”求职援助活动，为家庭经济困难的毕业年级学生提供求职正装、求职路途补助等实物资助，并针对就业能力不强、求职技能偏弱、岗位信息缺乏等各类就业困难，通过专题讲座、线上辅导等方式，提供求职面试技巧、简历制作技巧等针对性指导，以切实增强家庭经济困难学生的职场竞争力。

学校设立创业助学公益基金，积极争取广大社会资源，为有创业梦想、创业激情和创业能力的学生提供资金扶持；成立创业助学实验班，邀请校内外创业导师定期为学生提供无偿的创业培训及指导，向学生传授创业经验；开展创业助学论坛和创业助学大赛，通过讲座、比赛等形式，激发学生创业热情、培养学生创业能力。

2.“扶困”与“扶志”相统一

“扶志”旨在为家庭经济困难学生提供强有力的精神支撑，通过培育其健康心理与健全人格，点燃学生自立自强、拼搏奋斗的激情和热情。近年来，东北师范大学坚持“扶困”与“扶志”相统一，着眼家庭经济困难学生成长成才的内在需求，通过思想引导、人格养成、情感激励等多样化支持形式，开展立体式、个性化帮扶，不断给予其积极乐观、奋发有为的精神动力和情感力量，充分调动其自我发展的积极性与主动性，引领学生完善人格、向美而行。

学校打造“微心愿”助学平台，引导受助学生“知恩于心”。学生通过平台提出心愿，爱心人士可在网上认领，一对一地满足困难学生的差异化需求，使其切实感受到来自社会各界的温暖与关怀，培养学生笃实感恩的意识和情怀。学校成立“红烛志愿者协会”，引导受助学生“感恩于行”。其自成立以来，学校 6 万余名贫寒学子在全国 31 个省区市建立了 122 个支教助学基地，数以十万计的农民工家庭子女和残障儿童得到助学帮扶。代代传承的红烛精神，让他们从“受助者”，变成了主动传递爱心、担当社会责任的“助人者”。

学校启动东师助学“午谈会”系列活动，推进资助育人导师制，全面助力家庭经济困难学生成长成才。育人导师为本校本科或研究生毕业生，邀请卓越教师、科研英才、自强达人、奉公典范、企业精英、创业先锋等不同类型的优秀校友，以“碎片时间、贴心嘉宾、小众深谈、按需助学”为原则，与学生开展学习科研、能力提升、志愿服务、就业创业等主题的深度对话交流，携手学校共同关注和解决学生发展道路上的难点疑点问题，助力学生完善人格的养成，为学生补精神之“钙”，着力解决“志短”的问题。

学校坚持理论学习先行，组织全体受助学生加入“青年马克思主义者学习研究会”，开展“红色经典诵读会”“学‘习’大讲堂”等活动，学习马列经典和习近平总书记系列重要讲话。抓住从理论到实践的转化环节，坚持每年投入近百万经费，组织开展“红色体验行”“祖国建设成就体验行”，带领受助学生接受红色文化洗礼，唤醒学生对党和国家的情感归属和认同。不断加强基层组织建设，在勤工助学服务团等组织成立临时党支部，引导受助学生积极向党组织靠拢，激发他们的荣誉感和使命感。

（三）借助信息系统支持，提升资助工作效率

东北师范大学学生资助信息平台（以下简称“平台”）具有信息动态管理、数据统计分析和业务网上办理三大功能，平台的开发和完善，使得学校制定和调整资助政策更加科学、合理，最大限度保障了资助工作的公平，很好地实现了效率与效益的统一。

1. 信息通畅及时，师生有效对称，促进资助公平

所有资助信息第一时间在平台公布，学生只要点一下鼠标，就能了解全校最新资助项目、申请条件和程序，可以随时查询自己各学年助学贷款、各类资助情况，查阅国家和学校最新资助政策，还可以通过平台申报各类资助项目。获取信息方便快捷，

申报程序合理，确保了资助评定过程的公平。辅导员老师登录平台，可以了解自己所指导的每位学生的困难程度和受助情况，查阅既往信息，有针对性、时效性地做好资助工作，并对各类资助项目进行网上审批。

2. 业务办理方便，节约办公成本，提高工作效率

平台实现了包括经济困难学生评定、贷款申请审批、资助项目评定、勤工助学管理等全部50余项资助业务网上办理。学生可以通过平台及时获得资助信息，并按要求和程序及时申请，通过平台提交各类资助项目的申请材料全部可以自动生成，直接提交等待审批，真正实现无纸化办公，极大地提高工作效率。

3. 数据分析科学，分类实施资助，最佳发挥效益

平台最突出的功能是数据情报分析功能。学校领导和资助中心工作人员，登录系统后可以随时通过信息平台提供的50多项数据统计条件，从学院、生源、困难类别等多维度，横向和纵向地分析各类资助数据，做到实时了解学生的受助情况、困难变化情况，科学地制定资助政策。

四、未来的展望

2020年，教育部等八部门《关于加快构建高校思想政治工作体系的意见》明确要求，完善精准资助育人，精准认定家庭经济困难学生，加大家庭经济困难学生能力素养培育力度。教育部全国学生资助管理中心党委书记、主任陈希原在2021年全国学生资助工作视频会议上指出，随着大数据时代的来临，信息化是推进精准资助的基础性工作，是学生资助治理体系和治理能力现代化的重要内容。在大数据无时无刻不在影响社会各个层面的背景下，运用大数据来打破各个信息平台的壁障，融合各级各类信息，提高高校家庭经济困难学生认定的精准度，实施动态资助管理，提升资助效率已呈必然趋势。

（一）变“平铺式”资助认定为“落子式”精准识别

目前高校中各项资助认定工作都以主观评价为重要依据，部分先进高校可将少量校园数据纳入参考指标体系，但因信息冗杂、时间延迟、主观性强，资助对象的精准性有待提高。2019年起，申请家庭经济困难等级认定的学生无须提交由家庭所在地乡、镇或街道民政部门对学生家庭经济情况所出具的证明，改由学生自行撰写材料和情况说明，申请认定家庭经济困难从“盖章制”转变为“承诺制”后，对学生诚信守约的品格素养考验和对认定工作者信息鉴定和判别能力的要求大幅提升。

在数据共享范围较广的大数据时代，高校可建立“学生行为画像”的资助管理系统。大数据下的学生行为画像主要依据学生的学业数据、实践数据、生活行为数据将学生在校期间的表现进行完整地刻画，即通过学生在校期间的消费情况、学习情况和参加活动等行为产生的可视化或者非可视化的数据，描述学生或者群体的过程，通常是使用数据、标签或者短语的形式来反映学生的个体特征（见图 19－2）。对学生进行综合行为画像分析，可以从多角度、全方位、立体化地精准了解高校学生在校的生活行为和学习情况。

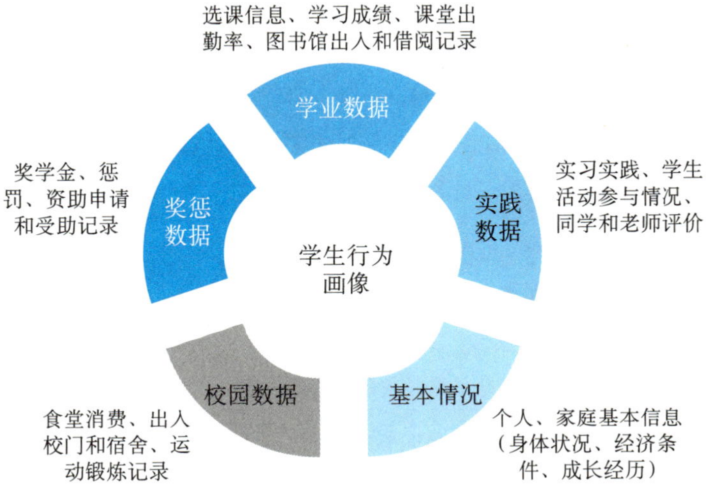

图 19－2　学生行为画像模型

基于大数据背景，以学生行为数据为中心，将数据挖掘技术引入到资助工作，不仅可以提升高校管理服务水平、优化精准资助工作体系、提高资助工作的精准性，而且能更有效地体现教育公平，提高困难认定精度，实现“点对点”助学资源配置。

华中科技大学运用校园卡大数据，在家庭经济困难认定工作中将学院初步困难认定名单和最终困难认定名单的等级进行比对，发现修正率为 35.98%，并且等级修正主要集中在从困难等级到一般困难等级的调整上，表明将学生校园大数据融入家庭经济困难学生认定工作具有一定的科学性和合理性。

（二）变“单一式”资助路径为“多元化”帮扶渠道

当前高校对经济困难学生的资助主要是通过分类定级的奖学金资助或助学金资助，多主体、多层次、多渠道资助方式有待完善，从而满足学生的诸多实际资助需求。学生遇到的经济困难种类繁多，家庭成员常年疾病、突发型重病或事故、家庭人口多等，伴随而来的学生压力和困扰也不尽相同，他们需要的不仅仅是经济的支持和帮扶，更需要心灵的慰藉和精神的调节，因此学校可尝试运用大数据分析技术，动态了解和管理经济困难学生的精神需求，进一步丰富完善帮扶内容。

大数据分析运用于多元化的资助项目和资助平台，从物质帮助、心理引导、能力拓展和精神激励等方面帮扶经济困难学生，以实现学生的全面和持续的成才与发展，在提供资助的过程中，充分关注受助学生的内心感受，尊重受助学生的主体地位，通过恰当的形式及时为经济困难学生提供心理疏导和精神支持，同时也充分关注个体的发展需求，让每位学生都感受到“一对一”帮扶服务，让每个学生都有出彩的机会。

资助体系应充分发挥协同育人机制，设置多元化的资助项目和资助平台，如动员和呼吁广大毕业生、企业、政府与学校合作，结合需帮扶学生的特点和需求，提供更多种类的帮扶服务、实习实践岗位等，注重对经济困难学生综合能力的培养和锻炼，提高其自我发展能力，从而更好地发挥资助的育人功能。

（三）变“一次性”资助活动为“系统式”帮扶项目

高校开展资助工作不能仅关注一次数据、一个项目，要运用大数据技术建立每名受资助学生的系统性档案。大数据技术可以及时更新相关数据，实现对受助学生的跟踪管理，有助于学校老师更及时、全面地了解学生现状，掌握学生学习科研、日常生活、实习实践等信息，反映出学生整体的个人能力、责任担当、素质拓展等方面的变化，从而有针对性地规划下一阶段的资助育人工作重点。

资助工作者可以通过谈心谈话、暖心家访、数据分析、适度公示、量化评估等方法与学生进行深度辅导，鼓励引导学生立鸿鹄志做奋斗青年，依托优质的资助平台全方位锻炼提升自己的综合能力，在毕业后反哺学校，助力后辈青年成长成才。

这种依托大数据技术的学生个体跟踪式资助过程，可以实现资助流程全覆盖、数据全闭环的服务要求，实现长期化、系统化提供帮助和支持，有效融合的资助育人机制，绘制“接受资助—感恩资助—成长成才—提供资助”的良性循环。

五、总结

立德树人是新时代教育的根本任务，我国高校立德树人工作已初步形成了课程、科研、实践、文化、网络、心理、管理、服务、资助、组织的“十大育人体系”。这些体系之间既各有侧重，又密切联系，迫切需要相互联动、同向同行、协同发力。探索构建“大资助”育人格局，在大数据时代运用技术加强高校资助育人系统内部要素、资源、手段的有机整合，协同发力，解学生所困，助学生所需，提高精准资助水平，让每个家庭经济困难学生都实现从“一个都不能少”到“每一个都出彩”的人生梦想！

案例《教学手册》

一、教学目的与用途

1. 本案例主要适用于公共管理相关课程。

2. 本案例是一篇介绍高校家庭经济困难学生资助政策和发展方向的教学案例，其教学目的在于使学生在新时代推进我国教育现代化背景下，引发对高校立德树人教育工作的认识和思考，提升公共管理领域学生对教育政策的解读和掌握。

二、讨论问题

1. 你在本科期间是否参与过各类奖助学金资助评定？你是否认可当时的评定标准和政策？

2. 东北师范大学在高校资助工作中有哪些创新点，这些创新对于资助育人有什么借鉴意义？

3. 在东北师范大学目前的资助举措中，你认为还存在不足的地方，应该如何改进？

4. 你认为大数据时代引入“学生行为画像”是否有助于资助工作的开展？应该有哪些注意事项？

三、分析思路

本案例涉及教育公平背景下资助育人政策执行课题。学生资助工作是高校立德树人任务的重要工作之一，结合教育现代化的发展趋势，创新资助育人工作方式方法研究具有重要意义。对该案例的分析，也可以考虑从实际问题、工作思路解读、具体实施办法、创新实践、借鉴意义等几个角度入手。学员通过案例材料的阅读理解和自己的亲身经历，对资助育人会有自己的判断和分析思路，教师借此进行适当的逻辑引导。

四、理论依据及分析

（一）教育公平

教育公平包含起点公平、过程公平和结果公平，教育公平确保人人都享有平等的受教育的权利和义务，高校为所有在校生提供相对平等的受教育的机会和条件，以期实现教育成功机会和教育效果的相对均等。

（二）教育成本分担理论

高等教育成本无论在什么社会、体制和国家中，都必须由来自政府、家长、学生、纳税人和高等学院几方面的资源来分担。就实践来看，当今世界绝大多数国家和地区的高等教育成本都实行国家和个人分担，在这个分担机制中国家是负担高等教育的主要部分。

（三）史密斯政策执行过程模型

史密斯政策执行过程模型分析是与政策执行相关因素的理论模型。这一模型由理想化政策、政策的执行机构、目标群体，以及政策环境四个主要因素而组成。史密斯认为，在政策的执行中四个因素的综合作用，决定了政策执行的效果。

五、关键点

1. 东北师范大学学生资助工作的亮点是什么？
2. 教育公平视角下学生资助工作的重点和难点是什么？
3. 大数据技术的应用是否可优化学生资助工作？技术限度在哪里？

六、课堂教学计划

1. 课前把案例材料发给学员，要求学员用 20 分钟左右的时间认真阅读，并思考相关问题。

2. 课堂教学计划分为三个步骤：

第一步：全班集中，案例导入（5—8 分钟）

在学员上课前通读阅读案例的基础上，请 2—3 位学员在案例讨论前用几句话高度概括案例的主要内容，目的是帮助学员迅速集中注意力，进入讨论状态。

第二步：分组研讨，案例展开（15 分钟）

各组经过讨论，将资助政策执行中的困境和创新点写在黑板上。

第三步：分组辩论（30 分钟）

各组结合自己和其他组观点进行公开辩论。

3. 案例点评

针对学生分组辩论的情况予以点评，并对案例的关键点进行重点分析。

4. 案例总结

总结案例，启发学生对资助政策执行更深入的思考。